本书系国家社科基金青年项目"云南小凉山彝区民主改革时期奴隶安置措施及其影响研究"（项目编号：11CMZ021）的最终成果，由云南师范大学社会学一流学科建设项目资助出版。

本书的不同内容曾受到国家博士后科学基金第四批特别资助（2011年），教育部人文社科规划基金青年项目"云南小凉山彝区民主改革的历史人类学研究"（项目编号：10YJC850032），云南大学第三期211民族学学科建设项目的资助。

鸡鸣之年

云南小凉山家奴安置的人类学研究

嘉日姆几 著

中国社会科学出版社

图书在版编目（CIP）数据

鸡鸣之年：云南小凉山家奴安置的人类学研究/嘉日姆几著.—北京：中国社会科学出版社，2019.12
ISBN 978-7-5203-5881-1

Ⅰ.①鸡… Ⅱ.①嘉… Ⅲ.①被释放的奴隶—安置—研究—凉山彝族自治州-1957 Ⅳ.①D677.42

中国版本图书馆 CIP 数据核字（2019）第 294962 号

出 版 人	赵剑英
责任编辑	孙　萍
责任校对	崔芝妹
责任印制	王　超

出　　版	中国社会科学出版社
社　　址	北京鼓楼西大街甲 158 号
邮　　编	100720
网　　址	http://www.csspw.cn
发 行 部	010-84083685
门 市 部	010-84029450
经　　销	新华书店及其他书店

印刷装订	北京君升印刷有限公司
版　　次	2019 年 12 月第 1 版
印　　次	2019 年 12 月第 1 次印刷

开　　本	710×1000　1/16
印　　张	28.25
字　　数	394 千字
定　　价	129.00 元

凡购买中国社会科学出版社图书，如有质量问题请与本社营销中心联系调换
电话：010-84083683
版权所有　侵权必究

目 录

前言 ……………………………………………………………（1）
  一　民主改革研究述评 ………………………………………（2）
  二　关于选题 …………………………………………………（6）
  三　方法与分篇 ………………………………………………（12）

上篇　作为措施的农场

第一章　发现"农场" ………………………………………（3）
  一　学生的问题 ………………………………………………（5）
  二　什么是农场？ ……………………………………………（12）
  三　超越村落 …………………………………………………（17）

第二章　民主改革前的小凉山彝族社会 ……………………（33）
  一　彝族迁入前的宁蒗 ………………………………………（35）
  二　从斯木补余到沙力坪 ……………………………………（39）
  三　立足沙力坪 ………………………………………………（47）
  四　民国局势与奴隶制 ………………………………………（60）

第三章　成为奴隶、反抗与逃亡 ……………………………（71）
  一　成为奴隶 …………………………………………………（72）

目录

　二　反抗 …………………………………………………… (82)
　三　逃亡与革命 ……………………………………………… (91)
　四　改革前的焦虑 …………………………………………… (99)

第四章　小凉山的民主改革 ……………………………………… (107)
　一　民主改革的思想脉络 …………………………………… (107)
　二　民主改革的史与志 ……………………………………… (119)
　三　云南小凉山改革的步骤 ………………………………… (123)

第五章　奴隶安置与农场 ………………………………………… (131)
　一　奴隶安置 ………………………………………………… (133)
　二　农场建设 ………………………………………………… (147)
　三　农场村 …………………………………………………… (156)
　四　"农场"的空间再生产 ………………………………… (160)

下篇　作为方法的农场

第六章　沙力坪农场：婚姻、家支与打工 …………………… (171)
　一　沙力坪农场概况 ………………………………………… (171)
　二　农场里的婚姻 …………………………………………… (180)
　三　打工的经济理性 ………………………………………… (185)
　四　无家支的社区？ ………………………………………… (189)
　五　农场人的意识形态 ……………………………………… (195)

第七章　木耳坪农场：土地、聚落与小卖部 ………………… (201)
　一　木耳坪概况 ……………………………………………… (201)
　二　土地制度的变迁 ………………………………………… (203)
　三　聚落与认同 ……………………………………………… (221)

  四　小卖部与市场代理人 ……………………………………（234）

第八章　烂泥箐农场：档案、史实或方法？ ………………（241）
  一　"黄金"档案 ……………………………………………（242）
  二　巴嘎热的沉默 …………………………………………（253）
  三　文学与史实 ……………………………………………（262）
  四　五保户的儿子 …………………………………………（270）
  五　档案、史实与方法 ……………………………………（283）

第九章　农场类型学 …………………………………………（289）
  一　农场的分化 ……………………………………………（289）
  二　依附型农场 ……………………………………………（291）
  三　自立型农场 ……………………………………………（294）
  四　补充型农场 ……………………………………………（300）
  五　农场类型学 ……………………………………………（305）

第十章　姓氏选择与认同 ……………………………………（308）
  一　农场彝人的姓氏选择 …………………………………（309）
  二　姓氏选择的文化背景 …………………………………（316）
  三　族属认同 ………………………………………………（323）
  四　族属认同的蛋形构造 …………………………………（333）

结　语 …………………………………………………………（341）
  一　社会结构本体论的深度问题 …………………………（341）
  二　凉山经验：等级与阶级的话语转换 …………………（346）
  三　社会结构历史参与的"农场"表达 …………………（347）
  四　民主改革研究中的村落视野 …………………………（353）

目 录

参考文献 …………………………………………………（355）

附录 ………………………………………………………（363）

后记 ………………………………………………………（427）

前　　言

俗称小凉山的宁蒗彝族自治县位于滇西北云南省与四川省的交界处，全县国土面积6280平方千米，境内居住有彝族、摩梭人、普米族、傈僳族、汉族、藏族等民族约26万人。① 该区域联结四川大凉山，是云南省最主要的彝族聚居县之一，该地的彝族与四川大凉山同文同种，多数于晚清以后由四川大凉山迁徙而来。20世纪50年代以前，该区域与四川大凉山一道因保留奴隶制而广为人知。50年代后，大小凉山彝区废除奴隶制的民主改革顺利进行，云南小凉山彝区也是和平协商民主改革的重要区域之一。由于地域、历史和文化等因素，小凉山的民主改革在奴隶安置上采用了与大凉山及周边藏区不同的方法——建设"农场"将奴隶集中安置。因此，奴隶安置是该区域民主改革的重要内容，这意味着对奴隶安置措施及其影响的研究应该始于对少数民族地区民主改革的关注。

广义的少数民族地区民主改革，可以理解为20世纪中叶中国由中国共产党领导的相对于内地土地改革而在少数民族地区推行的和缓的社会改革。狭义的少数民族地区民主改革，基本上只指涉中国西南和西北边境民族地区同时期的社会改革。西南民族大学原校长赵心愚教授认为："民主改革是20世纪50年代中后期中国共产党领导少数

---

① 2011年第六次人口普查的数据。

前　言

民族民众及民族上层人士，采取和平协商方式，对西藏、新疆、四川、云南、甘肃及青海部分民族地区实施以土地改革、解放奴隶农奴和废除劳役高利贷为主要内容的全面的社会改革。"① 由此可见，民主改革在地域上覆盖了西藏、云南、四川、新疆、青海、甘肃等省区，在时间上，广义的民主改革可以指从1949年中国在少数民族地区宣布和平解放到西藏的民主改革结束，先后历时十余年。

一　民主改革研究述评

到目前为止，学术界对民主改革的研究基本上还处在以地域为单位、西藏为核心的研究氛围中，鲜有从全国范围来审视和比较民主改革的成果出现。2018年，课题组分别以"西藏民主改革""云南民主改革""四川民主改革""新疆民主改革""青海民主改革""甘肃民主改革"为主题词在CNKI数据库检索相关学术论文时，发现与"西藏民主改革"相关的论文条目有500多条，而与云南、四川、新疆、青海、甘肃民主改革相关的论文条目合计只有20多条，不到与西藏相关论文条目的3%。② 因此，我们似乎可以说，学界基本上只将"民主改革"理解为与"西藏"相关的社会改革，或者说，中国研究20世纪中叶少数民族地区民主改革近97%的论文只与西藏的民主改革有关。

关于西藏民主改革的研究中，大量的内容只是将"民主改革"作为区分西藏历史、文化和社会结构的时间节点或者事件，即"民主改革前""民主改革后"这样的时间状语作为多数论文的题目，而关于民主改革本身的研究则比较少。2009年，西藏民主改革50年纪念活动前后，以《西藏民主改革50年白皮书》《历史的跨越——献给西藏民主改革50周年》《西藏民主改革50年变迁》《走过五十年：西

---

① 引自蒋彬《民主改革与四川羌族地区社会文化变迁研究》，民族出版社2008年版，总序第1页。
② 2018年5月31日的数据。

藏民主改革纪念文集》等为代表的全面反映中国政府在西藏社会、文化、经济、政治诸领域所取得成绩的综合图书得以出版发行，这些著作基本上也吸收和展示了学术界研究西藏民主改革的前沿成果。① 除了以上这些大型图书以外，西藏民主改革的研究在点上也有不少突破，比如郭克范编著的《扎囊县民主改革时期档案整理与研究》就以一个县的民主改革为研究对象，通过档案全面呈现了该县民主改革时期的历史面貌。②

总的来讲，借用宋月红的观点，西藏民主改革的研究在兴起和发展过程中表现出如下鲜明特点：一是与西藏社会历史调查相结合，西藏社会历史调查为西藏民主改革提供了决策依据，也为这方面的研究工作积累了丰富的史料。二是与涉藏问题上的反分裂斗争相结合并将政治性与学术性有机统一起来。三是初步形成类型学研究框架，根据西藏民主改革分类处理、区别对待的历史实际和在不同区域的差异性，西藏民主改革研究在整体考察的基础上，基本确立了农区、牧区、寺庙、城镇和边境地区民主改革研究类型，并初步揭示了各种类型的内涵与特征，同时把研究视角由宏观引向了局部和个体，深化了对西藏民主改革具体历史过程的研究。四是以藏学为主，多学科交叉研究，研究方法和表述趋向多样化和大众化。③

多数关于西藏民族改革的研究基本上采用了大而全的贡献叙事与视角，即民主改革对西藏社会、政治、宗教、经济、文化乃至意识形态等方面的影响和贡献往往成为学者们全面描述的内容，这些成果在为我们理解当代西藏史提供了资料和价值的同时，也为我们认识其他少数民族

---

① 国务院新闻办公室：《西藏民主改革50年白皮书》2009年3月3日；袁祥、邢宇皓：《历史的跨越——献给西藏民主改革50周年》，光明日报社2009年版；莫福山、苏发祥：《西藏民主改革50年变迁》，中央民族大学出版社2009年版；崔玉英编：《走过五十年：西藏民主改革纪念文集》，西藏人民出版社2009年版。

② 郭克范编写：《扎囊县民主改革时期档案整理与研究》，社会科学文献出版社2014年版。

③ 宋月红：《西藏民主改革研究现状与特点》，《中国民族报》2009年10月26日。

前言

社会的民主改革提供了参照与范例。由于地域、文化和历史上的差异，四川省民主改革的研究则呈现出与西藏民主改革研究不尽相同的特点。

西南民族大学在关于四川少数民族地区民主改革的研究中贡献巨大。2006年，该校为纪念四川民族地区民主改革开展50周年，集中反映中华人民共和国成立后民族地区制度变迁、经济发展、观念更新、民族和谐、社会进步，将"四川民族地区民主改革与社会文化发展"项目作为校级重大项目来推进，整合全校的学术资源，以改革、发展、团结、进步为主题，多角度、全方位、深层次地反映民主改革的重要贡献及深远影响。① 该课题分为"民主改革历史资料""民主改革口述历史""民主改革与四川民族地区的经济发展""民主改革与四川民族地区的社会文化变迁"四个子课题，产出了一系列重要的学术成果。②

"四川民族地区民主改革与社会文化发展"课题是西南民族大学对民主改革最系统的研究，代表着学界对民主改革影响西南、西北边疆少数民族社会的深刻认识，也代表着近年来学术界对民主改革研究的前沿性成果与高度。但是，由于是集体项目，该课题的成果水平参差不齐，加上一些研究视角和方法上的问题，该成果也有不少瑕疵。如在研究方法上，该课题重汇编而轻实证，重口述而轻分析，不少成果依然停留在资料收集与汇编出版的基础工作上，对民主改革本身如何影响少数民族社会、经济和文化结构的路径和过程缺乏深刻的分析与解释。

---

① 赵心愚序，引自蒋彬《民主改革与四川羌族地区社会文化变迁研究》，民族出版社2008年版，总序第3页。

② 秦和平编：《四川民族地区民主改革资料集》，民族出版社2008年版；秦和平、冉琳闻编：《四川民族地区民主改革大事记》，民族出版社2007年版；蒋彬：《民主改革与四川羌族地区社会文化变迁研究》，民族出版社2008年版；蒋彬、罗曲、米吾作编：《民主改革与四川彝族地区社会文化变迁研究》，民族出版社出2008年版；蒋彬：《民主改革与四川藏族地区社会文化变迁研究》，民族出版社2008年版；西南民族大学西南民族研究院：《川西北藏族羌族社会调查》，民族出版社2008年版；郑长德、周兴维：《民主改革与四川藏族地区经济发展研究》，民族出版社2008年版；郑长德：《民主改革与四川彝族地区经济发展研究》，民族出版社2008年版；郑长德、刘晓鹰：《民主改革与四川羌族地区经济发展研究》，民族出版社2008年版；杨正文编：《四川民主改革口述历史论集》，民族出版社2008年版；杨正文编：《四川民主改革口述历史资料选编》，民族出版社2008年版。

前言

尽管如此，该课题依然是目前为止中国研究少数民族社会民主改革的一项标志性成果，其影响不仅只在原初的资料和价值上，相关后续成果也引人注目，比如，参与该课题的秦和平教授先后编著《四川民族地区民主改革大事记》《四川民族地区民主改革资料集》《云南民族地区民主改革资料集》《四川民族地区民主改革研究——20世纪50年代四川藏区彝区的社会变革》四部关于民主改革的资料集和专著，成为该领域内的重要学者。① 杨正文、蒋斌、郑长德、马林英等学者也在该领域取得了有影响的成果；北京大学的王铭铭及其学生也因参与该项目而为民主改革的研究注入了可贵的人类学视野。② 当然，在该课题开展之前，四川也有部分成果涉及民主改革的研究，特别值得一提的是，四川大学历史文化学院的硕士研究生文艳林同学于2002年完成的学位论文《甘孜藏区民主改革研究》已成为关于四川民主改革专题研究的重要文献之一。③

与西藏和四川民主改革研究的重要和热闹相比，云南民主改革的研究则显得边缘与冷清。云南民族众多，边境线长，许多民族跨境而居，民族工作的情况比较复杂，正因为如此，云南曾在中国民主改革和民族工作的实践与理论上做出重要贡献，"直接过渡"的概念就是云南民主改革时期的理论原创。云南的民主改革在时间上先于四川、西藏、新疆等地，这些省区民主改革的理论和经验主要来自云南的实践，因此中国的民主改革一直存有"云南经验"的问题。遗憾的是，云南学术界近年来对民主改革的关注不够，几乎没有什么有影响的成果推出，迄今为止，由中共云南省委党史研究室于1996年汇编的《云南边疆民族地区民主改革》依然是该领域最为重要的资料。④ 而

---

① 秦和平编：《云南民族地区民主改革资料集》，四川出版集团、巴蜀书社2010年版；秦和平：《四川民族地区民主改革研究——20世纪50年代四川藏区彝区的社会变革》，中央民族大学出版社2011年版。
② 上述学者的个人成果，部分已收录在由杨正文主编的《四川民主改革口述历史论集》中。
③ 文艳林：《甘孜藏区的民主改革研究》，硕士学位论文，四川大学，2002年。
④ 中共云南省委党史研究室：《云南边疆民族地区民主改革》，云南大学出版社1996年版。

前言

对于新疆、甘肃、青海等地民主改革的研究则寥若星辰，鲜有人关注。因此，诸如阿依木古丽·卡布力的论文《新疆民主改革与维吾尔族封建农奴制度的废除》就显得更加可贵。①

总的来讲，西藏一直是中国民主改革研究的核心区域，四川民主改革的研究仅次于西藏，而云南、新疆、甘肃、青海等省区的民主改革研究基本上已淡出学术界的视线，这样的现状与中国同等重视西藏、新疆、云南、青海、甘肃等省区民族团结工作的历史和现实很不相符。再者，民主改革的国家视角一直在中国民主改革研究中缺失，民主改革的研究基本上还处在以地域为单位的地方志状态，民主改革史的区域视角和国家属性一直没有得到充分的讨论与研究，导致许多关于民主改革的研究只将其作为历史事件（起点）描述而不将其当作事物发展的过程来审视，这种整体主义式的叙事与进路经常以牺牲民主改革的鲜活性（细节）为代价。

因此，本研究并未采用大而全的贡献叙事，而是以小凉山彝区的家奴安置措施及其发展为主线，以人类学的方法呈现作为过程的民主改革。不过，本研究并不想为读者简单回顾和描述民主改革对小凉山彝族社会的整体性影响，而是想探究奴隶安置措施以什么样的方式影响到小凉山彝族社会现今的村落构成，此影响方式又为什么值得我们用一本专著的精力和篇幅来论证。澄清此问题不仅有助于理解本研究的意义与思路，更有助于领悟本研究即将提倡的理解民主改革对中国少数民族社会发生影响的"村落视角"及其人类学意义。

二 关于选题

（一）选题与国家社科基金

本书是笔者国家社科基金青年项目"云南小凉山彝区民主改革时

---

① 阿依木古丽·卡布力：《新疆民主改革与维吾尔族封建农奴制度的废除》，《新疆师范大学学报》2003年第6期。

期奴隶安置措施及其影响研究"（11CMZ021）的最终成果，申请基金时的题目是"农场模式：云南小凉山彝区民主改革时期奴隶安置措施及其影响研究"，立项后，立项书将此题目中的"农场模式"省去而改为"云南小凉山彝区民主改革时期奴隶安置措施及其影响研究"。初看起来，这两个题目似乎并没有太大的区别，但对于本研究来说，"农场模式"具有"画龙点睛"之功效，因为这将涉及本研究的方法和视角问题。"农场"简单来讲就是中国共产党在云南小凉山彝区采用的集中安置奴隶的方式，农场既是一种生产单位，也是一种组织方式，更是一种政治策略。由于"农场"在未来的发展中慢慢形成了村落，从农场到农场村的演化也成为小凉山彝族村落自民主改革后从分散到集中再到分散的多层次发展架构与表现，因此，作为奴隶安置措施的"农场模式"成为一汪引发历史意义的山泉。一般情况下，当我们谈及"影响"一词时，往往会习惯性地带上"正面"或者"负面"的逻辑识辩与价值判断，而当我们将作为奴隶安置措施的"农场"理解为参与历史的始动因之后，对家奴安置措施的影响及其方式的理解似乎应该脱离了我们的价值判断而成为某种意义上的"动力学"问题。所以，本研究在谋篇布局上不会出现多数人所习惯的"正负影响"的组织框架，也不对奴隶安置措施及其影响方式做简单的"对错"判断，而作为线索、动力或者轨迹的"农场"及其功能将成为"影响"一词最为深刻而本真的表达，"农场"也因此升华为本研究最具特色的视角、内容与方法。

作为抽象的政治经济学概念，奴隶制似乎没有地缘差异。事实上，大小凉山每个县、每个村的情况都有许多地方差别，这些差别由具体的民族关系、经济基础乃至家族势力等因素形塑。就云南小凉山彝区的具体情况而言，由于该区处于宁蒗县与川滇木里、盐源、盐边、华坪、永胜、丽江等县的交叉地带，小凉山彝区奴隶人口的地域分布与这些地区历史上的人口密度和治安状况有着密切的关系。从全县范围来看，云南小凉山奴隶占有的比例和总人口都相对较高，奴隶

 前言

中，分居奴超过17000人，家奴接近14500人，几乎占到总人口的38%。① 理解这群人的生活状况应该是我们认识当地民主改革的重要起点，试想，如果没有政府的统筹安排和有效安置，几万人的吃喝拉撒足以在几天之内拖垮任何一位小凉山境内最富有的奴隶主。

　　由于诸多原因，当时统计奴隶的口径可能有所放大，但作为单身奴隶的家奴一般不会被漏统，因为解放后的家奴面临的最大问题就是口粮与温饱，这就意味着家奴的统计数字一般会更加接近真实状况。与家奴相比，分居奴尽管没有多余的财产，但似乎能够在一段时间内自给，因为农场在设计之初就是为了解决家奴的吃饭问题，而让这部分在民主改革中被解放出来的受压迫者吃饱似乎就是民主改革最为直接的政治目的，因此，作为家奴安置措施的农场因最彻底的阶级属性而成为小凉山奴隶安置的典型，尽管其政策的实施并不面对所有的奴隶。在1957年、1958年两年，小凉山一共建设了51个农场，每个农场平均生活着200个奴隶，这些由奴隶构成的安置点成为当时小凉山民主改革后的耀眼光芒，像一盏盏灯笼联系和引领着我们观察整个小凉山彝族社会乃至更大区域的理论视野，因此，51个农场的基本情况应该是我们讨论所有问题的起点。

　　小凉山许多关于农场建设的档案和文献都提到51个农场，但没有一份文献将51个农场全部列出，表1的数据将是第一份关于51个农场的完整统计，这既是本研究的起点，也是本研究的贡献。由于许多农场已经分为几个农场，最原初的农场需要核查，加上交通不便和地域辽阔，课题组先后用了三个月的时间才跑遍所有的农场制作出51个农场统计表。

　　从地域上看（见图1，五星为农场所在地），小凉山农场分布呈现出北少南多、西疏东密的特点。北部是摩梭人、普米族聚居区，彝

---

① 中共云南省委党史研究室：《云南边疆民族地区民主改革》，云南大学出版社1996年版，第331页。

前言

图1 小凉山农场区位图（课题组绘制）

前 言

族相对较少,因此解放出来的奴隶就少;西部地区靠近金沙江和丽江,是纳西族和傈僳族聚居区,彝族也相对较少,所以农场也少。南部和东部地区是彝族聚居区,几乎没有其他民族,该区域因联结大凉山而吸纳了不少从大凉山转卖过来的奴隶,同时从盐源、盐边、华坪等汉区掳掠的大量人口也主要消耗在东部和南部区域,所以仅西川、战河、永宁坪、蝉战河、跑马坪、烂泥箐几个乡镇的农场就达30余个,由此我们可以知道宁蒗县的东南部既是奴隶制度的腹心地带也是奴隶安置的核心区域。

表1　　　　　　　　小凉山51个农场统计表

乡镇名称	农场数量与名称
拉伯乡	0个
红旗乡	0个
金棉乡	0个
永宁乡	1个:温泉
翠玉乡	1个:二坪
宁利乡	3个:牛窝子、占古、次耳河
跑马坪乡	3个:二村、跑马坪、沙力坪
大兴镇	4个:干河子、白牛厂、羊窝子、黄岗
红桥乡	4个:大梨树、金子沟、黄腊老、石佛山
新营盘乡	4个:新营、老头村、苍蒲塘、蜂子岩
蝉战河乡	4个:万马厂、干海子、蝉战河、三股水
永宁坪乡	4个:昔腊坪、永宁坪、抓马坪、拉克屋基
西川乡	5个:界马、大柏地、踏地坪、西川、竹山
西布河乡	5个:老家河、西布河、石格拉、大屋基、麦地河
烂泥箐乡	6个:万桃、水草坝、马金子、大二地、烂泥箐、大拉坝
战河乡	7个:汉家厂、战河、万河、波罗、木耳坪、哨坪、松树河
全县	合计:51个

前言

宁蒗县下辖永宁、拉伯、翠玉、红桥、红旗、大兴镇、宁利、金棉、烂泥箐、新营盘、跑马坪、西川、西布河、蝉战河、战河、永宁坪16个乡镇。以上51个农场所对应的乡镇是现在的建制，民主改革时类似于乡镇的建制称为区，由于当时区的管辖范围更大，有不少农场属于同一个区管辖，改为乡镇后，有些农场分属于不同的乡镇，但是，区划的变动并不影响我们对农场的研究。51个农场既是奴隶安置的措施，也是民主改革的成果，"农场"将是本研究的直接目标与内容。

（二）关于书名

用《鸡鸣之年》作为主书名有多层考虑。在田野中，很多访谈对象用彝历记事，经常用"十二属相+事件"的方式来叙事，如"猴年民改""狗年集中""兔日叛乱"等。部分记性好的老乡除了用彝历纪年之外，还用彝历来纪月和纪日，不过，这并不意味着所有的人都可以掌握这类知识，笔者也经常遇到只用事件来记事的情况，比如仅用杀了几次年猪来纪年的老人也比较多。

"鸡年建农场"是笔者在田野中听得最多的叙事。如前文所述，1957年开始建设安置家奴的农场，而这一年在彝历中属鸡，"鸡年农场"几乎是所有解放出来的家奴最为美好的共同记忆。"雄鸡一唱天下白，鸡年是个好年份，我们所有的奴隶都做了主人，小凉山的天变成了穷人的天！"一位曾经是家奴的老干部如此描述记忆中的1957年，他用雄鸡打鸣隐喻翻身的机巧和热情深深镌刻了笔者对1957年建设农场之情景的想象与体悟：1957年是个值得纪念的年份，成千上万的奴隶在大小凉山被解放，这不仅仅是大小凉山步入平等社会的开始，同样也应该是人类废奴史上的重要事件，"鸡鸣之年"因此也具备了结束苦难走向幸福的美好寓意。

在彝族文化中，人们也经常用"一只打鸣的公鸡"来形容某个事业蒸蒸日上、奋进努力的个体，这些个体及其事迹往往会作为英雄被

 前　言

人们赞美与传颂，一个从主人家解放出来的家奴开始在党和政府的支持下走向自强，尽管阶级斗争的话语依然会影响着多数人的观念与行动，但团结、奋进以及利他的主题同样被寄予在"打鸣公鸡"的比喻中。"鸡鸣之年"一方面可以弱化作为奴隶的悲惨记忆，另一方面也契合日新月异、蒸蒸日上的革命叙事，因此，此书名既可以很好地再现革命的过去，也可以表达笔者研究这段历史的史学动机。另外，在彝族人的起源传说和宗教实践中，鸡占据着十分重要的位置，人们信奉"人鸡共祖"的泛灵哲学，用鸡祭神、用鸡驱鬼，祈愿自由、平等、幸福的美好生活，以"鸡鸣之年"作为书名，笔者也希望借用通神的"雄鸡"神谕，通过讲述和追忆家奴安置的历史，让后代铭记，历史上的某个鸡年之前，彝族人曾经历野蛮的奴隶制；某个鸡年之后，在中国共产党和彝族人民的共同努力下，我们通过和平协商、民主改革和建设农场安置家奴的方式，开始转向和迈向"人鸡共祖"的大同世界。

三　方法与分篇

　　方法最先涉及文献，明白与研究对象有关文献的分布情况不仅是学术研究的前提，同样也应该是贯穿整个研究活动始末的技巧。由于本书是在废除凉山彝族奴隶制度的前提和框架上来展开的，因此广义上来讲，有关凉山彝族社会文化和历史的成果都算本课题的外围文献，特别是学界有关奴隶制度的讨论应该也是本课题重点回应和参考的内容；甚至，学界关于全球废奴运动的讨论都可以成为本研究的延展语境，但由于本书的主题集中在小凉山奴隶安置措施的"农场模式"上，不直接相关的文献将不在我们的综述范围，部分相关文献的引用和参考将以情景性讨论的方式出现在正文中。

　　不过，对本书贡献最大的几类文献有必要在前言中提及，因为这将涉及本书的视角问题。由于研究的过程实际上也是发现的过程，本

书在研究奴隶安置措施的过程中慢慢遭遇了几种与农场直接相关的文献，对这些文献的阅读、理解和钻研成为本研究能顺利展开的基础。档案、奴隶家史、报告文学和专题研究四种文献构成小凉山农场研究的核心资料，其中与农场有关的档案大概有十来份，涉及村落调查、总结报告和政府文件，课题组都做了细致的研读和研究，如《木耳坪、汉家厂、战河改革家奴安置计划总结报告》不仅为我们呈现了家奴解放前的生活及思想状态，也为我们了解家奴安置的社会焦虑提供了生动的案例；① 奴隶家史是宁蒗县政府组织相关人员在20世纪60年代编辑的部分奴隶个人生活史，如《不愿意做奴隶的人们》；②《烂泥箐农场史》等对我们了解小凉山奴隶解放前的生活和农场建设的经过都提供了珍贵的线索。③ 李乔的《小凉山漫步》等报告文学也为我们展现了农场日常生活生动的场景；④ 阿兰·惠宁顿不仅是唯一一个见证了农场建设的外国人，他写的 Slaves of the Cool Mountains 也是迄今为止唯一一本由外国人完成的书写小凉山彝族民主改革近似于民族志的报告文学，其中翔实的资料和客观的评论无疑是我们研究小凉山民主改革最为珍贵的文献之一。⑤

尽管民主改革的设计具有国家意志，但民主改革的实践是以村落为单位来开展的，因此，民主改革的村落属性应该是民主改革研究的重要视角，该属性决定了田野调查应该是本研究最为重要的方法。自2005年发现该话题以来，课题组一直奔波在云南小凉山彝区的村村寨寨中，这十多年来，我们见证了小凉山彝族村落的发展与变化，对农场村、非农场村及其关系的认识也经历了多次修正，相关学术理解

---

① 《木耳坪、汉家厂、战河改革家奴安置计划总结报告》，1957年2月，宁蒗县档案馆，案卷号34－2。
② 宁蒗彝族自治县革委会政工组、丽江地区革委会政工组宣传组合编：《不愿意做奴隶的人们》，云南人民出版社1972年版。
③ 江培元、闵光汉、吴志钦等：《烂泥箐农场史》，中共宁蒗县档案馆1959年版。
④ 李乔：《小凉山漫步》，上海文艺出版社1959年版。
⑤ Alan Winnington, *Slaves of the Cool Mountains*. Seven Seas Publishers, Berlin, 1962.

前 言

在不断深化的同时也时常自我否定,以至于本研究的叙事与结构几易其稿。51个农场的历史与经历极不相同,其发展、变化的方式也不完全一致,因此,人类学传统村落研究的方法与技术手段在本研究中只能发挥部分作用,如何把握这些农场村的个性与共性即成为问题。另外,农场研究离不开民主改革,而小凉山民主改革的档案极其丰富,如何将档案梳理与田野调查结合起来也成为本研究必须解决的方法问题。还有,本书还要处理历史与现实、点与面之间的关系,为了很好地将以上几个有张力的部分协调一致,本书采用了最简单的布局方法,将内容分为上下两篇:上篇"作为措施的农场"梳理小凉山农场建设及之前的历史,讨论整个小凉山面上的情况;下篇"作为方法的农场"通过选择几个农场作为个案,来处理和描述农场建设之后小凉山彝族村落结构在点上的发展与变化,以及这些点和面上的可能关系。

上篇"作为措施的农场"涉及选题由来、民主改革前的小凉山彝族社会、民主改革前夕奴隶的生活及思想状况、小凉山的民主改革以及农场建设的细节与经过等内容,该部分从时间、空间和视角上都要回应和关注一些宏观层面上的问题,材料主要涉及档案、文献和田野资料。多数民族志村落调查并不太在意村落历史,许多少数民族地区的村寨似乎几千年不变,因此多数有关村落调查的民族志并不关心村落的小历史与国家、社会的大历史之间的关系。在小凉山,农场似乎可以将村落与更大的历史连接起来,作为空间或者组织的农场因此成为本研究最浅显易懂的内容和方法了。下篇"作为方法的农场"讨论的是家奴安置措施如何影响小凉山彝族社会结构的方式及社会文化变迁问题,农场之间的差异与变化只能在个案比较的基础上呈现,本篇必须兼顾田野和理论分析。在具体的操作中,笔者选择了沙力坪、木耳坪、烂泥箐三个农场作为田野点展开了一系列的比较,而选择以上三个农场作为个案的原因是基于对农场发展类型的判断与思考,我们将在正文对该问题进行充分的讨论。因此,下篇是关于农场及其影响的研究，主要关注农场的发展与变化，在此基础上，我们还就全县的农场作了类型学上的探讨和研究，并通过农场人的姓氏选择和他们与非农场人之间的关系着重探讨了"农场模式"影响小凉山彝族社会文化结构的过程和可能路径。

上篇

作为措施的农场

第一章　发现"农场"

2005年7月，笔者作为云南大学人类学系2002级本科班田野调查的实习老师，与两位同事一道带着18位同学首次在家乡云南省宁蒗彝族自治县跑马坪乡沙力坪村民委员会组织开展人类学的田野调查课。沙力坪由两块坝子构成，中间由一座自北向南不断倾斜的小山梁隔开，这两个小坝子均北靠宁蒗县境内最著名的万格山系，地势北高南低，两条小河从北向南贯穿两个小坝子后在坝子最南端汇合并流出沙力坪坝子。坝子平均海拔2720米，年平均气温为9.00℃，是典型的横断山高原坝子。

这个坝子的村民全部为彝族，主要居住着两个名满小凉山的彝族家支——嘉日和阿鲁，他们世代互为姻亲，嘉日即笔者的姓氏。沙力坪虽说是笔者的老家但并不是笔者的出生地，而是笔者父亲的出生地，但这个坝子至今居住着笔者最亲近的所有家支族人，所以这个坝子才是笔者真正的血缘老家。这层关系给我们这个庞大的田野队伍带来了便利，由于当时村里的小学已经放假，我们很快就将队伍安顿在沙力坪小学里，并从村里请了两位假期在家的高二彝族女生给我们当炊事员，全权负责我们的伙食，其他的村民也由于同样的原因给予我们许多支持与帮助，使得我们的田野调查课顺利展开。

田野调查课与一般意义上的田野调查在目的上有着明显的区

上篇　作为措施的农场

图1-1　沙力坪坝子（课题组摄）

别，所谓"田野调查课"实际上是训练学生如何做田野或者村落调查的教学课，而"田野调查"是指专业的科研人员或者团队按照一定的理论预设开展的学术调查，因此，前者以教学和实习为主，后者以研究和理解为主。由于是教学课，如何在最短的时间内让学生熟悉村落成为我们此次沙力坪调查的重点。在最初的三天里，我们带着所有学生对沙力坪的地理环境、村落布局和人口资源等进行了粗略的调查，并让学生画出沙力坪坝子的草图，以此加强学生对沙力坪坝子人文地理的空间印象。三天后，我们按照人类学关于政治、经济、婚姻和宗教的研究传统将学生分为四个组，对沙力坪坝子的政治组织、经济状况、婚姻关系和宗教信仰进行功能主义式的典型调查，并结合学生每天的调查成果开展小组汇报和集体讨论，加深学生对人类学相关概念理解的同时，鼓励学生按照自己的发现去安排第二天的调查主题和相关内容，逐步拓展学生对沙力坪彝族历史、文化理解和接受的视野。

一 学生的问题

每天晚上的讨论都让人期待,因为学生们都会提出许多意想不到的问题,这些问题涉及家支制度、宗教信仰、土地利用诸多方面,所有的问题对于笔者这个本土人类学者既熟悉也陌生,回答和解释学生的问题也启发着我思考一些从来没有想到过的问题。让人惊异和烦恼的是,每天出去调查的学生都会提出类似的问题:农场村里的农场人为什么不与周边的群体通婚?这与凉山彝族众所周知的等级制度有何关系?农场人的行为方式为什么与周边的群体不太一样?当时我能解答的是,农场村里居住的人是过去奴隶及其后代,这些人多数都是从周边的彝族家庭里解放出来的,所以,他们之间不通婚。之后,笔者慢慢发现农场村到处都有,几乎每一个乡镇都会有几个农场,不久,笔者开始意识到农场彝人与非农场彝人之间的隔阂不仅是个文化问题,同样也是个学术问题。

(一)感染"震撼"

文化震撼产生的条件一般被认为是文化接触,实际上,并不是所有的文化接触都产生"文化震撼"。"文化震撼"多数情况是用来描述人类学田野工作者在异文化中感受到与自己的文化有强烈反差的观念和行为时所产生的心理和身体上的不适,而这些心理和身体上的不适往往会影响到人类学者关于异文化的理解、描写与评价。这就意味着"文化震撼"的领悟暗含着必要的学术训练和文化思考,"文化震撼"的获得不仅是文化理解的过程同样也是文化接受的过程。2005年,当云南大学人类学系的学生来到沙力坪时,尽管他们从田野调查前的培训课中已经了解到居住在沙力坪的凉山彝族有过蓄奴的历史并曾经实践过严格的等级婚姻,但农场人与非农场人在现实生活中践行的婚姻禁忌还是着实让这些学生"震撼"了一把,他们在后来的田野报告中这样写道:

上篇　作为措施的农场

"农场人"这个称呼其实指的是被排除在严格意义上的彝族血缘等级之外的那部分人。他们和黑彝一样，是彝族社会里所占比例较少的人。他们却又不同于黑彝，因为他们没有"高贵的血统"，他们甚至不被认为是彝族人，但他们确确实实生活在彝族的社会里，说着同样的话，吃着同样的饭，有着同样的生活习俗，同样过着火把节并转脑壳，甚至他们曾经生活在同一屋檐下。所以说农场人是处于夹缝中的，他们是尴尬的，但同时也在慢慢形成自己的特色。①

这里的"转脑壳"是指凉山彝族以核心家庭为单位经常举行的祈平安仪式，彝语称为"yi qi hxi"，"yi qi"字面含义为"头"或者"脑袋"，引申为"生命"；"hxi"是动词，指"绕"或者"转圈"，在该仪式中有用牲畜和其他仪式物品在主人家头部上空绕圈的程序，故该仪式被民间形象地译为"转脑壳"，其实其真正的含义应该是"为生命祈祷"。该仪式是凉山彝族毕摩信仰中最普通而又最具代表性的宗教行为，一般在火把节期间举行。② 由于该仪式的普遍性与代表性，云南大学人类学系的学生们将该仪式理解为标识凉山彝族宗教认同的重要象征，上文中对农场人也举行该仪式的描述说明学生已将此仪式升格为辨别彝族族群认同极其重要的文化行为，以此来表达对农场人身为"彝族人"而又被其他彝族人排斥的认同悖论，因此，他们的社会身份是"尴尬"的。

当学生们不厌其烦甚至是针锋相对地提出关于农场人的各种问题时，我也被眼前的"农场现象"所震撼。农场人为什么被称为"农场人"？此称呼是自称还是他称？是先有农场还是先有农场人？农场为什么在云南小凉山到处可见？这与小凉山彝族的近代史有什么关联？一系

---

① 《小凉山彝族地区农场村调查报告》，云南大学人类学系田野实习报告，2005年。
② 四川大凉山部分彝族地区不过火把节，如美姑县，但"yi qi xhi"经常在其他仪式中举行。

第一章 发现"农场"

列的问题让我这个本地人也感到了不适,这种不适表面上来自学生们因"文化震撼"而提出的一系列问题,实际上却来源于笔者对彝族历史文化"一致性"的担忧,尽管与等级制度相关的奴隶制度已经被摧毁,但凉山彝族内部依然还实践着与等级制度有关的"他者化"分类,这不仅影响到笔者对凉山彝族族群认同高度同质化认识的质疑,也在某种程度上引发了笔者对凉山彝族内部"凝聚力"的怀疑。这种不适与担忧同样也是一种"文化震撼",所不同的是这种"文化震撼"来源于另外一些人的"文化震撼",是被另一个"文化震撼"所激发和传染的。这又引发了另一问题,在人类学的田野调查中,应该如何理解这种"文化震撼"的"传染性"?此"传染性"是否揭示了某种方法论轨迹?

参与此次田野调查的18位同学没有一位来自凉山彝族,另外两位指导教师也不属于这个群体,所以,对于沙力坪的彝族人来说,他们全都是外来者,而对于这些外来者而言,沙力坪的彝族文化是异文化,这种异不仅体现在语言、服饰、饮食、信仰、节日等外显的文化事项上,还深深镶嵌在以婚姻观念为载体、择偶行为为表现的关系结构中。如果习惯了恋爱自由、婚姻自由的局外人突然闯入一个严格实践族内"等级"婚的文化时,以上的关系结构对于此外来者而言就是清晰可见的,而此可见性对于长期生活于其中的文化持有者则自然到几乎可以忽略其存在,外来者通过比较自身文化和此异文化所体验到的"文化震撼"经由一系列问题的组织而使部分隐性的关系结构可视化。

当这些关系结构进入外来者"文化震撼"的心理过程并得到表达时,其压缩程序似乎得到解压和重新编码,这些处理过的信息如果重新传递给原先的文化持有者,一种类似于密码扑克和透视眼镜的关系则在这些文化持有者中出现。多数文化持有者由于没有获得"透视眼镜"而无法看到这些经由别人处理过的信息所蕴含的新意义,而少部分借助"透视眼镜"的文化持有者则从原先的关系结构中解读出全新的意义。这些全新的意义在本书中同样是"农场现象"给笔者所带来的"文化震撼",如果此"文化震撼"没有经过云南大学学生和老师们的"震撼编码",再经由笔者所储备的人类学知识(透视眼镜)的解码和阅读,"农场现象"永远不可能成为本书所要研究的原创性主题。

从这个意义而言,"文化震撼"的"传染性"似乎可以这样来解读:第一,"传染源"和"受体"之间要具备共同的认知连接,在上文的例子中,学生与笔者拥有共同的学术兴趣。与笔者同样是文化持有者的沙力坪彝族同胞似乎没有把农场人与非农场人之间表现在婚姻关系上的隔阂看作问题,而笔者却在学生的启发和追问下,将此问题看成了值得深入研究的学术问题,其原因就是笔者与学生一样接受过学术训练。第二,"文化震撼"并不一定只发生在异文化之间,来自同一文化持有者的不同群体之间依然可以产生"文化震撼",甚至在同一群体的现在与过去之间似乎也可以产生"文化震撼"。笔者的"文化震撼"虽经外来者"传染",但依然来源于笔者耳濡目染的母文化,对农场人与非农场人之间的差异,与其说是对现在的惊讶还不如说是对过去的疑惑,这种疑惑所产生的"震撼"部分揭示了凉山彝族这一看似同质性很高的群体内部认同的差异性、多元性和断裂性共存的可能,也透露了群体内外由"他者化"分类策略所可能导致的族群认同多中心化的历史及其趋势。

(二)雁过留痕

云南大学到沙力坪调查的学生与沙力坪的彝族村民拥有不同的婚姻观念,对云南大学的学生而言,自由择偶是常态,限制性择偶则是病态;对沙力坪的彝族村民而言,限制性择偶是常态,自由择偶则是病态。这两群人遭遇后,农场人与非农场人因不通婚导致的认同差异就处于一种既是常态也是病态的两可状态之中,对于此两可状态,学生们和村民则有着不同的解释。

农场村仍处于无根的漂泊状态中。说他们无根,是因为他们生活在彝族聚居区里，其服饰、语言、生活习惯、宗教信仰等与其他的彝族人并无区别，但并不被视为真正的彝族人；说他们漂泊，是因为他们在自身的身份认同上有着明显的单向性，他们认为自己是彝族人，可其他的彝族人不认为他们是，这种认同上的不确定也影响到了农场村村民的生产和生活中的选择。①

上面的引文来自朱晴晴同学的毕业论文，她参与了此次调查并完成了一篇让人惊叹的学士论文。她当时参与了农场组的调查，引文中的观点具有一定的代表性，毕竟这些观点也是集体讨论的结果。因此，"无根的漂泊"可以视作局外人对"农场人"所处状态的描述与想象：他们不被彝族人视为真正的彝族人，但自认为是彝族人，这是一种单向度的自我认同。于是，在朱同学看来，农场人的彝族认同就出现了白马非马说的名实问题，那么，沙力坪的村民又如何看待此问题呢？回答此问题之前，我们必须回到农场人的自称与他称的问题上来。

"农场人"是汉语用法，云南小凉山的彝语中有两个与"农场人"有关的词汇——nong chang co 与 nong chang yit su。co 意思为"人"，如人类就用 vo co，nong chang co 可以翻译为农场人；yit su 指"居住在某地的人"，nong chang yit su 指"居住在农场的人"。这两个词汇都可以用作自称和他称，nong chang co 用作他称时是贬义词，特指家奴及其后代；nong chang yit su 用作他称时也含贬义，但贬义的成分相对前者弱一些。所以，通常情况下，"农场人"更愿意用"nong chang yit su"来自称，但在具有对抗性的语境中则更倾向于用"nong chang co"，原因是 co 是类词，而 yit su 是个体词，所以，无论是自称还是他称，nong chang co 的用法都隐含分类学的用意与规则。

从构词上看，nong chang co 与 nong chang yit su 都作为 nong chang

---

① 朱晴晴：《无根的漂泊——小凉山彝族地区农场村村民的身份认同》，学士学位论文，云南大学，2002 年。

的修辞出现，脱离了 nong chang 就失去了具体意义，由此可以断定这两个词产生于"农场"出现以后。由于四川大凉山没有用建设"农场"的办法来安置家奴，因此 nong chang co 的使用具有鲜明的宁蒗特色，不经解释，初次接触此词汇的四川凉山彝族未必明白该用法的具体含义。民主改革前，凉山彝族也用两个类似的词汇来指称家奴——ga xi 和 shuo co。ga xi 直译为"呷西"并与"家奴"对等，此用法实际上也是个体词，而 shuo co 则译为"汉区的人"，用作类词。由于 ga xi 和 shuo co 歧视成分较大，所以一般情况下很少在有 ga xi 参加的情况下使用。

凉山的畜奴史尽管野蛮，但彝族繁冗的礼仪有时也要求掩盖赤裸裸的人身占有，多数情况下都会用"小孩"（a yi）来指称家奴。彝族人喜欢隐喻，当大家觉得用 ga xi、shuo co、nong chang co 的用法不妥时会使用另外一个比较含蓄的词 vot li zi she 来指代上面的各种称谓。vot li zi she 的汉语意思是"猪颈肉"。这是一个比较有意思的词，凉山彝族过年猪身上的肉都会送给特定的人，猪头一般分成两半后分别送给黑彝领主以示服从（云南小凉山彝族一般会将另外一半猪头留在元宵节做驱鬼仪式），猪上半身的肉一般会送给父母和岳父母以尽孝，猪前腿一般会留给小孩，总之，除了猪颈肉以外所有过年猪身上的其他部分都会有归属。猪颈肉由此象征着没有归属的事物，其原因源于猪颈肉的分类和象征出现了问题，既不属于猪的头部也不属于猪的上身，因此，"猪颈肉"的隐喻意味着分类上的模糊，而这也是"农场人"所处的位置与状态。

朱晴晴描述的农场人"是彝族但不是真正的彝族"的情况也是事实，甚至多数农场人也会坦率地承认这一点并赢得其他彝族人的尊重，因为在凉山彝族社会除了血缘标准以外，良好的道德品行也会获得很高的社会评价，而坦率也是公认的优良品格之一。多数农场人会承认自己的血缘来自其他民族，这一点也并非完全是耻辱，而"无根"的比喻尽管与"猪颈肉"有相似之处但也有明显的不同。在彝族文化中，

"根"其实指的是后代而不是祖先,"无根"其实就是"无嗣",自认为真正的彝族人歧视农场人并不说他们"无嗣"而会说他们"无源",经常用的句子是"bop ap bbop, tot ap bbop", bop 指起源, tot 指上一层, ap 是否定词,整句话的意思是"没有上一级的源流"。当然,人们有时也会用"根系很大"的说法来指家族势力强大,但"无源"的说话似乎比"无根"更符合彝人的习惯。

朱晴晴同学的"无根飘泊"与非农场彝人的"猪颈肉"比喻也有类似之处,都表述了农场人的认同模糊。有意思的是,"无根"认为他们不是真正的彝人,而"猪颈肉"却不否定他们作为"猪肉"的事实,彝族人会用"一群人犹如一头猪"的谚语来表述作为"一家人"的高度认同,因此"猪颈肉"的比喻是一种模糊的一体感,而"无根的飘泊"则有着清晰的界线。其实,朱晴晴同学与彝人之间关于农场人的表述差异揭示了农场问题成为问题的某种真相。朱同学的表述是客位的发声,她看到的是农场人作为一个类的存在,而彝人们的比喻则是主位的私语,他们感受的是"是"与"不是"的模糊。由此,农场人作为类的属性及其模糊的边界钦定了农场问题的学术意义。

上面的讨论其实已经提出了问题:农场人的彝族认同并未在文化上出差错而是在血缘上出问题,也就是说,农场人在文化上是彝族人,但在血缘上并不算彝族人,由此他们的身份出现了"是彝族但不是真彝族"的问题。于是,关于沙力坪村民的彝族认同的解读似乎出现了文化与血缘两个必要条件:一个人要成为真正的彝族人,除了文化特征之外还必须得具备一定的血缘身份,这就意味着族群身份的识别似乎有着文化与身体的双重标准。于是,农场人的彝族认同似乎并不是向度问题而成了标准问题,换句话说,农场人与非农场人都承认前者在文化上的彝族身份而不是后者拒绝承认前者的彝族身份,非农场人拒绝的是后者的血缘且此拒绝也会得到农场人的认可。

这样的解读似乎为我们理解凉山彝族的族群认同打开了一扇窗户,凉山彝族的族群认同似乎由两个内外相包的房间构成,外室的文化之门向任何人敞开，而内室的血缘之门则只向特定的人群开放。于是，凉山彝族族群认同的理解就回到了"猪颈肉"的隐喻，族群身份的获得似乎是匹配的问题而不是意愿（向度）的问题，而匹配在根本上就是分类的问题。问题的关键在于，在何种情况下，某种分类会出现问题而产生既是常态又是病态的情况，而这种情况的出现又说明了什么问题呢？

云南大学人类学系的学生在一次正常的田野调查之后，留下了一系列关于农场彝人的问题，他们的问题源于看似不合理的婚姻制度，然而，他们视为不正常的观念与行为恰好就是彝族人实践了几百年的历史与文化，而这些历史与文化在60年前依然被视为不合理并被进行了改革，但历史似乎并没有因此而改变人们的观念。

"雁过留痕痕入心"，云南大学人类学系的学生虽然离开了我的家乡，但他们留下的问题却在我的心中生根发芽，由此开启了我对"农场现象"及凉山彝族当代史十多年来的思考。凉山彝族过去实践的等级制与蓄奴制在20世纪五六十年代的民主改革中已经被摧毁，但与之有关的观念和婚姻实践为什么还延续下来？云南小凉山民主改革时期的家奴安置措施如何影响到现今的社会结构与文化？我们如何从中解读凉山彝族的当代史？以上几个相关的问题不仅成为所有思考的主线与焦点，也成为本书写作的纲领与思路。

二　什么是农场

民主改革前凉山彝族蓄养奴隶早为学界所知，但对凉山彝族奴隶制度的性质一直有着各种解说与争论。本书所要讨论的"农场"现象仅仅发生在云南小凉山，云南小凉山的彝人全部是从四川大凉山各地迁徙而来，他们在宁蒗的活动迹象最早可以追溯到乾隆三十五年《永北府志》的记载：

乾隆三十五年，降永北府为永北直隶厅，属迤西道。永宁、蒗渠仍属永北直隶厅。同年，永北镇改为营，永宁设八耳勺、黄腊老、竹地三台卡，每台有守兵十名；蒗渠设战河、倮罗关、辣子沟三台卡，每台有战守兵十二名。①

此文中的"倮罗"二字是宁蒗汉人、摩梭、普米等民族对凉山彝人的称呼。由此可知，当时的凉山彝人已在倮罗关一带活动，故此卡称倮罗关。民国时期，倮罗关几乎无人敢过，彝人完全控制了宁蒗的南部，但乾隆年间清政府还在此地设卡驻军，故见当时无后来成为"彝患"的麻烦，这又说明凉山彝人乾隆年间在宁蒗的势力很小。咸丰七年（1857），宁蒗沙力坪回族首领杨茂德率部属响应大理回民起义，清政府利用民族矛盾，调集彝、汉、摩梭三族武装，对回民起义进行镇压。彝族头人阿鲁基足被推举为三族武装总指挥，与清军将领蒋宗汉一道镇压回民义军。后来阿鲁基足分别被云南、四川两地封为"千长"，号称"双千长"。②此后，阿鲁氏又从蒗渠摩梭土司手里租来大片土地，又将自己的主子黑彝补余肯布家迁至沙力坪，加上与强悍的姻亲金古家族联手，宁蒗南部势力最大的彝族补余集团基本形成。此后，四川大凉山彝族大量迁入蒗渠土司领地，到1930年前后，形成补余、瓦张、热柯、罗洪、罗木五大集团，土司势力日渐消弱。

20世纪30年代后，彝人大量开荒种烟，用鸦片换取枪支武装自己，然后从周边地区抢掠汉人及其他少数民族入彝区种植鸦片。民国以后，由于宁蒗彝人种植鸦片需要劳力，再加上民国政府的民族歧视政策，彝人对周边汉人和其他民族展开了近半个世纪的抢夺。随着彝族奴隶主势力的强盛，宁蒗大部分汉族和其他民族被迫远迁他乡，留居者较少。1944年，宁蒗设治局呈省民政厅的报告称：

---

① 宁蒗彝族自治县县志编委会：《宁蒗彝族自治县县志》，云南民族出版社1993年版，第13页。

② 同上。

除永宁未统计外，民国初年，八耳勺尚有汉民一千零八户，现仅有一百余户；二坪厂前有四十余户，现已经无人居住；南面战河前有汉民二百余户，现仅有三十余户，其余户受彝匪之害，迁徙流离……①

尽管这些数字有夸大之嫌，但不可否认的事实是宁蒗彝人在民国时期的确处于奴隶制的高速发展期。鸦片经济刺激了宁蒗奴隶制的繁荣，彝区需要大量的劳动力，而彝人不可能在内部获得奴隶，因此他们采用了掠夺人口的办法来谋求发展。到1956年宁蒗共解放奴隶26256人，②占当时彝族人口（58587人）的45%，其中家奴近1万人，也就是说当时至少有1/5的彝族人口来源于其他民族。

凉山彝族将"奴隶"分为嘎加和呷西两类，俗称分居奴与家奴。准确地说，凉山彝族没有与汉语直接等同的"奴隶"的概念，而用"孩子们"来统称所有的佣人，"娃子"③ 其实就是"孩子们"的四川汉语方言。彝人又把"孩子们"分为"嘎土嘎加"和"呷西呷罗"，"嘎加"是"嘎土嘎加"的简称，而"呷西"则是"呷西呷罗"的简称。"嘎"由古彝语的"格"转化而来，意为"通风"，喻指门。"嘎土嘎加"的彝语本意为"门眉与门槛"，喻指居住在家门口的属民即"守门人"。"呷西呷罗"的确切含意为"锅庄的手与脚"，喻指为主人全天候工作的单身人，这些人多数是上文中所言被抢来的其他民族。

民主改革期间，"呷西呷罗"的归宿成为一个问题。由于这些人跟主人生活在一起，没有自己的土地与房屋，解放之后，如何安置家奴就成为新政府面临的问题。经过缜密的考虑，宁蒗县工委决定采用组建农场的方式来安置家奴的生产与生活，并使他们与其他

---

① 宁蒗彝族自治县县志编委会：《宁蒗彝族自治县县志》，云南民族出版社1993年版，第13页。
② 同上。
③ 凉山彝族奴隶社会之"奴隶"的汉语代名词，经常出现在汉文文献中。

人一道进入社会主义。

> 我们设想了一种形式：奴隶解放时分得的生产资料归集体所有，组织起来进行生产，统一地办理伙食，由国家派干部进行领导，大力加以扶持，民主选举成立代表大会和管理委员会，实行统一留下生产成本、公共积累、口粮后，所余按劳分配。这种形式不同于国营农场，也不同于农业生产合作社，我们给它起了一个名字，叫"农场"。这种形式既适应了他们组织起来进行生产、生活的需要，又解决了他们管理能力缺乏的困难，还可以解决老、小、残、痴的赡养问题。①

时任宁蒗彝族自治县第一工委书记的普贵忠同志对为什么要建设农场有着上述精简的表述。当时组建农场村的目的有三：一是安置家奴；二是恢复和重建彝区生产；三是更有力地组织阶级斗争。到1959年，国家在宁蒗共组建了51个"农场"，安置1万多被解放出来的家奴，占当时彝族人口的20%左右。② 同时，也将富农与奴隶主家庭安置在"农场"外围，"农场"村也是国家行政区划最为基层的乡的治所。直至今日，"农场"村多数仍是村委会的治所。

从此，农场与非农场的划分成为宁蒗彝人最为重要的政治生活，农场村由此也具有了关于阶级与等级的另外一种象征与标识。农场人与非农场人之间的阶级界限同彝族人原有的等级界限重合并在阶级斗争的哲学实践下、在农场人与非农场人之间演化出另外一种文化实践，他们之间很少婚配，很少有血缘上的结合，由此产生了两种完全"不同"的凉山彝族。不同乡镇的农场人之间也发展出一套新的婚姻形式，他们跨地域婚配，跨农场结合，结果将全县51个农场紧密地

---

① 此话为普贵忠所言，参见江培元、闵光汉、吴志钦等编写《烂泥箐农场史》，中共宁蒗县档案馆1959年，序言。
② 参见江培元、闵光汉、吴志钦等编写《烂泥箐农场史》，中共宁蒗县档案馆1959年。

上篇 作为措施的农场

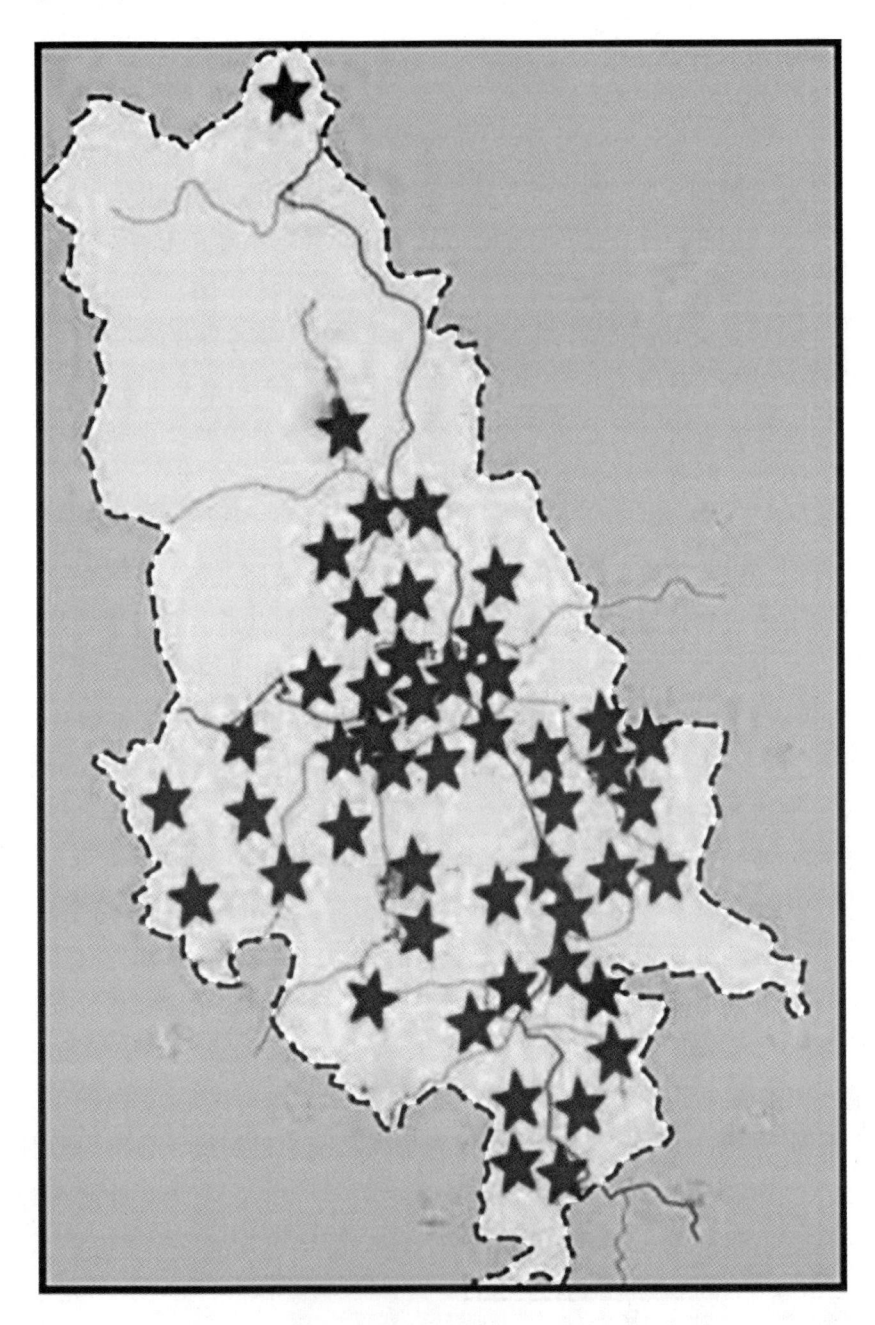

图 1-2 小凉山农场分布图

联系在一起，构成了全新的彝区村落体系。

60多年来，可以说宁蒗彝人所有的政治生活都围绕着农场展开，人们在农场批斗昔日的主人，在农场接受改造，在农场讨论发展，在农场展开斗争，农场几乎形成了小凉山彝区的资源中心，政治资源、文化资源、经济资源在农场集中，也在农场分配。在农场村建设之前，彝人们几乎以个体家庭为单位，以家族为片区，零星分布在深山老林之中；农场村建立之后，所有的彝人全部集中在村落里，换句话说，宁蒗彝人进入了村落化的历史。而这一历史，其实就是民主改革最为重要的内容之一。由此，农场村的规划、建设被赋予了治理、管理彝人与彝人谋求自我发展的政治与文化的双重含义。而对这一问题的关注与研究却是空白，如今，农场、农场人、非农场人、等级、婚姻等问题依然在农场村的时空中继续被构筑与体验。随着彝人的流动，农场的记忆仍然以某种方式在脱域，在蔓延，而他们依然构成彝族人的历史、认同、尊严与情感。

三 超越村落

人类学、民族学的田野调查往往从村落的空间布局入手，一来可以辨别村落的地理边界与文化边界，限定调查者的研究范围；二来可以通过调查家庭住户、人口、土地、资源、生计方式、宗教仪式、社会组织、公共空间等村落内部的构成要素来理解村落的社会、文化结构及其规范。村落的地理空间因此往往成为民族志书写的组织与叙事方式，民族志因而也容易被贴上只注重共时性而忽视历时性研究的标签，所以，著名人类学家格尔兹不得不说："人类学家并不是在研究村落（部落、城镇、邻里，等等），他们是在村落中研究。"① 问题在

---

① ［美］克利福德·格尔兹：《文化的解释》，韩莉等译，译林出版社2006年版，第29页。

于，我们要在村落中研究什么。如果一个村落研究或调查没有明显的问题意识，那么此研究将变得毫无意义，而此问题意识往往要超越村落中的地方性知识，那我们要从小凉山农场村的研究中获得什么样的可超越地方性知识的知识呢？

严格来说，所有的知识在起源上都是地方性的，那么，地方性知识在何种情况下可以超越自我，成为非地方性知识呢？如果，农场村仅仅作为一个单一的家奴安置村，其对云南小凉山彝区社会、文化结构的影响将会是特例，由此获得的知识不一定具备普遍意义；但如果农场村以类的方式发生影响，那由此获得的知识将会具备相反的性质而成为理解云南小凉山彝区社会、文化结构不可缺少的知识，这种知识因在时空中自我复制、传播而具有普遍性的历史意义，并在此意义上超越自我而成为人类学所关注的有价值的非地方性知识。

农场作为民主改革安置家奴的组织、经济与政治形式，现今已形成小凉山彝区村落布局的核心框架，由51个农场分化出来的众多农场村所占据的地理、组织、经济、权力与文化空间及他们之间的交流，与小凉山彝族的家支制度一道使其社会联系更加紧密，从村落到区域的地理和文化轨迹似乎被凸显。不难判断，这是一种可以追踪的、具有物质属性的社会联系，这些社会联系似乎揭示了从村落到区域再到国家的某种路径，于是，从微观到中观再到宏观的社会学想象似乎有了某种民族志描写的可能性。

长期以来，笔者所阅读、接受的凉山彝族史其实就是中国主流的凉山彝族奴隶社会史，这是一部以等级制和阶级斗争为主线的凉山彝族近代社会史，其起点始于遥远的过去而终于民主改革。林耀华、杨成志、严汝娴、周自强、胡庆均等学者对这一话题的研究至今仍然是我们理解民主改革前的凉山社会最为重要的文献，尽管他们的研究方法和学术观点个性十足，但时代特征注定了这些作品拥有共同的唯物史观与理论假设，在笔者看来他们写的几乎就是同一部书的不同章节。这些学者对奴隶制凉山的描述和比较不仅影响了研究凉山的学者，也为各级政府制定与凉山相关的政策提供了强大的理论支持。同时，这些学者的史观也深深影响着凉山彝族知识分子和政治精英们对凉山历史的"中国式"想象，由此也改造、型塑着他们的政治理解与诉求，笔者自然也是其中的一员。

农场问题的"发现"对于笔者理解凉山彝族史完全可以成为一个"事件"，此事件打破了笔者理解凉山彝族近当代史的知识范畴与固有观念。之前，笔者从未思考过凉山彝族近代史与当代史的断裂与重组的问题，也从未思考过凉山彝族近当代史与中国近当代史乃至世界近当代史之间的联系问题，认为凉山彝族史有着相对封闭的地理和文化疆域，她的发展一直处于野蛮的奴隶社会阶段而表明了自己的落后，换句话说，笔者与众多的彝族人一样相信凉山彝族的奴隶社会是独立发展的结果。① 但是，云南小凉山的"农场现象"却提出了另外的问题。

（一）凉山彝族近当代史的断代问题

中国现阶段多数民族学、人类学的村落研究不太关注村落的历史问题，特别是在少数民族村落，历史问题一直以某种奇特的方式被回避，似乎这些村落永远如此，并一直如此。事实上，中国多数的少数民族村落史或多或少与民主改革有关，都经过了人口和资源的重新配置与安排，小凉山的农场只是这些配置与安排的典型案例而已。比如说，云南就曾经在"直过区"建设过 17 个生产文化站，这些生产文化站的职能就是将分散在山上的少数民族同胞集中到生产文化站过集体生活，以此来帮助他们从原始社会直接过渡到社会主义社会，今

---

① 凉山彝族近当代史的多数专家其实并不相信这样的观点，但他们的作品多数持有此说。当然，这样的观点也是中国 20 世纪五六十年代关于凉山彝族奴隶社会性质的主流学说。

上篇　作为措施的农场

天,这些生产文化站多数形成了乡政府的所在地。① 西藏围绕某些寺院形成的村落其实也是将从寺院解放出来的农奴安置在寺院周围的土地上形成聚落而已,它们也是民主改革的直接产物。表面上看,这些新出现的村落只是少数村落的个别村史,事实上,这也是许多少数民族地区人口聚合方式的革命性变化,因为这也意味着少数民族社会生产方式和生活方式的彻底改变,所以,民主改革应该是中国多数少数民族当代史与近代史的分水岭,云南小凉山彝区的情况也如此。

农场在云南小凉山彝区的出现让笔者意识到,凉山彝族近代史终于民主改革而当代史却始于民主改革,这既是人为的历史也是自然的历史,所以,现今小凉山彝族社会、文化的研究无法绕开对民主改革这一重大事件的考察。因此,村落史物化了民主改革对其的影响,我们今天看到的彝族村落并不是从来就如此,也不会永远如此。这样的思考在揭露了凉山彝族近代史与当代史直接的断裂和重组的同时,也透露出联系两者的众多隐蔽而微妙的观念及其实践。

(二) 家奴来源与彝汉关系

简单而言,农场就是安置家奴(呷西)的形式,而绝大多数家奴来自小凉山周边的汉族地区,多数也是被掠卖而来的汉人,此情况基本上可以放大到四川、云南所有的凉山彝族地区。

从整个凉山彝区的一般情况来说,呷西的基本来源是被掠卖的汉人。这不只是因为当代被掠卖而来的汉人呷西在凉山不少地区的呷西总数占了较大的比重,而且还因为呷西中的婚配呷西子女和抽来的阿加子女也主要来源于被掠买而来的汉人呷西。……总的来说,在占解放前凉山彝区总人口百分之十的呷西中,当代

---

① 参见中共云南省委党史研究室《云南边疆民族地区民主改革》,云南大学出版社1996年版,第26页。

抓来、买来的汉人呷西居第一位，阿加子女居第二位，曲诺下降居第三位，婚配呷西子女居第四位。此外，呷西中还有少数其他民族的成员。①

周自强在《凉山彝族奴隶制研究》一书中对呷西的来源有以上的论述，他坚定认为汉人是呷西中的多数。都梁在一篇关于凉山呷西等级特征的文章中也描述了同样的事实，只是他认为呷西中的多数应该以他们进入凉山的第二代为主，而不是以掠夺来的第一代为主，所以呷西的主体应该是凉山的"自产"：

> 民主改革前二十年内的历史调查，同样说明，各地呷西占有者个体户所属阿加和呷西，自身繁衍，是彝区内产呷西的主要来源。但不同来源的呷西，在不同地区和不同等级中的分配比重，又略有不同。中心地区从彝境外掠买来的呷西比重，大于边缘地区。如前述瓦曲曲竹核等六点，外来呷西比重是百分之四十三，而边缘地带拉里沟、脾田等四点比重是百分之三十六，而且引进时，多数是幼儿，因为不容易逃亡。由于同样原因，边缘地带阿加、呷西的子女在呷西中的比重大于中心地区。同属中心地区，曲诺、阿加所占有的呷西，以从彝境以外掠买而来者居多数，黑彝所占有的呷西，以当地阿加呷西的子女居多数。②

都梁的这篇文章从开篇一直在论证呷西的主体产自凉山，却没有明确说明论证此问题是为了证明什么。但该文的逻辑似乎是在反对"凉山的呷西多数来自彝区之外掠卖而来的汉人"这一观点：

---

① 周自强：《凉山彝族奴隶制研究》，人民出版社1983年版，第82—83页。
② 都梁：《四川凉山奴隶呷西等级的基本特征》，《西南民族学院学报》1981年第2期。

上篇　作为措施的农场

"呷西"全称"呷西呷洛",汉称"锅庄娃子",基本上是一无所有,任凭奴隶主买卖,甚至杀害的单身奴隶,是解放前四川大小凉山彝族奴隶制社会里,各奴隶等级中,地位最低的等级。它的特征可能很多,这里着重谈它的劳役和构成这个等级的人的来源。它是"偏重于家务劳役"?还是主要从事生产劳役?它的多数是来自彝区之外,还是产自彝区之内?这些呷西是不是彝人?是什么样的彝人?这些问题,在我们五十年代参加实地调查的时候,直到现在,意见也不是一致的。这里根据四川民族调查组印发的调查资料,谈谈自己的看法。①

尽管此文在开头就提出"呷西是不是彝人"的问题,这自然也是"呷西是不是汉人"的问题,但整篇文章没有明确将"呷西是不是汉人"作为问题来研究,因此,论证呷西的主体是凉山的自产似乎是在论证"呷西的主体不是汉人"的观点,从而证明凉山彝族的奴隶制似乎与周边的汉人社会无关。由此,我们在猜想,20世纪五六十年代研究凉山的学者真正争论的到底是什么。其实,研究凉山彝族奴隶制的第一代中国学者一直在回避一个事实:呷西的主体就是凉山周边地区的汉族,周自强算是这一代人中面对此问题时比较直白的专家了,当然,回避此问题可能也是当时的政治环境并不允许发表类似观点的缘故,学者不得已用另外一种方式思考问题。让人钦佩的是,尽管如此,也没有一个学者否定呷西的主要来源是汉族的事实,在这点上,徐铭的研究走得更远:

凉山彝族奴隶社会的人口,特别是自清光绪以来日益增多。黑彝等级获得奴隶的基本途径是向邻近汉人村落和城镇,向彝汉

---

① 都梁:《四川凉山奴隶呷西等级的基本特征》,《西南民族学院学报》1981年第2期。

往来的道路上用暴力掠夺人口。社会历史调查材料说明，凉山边缘各县的"汉根白彝"占白彝总人数的百分之五十左右，据《彝族社会调查》所载，民主改革前凉山中心区的布拖县，白彝和官百姓多数是汉人的后裔，形成了一百多个白彝家支，人口约有六万，占全县人口的绝大部分。①

无论徐铭的材料是否涵盖了整个凉山彝族地区，他似乎都在论证凉山彝族人口的多数来源于汉人，因为"汉根彝人"一旦占了彝族人口的50%，加上大量来自汉区的呷西和他们的第二代后裔阿加，凉山"彝族"的主体基本上就是汉人了。

> 全县七万多人中，黑彝只有四千多人。又据美姑县《巴普区调查材料》载，凉山彝族本身有的白彝（曲诺）家支是"节聂白海""阿木苏多""节俄路基"和"吴奇曲比"等四家。另外的白彝家支多是由汉人呷西上升而成曲诺。这也反映在谚语"一代是龙节，二代为麻邀，三代便是曲诺"中。凉山各地区的呷西，汉人占百分之五十左右。凉山彝族奴隶社会人口增多的主要因素之一是大量汉人融合于彝族，也是民族交往和斗争对彝族人口发展带来的积极后果。②

上面的论述更为清楚，除了黑彝和以上的四家白彝曲诺，凉山彝族就只剩下汉人了，徐铭的人口研究似乎证明了这一点。由此一来，呷西是汉人对徐铭来说就完全没有问题，因为他将问题推向了极致，甚至在历史上，因为凉山黑彝奴隶主掠夺周边的汉人而使得"彝族"成为以"汉族"为主的民族。这样的观点似乎有点奇怪，更为奇怪

---

① 徐铭：《凉山彝族奴隶社会人口研究》，《贵州民族研究》1985年第2期。
② 同上。

上篇　作为措施的农场

的是这部分"汉族"人的族别一直没有成为问题，没有人诉求过自己的"汉族"身份，他们也没有受到中国轰轰烈烈的民族识别的影响，或者说，这部分人从未对自己的民族归属提出异议，包括今天云南小凉山的农场人从来就没有诉求过自己的"汉族"身份与来源，相反，他们一直以不是"真正的"彝族人而耿耿于怀，这难道仅仅是一般意义上的民族融合吗？

所以，云南小凉山"农场现象"的学术意义并非只有安置家奴那么简单，它暗含着理解中国近代以来彝汉关系的特殊命题，也意味着凉山彝族近代史有着中国汉人社会的贡献与基因，著名彝族人类学家潘蛟早就意识到了这一点：

> 很难想象，没有周围汉区那样广阔的鸦片市场，凉山彝区的鸦片种植能得到如此迅猛的发展。但是，鸦片种销的发展，对于凉山彝区奴隶社会的影响却是巨大的。它给落后于时代步伐的彝区奴隶社会带来一时活力，促使彝族奴隶主阶级同汉区封建反动势力同流合污，为彝区奴隶社会制度的巩固和扩张创造了条件。由此可见，在阶级社会里，出于对共同剥削利益的维护和追求，发达社会中的剥削阶级竭力去支持和维护另一个落后社会的存在，阻碍它的发展，这种倒开历史车轮的反动现象是可能发生的。①

潘蛟用"同流合污"一词揭示了凉山彝族奴隶社会与周边汉人社会比较紧密的政治与经济联系，也含蓄地提出凉山彝族奴隶社会在近代的高速发展其实是汉彝统治阶级共谋的结果。有意思的是，他考察此问题的起点并不在呷西是否是汉人的问题上，而是在问汉人社会通

---

① 潘蛟：《试述烟片种销对近代凉山彝族社会发展的消极影响》，《中央民族学院学报》1987年第1期。

过什么样的政治、经济行为影响着凉山彝人社会；而鸦片在凉山彝区的种销似乎是所有问题的根源，那鸦片的种销是否就与本书中农场人的历史有关呢？这又能说明什么问题呢？

（三）鸦片种植与奴隶制

鸦片种植如何传入四川基本上有两种说法：一是于道光年间由云南传入凉山安宁河流域，再传到四川盆地资中等地，然后传到四川东部；另外一种说法是从广东直接传入四川盆地后再传入凉山等周边地区。秦和平认为后一种说法是孤证而支持前一种观点，① 因此，他认为凉山地区的鸦片种植应该始于道光年间，但对此时彝族是否参与种植，秦和平则没有明确指出，而研究此问题的多数学者②则认为凉山彝区的鸦片种植应该始于1910年前后，这些学者的观点全都参考了《四川凉山彝族社会历史调查》综合报告中以下调查资料：

> 罂粟第一次传入凉山各地种植的年代并不一致，但都是在1910年前后。据调查，美姑县巴普是在1909年，由住在三侯以达山背后的黑彝井曲达仁的父亲从汉区带回鸦片种子，在汉人指导下进行试种而开始种植的。普雄瓦吉乡则在1911年以后，因汉区有对罂粟种植的禁令，汉人烟贩到布吉洛（中普雄）一带租地种罂粟，以后彝人也就逐渐种罂粟。马颈子和阿尔乡的罂粟都是在这个时期传入的。③

以上材料是目前为止公认的关于以美姑为代表的大凉山彝区腹心

---

① 秦和平：《鸦片在西南地区的传播及其种植面积考订》，《中国历史》2003年第2期。
② 如潘蛟、秦熠、刘世旭、郎伟等。
③ 四川省编写组：《四川省凉山彝族社会历史调查》（综合报告），民族出版社2009年版，第14页。

上篇　作为措施的农场

地带最早种植鸦片的报告，该报告说明，鸦片传入凉山的情况可能有两种，一是彝人自己从汉区带来种子，在汉族技术人员的指导下种植；二是学习汉族在凉山彝区种植鸦片的相关技术，自己试种后推广开来。很明显，此两种鸦片种植方式都有汉人的参与和影响，这就说明大凉山鸦片的种植与内地的汉人不无关系。鸦片在大凉山的种植与内地的禁烟政策直接相关，内地禁烟严格，凉山鸦片的种植就兴盛，内地禁烟宽松或者复种，凉山鸦片种植就减少。其原因是凉山的鸦片种植都是为了供应内地的鸦片需求，因内地禁烟而导致鸦片价格上涨，种植鸦片的利润丰厚，于是吸引大量的彝人种植。

　　抗战爆发后，国民政府迁都重庆，四川鸦片虽未禁绝，但中央政府以四川为大后方，政策贯彻较易，鸦片种植再度转向凉山地区，战时政府无力大规模整治凉山地区，凉山边缘的大量垦社亦种植鸦片，直至抗战结束，政府才重新取缔汉区鸦片种植。鸦片种植成为凉山经济重要组成部分，这种汉彝区鸦片禁种交替的局面直到20世纪50年代才最终结束。①

随着国民政府迁都重庆，四川盆地大量的鸦片种植受到控制，凉山等周边边缘地区成为内地鸦片的重要供应地，内地在边疆地区经营垦殖的各种组织也参与鸦片的种植与经营，很快，四川凉山地区鸦片种植成为彝、汉共同参与的经济行为，凉山地区的鸦片成为地地道道的经济作物，这些经济作物直接刺激了凉山周边汉人社会各种类型的垦殖组织参与了凉山的鸦片种植，并成为在凉山彝区传播鸦片种植技术的主力与先驱。

---

① 秦熠：《鸦片种植与凉山彝区社会变迁（1908—1949）》，《中南民族大学学报》2014年第3期。

凉山地区的垦殖时衰时兴，垦民亦时多时寡。垦殖的衰兴是围绕着鸦片种销的变化而变化的。1910年凉山出现鸦片种植，此后数年，官垦计划只是一纸空文，而商垦渐有发展。如马边的拓边垦社于1911年种植鸦片，获得厚利，当地复称繁荣。1915年适逢内地禁烟，小凉山的乐屏垦社趁机大种，每年除收获数千石玉麦外，又得高价鸦片数十担，收入达10余万元，垦民从几百户猛增至2000余户，成为该社垦务极盛时代。①

上文中关于凉山周边汉族垦社的研究证实了这些垦社参与凉山鸦片种植的史实，其时间与《四川省凉山彝族社会历史调查》（综合报告）中凉山开始种植鸦片的时间相符。由此可以判断在鸦片种植技术传入凉山的过程中，这些垦社追逐利润的行为起了重要作用，所以，此举具有极强的目的性和组织性，并非偶然行为。

商垦规模并不亚于官屯。以雷波、马边、屏山、峨边四县的商垦社为例，集资接近万元或万元以上者约有21个，它们拥有垦民3402户，其中屏山的乐屏垦社有垦民1004户，3700余人，平均每户3.7人。依此推算，21个垦社当有垦民一万两千余人。可耕地面积约计275000亩。此外，还拥有1680条枪、数万发子弹。垦社构筑碉楼，对垦民进行军事训练。由于国民党统治时期在国内推行民族歧视和民族压迫政策，民族间的隔阂很深，出现武装垦殖的现象是不难理解的。②

正如郎伟在上文中所言，凉山周边的汉族垦社因彝汉之间的隔阂而出现了武装垦殖的情况，这一现象进一步说明凉山周边的汉族垦社

---

① 郎伟：《民国四川凉山地区垦殖述评》，《中央民族学院学报》1988年第1期。
② 同上。

上篇 作为措施的农场

不仅具有经济目的,还具有以军事保护经济利益的殖民特征,但这恰好说明大凉山鸦片的种植并非只有彝族人参与,从某种意义上讲,暂且不论鸦片消费的问题,同样也是凉山周边的汉人推动和影响着凉山地区的鸦片种植的规模与兴盛。如果说商垦不足以说明问题的话,官垦也参与了凉山的鸦片种植则更能说明问题了。

1930年,鸦片种植遍及凉山各地,垦殖组织以鸦片种销有利可图,官垦、商垦纷纷出现于凉山周边地区。尤其是1935年至1949年,四川汉区禁烟较严,凉山地区的垦殖因之异常活跃。有的军阀解甲从垦,如在大凉山开办垦场的穆流洲即属此例,他发现鸦片种销获利甚巨,竟专雇垦夫数百人种植。反过来,如果遇到内地汉区禁烟略有松弛,凉山鸦片种销也就相对减少,此时的垦殖也就进展迟缓。①

很明显,大凉山周边汉人社会的官方和民间都在不同程度上参与了鸦片的种植,而拥有相同的社会制度的云南小凉山的情况又如何呢?尽管云南小凉山的彝族都是从大凉山昭觉、美姑、喜德等地因不同原因先后迁入宁蒗县境内的,他们与大凉山的彝族有着千丝万缕的联系,但在鸦片种植的问题上,并没有证据表明他们之间的传播与传承关系,可以断定两地的彝族人并没有互相学习和交流鸦片的种植技术。

清末民国初,宁蒗开始种植鸦片,但范围不大,吸食者亦不多,后来民国政府下令禁种,但不执行,种植面积逐步扩大。②

---

① 郎伟:《民国四川凉山地区垦殖述评》,《中央民族学院学报》1988年第1期。
② 宁蒗彝族自治县县志编委会:《宁蒗彝族自治县县志》,云南民族出版社1993年版,第507页。

从宁蒗县志关于鸦片种植的描述来看,宁蒗鸦片种植的时间似乎与大凉山彝区一致,但没有任何迹象表明宁蒗彝人先于其他民族种植鸦片,也看不出他们种植鸦片的想法和技术来自四川大凉山。

民国二十六年(1937年),云南省将宁蒗划为"展种区",并公开号召大量种烟,结果发展更快,县内成人吸食鸦片者占10%—20%。凉山还用鸦片换取枪支(鸦片烟50—60两换一支枪),扩大自己的武装力量。自大量种植鸦片以来,凉山的枪支大量增加。①

而这段材料则进一步说明,云南小凉山彝区鸦片种植的真正发展是在政府号召和鼓励下开始的,鸦片"展种区"是云南省龙云政府重要的产业政策,其目的就是广开税源和增加税收。

云南都督唐继尧接受中英双方会勘建议后颁布禁烟章程,至1917年中英两国代表从贵州进入云南会勘时,云南的鸦片种植已基本肃清。禁种之后,烟价上涨,邻省种植鸦片销入云南有暴利可图,边境一线部分民众甚至被唆使入缅甸种植大烟。1920年秋,云南省政府制定《云南禁烟处罚暂行章程》,采取"寓禁于征"的办法,允许云南省民众种植大烟,政府收取烟亩罚金增加财政收入,地方民众则增加了捐税负担。1937年,龙云将腾龙沿边的六个设治局,澜沧、宁蒗等18个地方设为大烟展种区(缓禁区),推行禁运政策由省政府"统制运销",垄断烟土

---

① 宁蒗彝族自治县县志编委会:《宁蒗彝族自治县县志》,云南民族出版社1993年版,第507页。

上篇 作为措施的农场

贸易。①

云南地方政府自 1920 年始就以"寓禁于征"的政策将鸦片的种植合法化,因此获取大量的烟亩罚金,而在 1937 年,龙云更是将包括宁蒗在内的部分边疆地区划为大烟展种区,进一步由政府垄断鸦片的制作与购销,使得展种区农民成为真正的烟农。因此,鸦片在云南小凉山彝区的种植实则为政府行为,这与四川大凉山彝区鸦片种植的情况有所差异,四川省由于邻近重庆民国政府在彝区的鸦片种植主要以垦殖的形式出现,而并不像云南地方政府那么露骨,用法制化的手段来实施。

宁蒗成为展种区期间,彝族人其实并不是鸦片种植的主力,坝区的汉族才是最重要的参与者和受益者,因此前文中关于鸦片吸食的统计并不包含彝族。

> 1938 年 9 月,省民政厅通知蒗渠禁种鸦片。10 月,宁蒗设置局长周维嵩呈文,宁蒗士绅卢瑛、张清华等七十余人上诉,要求鸦片延种。年底,云南省政府批示改为"惩罚违种",按亩征惩罚烟十两,不给价值,其余给价收购,统制运销。同年,局署进行人口调查,全县(不包括山区)2830 户,12536 人。②

尽管云南省政府于 1937 年将宁蒗划为展种区,但在第二年又开始禁烟,其政策朝令夕改,使得烟民不得不上诉延种。上文中的卢瑛、张清华为宁蒗汉族卢、张、周、邰四大家族中的重要人物,他们几乎开发、垄断了宁蒗所有能耕种的坝子,估计也是鸦片种植中最主

---

① 王明东、陈乐平:《民国时期云南边疆鸦片抗铲事件探析》,《贵州民族研究》2011 年第 5 期。
② 宁蒗彝族自治县县志编委会:《宁蒗彝族自治县县志》,云南民族出版社 1993 年版,第 16 页。

第一章 发现"农场"

要的参与者。由于这些乡绅的上诉,云南省政府只得采取以罚代管的形式允许他们种烟,这其实就是鼓励。与大凉山的情况基本一致,云南小凉山的坝子多数由汉族居住,彝族主要分布在山区,1938年的人口统计其实并不包括山上的彝人,因此,此时彝人种烟的情况并不太清楚,但无疑也开始大量种植。1939年宁蒗开始严肃禁种鸦片,但越禁越多,原因就是山区的彝人并不服从政府的政令,并有组织地展开了抗铲军事行动,而每次行动都以彝人的胜利而告终,这使得山区彝人的鸦片种植一直在高速发展,直到1956年民主改革时才彻底禁止。[①]

以上关于大小凉山鸦片种植史的梳理,说明鸦片在凉山的种植直接与内地汉人社会有关,政府、军阀、商人、汉民都以不同的方式参与了大小凉山彝区鸦片的种植,而鸦片在彝区种植既满足了内地汉区对鸦片的需求,也在不同程度上促进了彝族社会的发展。

学术界一般认为,由于鸦片在凉山的大量种植导致了几个重要的问题,一是大量白银流入凉山,二是大量枪支流入凉山,三是大量汉人被掠卖到凉山,而这又导致了凉山彝族奴隶社会的进一步发展与壮大,最终导致了汉人家奴占有的规模而凸显了奴隶社会的残忍性。民主改革时,在云南小凉山,这些家奴都来到了农场,至今,部分长寿的老人及其后裔多数依然生活在农场。尽管今日的农场村依然沿用了改革初期的名字,但其文化组织、经济生活、村落认同以及与周边非农场村落的关系都发生了巨大变化,一方面,它们是小凉山普通彝族村落的部分,有着所有大小凉山彝族村落的结构和文化特征,另一方面,它们因婚姻联系而与周边的彝族村落有着差异,而这些差异在构成自己的特点时,也外化为其他村落的自我意识或者标识,而这些标识又在总体上参与了小凉山彝族社会的形塑。因此,农场及农场村的

[①] 宁蒗彝族自治县县志编委会:《宁蒗彝族自治县县志》,云南民族出版社1993年版,第507页。

研究似乎超越了村落研究本身,以一种奇妙的方式将历史、族群、区域、社会联系起来,为我们展现了一个行走在历史中的凉山彝族社会,而这样的视角已经完全超越了一般意义上的民族学和人类学的研究范围与话题,格尔茨意义上的"地方性知识"因此也成为可能。

第二章　民主改革前的小凉山彝族社会

关于云南小凉山彝族民主改革前社会历史的研究很少，中国少数民族社会历史调查资料丛刊中的《云南小凉山彝族社会历史调查》算是比较重要的文献了，该书由中国科学院民族研究所云南民族调查组与云南省民族历史研究所民族研究室共同完成，调查时间在1962年底至1963年初，曾以《云南小凉山彝族奴隶制社会历史调查》为题内部刊印，后于1983年编入中国少数民族资料丛刊。① 尽管该调查资料侧重于对彝族社会制度特别是奴隶制的探讨，历史文化方面的讨论并不算多，但其中描述的细节基本可以与笔者在小凉山调查所获得的民间传说相佐证。由于凉山彝族并未形成用文字书写历史的传统，多数史实用口传的方式在家族或部落中传承，因此家族记忆、口传家谱和相关传说是理解凉山彝族历史的重要方法。本章将田野调查和部分文献结合起来，在初步描绘小凉山彝族民主改革前历史文化的基础上理解民主改革在小凉山地区推行的过程及其意义。

截至2011年第六次全国人口普查，宁蒗彝族自治县的总人口为258869人，其中彝族人口为163059人，占全县总人口的

---

① 《民族问题五种丛书》云南省编辑委员会：《云南小凉山彝族社会历史调查》，云南人民出版社1984年版，第194页。

62.99%，①为宁蒗县人口最多的民族。但在1938年的户籍统计中，宁蒗县2830户12536人的人口和户数还不包括山上的彝族，②直到1956年，宁蒗彝族自治县境内的彝族人口才有基本的统计。1956年，小凉山彝区全面推行民主改革，宁蒗彝族自治县也于9月20日成立，关于彝族人口的统计数字也开始在文献和档案中出现，但各种数据之间差异悬殊，我们依然无法得到相对权威的统计数据。第一组数据来自宁蒗彝族自治县县志（1990年），该版县志记载的1956年彝族人口数为49641人；③第二组数据来自《云南边疆民族地区民主改革》一书，该书估计1956年的彝族人口为75000多人；④而杜玉亭在《云南小凉山彝族的奴隶制度》一文中引用宁蒗县工委的数据时估计1956年的彝族人口为61000多人。⑤我们尚不清楚构成这些数据之悬殊的原因，但此悬殊或者差异恰恰说明了一个问题，即清政府和民国政府并未有效控制过云南小凉山彝族社会，从户籍管理的角度来看，他们一直是"化外之民"，民国政府一直到1947年宁蒗的户籍人口统计中依然没有包含彝族人口。⑥与户籍直接相关的就是赋税管理问题，而赋税管理的缺少则意味着政府行政能力的微弱，这容易造成人们对小凉山彝族社会"独立"于地方政府的假象，而事实上，小凉山彝族能在宁蒗落脚、崛起并成为该区域最强大的民族，与历朝历代在该区域的治理、经营以及彝族人对相关治理方式的适应直接相关。

---

① 《宁蒗彝族自治县第六次人口普查公报》，宁蒗县统计局，2011年11月。
② 宁蒗彝族自治县县志编委会：《宁蒗彝族自治县县志》，云南民族出版社1993年版，第120页。
③ 同上书，第136页。
④ 如黑彝人口1500人，占总人口的2%，则总人口数应该为75000人左右。
⑤ 《民族问题五种丛书》云南省编辑委员会：《云南小凉山彝族社会历史调查》，云南人民出版社1984年版，第11页。
⑥ 宁蒗彝族自治县县志编委会：《宁蒗彝族自治县县志》，云南民族出版社1993年版，第120页。

一 彝族迁入前的宁蒗

在这部分凉山彝族迁到小凉山之前，宁蒗的土著居民主要为摩梭和普米。1279 年，元朝在现在的宁蒗设永宁、蒗渠两个州，① 开始在该区域实行土司制度，直到 1936 年民国政府设置宁蒗县，各取"永宁""蒗渠"各一字为"宁蒗"，其间，永宁、蒗渠两地曾一度共同归永北府（厅）管辖。②

> 道光十一年（1831 年），永北同知吴兆棠请准开办蒗渠白牛银厂，又名东升银厂。云南东川厂民，四川、湖北、江西、陕西等地居民闻讯而入，厂地各处人烟稠密。稍后，白牛银厂周围的巴尔勺、包都、大村三地形成小集镇。③

白牛银厂地处宁蒗县城官地坝的东北部，海拔 2950 米，是清朝滇西北开采规模最大的银矿。上文提到的八耳勺、包都和大村就是今天汉族最为集中居住的红桥坝子、红旗坝子和大兴镇。后来居住在这些地方而发达起来的邰、卢、张、潘四大地主的家谱也记载了他们进入宁蒗是与白牛银厂有关的事实。邰姓的家谱记载：邰家，"祖籍陕西省西安府武功县，清嘉庆年间迁入蒗渠，曾负薪易市上，背炭而卖街前，并矿工生涯于东升银厂……"卢家，"祖籍山东，道光年间迁居蒗渠大二地，后就业于东升银厂……"张家，"祖籍贵州遵义府遵义县紫竹村，道光年间迁居蒗渠锦锦乡，家境一贫如洗，后迁居包都，后就业于东升银厂……"此外，位于县城东的庄房村后山田宗仁

---

① 宁蒗彝族自治县县志编委会：《宁蒗彝族自治县县志》，云南民族出版社 1993 年版，第 11 页。
② 同上书，第 14 页。
③ 同上书，第 13 页。

墓志记载:"生于乾隆四十二年(1778年),卒并立碑于道光二十八年(1884年),系湖北省施南府宣恩县人,因人口敷衍,家业无几,与其穷守故里,不如另择乐郊。风闻滇渠银矿兴盛,于道光十五年(1833年)与友人同来踏看,并谪迁滇渠东升银矿,后移居庄房村。"①

随着东升银矿的兴盛,"流民闻讯四入,厂地各处,五方聚集,人烟稠密,商家云集,商号林立"。可见,当时东升银矿的开采规范巨大,吸引了大量的内地汉人到宁蒗。到了1887年,白牛银厂由官办改为招商承办,先后历时一百来年。"到光绪末年,白牛银厂停办,厂矿工人先后在滇渠坝、八耳勺、荔枝河等地兴修水利,改田种稻,兴办农业,定居于此。"② 东升银厂倒闭后,部分矿工和商贩返回家乡,大部分留居下来,他们散居在宁蒗各地利于农耕的河谷平坝,开沟挖渠,兴修水利,进行农业生产,兼营水磨、造纸、铸铁等手工作坊,他们的后裔形成了今天宁蒗汉族的主体。截至2010年第六次人口普查,全县汉族人口为51000人,占总人口的19.7%。③

对于这部分汉族的来源,官方和民间的文献记载是一致的,他们都是自发的矿厂移民,他们的命运与白牛银厂紧密相连,他们因白牛的兴盛而来,也因白牛的衰败而留居此地。白牛银厂因此对宁蒗汉族还有着某种重要象征。在田野中,笔者遇到一位80多岁的卢姓老人,其至今不吃牛肉,原因是他的祖上因白牛银厂而发达。从这个意义上讲,宁蒗的汉族多数都是白牛的"后裔"。白牛银厂的兴盛不仅吸引了大量的汉族移民,同时也吸引了大量的回族移民:

---

① 宁蒗彝族自治县县志编委会:《宁蒗彝族自治县县志》,云南民族出版社1993年版,第259页。

② 又据《云南通志》记载,该银厂是由道光初年刘东升奏准开办,东升因人得名。参见《宁蒗彝族自治县县志》,云南民族出版社1993年版,第14页。

③ 《宁蒗彝族自治县第六次人口普查公报》,宁蒗县统计局,2011年11月。

云南采矿，据考证，元代有之，明代已繁盛。其中因银矿最为重要，其次为铜矿。民矿大兴，无矿不回。宁蒗白牛银厂异常兴旺。白牛厂矿区曾形成一集回子街，建有清真寺，坟地百亩，今存遗址可考。①

尽管今日宁蒗县的回族人口只有上百人，但据《宁蒗回族史》的说法，回族自元朝起就开始在宁蒗各地居住，到了清朝大理回民起义以前，除了东升银矿以外，新营盘、三岔河、沙力坪、永宁等宁蒗县境内的交通要道、矿区、农业区已经形成了回族聚居区，清真寺、坟地遗址大量在该区域出现的事实说明回族同样是宁蒗县居住较早的居民之一。②

表2-1　　　　　宁蒗县第六次人口普查部分人口比例

全县总人口 258869						
民族	彝	汉	摩梭	普米	傈僳	回
人口（人）	163059	51000	16119	12526	8303	100
比例（%）	62.99	19.70	6.23	4.84	3.21	0.03

简单来讲，东升银矿的开发改变了宁蒗县的民族构成，汉族、回族和摩梭、普米、傈僳共同成为该区域的主要居民，③ 人口构成的变化同时也改变着该区域的政治经济结构。杜玉亭对汉族和回族进入宁蒗的历史有着以下的评价：

还值得一提的是汉族和回族早已居住在小凉山地区的问题。

———————
① 马云等：《宁蒗回族史》，宁蒗回族史编委会1991年版，第7页。
② 同上书，第6页。
③ 摩梭人口为16119，占全县总人口的6.2%；普米人口为12526，占全县总人口的4.8%。

上篇　作为措施的农场

关于汉族迁入蒗渠土司地区的时间，一般都说在道光年间，那时白牛银厂兴旺，大批汉族被招募于此。后清末银厂停办，汉族大批落户此地。但据许多遗存汉族墓志看来，有不少是属于清代嘉庆年间立石者，可见早在道光年间以前，汉族人民已入居蒗渠土司地区。与此同时或更早一些的时间，不少回族也已迁入蒗渠土司地区，至今许多地方还遗有"回子坟"，在宁利区甘沟还有"回子山"，据说这一带的回族比汉族来得还早。汉族和回族迁到蒗渠土司地区为主的小凉山一带之后，逐渐繁衍生息，几乎可能耕种稻谷的一点小河谷都被他们开发了出来。据说绵绵村一带的大米，就是汉族来后种植的。汉族和回族迁入今小凉山地区，对这里的生产发展是有一定推动作用的。①

东升银矿的开办，依然有着凉山彝族的影子，由于银厂汇聚了各种民族、各色人等，治安比较混乱。银厂曾有过招引凉山彝族前来保厂的举措，这是宁蒗县各族人民关于凉山彝族进入宁蒗最早的传说和记忆。

当地的汉、纳西（即此地自称"摩梭"）等族中还盛传"黑彝保厂"的故事。据说清道光年间白牛银厂兴旺，但社会不宁，于是厂主们便请来四川盐源的大黑彝武装来保护。又据清末来自永胜迁居大村街（今宁蒗县治）的汉族冯厥修老先生说，道光年间黑彝来保厂时宁蒗才有彝族。那时来保厂者只有六户黑彝和他们带来的数十户"百姓"。至今老人们还记得，数十年前白牛厂上还有一个"矿王菩萨"的庙，此菩萨披毡跣足，巨大的头帕上还伸出一个尖结，手执矿石一块，据说此神即是"罗罗人"（凉

---

① 《民族问题五种丛书》云南省编辑委员会：《云南小凉山彝族社会历史调查》，云南人民出版社1984年版，第3页。

山彝族称此现象为"诺苏不兹",即为彝族泥菩萨之意)。① 又有人说,此人是白牛银厂的发现者。由此可见,小凉山彝族迁来的时间亦不过二百年左右。②

杜玉亭的访谈在 1962—1963 年,应该有人见过白牛银厂的彝人塑像,但这数十户彝族人是否凉山彝族最早进入宁蒗的部分并不确定。直到民主改革以前,云南小凉山的彝族分为五个政治集团,俗称为补余、万张、罗洪、罗木、热柯五大"黑彝",③ 尽管这五个政治集团都从四川大凉山昭觉一带先后迁入宁蒗,但这些迁徙行为并不统一,即便在同一群体内部,各个不同的家支进入宁蒗的时间和原因也各有说法,迁徙并不具有组织性。事实上,"黑彝保厂"中的数十户彝族是否与现在居住于白牛银厂周围或宁蒗的彝族人有关也值得考究,因为笔者至今没有找到与这些事件有关的彝族民间传说。相反,补余集团最早进入宁蒗的史实则被小凉山的彝族人所公认,他们进入宁蒗有关的传说和故事也广为人知,而这些故事和记忆则与"黑彝保厂"没有丝毫关联。

二 从斯木补余到沙力坪

"补余"是地名,指现今凉山彝族自治州昭觉县补余乡,彝名为"斯木补余"。"补余"在今云南小凉山被理解为诺伙补余家族的姓氏,而在四川大凉山则被理解为曲伙金古家族的姓氏,原因是补余和金古不仅有血缘关系,而且共同源于"斯木补余",他们共同被称为

---

① "诺苏不兹"应该为彝语"nuo su bbur sse",意为"彝人塑像"而不是泥菩萨。
② 《民族问题五种丛书》云南省编辑委员会:《云南小凉山彝族社会历史调查》,云南人民出版社 1984 年版,第 3 页。
③ 此五姓黑彝的汉姓为余、张、胡、米、刘,彝称转写为汉文有多种写法,此注释中的写法比较通用,本书将采用此写法。另外,政治集团的概念还包括黑彝属下的曲诺,将在下文详细讨论。

上篇 作为措施的农场

"可衣惹尼",意为可衣的两个儿子。彝语中的"诺伙"一般被翻译为"黑彝",而被理解为凉山彝族的贵族等级,"鸡蛋鸭蛋一样大,黑彝脑壳一样大"这样的谚语似乎表示凉山所有的"诺伙"都拥有同等的血统来源,而事实上,"诺伙"之中依然分为"诺博""诺比""诺迪"三种类型,其中"诺博"被认为血统最为纯洁,"诺比"次之,而"诺迪"则认为血统最差,其他诺伙群体和曲伙都不愿意与之开亲。① 补余集团中的勒惹惹尼被认为是血统最高贵的诺伙之一,但因人丁不旺且遭到仇家的威胁而不得不迁入小凉山。

据老人说,补余家居住在斯木补余的时候,尽管血统高贵但人丁并不兴旺。迁徙到云南小凉山的原因是因为与某家诺伙发生了婚姻纠纷。有一天,补余家的主人在家门口砍柴时,来了自家的曲伙嘉日,告诉他对门的山背后居住有一户十分富裕的诺伙,可以将一位女儿嫁给他们家。主人就问:"富裕到什么程度?"这位嘉日回答:"富裕到给羊群喂盐时用麻袋倒盐。"于是,两人认为此婚姻可行,就让嘉日前去议婚。这家诺伙的姓氏已经没人知道了,他们属古候系,血统并没有曲涅系的补余高贵,一听说补余家愿意将女儿嫁给他们,十分高兴就答应了婚事。不久,两家诺伙就结成了姻亲。过了几年,等补余家的儿子长大后,该家诺伙也想将女儿嫁给补余家为儿媳妇,便派人前来议亲。此时,补余家认为自己的血统比对方高贵而拒绝了婚约,因此惹怒了对方。该家诺伙人丁兴旺,兵强马壮,经常在公共场合挑衅补余家。于是,补余家集中所有的人商量,决定离开斯木补余,以躲避他们的挑衅,并暗中派人在昭觉四开一带开荒种粮,以备族人食用。终于有一天晚上,全族人一夜之间离开了斯木补余,消失

---

① 全国人民代表大会民族委员会编印:《有关凉山彝族社会历史的若干情况》,1957年,第9页。

在黑夜之中，于是在斯木补余留下了"不迁则已，迁则像斯木补余一样彻底迁徙"的谚语。①

凉山彝族历史上的迁徙虽然没有组织性，但也不是盲目的。在迁徙之前一般会派人先行探查，选好目的地，然后再派部分劳力前去开荒种地，等庄稼可以收割后剩余人员才会按照户数迁徙前往。斯木补余到四开其实并不远，大概一天半左右的路程，但在补余家族迁徙的年代，山高林密，一天半的路程也是十分遥远的。补余家族来到四开一带后，与当地的著名诺伙尔恩家开亲，他们生活的地域恰好就是凉山著名土司利利兹莫家的辖区，这些诺伙和属下的曲伙都在利利兹莫的统治下生活，利利兹莫就是汉文文献中的罗罗斯宣慰司。而在这一带生活的著名诺伙还有巴且、热柯等，补余家族来到四开后，正值诺伙势力上升时期，利利兹莫对他们的管理、压迫也越来越严厉，这意味着他们与利利兹莫之间的斗争也越来越激烈。

据说在距今十三代前，大凉山爆发了以曲涅系统的子孙阿宜楚皮为首的反对土司的斗争，那时候，今天小凉山的彝族先人亦曾积极参与期间。据说今刘家（热可家）的祖先阿宜一车即是反土司的首领阿宜楚皮的弟弟，也是那次反土司斗争中的人物……这次斗争的结果，利利土司失败，由凉山腹地退居边缘地区，其对黑彝的种种剥削和统治自然也就随之取消，但随着土司的失败，凉山内部又产生了黑彝之间纷繁的械斗。其中有为瓜分土司的土地、百姓等财产不公而发生的械斗，也有因宿冤未解而来的斗争，据说这种无休止的械斗连续打了数十年。在这一斗争中，弱肉强食，胜利者的势力更加扩大，而失败者则濒于危亡的境地。那些斗争中的失败者为了免于灭亡，便不得不离开故土，向

---

① 该故事由丽江市补余克三讲述。

外迁徙。这就是一般传说中的云南小凉山彝族由来的历史背景。既然外迁的彝族是械斗中的失败者，那么这些黑彝家支便不是大凉山中的势力强大者。有些黑彝虽然也是大凉山的大家支（如瓦渣、罗洪家），但外迁者又多是不同分支或本家支间斗争中的弱者，也是因难以立足大凉山而外迁的。①

以上杜玉亭的调查基本上符合宁蒗彝族的民间传说。现居住在四川、云南讲彝语北部方言的彝族群体自称"诺苏"，② 分为古候、曲涅两个系统，传说是两兄弟的后代。大量的彝族文献记载古候、曲涅由云南昭通一带迁徙到四川凉山，古候系往左向发展，曲涅系往右向发展。所谓的左右可能是指以凉山山脉为地域参照坐北朝南的分类法，左向其实就是凉山山脉以东靠近峨嵋、乐山和成都平原的区域，右向是指凉山山脉的西边包括靠近甘孜州、云南丽江和四川攀枝花的广大区域。左向因靠近汉区，历史上朝廷册封的土司、土目比较多，而右向的土司比较少，因此有"古候九印，曲涅一印"的说法，当然此说法也指左向土司因数目多辖区小而势力不如右向土司的意思，其实就是"左向九土司不如右向一土司"之意。"利利兹莫"就是右向土司中的最强者，凉山彝族自治州的昭觉、美姑等县则是利利兹莫辖区的腹心地带，因此这些区域的彝语地名至今还冠予"利木"之名，如"利木美姑""利木竹核"等，而补余家迁徙出凉山之前则一直生活在利利兹莫的辖区，所以他们的祖先自然也参与了上文所言反对土司的战斗。

从传说中来看，补余家族迁出斯木补余的原因似乎是为了维护血统的纯洁性，他们在四开的姻亲尔恩、热可、巴且也属于曲涅系统，

---

① 《民族问题五种丛书》云南省编辑委员会：《云南小凉山彝族社会历史调查》，云南人民出版社1984年版，第1页。
② 分布在四川宜宾、乐山、峨嵋、雅安、甘孜、攀枝花，云南丽江、迪庆、怒江、大理、楚雄、昭通等地，总人口大约300万。

也就是说补余家从斯木补余迁到四开的真正原因可能是受到古候系的排挤，这是彝族内部部落竞争最常有的情况。尽管杜玉亭将云南小凉山彝族从大凉山迁徙的背景归结为利利兹莫失势后，其辖区或领地形成权力真空而导致社会秩序的混乱，诺伙之间因争夺权力而斗争激烈，迫使不少诺伙重新选择居住地而迁徙前往，因此，这些迁徙似乎有着统一的安排和原因；但是，这样的解释并不符合历史，因为云南小凉山彝族的迁徙行为并不是瞬间或者较短时期内完成的，这些迁徙直至今天依然延续，每年依然有不少大凉山彝族迁往小凉山，也有不少小凉山彝族迁回大凉山。

>至今居住在云南小凉山的黑彝共有余、张、胡、米、刘等五家，他们都是曲涅的后代。余家，彝称补余家，这部分黑彝来得较早，已有七八代，不到两百年的历史；张家，彝称瓦渣家；胡家，彝称罗洪家；米家，彝称倮姆家；刘家，彝称热可家，这四家来云南已有四五代，大约一百年的时间。从目前几家彝族迁居云南的时间看，皆未过两百年。①

从以上的材料来看，补余家族比其他几家迁徙得较早，那他们大概是在什么时候以什么方式迁徙到云南小凉山的呢？在回答以上问题之前，我们必须得先讨论一下凉山彝族谱牒传承及其意义的问题，因为谱牒是凉山彝族口传家史的结构性框架，蕴含了不少重要的历史信息。补余、万张、罗洪、倮木、热可皆为曲涅系，他们的共同祖先叫拉普迪俄，凉山彝族采用父子联名制，因此"拉普迪俄"其实上就是儿子"迪俄"的名字。迪俄有四个儿子，分别是迪俄可木、迪俄迪尼、迪俄欧迪、迪俄尤莫。②可木是补余的祖先，迪尼是上文所言

---

① 全国人民代表大会民族委员会办公室编印：《有关凉山彝族社会历史的若干情况》，1957年。
② 宁蒗县民族研究所沙马拉布口述。

热可的祖先，欧迪是万张和罗洪的祖先，尤莫现在无法续上谱系，据说已经绝嗣。

有关凉山彝族民主改革前社会结构的分析概念尚存在不少问题，比如"等级"这样的概念因根据血统将同一政治集团中的诺伙和曲伙的关系粗暴分割，并不能反映同一个政治集团内部诺伙和曲伙之间既相互依存也相互斗争的历史事实。事实上，每一个强大的诺伙家支都有几个强大的曲伙家支来支撑和辅佐，他们共同构成一个利益集团，而此政治、利益集团中的诺伙和曲诺多数情况下都被认为有血缘关系，这些血缘关系除了反映在有关谱牒的传说中以外，现实生活中这种血亲认同也影响着他们之间的称呼、言行举止和行为。在云南小凉山，人们用"补余地界上的金古、阿鲁，万张地界上的阿迪、阿西，热可地界上的阿必、沙玛，倮木地界上的阿钮、森特，罗洪地界上的补洒、吉务"这样的谚语来表示彝族地区的社会结构、家支分布及其关系，因此，接下来的行文中，本书在使用"政治集团"这个概念时将指既包括诺伙也包括属下曲伙的利益集团。

云南小凉山的补余集团主要包括补余、金古、阿鲁三个家支，其中补余为诺伙，金古、阿鲁为曲伙。近年来凉山彝族编撰谱牒十分兴盛，这几个家支的人口数也在谱牒编撰的过程中基本上被摸清，补余家的男丁人口在800人左右，基本上居住在云南小凉山；金古家的男丁人口在15000人左右，其中近10000人居住在宁蒗；阿鲁家的男丁人口也在15000人左右，宁蒗大概有5000人。以上各家支男丁人口的估算基本上以各自修订谱牒的时间为准，金古最早，大概在2002年；阿鲁大概在2010年；补余大概在2012年。①

谱牒是凉山彝族历史记忆的结构性框架，过去基本上通过口传背诵的方式传承。近些年来，懂彝文的人越来越多，大小凉山各地都兴

---

① 这些男丁人口基本上来自家谱修订过程中的分子钱摊派数字，基本上接近真实数字。

起了谱牒编撰的高潮,许多相关的故事、传说以及争论基本上也能用文字的方式进行解释和梳理。由于要涉及迁入小凉山的人名以及这些人大概的生活年代,谱牒的梳理显得十分必要。如前所说,小凉山五家诺伙都认为拉普迪俄为共祖,由于补余集团迁徙到宁蒗的时间最早,我们将以补余、金古、阿鲁为线索来梳理他们的谱系。

凉山彝族在背诵家谱时一般会背诵老大支的家谱,到分支点后继续追述大支的家谱,因此一般大支家谱人人都会背诵。下文中的家谱就是补余支从拉普迪俄至日体沙火的谱系:

拉普迪俄——迪俄可木——可木克衣——克衣拉衣——拉衣拉木——拉木拉次——拉次欧炯——欧炯朔热——朔热勒热——勒热吉次——吉次阿史——阿史扑辰——扑辰节果——节果尔坡——尔坡弄节——弄节洪加——洪加翁丁——翁丁足足——足足克博——克博阿呷——阿呷威史——威史万干——万干毕土——毕土日体——日体沙火

日体沙火是所有补余支同代人中辈分最高的人,彝语称为"其上无兄长",所以,以上各代人都是同一代人中的老大,都是无兄长之人。在诺伙补余家支的传说中,自拉普迪俄以降,男丁人口一直单传直到朔热勒热才生了两个儿子,老大叫勒热吉次,老二叫勒热阿咱,因此补余家有时也自称为勒热热尼,意为勒热的两个儿子。勒热吉次家有时也称为大余支,勒热阿咱家则称为小余支。自拉普迪俄到日体沙火共传了 25 代人,是所有补余家代数最多的一支,当然这是老大家的情况,其他的分支有些也只有 22 代,但平均在 24 代。人类学一般在根据谱牒计算年代时将一代估算为 25 年,去掉第一代和未成年的最后一代,其间的年数总和就是世袭开始计算之祖先的生活年代,如拉普迪俄生活的年代应该是 $2016-23\times25=1441$ 年,也就是说拉普迪俄的青少年时期大概在 1441 年前后,拉普迪俄应该是明朝初期的人（误差上下不会超过 25 年）。

以下是曲诺金古家嘉日支的家谱：

拉普迪俄——迪俄可木——可木克衣——克衣甘衣——甘衣海衣——海衣欧补——欧补金古——金古嘉日——嘉日阿更——阿更阿果——阿果扑迪——扑迪翁坡——翁坡毕约——毕约吉克——吉克双尔——双尔双博——双博拉博——拉博毕日——毕日尔达——尔达阿卢——阿卢万体——万体毕甘——毕甘建生——建生兹都

因该支与上文谱牒中的补余支共同居住在沙力坪坝子，他们的生活有交叉，因此本书选择了其家谱作为论述的谱系。从谱系中我们发现，双方的代数基本接近，金古家虽然是曲诺，但他们的家谱中有三代与补余家相同，也就是说他们共同源于可木可衣。仅从谱牒上看，可木可衣共有两个儿子，其中可衣拉衣繁衍为诺伙补余家，可衣甘衣繁衍为曲伙金古家，也就是说拉衣和甘衣应该是兄弟，这就意味着尽管补余和金古的等级不同但他们之间似乎有血缘关系。在现实生活中，无论是诺伙补余还是曲诺金古，甚至是整个小凉山的各彝族家支都承认补余和金古之间有血缘关系，或者说金古源于补余。但金古如何源于补余的说法则版本多样，作为诺伙的补余和作为曲诺的金古都各有说法，但双方都承认的说法是金古因母亲的血统不是诺而下降为曲诺。有意思的是，金古家认为甘衣是哥哥、拉衣是弟弟，尽管甘衣因娶了曲诺女性而成为曲诺，所以自己是哥哥的后代而应该是哥哥；而补余家则认为甘衣是可衣与其妻陪嫁丫环的私生子，虽出生年龄比拉衣大，但因私生子不能成为哥哥而只能是弟弟。① 事实上，这样的争论反映出大家对血统的重视，补余家极力维护作为诺和哥哥的地

---

① 这样的说法其实比较符合彝族的习惯，因为彝族人始终视正妻的儿子为嫡，永远是哥哥。

位,而金古家则通过对兄长身份的强调来增强自己的血统优势,但无论如何,他们之间的血缘关系是大家共同承认和维护的。

阿鲁家据说源于昭通,是土司的私生子,后来迁徙到斯木补余一带并成为补余家的属民。与阿鲁同样重要的另外一个家支叫加三,他们同样随补余家共同自昭觉迁徙至云南小凉山。阿鲁家的家谱如下:

阿鲁日普——日普仁牛——仁牛海惹——海惹吉刚——吉刚吉史——吉史吉汝——吉汝双吉——双吉布助——布助永你——永你基足——基足万伙——万伙鲁色——鲁色子哈——子哈伟都——伟都英旺——英旺史古

阿鲁家对于我们了解民主改革以前云南小凉山彝族社会的历史十分重要,因为阿鲁家出了一位十分重要的人物叫阿鲁基足,他是帮助补余集团在云南小凉山奠定了坚实政治、经济基础的重要人物。补余集团基本上由补余、金古、阿鲁、加三几个家族构成,补余不与其他三个曲诺家支开亲,但金古、阿鲁、加三则世代互为姻亲,特别是金古和阿鲁更珍惜"补余地界上的金古、阿鲁"的名号,直至今日依然认为自己是小凉山最为骄傲的曲诺家族,因为他们与补余一道来源于"斯木补余",是凉山彝族在云南小凉山最早、最强的拓荒者。

三 立足沙力坪

补余家何时从斯木补余迁到四开一带已经无法考证,但他们与居住在这一带的尔恩家族开亲则是事实。拉普迪俄的第十六代孙洪加翁丁时补余家依然生活在四开周围,但洪加翁丁开启了重新寻找居住地的事业,洪加翁丁也因曾来过现今的沙力坪坝子而被所有补余集团甚至是整个小凉山的彝族知晓。传说中,洪加翁丁与一个叫米热萨拉巴的人为了寻找居住地而来到沙力坪坝子,他们用随身携带的称称了沙力坪的土壤后,米热萨拉巴说:"此地的土虽好,但地上的蒿草和竹子一样高,杉树和松树一起生长,杉林水和松林水汇入一道,将来会彝汉不分,不是彝人的居住地。"而洪加翁丁则说:"此地土厚林密,上方有山宜放牧,下方有坝宜种稻,是彝人最为理想的居住地。"此后,二人一同回到了昭觉。据说米热萨拉巴为尔恩家族,因为洪加翁丁的奶奶是尔恩家的人,故米热萨拉巴为表哥,洪加翁丁是表弟,二人一同前往也是为了迁徙后便于婚配。不久,补余集团慢慢往沙力坪方向迁徙,而米热萨拉巴的族人却迁往攀枝花方向。至于补余集团是否在洪加翁丁的时代开始迁出昭觉,现已无法考证,也没有相关的传说留下。不过,补余集团自昭觉迁出以后,似乎曾在今天的盐源、盐边一带生活过一段时间。

> 我们阿鲁家是诺补余务哈家的"节",① 属于"阿鲁惹所"中的"日普惹略"支,是从古候传下来的,到现在已有三十二代。我们的祖先原来住在大凉山的昭觉县,是跟随色颇(主人)补余家一起搬来的。迁来的原因据说是那时补余家人少势弱,不断受到阿候、阿陆、马等老牌诺伙家支的挤兑、滋扰,又无力与其抗衡,只好带着百姓、赶着牲口,拖家携口,离开大凉山,来到盐边县境内一个拉卡谷的地方居住。可是不久,人们发现不少人莫名其妙地患上了一种奇怪的病,脖子上长出了一个大肉包。惊恐不已的诺补余家的头人们才又带领百姓继续西迁,来到今蝉战河境内的万马场、干海子一带。我们阿鲁家是在祖上基足时来到沙力坪的,现在已有七代。②

以上是云南省社科院郑成军在 2005 年前后对沙力坪阿鲁村几位

---

① "节"是奴仆的意思,一般指个体——笔者注。
② 郑成军:《彝族志:血统与根——云南小凉山彝族的生活方式、社会结构与家支制度》,云南大学出版社 2006 年版,第 34 页。

老人访谈资料的整理，阿鲁基足是洪加翁丁之孙足足克博的家奴，他随主人足足克博迁徙到万马场居住，当时足足克博家只有主仆二人。①从万马场步行到沙力坪只需要半天的路程，由此可推断出洪加翁丁之孙足足克博时已经迁徙到了小凉山境内，意思就是说洪加翁丁寻访沙力坪之后大约50年，他的子孙真正迁徙到了沙力坪。而此时的沙力坪其实并不是蛮荒之地，如前所述，坝子上已经有汉人和回族居住了。

> 百余年前，本乡（沙力坪）主要居民是汉、回两族，彝族很少，邻近并有傈僳族和普米族（汉称西番）。汉族村落主要分布在今王家村、多加拉达、上羊场、交干西、大厂等处；回族则居住在布迪拉达、阿鲁村、金古村、余家村等地。今村落附近，汉、回两族坟冢垒垒；王家村、布迪拉达等地，尚残存屋基。为数不多的彝族为古候系马家和与其联姻的曲涅系博石家及其所属娃子，多分住于两个小平坝两侧的山岗。当时，本乡土地大部分属于蒗渠阿土司所有，南部少部分属章土司所有。汉、回、彝等族均向土司租种或买红照地耕种，须向土司交纳"官租"和草场租。②

上述引文是1962年刘尧汉、严汝娴夫妇在沙力坪调查时关于足足克博和阿鲁基足进入沙力坪坝子之前，坝子及周边人口及民族分布的描述，此时的沙力坪坝子已经是人口稠密，坝子内居住有不少回族和汉族，这跟马云《宁蒗回族史》中提到的沙力坪作为主要回族居

---

① 郑成军：《彝族志：血统与根——云南小凉山彝族的生活方式、社会结构与家支制度》，云南大学出版社2006年版，第35页。
② 《民族问题五种丛书》云南省编辑委员会：《云南小凉山彝族社会历史调查》，云南人民出版社1984年版，第67页。

住区的说法基本一致。① 此时坝子周边似乎已经有了少量凉山彝族，除引文中提到的古候系之外，足足克博等居住的万马场也属沙力坪周边地区。沙力坪坝子的农业、手工艺已经发展到了一定的程度，我们从居住在坝子西边一户王姓地主的家业中可见一斑。

> 小坪子周围及其附近土地，王姓汉族向阿土司购得整片红照，实际为王姓掌握，又零星出租给当地汉、回族耕种，收取地租。……这一王姓汉族，曾在布迪拉达建立纸作坊，坊址已废，坊侧小溪今仍称为王家纸坊沟（后彝族布迪家迁入，又称布迪拉达）。纸坊沟之南三里，有王姓所建榨油作坊，现油坊的坊柱石座和碾油菜子的石碾槽，狼藉犹存，地名仍叫做王家油坊。在本乡北邻跑马坪乡还存其磨房、碾房遗址，王姓显然是当地的一个大地主，惟今彝族已不能记其名，但尚知其孙名王有，后迁本乡南部毛家村，距今四十年死去，已绝嗣。王姓原住王家村至今仍称为"王家堡子"。②

当时蒗渠土司的土地租佃制度主要有两种，一种叫"红照制"，租民在租地时向土司交押金，土司出红色字据，故称"红照"，这种土地租种制可以实行长期租种，租额较轻；另一种叫"清身"，在租地时不用交押金，实行活租，土司随时都可以收回土地，因此土地租用程序非常简易，故称"清身"，租额较高。部分势力较强的大户人家从土司手里获得大量"红照地"，然后将"红照地"改为"清身地"租给其他租户后获取大量的利润。③ 王姓地主可能也是通过类似

---

① 参考前文注释及马云等《宁蒗回族史》，宁蒗回族史编委会1991年版，第6页。
② 《民族问题五种丛书》云南省编辑委员会：《云南小凉山彝族社会历史调查》，云南人民出版社1984年版，第67页。
③ 嘉日姆几：《利益，尊严？——云南小凉山彝汉纠纷解决方式的人类学研究》，云南大学出版社2014年版，第79页。

第二章　民主改革前的小凉山彝族社会

的经营方式实际占有沙力坪及其周边的大量土地，并经营造纸、碾米、榨油等粗加工业务，成为沙力坪一带最为富有的地主，而此王姓地主的富有也戏剧性地成就了以阿鲁基足、足足克博为代表的凉山彝族在云南小凉山的事业与繁荣。

　　基足的童年非常悲苦，很小的时候就死了父母，借篱于舅父家中。由于缺衣少穿，夜晚寒冷难耐，常常要靠躺于架在火塘上烘烤的柴块上度过一个又一个寒冷的夜晚，第二天早上，稍不留神就会被舅父家早起的家奴连柴块掀翻在地。长大以后，基足只身流浪到沙力坪一带的山上，住在岩洞里靠打猎度日，后来与一个杨姓的傈僳族相识，两人歃血拜为兄弟，于是在这家傈僳人家中生活了一段时间。那时，在今王家堡子住有一王姓的汉族，除了拥有大片的土地外，还开有纸坊、油坊、磨坊，家大业大，富甲一方。这位汉族地主膝下有二子，但都资质愚钝，帮不上父亲什么忙。有一天，基足和他的义兄猎得一只鹿，基足便要了两只鹿腿，拜别义兄前往王姓地主家。据说，当日王姓地主听得下人来报，说有一彝人小伙求见，吃惊不小。原因是，这家汉族家里养有6只恶犬，凶猛异常，外人很难接近其家，更不用说走进院里。于是在客厅里召见了他，经过一番打探和询问后，地主把基足留在家中做了一名长工，帮其收取粮租，经营作坊。基足为人诚实，做事精明能干，勤快好学，又精通汉语，深得这位王姓地主的赏识，不仅很快成为其得力的心腹管家，还被收为义子，娶妻成家。①

　　以上是阿鲁家后人对阿鲁基足早年投靠王姓地主的传说，此说法

---

① 郑成军：《彝族志：血统与根——云南小凉山彝族的生活方式、社会结构与家支制度》，云南大学出版社2006年版，第35页。

中并没有出现主人足足克博的情况，而在宁蒗彝族自治县县志中，则有"因主子家境破落，穷困潦倒，主仆二人只好各奔东西，自谋生路"的说法。① 阿鲁基足为什么到王家去当长工，是偶然或者早已有心计我们现在无法知晓，部分民间说法认为他经常给王家的恶犬投喂所获取猎物的肉，投靠王家估计是他周详的计划。无论如何，阿鲁基足投到王家后开始安家立业，家境逐渐富裕殷实，由于他还负责帮王家收租，因而也结识了不少朋友，而这为他将来的发展奠定了坚实的物质基础。

阿鲁基足生于1835年，卒于1902年，享年67岁。② 此人对于我们了解民主改革以前的小凉山彝族社会之所以如此重要，是因为他和他的主人足足克博将成为凉山彝族进入宁蒗后的第一代千户长，并被授有官印，成为清末民初实实在在的彝族土目。就是因为此二人的成功，大量的凉山彝族顺利迁入他们的地界，在人口、经济和政治上迅速发展，形成了云南小凉山政治、经济上最强大的补余集团。而真正让阿鲁基足、足足克博在沙力坪成功立足和发展的原因却不是王姓地主的小富，而是清政府的嘉奖和扶持。

足足克博的族人因受大脖子病的困扰迁徙到了万马场，传说中他到万马场时已经只有一个家奴就是阿鲁基足，而其他属民如金古、加三家是否有人追随则不得而知。阿鲁基足离开足足克博后在王家落脚，并开始有所发展。但是，此时的沙力坪并不仅仅是以王家为代表的汉族，与他们同时居住在沙力坪的还有不少回族，在这些回族中，一个叫杨德茂的人物十分重要，此人后来不仅成就了阿鲁基足和足足克博，而且也成就了沙力坪周边的彝族人，至今居住在沙力坪周边的金古族人全部采用了杨姓，据说都与此人有关。

---

① 宁蒗彝族自治县县志编委会：《宁蒗彝族自治县县志》，云南民族出版社1993年版，第613页。

② 同上书，第613页。

1856年，在滇西爆发了以杜文秀为首的回民大起义。这次起义是以回族为主联合被压迫的各族人民，以推翻清王朝为宗旨的革命。……起义得到了各族人民的大力支持和响应，革命烈火迅速燃遍大小凉山和金沙江两岸。……1857年，宁蒗沙力坪杨德茂、白牛厂曾元凯等相继率众起义，转战于蒗渠、永北、旧衙坪、华荣、四川盐源一带，与各路义军配合作战。①

沙力坪至今还存有含义为"回族墓地"的彝语地名，现今60岁以上的人都见过大片的坟墓，这些坟墓多数在"大跃进"中因开荒垦殖才被拆掉。杨德茂的生平以及居住在沙力坪坝子的情况已经无法考证，但此人是沙力坪一带率领回族群众响应大理回民起义的领袖是确定的。据宁蒗县志记载，杨德茂率一支数百人的义军转战四川盐源一带失利后，回到沙力坪现今阿鲁村休整，"清政府利用民族矛盾挑动其他各族对回民义军进行镇压，蒗渠土司、黑彝奴隶主及汉族地主联合起来对付回民义军，起义被镇压"，② 此处的"阿鲁村"其实就是因为阿鲁基足日后居住在这里而得名，该村之前据说被称为"杨家村"，而阿鲁基足就是此次镇压杨德茂义军的宁蒗地方武装之军事首领。

由于王姓地主的扶持，阿鲁基祖得成家业，逐渐富裕。回民起义爆发后，永北直隶厅调云南小凉山黑彝及地主武装参加镇压，当时勇于作战和善于应付的阿鲁基祖，由于得到王姓汉族地主和黑彝补余、马家、博石家的支持，成为当地彝、汉族奴隶主、地主武装的领导人，与清廷镇压回民起义将领之一蒋宗汉（后在中法战争中阵亡，《清史稿》有传）一同镇压了当时回民

---

① 马云等：《宁蒗回族史》，宁蒗回族史编委会1991年版，第14页。
② 宁蒗彝族自治县县志编委会：《宁蒗彝族自治县县志》，云南民族出版社1993年版，第546页。

起义队伍。①

阿鲁基足如何被推举为地方武装首领的细节并不清楚,但阿鲁基足领导的地方武装似乎在回民义军和清廷武装之间观望,等局势明朗后才参与战斗似乎是真实的,宁蒗当地人称这次战斗为"红旗白旗反",因清廷武装用红旗、回民义军用白旗而得名。阿鲁基足审时度势,在保存自己实力的前提下支持胜利一方好像是其参与战斗的谋略,据说,他领导的武装因一天之内反水三次而有"一日三反"的说法:

> 据各族老人说,"红旗白旗闹事"时,情况异常混乱,当时红旗白旗两方面的队伍旗鼓相当,对峙了很久。那时小凉山彝族中的一些投机人物就相机行事,红旗胜时投红旗,白旗胜时投白旗,所以至今还有"一日三反"的遗话。就在当时,一些彝族中的精干人物乘机发展了势力,其中最为著名的就算沙力坪的阿鲁基祖。……基祖数次在双方投机,并最终帮助清军击败了起义军。②

至今,沙力坪坝子还流传着阿鲁基足如何战胜杨德茂的故事。

> 据说回民义军被围困后,双方约好将领决斗,说好不得暗箭伤人。杨德茂与阿鲁基足在阵前比三叉戟,阿鲁基足得知自己取胜把握不大后,就暗中安排一位家奴提前躲在草丛中,令其在自己占下风时开火药枪打死对手。结果双方真正决斗时,基足敌不过杨德茂,其家奴就开枪打死杨德茂,同时乘回民义军混乱之

---

① 《民族问题五种丛书》云南省编辑委员会:《云南小凉山彝族社会历史调查》,云南人民出版社 1984 年版,第 68 页。
② 同上书,第 13 页。

时，一举冲垮其阵营。①

据说，在这次决斗中，杨德茂在临终前还向阿鲁基足竖起大拇指，老人们至今依然对他竖大拇指的含义进行争辩，有人说这是褒义，是杨对阿鲁基足智谋和最终胜利的承认；而有人则说，这是贬义，有点类似于"算你有种"的说法。如果此传说果真发生过，那只有杨德茂自己才明白竖起拇指时的感怀和含义。尽管杨德茂起事失败，但杨德茂的勇气和诚实依然被彝族人所称赞和夸奖。沙力坪的战事发生在1857年，杨德茂的义军也在这一年被镇压，②但是这不意味着宁蒗境内"红旗白旗反"的事件就此平息，据《宁蒗回族史》编著者们的观点，杜文秀也曾派刘应忠率军开采过白牛银矿，资助义军经费，并设哨通商，宁蒗境内的回民起义一直延续到1864年前后。③

> 起义失败后，回族人民遭遇了一场空前的浩劫，无辜的人民被恣意屠杀，家园被毁，田地荒芜。……现存宁蒗县红桥乡大栗树后两座万人冢即为铁证。如今，在全县范围内人口聚居区均存回族居住过的村寨、街道、清真寺庙遗址，坟冢垒垒。作为这些地方的主人回族人民已经不复存在了。他们究竟哪里去了？很显然，这种情形说明：在清军的滥杀狂烧下，大部分惨遭屠戮而死于非命；部分幸免于难的逃亡异乡；只有极为少数的在汉族和其他民族的亲戚、好友的庇护下生存下来。昔日人烟稠密的回族村寨，后来竟变成蔓草荒烟的一片废墟。④

---

① 嘉日万格口述。
② 宁蒗彝族自治县县志编委会：《宁蒗彝族自治县县志》，云南民族出版社1993年版，第13页。
③ 马云等：《宁蒗回族史》，宁蒗回族史编委会1991年版，第9页。
④ 同上书，第10页。

上篇　作为措施的农场

大理杜文秀回民起义的战火不仅殃及宁蒗县境内的回族人民，同样也将宁蒗境内所有的民族都席卷入战事，宁蒗境内白牛银厂也成为回族义军重要的军费来源，因此宁蒗以外的不少回族也转战宁蒗一带，所以上文中的万人冢不一定都是宁蒗回族居民的坟墓，但是，回民起义失败后，宁蒗境内的回族几乎消失这是事实，迄今全县回族人口不足百人就是证明。在沙力坪坝子，回族全部迁走，杨德茂曾经居住的村子被阿鲁基足所继承，阿鲁基足因在战事中立有军功而得到清朝政府的嘉奖和扶持。

阿鲁基足因而受到清廷旌表，赏戴花翎靴袍，发给铜质印玺。"阿鲁顶子"因此而得名。继而云南永北直隶厅和四川盐边县又分别委其"千长"职衔，号称"双千长"，并将从回民手中夺取的大量财产转赠于他。随后阿鲁基足迁居杨家村，将地名改为阿鲁村。不久，王姓地主暴病死亡，子嗣无能，资遣回籍，留下大片土地、作坊及大量财物由他继承，遂成大富，被称为"凉山都督"而名扬大小凉山。①

杨家村从此更名为阿鲁村，这虽然是一件小事，但其象征具有历史意义。阿鲁基足在"红旗白旗反"战事中的胜利，不仅获得了大量的财富和个人声誉，更为重要的是，这些财富和声誉帮助其获得了更多的"红照"地，而这些"红照"地又可以安置许多不断向小凉山迁移的彝族同胞。不久，作为主人的足足克博家族也因阿鲁基足的成功而入住沙力坪，阿鲁氏历史上的姻亲金古家族也随之进入沙力坪，宁蒗南部最大的补余集团初具规模。

---

① 宁蒗彝族自治县县志编委会：《宁蒗彝族自治县县志》，云南民族出版社1993年版，第613页。

第二章 民主改革前的小凉山彝族社会

菠渠土司为修筑一条纵贯其领地的驿道向阿鲁基祖借贷，遂将沙力坪乡及周边大片土地，给予红照，由阿鲁基祖世代管业。其区东至大拉坝干海子（邻四川），西接波罗丫口，南邻战河乡干河村，北达罗罗关干树子村。约东西一日程，南北近二日程。① 于是，阿鲁基足遂成为小凉山地区最大的土地占有者。当时，其黑彝主子补余阿呷还居住在万马场，常遭临近冤家瓦渣家的袭击，生活极不安定。阿鲁基祖为扶持自己的黑彝主子，以极低的代价（九锭白银的押金，年租11石，即4400斤），将今沙力坪的大片土地，典押出租给其主子，补余阿呷始迁入本乡余家村。②

引文中的补余阿呷就是足足克博的儿子，全名应为克博阿呷，此人入住沙力坪后也被封为千长，③ 在阿鲁基足及其子孙同时入住沙力坪的金古家族的支持下，补余阿呷家成为小凉山最富有和强大的诺伙家族。由以上细节可知，足足克博有可能在阿鲁基足发家前后去世，补余阿呷继承家业继续领有阿鲁基足及其子孙，阿鲁基足尽管富甲一方，但政治归属仍然属于足足克博家族，这是凉山彝族民主改革前比较普遍的隶属关系。

我们向阿鲁基祖的子孙问道："阿鲁基祖已是凉山都督，有财有势，当时主子补余阿呷已贫弱无势，何不把他一脚踢开，还要一个主子在自己的头上干呢？"他们认为这是与凉山彝族的传统不相容的。阿鲁年都（阿鲁基祖的四世孙，53岁）回答说："这是我们彝族的规矩，不能违反，我们不能不要黑彝主子。"阿

---

① 如以一日40公里计算，大约有320平方公里。
② 《民族问题五种丛书》云南省编辑委员会：《云南小凉山彝族社会历史调查》，云南人民出版社1984年版，第68页。
③ 同上书，第5页。

上篇　作为措施的农场

鲁兹颇（基足的五世孙，31岁）接着回答说："如果是阿鲁基足要把主子补余阿呷踢开，那么，所有黑彝都要反出来。"①

这是一段十分有趣的对话，是刘尧汉等在沙力坪调查时与阿鲁基足后人的对话。对于凉山彝族人而言，此类问题几乎不会被提出，因为阿鲁基足与其主人足足克博家的关系并非只有被占有与占有那么简单，足足克博就算贫困至极但他依然拥有强大的补余集团的支持，其中既包括其他补余各支系，还包括各支系所属的曲诺及他们的奴隶，更为重要的是，与补余家族开亲的其他诺伙家族依然会维护足足克博的利益，所以，刘尧汉等研究者所提出的问题其实已将凉山彝族的政治构成简单地理解为等级和阶级关系，而这样的理解至今依然是我们分析民主改革前凉山彝族社会所面临的最大的方法问题。

阿鲁基足其实并不是唯一一位在镇压回民起义中发家的小凉山彝族，他只是其中的领袖和代表人物之一。整个小凉山的各民族其实都卷入了"红旗白旗反"的战事，随着清廷对回民起义的镇压和对回族人民的杀戮，小凉山彝族趁机站在清廷一边，使得他们也成为战事中的获益者，为他们在小凉山的立足奠定了坚实的政治基础。

> 与阿鲁基祖同时靠"红白旗事件"发家的，还有药山的黑彝余别雀，该人也在当时向土司买得了"红照"，占有大片土地，成为蒗渠土司西部最大的黑彝之一。……自"红白事件"后，少数彝族上层人物大发其财，彝族的势力也因之而发展，随之有不少彝族又从四川大凉山迁入，如米、刘、胡诸姓黑彝也多是在此时前后迁入的。最早居于小凉山的余家地盘也更加扩展，如蒗渠

---

① 《民族问题五种丛书》云南省编辑委员会：《云南小凉山彝族社会历史调查》，云南人民出版社1984年版，第70页。

土司南部、西部地区的余家多是此后迁入的；今西川介马、黑赤地、大白地等乡原来也不是小凉山彝族区，余家的曲诺甲子①等也在此后一二十年间先后迁入，并逐渐成为该地的主要居民。这样，在"红白事件"之后，小凉山的彝族便逐渐成为蒗渠土司辖区主要的居民之一。②

今天的沙力坪坝子全部是彝族，居民主要以补余集团的阿鲁和嘉日为主，已经看不到早期回族和汉族居民的踪影，曾经遍布坝子周边的坟墓也在"大跃进"中被人们彻底拆除。杨德茂的村子今天居住的是阿鲁基足的后代，他们还在山后的树林中竖起了阿鲁基足的雕像，以此来纪念以阿鲁基足为代表的这一代凉山彝族立足小凉山而不断壮大的历史。

简单来讲，凉山彝族大量迁徙到小凉山最为主要的原因就是回民起义的战事，回民起义后宁蒗县境内的人口锐减为他们的迁徙流出了大量荒芜的土地，回族人在小凉山政治、经济生活中的位置也被新兴的彝族军事首领们替代，这为更多的凉山彝族进入小凉山提供了政治和经济基础。从这个视角出发，我们发现凉山彝族能在小凉山地区立足的主要原因就是得到清朝政府的支持，甚至像阿鲁基足这样的精英就是靠在各种势力中间投机而发家的，其投机行为已经超出了一般彝族人的价值和道德标准，所以至今依然有各种民间传说认为阿鲁基足不是真正的彝族人，而是四川盐边一带汉族地主李大把的私生子，在李大把死后其财产也由阿鲁基足继承。③

沙力坪并不是凉山彝族最初进来的唯一一块地方，正如之前引文中所述，在蒗渠土司的领地里，彝族已经成为主要居民之一，事实上这部

---

① 甲子，汉姓杨，金古家族的嘉日支，也写作加日、甲日等。
② 《民族问题五种丛书》云南省编辑委员会：《云南小凉山彝族社会历史调查》，云南人民出版社1984年版，第5—6页。
③ 同上书，第4页。

分彝族主要就是由补余、金古、阿鲁、加三构成的补余集团。随着阿鲁基足、克博阿呷、余别雀等人的发家，万张、罗洪、热可、罗木四大集团也在"红白旗事件"后的二三十年内全部进入小凉山，初步形成补余在南部、中部、西部，瓦张在东部，热可在东北部，罗木在北部，罗洪在南部及永胜东山地区的地界布局。除了这些诺伙家族，补余地界上的金古、阿鲁，万张地界上的阿迪、阿西，热可地界上的阿必、沙玛，罗木地界上的阿钮森特、莫色，罗洪地界上的吉乌等曲诺大家族也开始在小凉山立足。尽管如此，此时的凉山彝族依然并不是小凉山的主体，政治上，永宁土司、蒗渠土司及其属下的摩梭、普米依然主导着宁蒗的局势；经济上，坝区的汉族控制着大片适宜耕种的肥沃土地，彝族只能在山上放牧，开垦少量的坡地，种植土豆、苦荞、燕麦和作为饲料的蔓菁，并不能主导宁蒗的经济；文化上，彝族人基本上被认为是野蛮之人，并未对北部的摩梭、普米及坝区的汉族造成影响。但是，"红白旗"事件使得凉山彝族进入小凉山的人口不断增多，各个地界上的诺伙、曲诺因互相开亲而联系更加紧密，加上好勇斗狠的战斗精神和文化，这部分彝族将在未来更加动乱的中国局势中获益并迅速崛起而成为小凉山地区人口最多、势力最大的民族，并将臭名昭著的蓄奴制度推到了历史顶峰，而阿鲁基足将"杨家村"改为"阿鲁村"仅仅是凉山彝族在小凉山的立足与开始。

四　民国局势与奴隶制

云南小凉山地区自元朝设置土司以来，土司制度一直延续到新中国成立。清朝回民起义失败后，尽管从四川大凉山迁徙来的凉山彝族开始在小凉山地区落脚并有所发展，但这些彝人在政治上依然服从于土司制度的管理，这从不少彝族头人的名号中可以看出。笔者的曾祖父嘉日毕日外号"杨伙头"，他与四川盐边境内的沙玛拉达联姻，原因是对方也是"伙头"，而"伙头"是土司制度下基层行政组织的首领，管辖一个至几个自然村，他们的主要职责就是向各村寨人户催收钱粮夫役杂派等。①"伙头"众多，有时也未必听从土司的号令，所以当地民谣也用"一村一伙头，一山一老虎"来形容互不统属的混乱状态。

土司为了便于统治，便在凉山彝族中进行了一些政治设置。如阿鲁基祖曾被委为千长，其子亦曾被委为千长；阿鲁基祖的主子补余阿呷兄弟亦曾先后被委为千长；此外如清末时的余拉什亦曾被委为千长。②

"千长"是民主改革以前凉山彝族在小凉山地区获得的级别最高的行政职务，此后还有"课长""甲长""排首"等职务，永胜章土司的辖区还有"百长"的设置，这些千长、百长、伙头、排首、课长、甲长多为凉山彝族中有势力的人物，"据说他们都有一定的辖区，负责按汉理调解本区内的纠纷，遵照土司的规定指派'守哨人'，帮助土司和汉官查办案件和催交租税"。③ 很明显，土司、官府对彝族地区基层的社会控制依然有效，这些彝人并非游离在国家权力之外，他们不仅与土司、官府有着紧密的联系，违抗官府的行为也会受到严厉的惩罚，杜玉亭在20世纪60年代的调查中描述到：

至清末，土司对凉山彝族的统治还是比较稳固的。这些凉山的千长、百长之类的人物虽然为土司所亲信，但他们的职务也不是终身的，如果他们不按土司的意旨行事，地方政府和土司不但

---

① 宁蒗彝族自治县县志编委会：《宁蒗彝族自治县县志》，云南民族出版社1993年版，第458页。
② 《民族问题五种丛书》云南省编辑委员会：《云南小凉山彝族社会历史调查》，云南人民出版社1984年版，第5页。
③ 同上。

可以将他们免职，甚至可以将他们处死。如清光绪末年曾被委为千长的余拉什，当千长不过两年，即被土司指控，结果连同另一黑彝一起，被押到永北厅斩首。又如蒗渠土司属区有名的大黑彝余撒撒和余诺衣，也是因抗拒土司的统治而被解到蒗渠土司署斩首，其时间也在清末。①

以上的材料说明，清末小凉山彝族地区大大小小的头人基本上都通过为土司服务、效劳的手段来获取声望和财富，这些声望和财富又会扩大他们在彝族社会的影响力，这些影响力又为彝族地区的社会稳定和发展提供了必要的权威基础。相反，不与土司合作的头人们则不仅会被取消职务，甚至还会招来杀身之祸，这就意味着，土司的影响力不仅巨大而且稳固，彝人们似乎并没有实力与之抗衡，而这也意味着彝族人通过掠夺其他民族来扩充奴隶数量的奴隶经济似乎还不是当时社会的主流，那我们的问题是凉山彝族社会奴隶制的繁荣和凸显到底与什么样的社会局势有关呢？

（一）雷云飞事件

1917年，永宁、蒗蕖土司地区改属永北县，设宁蒗县佐，委任了汉官，治今宁蒗县城（大村街），辖区居民多为坝区汉族，彝族所在的小凉山并未纳入宁蒗县佐管辖。民国以后永胜亦增设"彝务局"，清代在小凉山委的千长余海亭曾被吸收为该局的成员。尽管以上机构在治理小凉山彝族地区时发挥了重要作用，但因其治理能力并未深入基层，故小凉山彝族的社会形态并未因此而有多少变化。民国以后，特别是民国十几年以后，小凉山彝族社会却因国民党川滇军阀间的战乱而有了巨大变化。

---

① 《民族问题五种丛书》云南省编辑委员会：《云南小凉山彝族社会历史调查》，云南人民出版社1984年版，第5页。

至民国十三年（1924年），地方军阀在川滇边界挑起的"雷云飞"事件发生后，小凉山彝族社会就有了一个重大的转折。雷云飞原是川滇边界（华坪与四川盐边）间上棉花地的一个地霸，其地处于四川，政治上受云南华坪县节制，在川滇军阀斗争中，他曾受云南军阀唐继尧之委（据说是什么"司令"），并给其枪支，让其进攻四川的盐边和盐源县。后雷边纠集各种地方势力，攻下盐边县城，但却久攻盐源不下，并在之后不久被四川西昌县的一位"潘营长"用计谋刺死，其事也就至此结束。①

雷云飞又名雷国柱，汉族，1884年出生，今攀枝花市仁和区务本乡人。他出身贫寒，约30岁时乞讨至今攀枝花市同德乡，被袍哥大爷江海臣收留。雷云飞为人正直、机敏、忠实，打仗勇敢，得到江海臣的赏识，江患病时便把手下的队伍交给他指挥。②雷云飞崇拜梁山好汉，同情贫苦农民，常在驻地放赈救灾，树起"雷"字大旗，喊出"打富济贫，保商保民，靖滇太平"的口号；灾年设棚施粥，受到贫苦农民拥护，队伍发展到三四千人，曾攻下盐边县城，直接威胁军阀、地主的利益。1926年，国民政府二十四军蒋如珍团长多次对雷部进行武装清剿，未能得逞；后设计谋，以谈判磋商为名诱雷与蒋会合，雷中计，于11月11日在鲤鱼坡背山上被杀害。③

1922年3月，朱德、金汉鼎等护国军将领因反云南军阀唐继尧失败，被迫离开昆明，入川来到金沙江北岸河门口地区雷云飞领地大水井川军伍祥祯家。雷得知详情后，即派人阻击唐的追兵，将朱德等人接到家中盛情款待，并与朱德结拜为弟兄，命其妻刘元珍派人为朱德

---

① 《民族问题五种丛书》云南省编辑委员会：《云南小凉山彝族社会历史调查》，云南人民出版社1984年版，第5页。
② 参见百度词条"雷云飞"。
③ 同上。

上篇 作为措施的农场

等人制备便装和 300 银元旅费，又派卫队将他们护送至西昌。① 朱德将军因此接触过鼎盛时期的雷云飞，并对其生平有过评价：

> 他的确是个土匪，每逢没有收成和收成不好的时候，他就打进富裕的城市，劫富济贫，比起军阀来，他应该算是正直、清白的公民。土匪毕竟是一个阶级的概念，如果成功了，可以建立王国，子孙可以成为王公贵族。在辛亥革命失败后的动乱中，禄国藩②看到和听到许多奇怪的事情。不少人逃到他那里避难，他则保护他们，他尽力模仿民间故事里那些赫赫有名、为人崇拜的土匪头子。一九二二年，四川军阀对他施加压力，想把他赶出他控制的地区，但他冲退了他们的多次进攻。③

朱德将军还提到雷云飞精力充沛，有组织和领导才能，他把农民组织成一支队伍，到 1922 年，已有五千人马。让朱德奇怪的是，这支队伍中居然还有"几个罗罗族人"，④ 而这些罗罗族人就是活跃在川滇交界处的凉山彝族，朱德将军当时看到的仅仅是雷云飞卫队中的几个侍卫。1924 年 2 月，雷云飞的队伍开始攻打盐源（此事后来被称为"雷云飞"事件），小凉山地区的彝族头人们先后组织了上千人参与此次战斗，事后看来，他们不仅仅是"雷云飞"事件中的参与者，也是雷云飞事件中的真正"受益者"。

雷云飞进攻盐边和盐源时，曾以"司令"名义邀请小凉山的彝族参加，地近盐边的余家黑彝和曲诺见此良机，便踊跃而前，

---

① 参见百度词条"雷云飞"。
② 此处的"禄国藩"应为"雷国柱"即雷云飞。
③ ［美］史沫特莱：《伟大的道路——朱德的生平与时代》，《史沫特莱文集》（3），梅念译，新华出版社 1985 年版，第 162 页。
④ 同上。

第二章 民主改革前的小凉山彝族社会

第一批去了七百余人,第二批又陆续去了六七百人,合计共去了一千余人。到四川之后,由于盐源久攻不下以及雷云飞之死,这些无法节制的"打财喜"的人们便大掠起来,不但劫掠牛马金银和衣物,而且还劫掠了四五百汉族人民回到小凉山。①

正如杜玉亭在调查中提到的,1924年,雷云飞先后组织了两次攻打盐源县城的武装行动,川滇交界小凉山、盐边、盐源一带的彝族武装都积极参与,宁蒗县志对相关情况也有如下的记载:

民国十三年(1924年)二月中旬,雷串通彝酋刘申都、胡安富等六人,统领宁蒗万扎、补余(大、小余家),计3000人,伙同盐源各支彝族上万人,齐集四山和梅雨坝上。雷以第三军第十一师名义,以总司令职衔,分授米、胡、马、罗各支黑彝大小官职、攻打盐源。②

官府方面反应迅速,组织有效。盐源县知事周印光(兼任两盐安抚司令官及彝务监督)即命陈维松连夜赶到梅雨坝,协助当地调集团练,坚守阵地。又派蒋德章营分一半进军中路,一半为左翼;宗阁臣营为右翼;莫与京营游击接应。官兵到梅雨东门,与雷兵相遇于沙坎窝一带,双方展开激战,周印光率军队增援,结果雷云飞和彝族武装大败,被俘158人,内有黑彝76人,缴获步枪百余支及其他战利品等物,雷军主力被击溃。③ 参加第一次攻打盐源的彝族武装也受到损失,他们也为营救被俘虏的人员付出了代价:

---

① 《民族问题五种丛书》云南省编辑委员会:《云南小凉山彝族社会历史调查》,云南人民出版社1984年版,第6页。
② 宁蒗彝族自治县县志编委会:《宁蒗彝族自治县县志》,云南民族出版社1993年版,第546页。
③ 同上书,第547页。

当时，米家等彝族暗地向周印光下属陈维松、宗阁臣二营长受贿，愿意出大洋3000元、快枪100支、骡马牛各200头，赎取被俘人员。并愿意将雷云飞交出，永远归顺。宗、陈二人受贿后，即向周印光呈说。周起初不同意，后经陈、宗二人婉言诡说，除将胡母加、胡挖史二人作为人质留下外，其余同意释放。另外，岳以打、罗什打属于中间调解人。事后，彝人不交雷云飞，胡母加、胡挖史被周印光枪决于白盐井；罗、岳二人被关死于盐源县城监狱。①

一个月后，雷云飞又召集各支彝人再度进攻盐源，2000余人分三路进攻，大掠盐井，至三月初十日，正当盐井被雷部围困之际，周印光闻讯赶来，奋勇力战，雷率部潜逃，并掳来妇女儿童800余人，牲畜财产不计其数。被掳来的盐源人分别被转卖在邻县永北、宁蒗、丽江、华坪等地。1925年10月，盐源县知事周印光因内部争权夺利，惨遭杀害。1926年，蒋如珍团长带领官兵到盐源换防，不久，雷云飞在盐边棉花地被蒋如珍用计击毙，雷部从此瓦解。②

（二）乱世与奴隶制

小凉山的彝族头人们是通过什么样的方式与雷云飞保持联系、他们之间的信任是如何建立的、雷云飞为什么能调动上千人的彝族武装参与战斗等细节暂不清楚，但雷云飞的武装曾经是川滇军阀争斗中不可小觑的力量，这是不容置疑的。对于雷云飞其人，朱德将军的评价是："比他的敌人善良得多！"③这个"善良的人"死后，周边彝族人

---

① 宁蒗彝族自治县县志编委会：《宁蒗彝族自治县县志》，云南民族出版社1993年版，第547页。
② 同上。
③ [美]史沫特莱：《伟大的道路——朱德的生平与时代》，《史沫特莱文集》（3），梅念译，新华出版社1985年版，第162页。

的军事力量并未得到削弱,相反,他们在"雷云飞"事件中因劫掠而得到利益和锻炼,加上周边汉族地区地方民间武装因雷云飞事件而受到损失,彝族人的力量几乎不受控制,自此以后,"地处川滇边界间小凉山附近汉族地区的政治局面更为混乱,彝族奴隶主们也乘机肆无忌惮地对附近以汉族为主的各族人民劫掠起来"①。

  民国十四五年间,唐继尧的大理镇守使罗树昌反,罗曾约惯匪张结巴及中甸藏族骑兵到宁蒗,抢劫颇甚,亦曾与当地的彝族发生战斗,时局十分混乱,最后其军队被唐的军队消灭于永胜一带。这种动荡的战乱环境,当然也给小凉山彝族的奴隶制提供了发展的条件。民国十六年时,唐继尧的旧部张汝翼(滇东镇守史)和胡子嘉(滇南镇守史)等人联合反对龙云的统治,发生了战争,结果张、胡失败,退至宁蒗和四川盐源,并在盐源全军被歼。②

  根据杜玉亭的调查,据说龙云此次亲自出马,坐镇华坪,当龙云的军队带着俘虏回师时,整整在宁蒗境内过了七天。此时,龙云的儿子龙纯武驻军永胜,而小凉山的彝族早已闻知新任的云南统治者也是彝族,于是头人们共同出主意,在彝族群众中大肆摊派,准备了将近一万个白锭,去永胜龙纯武处送礼。当他们听说龙纯武酷爱跑马时,又设法买到了十余匹好马进贡。龙纯武离开后,昭通彝族安纯三曾镇守永胜,他曾带领小凉山著名的黑彝余海清、余国栋、余从龙、胡汉等人至昆明,拜见龙云。③ 著名的彝族女头人嘉

---

  ① 《民族问题五种丛书》云南省编辑委员会:《云南小凉山彝族社会历史调查》,云南人民出版社1984年版,第6页。
  ② 同上。
  ③ 同上。

日念祖阿牛也因受龙云的召见，并被封为"凉山指挥官"而名声大震。①

> 黑彝们以为有了靠山，势焰更为嚣张，劫掠更加严重，蒗蕖土司对小凉山的统治也随之而削弱了，并转而攻击国民党的地方部队。1947年，丽江"工兵营"的三四百人至小凉山搜刮（借铲烟之名搜刮白银与大烟），因与黑彝讨价还价而发生矛盾，结果双方发生冲突，刘家黑彝不顾张家黑彝的调解，联合部分余家黑彝，将工兵营赶出小凉山。此次战斗国民党军被打死三十余人，丢枪五十支。经过这一次战斗，过去一年到凉山搜刮一次的国民党地方军队再也不敢到小凉山任意搜刮。自此以后，小凉山彝族基本上摆脱了土司的统治，彝族居住的小凉山成了附近各族人民心目中谈虎色变的地区。②

从引文中的论述可以明确，以杜玉亭为代表的学者认为云南小凉山彝区的奴隶制与民国的乱局有很大的关系，川滇军阀的混战使得小凉山及周边地区的治安比较混乱，再加上雷云飞事件后，小凉山彝族地区的军事力量得到加强，因此，民主改革前的三四十年时间，同样也是小凉山地区彝族奴隶制的高速发展期，我们依然可以从20世纪五六十年代的民族调查中获得当时学者们对此问题的描述与看法：

> 近三四十年来的小凉山彝族的大肆劫掠，威胁到以汉族为主的附近各族劳动人民。近几百年来，不少汉、回等族人民迁居宁

---

① 宁蒗彝族自治县县志编委会：《宁蒗彝族自治县县志》，云南民族出版社1993年版，第618页。
② 《民族问题五种丛书》云南省编辑委员会：《云南小凉山彝族社会历史调查》，云南人民出版社1984年版，第6页。

蓢地区，经过他们的辛勤劳动，几乎所有可以种植水稻和苞谷的地方都被开垦出来，他们劳动的足迹遍布了包括小凉山在内的许多角落，但经过近几十年来小凉山奴隶主的劫掠之后，他们在许多地方绝迹了。至今人们在小凉山的中心地区还可以看到许多汉族和回族的坟冢，人们更可以在这里听到许多汉族的村名，如汉家厂、万马厂、磨房沟、李子磨，等等，但这里已经没有汉族，他们所开垦的水田已经荒废。有些汉族地主兼营的纸坊、磨坊也只遗下一些残迹了。[①]

回族人口的减少，主要是缘于清廷对回民起义的镇压，但杜玉亭等学者在上文的调查中却将汉、回在小凉山的部分地区"绝迹"归因于小凉山彝族奴隶制的发展及其对周边地区的掠夺，这不一定全对，但这样的生计方式不仅加速了彝族社会结构的变化，也改变了小凉山周边汉族和其他民族的聚落构成则是事实，因而也在最普通、最日常的层面改变着小凉山各族人民的生活方式，因此，奴隶制对小凉山及周边地区社会结构的影响应该是深刻而全面的，它既是社会动荡的结果也是社会动荡的开始。

近几十年来，处于小凉山之中的一些小河谷坝子的汉、回族人民几乎绝迹，他们有的逃到四川和永胜、华坪，有的则和宁蒗地区几个大坝子的人民并居起来。但即使是处在几个汉族聚居的坝子中，也难免被劫掠。如宁蒗地区有名的绵绵河谷区以产大米闻名，这里的老街子更是个热闹集市，甚至四川、重庆和江西的商人们也来往于此地，但在民国二十年时这里便遭到劫掠，集市

[①] 《民族问题五种丛书》云南省编辑委员会：《云南小凉山彝族社会历史调查》，云南人民出版社1984年版，第6页。

被烧，人口几乎逃跑一空，数年间水田无人耕种。①

结果，汉族和摩梭、纳西、普米等周边各民族为了生活，向黑彝和富裕曲诺"投保"，每年每村交纳数量相当多的粮食和酒肉金银之类，请求彝人保护。另一方面因为投保也难免被掠为奴的命运，他们就自动合并村落，并在村子里筑起围墙、碉堡，购置火枪、步枪等，以此来阻止彝人的劫掠。就算如此，坝子汉族也难免被掠。杜玉亭列举到："拉鹿河一个六十余家的朱家堡子，近二十年来被掠去的就有六十余人；在二十年前这个村子曾被围攻了三个多月，这里的人民下地生产也必须站岗放哨。"② 至于土司辖区的纳西和普米等族，尤其是蒗蕖土司的百姓，也有不少人户被劫掠，据说蒗蕖土司辖区的十余村普米族百姓中，有一半以上的村子也已迁徙并寨。"由此可见，小凉山彝族奴隶制近几十年来的发展，是与对附近以汉族为主的各族人民的掠夺分不开的。"③

如果从阿鲁基足入住沙力坪的1856年算起，到小凉山民主改革的1956年结束，云南小凉山彝族正好用了100年时间来确立其在政治和军事上的区域优势，并因其社会制度的反动性而给周边地区的人民带来苦难，这些反动性和苦难具体体现在奴隶制的掠夺性上，当然，小凉山彝族社会对周边地区人口与财物的掠夺既是民国时期社会动乱的结果，也是中国半殖民地半封建社会在川滇彝族社会的表现，这些与时代相背的社会制度也将在中国共产党领导下的新中国得到彻底的改变与改革。接下来的一章中，我们将要对小凉山彝族社会的奴隶生活史、反抗以及在民主改革前的思想状况作进一步的描述。

---

① 《民族问题五种丛书》云南省编辑委员会：《云南小凉山彝族社会历史调查》，云南人民出版社1984年版，第7页。
② 同上。
③ 同上。

第三章　成为奴隶、反抗与逃亡

> 金竹到了春天会发芽，
> 冰河过了严冬又流淌；
> 受苦难的娃子哟，
> 哪一天才能砸碎锁链挺起胸膛！
> ——《不愿意做奴隶的人们》①

前面两章，我们已经梳理过凉山彝族如何在云南小凉山落脚和崛起的历史，无论"红旗白旗反"还是"雷云飞事件"都说明小凉山彝族奴隶制度的发展与时势有着紧密联系，尽管像"雷云飞事件"这样的大规模掠夺奴隶的战事并不多见，但军阀之间的争斗依然是凉山奴隶制度存在的重要原因。不仅仅彝族大规模掠夺人口，大凉山汉族军阀邓秀庭也曾在1939年掠夺过凉山深处的布拖县，并将1700多个彝族妇女、儿童卖到喜德、冕宁、越西、美姑、马边、木里等县，其中也有一部分流入宁蒗。② 这就意味着奴隶制度不仅是历史的产物，也是彝汉统治阶级争斗、共谋的结果。学界关于凉山彝族奴隶制度的

---

① 宁蒗彝族自治县革委会政工组、丽江地区革委会政工组宣传组合编：《不愿意做奴隶的人们》，云南人民出版社1972年版，第8页。
② 凉山彝族历史文化研究会编印：《沧桑凉山——瓦扎木基谈话录》，攀西地质大队印刷厂2009年版，第93—93页。

研究已经很深入，林耀华、杨成志、周自强、胡庆均等前辈都在该领域做出了杰出的探索；民主改革前夕，为了搞清楚村落的阶级和经济状况，政府组织工作队对即将改革的村落进行了调查；《民族问题五种丛书》中的少数民族社会历史大调查又在这些研究的基础上，对云南、四川彝区做了深入而细致的再调查和研究，加上诸如李乔、阿兰·惠宁顿等传记作家和记者的报道，还有近年来诸如《倮区汉奴吁天录》等民间文献陆续得到挖掘，① 凉山彝族奴隶制度研究的广度和深度已得到相当的拓展，关于凉山彝族奴隶制度的结构、等级、阶级、生产关系等内容的研究已不再新鲜。由于本研究关注的是奴隶的安置问题，奴隶史、奴隶反抗、逃亡以及民主改革前的思想状况等因素将与奴隶安置措施直接相关。接下来，我们将用部分案例、文献和档案对小凉山境内民主改革前的奴隶生活史及其思想状态做进一步的讨论。

一　成为奴隶

（一）掠夺

掠夺、买卖和继承是大小凉山彝族奴隶制获得奴隶最主要的方式，其中，掠夺是买卖和继承的基础。由于凉山境内各个家支之间互不隶属，组织大规模的军事行动比较困难，但如果有外界力量的干预，比如像雷云飞、邓秀庭等军阀的参与和策划的话，上千人参与的军事行动也会发生，但并不是常态，因此，大规模的奴隶掠夺很少发生。不过，以家支、家族甚至是个人为单位的奴隶掠夺行为却非常普遍，这些行为一般都是有组织的武装行动，彝语将规模大一点的称为"卓发"，意思为"有组织的抢夺"，单独的抢夺行为则称为"卓迪"。

---

① 西昌旅蓉同乡会：《倮区汉奴吁天录》，1947年。

第三章 成为奴隶、反抗与逃亡

据调查,在占有呷西最多的黑彝和曲诺两个等级中,都有一些人专门掳掠人口,甚至有组织地到外地去"抓娃子"。黑彝余哈火、余家都、胡吉木等人,每年至少组织一次所属曲诺和少数阿加,到永胜、华坪、盐边和盐源等汉区,劫掠当地的人口和财物,每次参加的人数一般在七八人或十余人,多时达二十九人。去时携带枪支和粮食,在汉区或彝区相连的山上等待,如遇着砍柴、放牲口的汉族和其他民族,不论男女老幼,立即捆绑上山;若很久抓不到娃子,便在夜间袭击单家独户人家,将这家全部人口和牲畜抓走。待抓到一定数量的娃子后,即捆押回家。①

1962年,王承权、詹承绪在跑马坪调查时很敏锐地记录到以上的案例。有财力的家庭一般都是"抓娃子"(卓发)行动的组织者,规模大一点的甚至是几个家庭或者是一个小家族的集体行动。有些家庭会以枪支入股,有些家庭会投资鸦片,有些家庭则投资路费和酒,有些家庭会投资粮食等。其中,枪支在此类行动中最为重要,所以投资枪支的人所占股份往往更大,因为并不是所有的人都可以拥有枪支,只有那些大户人家才能拥有精良的装备。② 实施掳掠和参与掠夺的人,彝语称为"史卓",意为"强盗",是贬义词,这部分人一般都是游手好闲或大烟吸食者,他们不仅贪婪也比较残忍,由于经常实施类似的行动,他们往往战斗经验丰富,加上掌握和练就了夜间行走在高山密林里的技能和能力,"抓娃子"的行动一般会比较成功。在实施行动之前,这些人都会聚集在组织者或者发起人的家庭里,杀猪宰羊,饮酒作乐,吸食大烟等,商定个人股份之后开始由该次行动的指挥者带领,前往汉区掠夺人口和财物。由于经济实力和号召能力的差别,能发动"抓娃子"行动的家庭主

---

① 《民族问题五种丛书》云南省编辑委员会:《云南小凉山彝族社会历史调查》,云南人民出版社1984年版,第40页。
② 嘉日万格访谈录音整理,2015年11月。

要以黑彝和部分大头百姓为主。

黑彝有组织地掳掠人口，每次掠回的数量都不少。如1939年2月，胡吉木的侄儿率领曲诺、阿加29人，在永胜清水乡一带，共抓回男女娃子28人。①

像胡吉木侄儿这样的小头目一般会被传颂为英雄，掠夺成功的次数越多，这些小头目的名声也就越大，相继来投奔和参与的人也就会越多。由于这些人的胆子越来越大，他们的行动就开始变得迟缓和暴露，汉区也会组织相应的武装行动来对付这些人，所以不少名气很大的头目经常丧命汉区，如胡吉木的这位侄子就在永胜被汉人击毙。②

曲诺"抓娃子"的规模较小，一般是三五人相邀同至汉区，每次抓回的娃子不多。但有个别贫穷无聊的曲诺，专门以掳掠娃子为生。如干树子村的鲁尾元元，据他自己在民主改革时供称，曾先后掳掠娃子150多人。又如上杨安山村的沙马忍且，先后掳掠100余人。③

曲诺由于经济实力、号召力等原因，一般组织不了上规模的"抓娃子"行动，他们往往以家族或者亲戚为单位，三五个人就组织一次小行动。这些人一般不敢进入人口稠密的村庄，而是经常躲在村庄旁边的树林或者隐蔽的商道附近，看到有人经过就实施突然袭击，将人劫掠入山。参加规模稍大的袭击活动的风险比较大，有些人喜欢自己

---

① 《民族问题五种丛书》云南省编辑委员会：《云南小凉山彝族社会历史调查》，云南人民出版社1984年版，第40页。
② 二村的金古万达口述，2013年12月。
③ 《民族问题五种丛书》云南省编辑委员会：《云南小凉山彝族社会历史调查》，云南人民出版社1984年版，第40页。

第三章　成为奴隶、反抗与逃亡

单独行动,称为"卓迪",这种独狼式行动的好处是不会产生经济纠纷,尽管劫掠成功的概率不是很大。这些实施掳掠的人之间经常会为财物和奴隶的分配而产生矛盾,因此他们也设置了一些规则来处理这些问题,比如按伤亡程度来分配等。沙力坪、新营盘两地的嘉日家族曾经联合组织了一起"抓娃子"的行动,大家在分配财物时,有几个堂兄弟因贪图一匹骏马而拔刀相向,这次带队的头目嘉日解哈命令一个叫嘉日基足的小伙子当场砍掉这匹骏马,嘉日基足一刀砍下骏马的头而力惊四座,他也因平息这次内斗而获得了声誉。①

如果以上关于"抓娃子"行动的客位描述缺乏批评力度的话,那下文贾巴永哈关于自己如何被抓的主位描述则披露了"抓娃子"行动的野蛮及残忍性。贾巴永哈家是永胜的傈僳族,一家七口原本生活幸福,后因遭到彝族人掳掠而家破人亡,他也被卖到凉山腹地,他的口述为我们提供了关于"抓娃子"最可信的细节与感受:

> 俗话说,羊瘦虱子多,人穷灾难密。就在这难过难挨的三十晚上,小凉山的奴隶主带着一伙人窜山抢人来了。我家的房子被他们点着火,门外枪声大作,哭声四起。阿妈和二姐刚跑出门,就被流弹打死了。大姐躲在门背后,动也不敢动。阿爸紧紧抱着我。奴隶主像虎狼似地冲进屋来,一把抓住大姐和我朝门外拖。阿爸死活不放手,被奴隶主一枪打断了手臂,昏倒在血泊中,我和大姐被奴隶主捆起来,用布蒙上眼睛,拖上了小凉山。那时我才八岁。②

贾巴永哈的描述说明,这些人袭击房屋时可能先放火烧掉房子,当屋里的人惊慌外逃之后乱枪齐放,最后将年轻的小孩掠走,因为小

---

① 嘉日光体口述,2012年11月。
② 《民族问题五种丛书》云南省编辑委员会:《云南小凉山彝族社会历史调查》,云南人民出版社1984年版,第40页。

孩经过多次转卖之后就能适应凉山的环境而不容易逃跑，久而久之，他们就可以发展成为分居奴隶。贾巴永哈姐妹进入凉山之后，姐姐被折磨致残，他自己也被转卖了好几道，直至民主改革后逃奔工作队才得解放。贾巴永哈的故事告诉我们，掳掠人口经常与贩卖人口联系在一起，像鲁尾元元、沙马忍且这样的职业人贩子也不少，他们除了自己实施掠夺外，多数都参与贩卖，前文关于他们掳掠上百人的数字估计是其经手的人口贸易数字，因为单人抢夺上百人的可能性并不太大。不过，由于各种因素，凉山彝族社会并不把实施掠夺的行为视为耻辱。由于参与掠夺的面很大，无论是"卓发"还是"卓迪"，随着时间的积累，都会给周边汉区的人口和村庄造成极大的威胁，因此周边的汉族村庄也会经常武装队伍，对前往汉区办事的普通彝人实施报复，导致民族关系特别紧张，人口掠夺的事件也因政府的管控而越来越严，内部或者外部的奴隶市场就开始活跃起来。

（二）买卖和继承

大小凉山名声最大的奴隶市场在冕宁县的姑噜沟，詹承绪曾于1960年初调查过姑噜沟的奴隶买卖问题并完成《凉山彝族一个奴隶市场的调查报告》一文，后于1980年发表在《民族研究》上。[①] 据詹承绪的研究，姑噜沟奴隶市场大概形成于1924年前后，直到1956年民主改革后才被政府废除，"自本世纪二十年代至1956年民主改革，总共成交奴隶在三千人以上"，奴隶市场最繁荣时一天可以成交300人左右，市场已经形成了中间人交易和回扣制度以及多种多样的交易方式，加上不少人在这里开设酒店、赌场等，姑噜沟基本上成为大小凉山最大的奴隶交易市场。[②] 也许是受这次调查经历的影响，1962年詹承绪先生来到云南小凉山跑马坪调查彝族社会历史文化时，

---

① 詹承绪：《凉山彝族一个奴隶市场的调查报告》，《民族研究》1980年第4期。
② 同上。

第三章 成为奴隶、反抗与逃亡

他和同伴特别注意到奴隶交易及价格等问题：

> 买卖呷西虽然比较普遍，但尚未形成统一的奴隶价格和市场，多是卖者将呷西带至各地串门，当面议价。一般以年龄大小为议价的标准，小孩和女子的价高，中年男子的价低，老年男女则更低。一个呷西的价格大致是：10 岁以下的男女值 10—20 个银锭，最高 30 个；11—20 岁的男子 5—15 个白锭；11—20 岁的女子 10—20 个白锭；21—30 岁的男子 4—8 个白锭；21—30 岁的女子 8—15 个白锭；30 岁以上的男子 3—5 个白锭。买卖呷西没有中间人，除了上述鲁尾元元和沙马忍且以外，也未发现专门买卖呷西为生的人。①

该调查说明，小孩和年轻女人的价格最高；青年男人的价格一般，因为他们容易逃跑；老人的价格最低，因为他们的劳动能力弱。与大凉山已经形成固定奴隶市场的情况不同，小凉山奴隶买卖还是面对面的直接交易，"抓娃子"行动成功后，他们多数会将奴隶转卖到离其家乡更远的地方，多数奴隶都有被多次转卖的经历，特别是那些比较难管理的"坏"奴隶被转卖的机会和次数更多，因此彝族至今还有"马好才转，人坏就转"的谚语。王承权、詹承绪在跑马坪的调查明显也注意到了奴隶被多次转让的问题。

> 黑彝、曲诺从外地抓回娃子以后，以一部分作为自己的呷西，一部分转卖给他人。因此，由于掳掠人口之风盛行，买卖娃子亦随之普遍。据统计，在被掳掠来的 150 个呷西中，有 33% 是

---

① 《民族问题五种丛书》云南省编辑委员会：《云南小凉山彝族社会历史调查》，云南人民出版社 1984 年版，第 40 页。

通过买卖而到主子家中的，其中有一些还被转卖三四次。①

当然，多次转卖的原因可能是考虑到奴隶逃跑的问题，离家乡越近，奴隶逃跑的机会就越大，离家远近似乎也是影响奴隶价格的一个因素，所以多数的汉区奴隶就会被卖到彝区的腹心地带，而腹心地带的彝族奴隶会被卖到汉区周边，这似乎也就是胡庆均"腹心地区汉族呷西多，边缘地区彝族呷西多"的观点。② 从上文中的估算看来，通过买卖来获得奴隶估计是多数彝族家庭拥有奴隶的方式，所以，一个家庭奴隶占有的数量可能一直在变化，因为部分奴隶还涉及陪嫁的问题，所以奴隶交易似乎发生在陌生人之间，女儿出嫁送陪嫁女奴的习俗所产生的奴隶转移似乎是交换问题而不是交易，而交换似乎就涉及财产转移的继承和产权问题。

分居奴和家奴之间的关系一直是理解凉山彝族奴隶制度特征的一个重要学术点，分居奴彝语称为"mgap jia"，经常被转写为"噶加""安家""阿加"和"瓦加"等；家奴彝语称为"ga xi"，一般被转写为"呷西"。周自强将阿加称为"授产奴隶"，将呷西称为"古典奴隶"，他们之间的区别在于奴隶主是否授予他们一部分财产权利。③ 在凉山，"噶加"和"呷西"之间是可以转换的，而对于这一点的认识导致了凉山彝族社会等级划分的层级差异，比如在胡庆均看来，因为他们之间可以转换，所以奴隶只有一个等级，"噶加"和"呷西"之间的关系仅仅是"同一等级的两个等第"。④ 而周自强却对这类看法持批评的态度，他说：

---

① 《民族问题五种丛书》云南省编辑委员会：《云南小凉山彝族社会历史调查》，云南人民出版社1984年版，第40页。
② 胡庆均：《凉山彝族奴隶制社会形态研究》，中国社会科学出版社1985年版，第119页。
③ 周自强：《凉山彝族奴隶制度研究》，人民出版社1983年版，第187页。
④ 胡庆均：《凉山彝族奴隶制社会形态研究》，中国社会科学出版社1985年版，第135页。

第三章 成为奴隶、反抗与逃亡

有些人总是把古希腊雅典型奴隶、古罗马意大利型奴隶以及凉山彝族奴隶社会中的呷西奴隶,说成是"纯粹的奴隶",认为这种"纯粹奴隶"才是"真正的""名副其实的""完全意义的"奴隶。他们往往把这类奴隶的面貌特征作为标本,观察和衡量"阿加"和"阿加"一类授产奴隶,从而否定或怀疑"阿加"和"阿加"一类授产奴隶的奴隶身份。①

周自强理解的"授产奴隶"是拥有家庭和少量财产的奴隶,是各国各民族奴隶社会史上普遍存在的一种奴隶类型,② 也就是说噶加和呷西之间的差别仅仅在于是否拥有家庭和财产。而在胡庆均看来,这样的差别是没有意义的,因为噶加(安家)大都来源于呷西的配婚并与主子分居分食,部分噶加来自未抽(丁)子女的自婚;也有从曲诺(百姓)等级的抵债下降而来;或者以陪嫁的方式又成为呷西。正是因为安家大都来源于呷西的配婚,所生子女又有许多被抽往主子家充当呷西,故主子对他们的人身占有不存在本质的差别。③ 意思就是说,呷西被主人婚配后成为阿加,而阿加的子女被主子抽为家奴或者以陪嫁的方式又成为呷西,因此,噶加和呷西是互相生产的,因而他们顶多是一个等级中的不同等第,而不是两种类型的奴隶。

在笔者看来,前述两位学者关于噶加和呷西关系的不同看法似乎混淆了奴隶的买卖与继承问题,而这个问题直接与奴隶主获得奴隶的方式及其处置奴隶的权限有关,如果我们把剥夺奴隶生命的权利理解为极限的话,赠与(继承)应该是另外一极,而买卖则是二者的中间状态。为了搞清买卖和继承奴隶在凉山彝族奴隶制度运转机制中的

---

① 周自强:《凉山彝族奴隶制度研究》,人民出版1983年版,第187页。
② 同上。
③ 胡庆均:《凉山彝族奴隶制社会形态研究》,中国社会科学出版社1985年版,第135页。

作用和功能，我们有必要先看一下杜玉亭先生在小凉山的调查材料：

> 主子在家奴成年以后，一般要为其婚配，并给其一点"耕食地"，有些富裕的主子还给配婚的呷西一条牛、一只猪、一只羊和一张木犁，让其在自己的周围搭建起一间小木板屋，使他们能有一个勉强苟延生命的家庭经济。主子所以这样做，并不是出于什么"恩赐"和"道义"，而是为了让奴隶们增殖奴产子，以增加自己的奴隶队伍，也就是增加自己的财产。①

在第一章，我们曾讨论过学者们关于凉山彝族的奴隶到底以外来者为主还是以自产为主的争论，因为此争论不仅会影响到我们对凉山彝族奴隶制度性质的认识问题，同样也会影响到我们看待凉山彝族形成过程中的民族融合及其贡献问题。婚配后的家奴将成为噶加，主子对他们的孩子拥有财产权，意思就是说主子既可以将这些孩子抽为家奴，也可以将这些孩子变卖或者作为自己女儿的嫁妆来陪嫁。总之，这样一种奴隶获得的方式在凉山彝族社会已经成为一种制度，不仅消化着刚刚买来的奴隶同时也生产着更多的奴隶。如果说，掠夺是获得奴隶的第一步的话，买卖似乎就是第二步，而继承则是第三步。掠夺、买卖与继承之间似乎是递进关系而不是类型差异，也就是说，获得奴隶的方式之间环环相扣而不孤立。

问题在于买卖和继承有着重要的差别，多数的年轻女呷西都有过陪嫁的经历，陪嫁以后，该女呷西的买卖、婚嫁等权利的所有人就变更成其女主人的丈夫，也就是说，从陪嫁开始，这个女呷西在很快的时间内就拥有了两个主人，岳父的权利转换为女婿的权利，其女主人仅仅是权利转移的过渡人。之后，无论这个陪嫁丫环结婚生多少子

---

① 《民族问题五种丛书》云南省编辑委员会：《云南小凉山彝族社会历史调查》，云南人民出版社1984年版，第14页。

女，岳父都没有权利替女婿来处置。其间，该女呷西并没有作为商品来出售，但其作为礼物的交换意义十分明确，因此，陪嫁所获得的奴隶与买卖行为和给奴隶配婚产子的情况很不相同。

> 因为这些分居的奴隶对自己的子女没有亲权和婚权，按规定，其儿子均按长次分给主子的儿子做呷西，其女儿也要全部按长次分给主子的女儿做陪嫁丫头。对于阿加的子女，主子有权出卖，有权生杀予夺。有些主子无子女，阿加的女儿可以由父母主婚，但其聘金身价需全部交给主子，有的阿加的主子家内呷西甚多，但他们必须按主子的农事需要，经常去服劳役。没有自己子女的亲权和婚权，一家人可能被随时拆散，被四分五裂地出卖，这是分居奴最痛苦的事情。①

杜玉亭的上文论述很细致地呈现了噶加和呷西互相转换的过程，但他并没有将噶加的类型作为区分，事实上，嘎加可以分为两个部分，一部分由彝族社会中的债务奴隶构成，他们随时可以还债赎身，这些人一般不可以买卖。剩下的一部分就是杜玉亭所描述的由呷西婚配而来的部分，他们的处境在某种意义上比呷西更为糟糕，因为他们往往要经历妻离子散的痛苦。奴隶主给呷西安家产子的方式似乎也是一种继承，他们通过掌握婚权和亲权来继承呷西的后代，这种方式与买卖奴隶有着很大的区别，也跟通过陪嫁获得奴隶有所差异，如果陪嫁是一种赠与的话，配婚似乎更像是一种投资行为。

总之，奴隶的获得似乎有三种方式——掠夺、买卖和继承，而继承还可以分为陪嫁和配婚，以上三种方式互相转换、支持并形成凉山

---

① 《民族问题五种丛书》云南省编辑委员会：《云南小凉山彝族社会历史调查》，云南人民出版社1984年版，第15页。

内外的奴隶再生产系统，周自强和胡庆均关于噶加和呷西之关系的争论似乎并没有区别出继承对于凉山彝族奴隶社会形成的重要性；陪嫁不仅是奴隶赠与，同时也是产权的再生产，通过女性的流动奴隶产权获得某种超于家支的整体性价值支持，而这种整体性价值则反过来进一步保障和刺激了奴隶再生产的愿望及"正当性"。这几种方式对于小凉山奴隶总量的贡献似乎同等重要。民主改革前夕，小凉山彝族社会的嘎加近17000人，而呷西近14500人，① 尽管这些统计数据因口径问题并不一定精确，但这充分说明了凉山彝族奴隶再生产过程中内外循环的生产方式及其重要性。

二 反抗

哪里有剥削哪里就有反抗，上文关于如何成为奴隶的论述有点忽略奴隶主观能动性的嫌疑，接下来，我们将讨论一下凉山的奴隶是如何反抗统治阶级剥削的，以及这些反抗的基本特点与类型。詹姆斯·斯科特将东南亚农民的反抗分为两种，第一种是"日常"反抗，第二种则表现为公开挑战性质的反抗。比如说，前一种情况是农民以不知不觉的方式逐渐蚕食种植园和国家林场的静悄悄的不起眼的过程，而另外一种情况则是农民通过公开挑战财产关系的方式侵占土地。② 我们的研究将说明，小凉山的奴隶反抗除了以上两种类型之外，还有一种没有被詹姆斯·斯科特等研究者重视的"仪式反抗"，此种反抗不仅与凉山彝族的信仰有关，同样也跟凉山彝族的历史有关。

---

① 中共云南省委党史研究室：《云南边疆民族地区民主改革》，云南大学出版社1996年版，第331页。
② [美]詹姆斯·斯科特：《弱者的武器》，郑广怀、张敏、何江穗译，译林出版社2007年版，第38页。

第三章　成为奴隶、反抗与逃亡

（一）日常反抗

正如詹姆斯·斯科特所言，日常反抗包括行动拖沓、假装糊涂、小偷小摸、装傻卖呆、诽谤、纵火、破坏等①，凉山奴隶制度的研究者基本上都注意并记录了这些行为。民主改革胜利完成之后，宁蒗县也组织人员收集了一部分奴隶的家史，并将其中的一部分编辑出版，这些家史也记录了不少奴隶如何有意识反抗主子的计谋和行为。一个叫贾拉永惹的家奴经常用行动拖沓的办法来反抗主子，他在口述材料中是这样描述自己的行为的：

> 过了五天，阿牛居洛又逼我去犁地。她紧紧跟着我，寸步不离。我犁一行，她就往前移一步，嘴里还叽叽咕咕地骂个不停。我故意慢吞吞地犁，把地犁得弯弯扭扭的。她看着看着，气得吼将起来：'死娃子！看你犁的哪样地？你再不好好做活，我剥你的皮！'我不理睬她，望都不望她一眼。②

由于贾拉永惹的倔强，这家人动用了更为残酷的木靴来管理他，贾拉永惹还是不屈服，这家人只好将他卖给了另外一家人，贾拉永惹依然采用拖沓的办法来反抗。这家人的主人叫阿西比比。

> 有一次，我去挖地，他背着枪紧跟着我。我走一步，他跟一步，见我力气使小，就用皮鞭打，累死累活也不准我歇歇气。实在忍不住这口气，我责问阿西比比："色坡（主人），我不是牲口，为哪样这样对待我？有本事，你也来挖挖试试。"这几句话

---

① ［美］詹姆斯·斯科特：《弱者的武器》，郑广怀、张敏、何江穗译，译林出版社2007年版，第35页。
② 宁蒗彝族自治县革委会政工组、丽江地区革委会政工组宣传组合编：《不愿意做奴隶的人们》，云南人民出版社1972年版，第4页。

上篇　作为措施的农场

惹怒了阿西比比……一阵拳打脚踢,接着"咔擦"一声,朝枪膛里推上了子弹,枪口对准我的胸膛。就在这个时候,女娃子罗哈姆赶上来抓住枪筒朝上一推,"砰"的一声,子弹飞上了天。①

贾拉永惹在这一次遭遇中死里逃生,后来他开始明白活着总比死了好的道理,1956年民主改革后他成为了联防队员,参加了小凉山剿匪的战斗并成为一名好战斗员。当然,他的反抗比较普遍而不是一种"静悄悄"的反抗,其风险与收益并存,但另外一些反抗则充分利用了奴隶主的弱点,实现了利益大于风险的反抗效果。彝族人信仰鬼神,只要牲口回厩时头上有草和树叶,就认为牲口把鬼带进了家,对家不吉利。为了消灾免祸,主人往往要把这口带草的牲口杀掉,有时也会给娃子吃,意思是叫灾祸落在娃子身上。有些胆子大的奴隶为了吃肉,也为了出口气,经常利用奴隶主迷信的弱点故意把草或树叶挂在牲口的脖颈上赶回家。②

有一次,我扯了一根竹枝挂在一口肥猪的脖子上,装作哪样也没有看见的样子,慢悠悠地把猪往厩里撵。吉火老贺的老婆点数时,看见那口猪脖子上挂着竹枝,拉长了脸,大喊起来:"那口猪咋个了?"我装作没有听见,把猪撵进了厩里。吉火老贺的老婆嘴里叽里咕噜了一阵,晓不得她讲了哪样,就提着扫到地的百褶裙,匆匆忙忙地回屋去了。天黑了,吉火老贺把我喊进屋里,对我说:"你们快把那口猪杀了吃掉!不准再耽搁了,快去!"一听这话,我心里可乐了,心想,这一回,你就看着我们吃吧!那天晚上,我和伙伴们高高兴兴地把猪赶到山坡上,大家一起动手,烧火的烧火,杀猪的杀猪,忙了一晚,痛痛快快地大

---

①　宁蒗彝族自治县革委会政工组、丽江地区革委会政工组宣传组合编:《不愿意做奴隶的人们》,云南人民出版社1972年版,第6页。
②　同上书,第140页。

吃了一顿。①

这个叫吉火阿牛的家奴利用女主人迷信的弱点，和同伴商量好之后，将竹枝挂在猪的脖子上，并故意让迷信的女主人看到，此后他们就等着主子的命令而顺理成章地吃猪肉。显然，这是一种有效的静悄悄的反抗，这种反抗与贾拉永惹的倔牛式反抗形成了差别，倔牛式的反抗实际上是一种面对面的斗争，而利用主子信仰迷信的弱点进行利己式的反抗，既可以达到破坏的目的，也可以达到利己的目的，而这种有效的反抗方式似乎要建立在凉山彝族鬼神信仰与畜牧禁忌的基础上，是一种充分利用地方性知识进行的反抗类型，这为我们将要讨论的"仪式反抗"做好了铺垫。

（二）公开反抗

公开反抗最为直接的表现就是武力斗争，可以分为群体性起义和个体性的刺杀等方式。解放前的小凉山，几乎每年都有主子被奴隶杀死或者杀伤的事件发生，因此奴隶主对奴隶的统治也十分残忍，特别是发生了奴隶刺杀主人的事件之后，奴隶主会将所有的奴隶集中在一起围观处罚弑主者，以残酷的方式制造恐怖，让奴隶们服从主人的统治。然而，这些残酷的刑罚似乎不太起效，这些刺杀主人的奴隶很容易被当作英雄来膜拜和效仿。

1950年，位于云南和四川交界的干海子坝子发生了一起严重的奴隶刺杀主人的事件，这次事件几乎震动了整个大小凉山，至今依然被不少老人提及。由于事件的当事者约夏、约甫和阿各都被杀害，事件的经过只能靠当时的亲历者来描述，阿的乌角正好目睹了整个事情的经过，其关于该事件的口述材料恰好被小凉山奴隶家史收集者们编

---

① 宁蒗彝族自治县革委会政工组、丽江地区革委会政工组宣传组合编：《不愿意做奴隶的人们》，云南人民出版社1972年版，第141页。

辑收入《不愿意做奴隶的人们》一书中，借此我们可以了解一下该事件的大致经过。

阿西热卡和阿西聂卡是亲兄弟，阿的乌角和约戛是热卡的家奴，约甫和女奴阿各是聂卡的家奴，由于这两兄弟对待奴隶十分残忍与苛刻，约戛、约甫在1950年大年三十的晚上趁主人家酒醉酣睡实施了刺杀行动，他们先潜入阿西热卡家砍掉他的脑袋，顺便也砍死其妻子，然后又潜入阿西聂卡家砍死夫妇二人，之后两个男人与提前在路口等待的阿各汇合后一起逃亡。

> 当我被闹声惊醒，跑出门一看，只见火光冲天，把干海子照得红通通的，像白天一样。这时，我什么都明白了，我心里称赞我的伙伴约戛、约甫和阿各干得好，并祝福他们一路上平安，祝他们找到没有奴隶主压迫的地方。①

阿的乌角由于没有跟约戛、约甫住在一起，并没有参与该次行动。接下来，整个干海子坝子和周边的村落都被震惊，许多人都参与了抓捕这三人的行动。六天六夜后，阿各第一个被抓到，等她被抓回来时，已经被折磨死了。第十七天以后，约戛和约甫在四川盐边县境内被抓获，被押回干海子执行公开的刑罚以警示其他的奴隶。

> 刑罚开始了。所有的奴隶主手里都拿着凶器，像一群饿狼一样，一齐扑到约戛和约甫的身上，棒打，火烧，锥子戳，剪刀剪，穿鼻子，割耳朵，用竹签钉进脚掌里，用嘴从身上一片片地咬下肉来。约戛和约甫被这帮禽兽整得死了又活，活了又死，一

---

① 宁蒗彝族自治县革委会政工组、丽江地区革委会政工组宣传组合编：《不愿意做奴隶的人们》，云南人民出版社1972年版，第94页。

下子全身成了血糊糊一片，完全看不清人样了。①

次日约甫死亡，奴隶主把约戛吊在一棵柳树上，脚下架了一大堆柴，叫他求饶，但约戛并没有求饶，结果被活活烧死。笔者曾经对该事件访谈过一些观望该次刑罚的老人，他们说，约戛曾好几次跳出火堆，还是被人强行推入火堆，他身上的肉被烧得吱吱作响。用火烧死奴隶估计是凉山奴隶制度中最严酷而经常的手段，跑马坪也曾发生过烧死奴隶的处罚，当天，"本乡与该村相连的几村黑彝，有意带领所属呷西前往观看，即所谓'杀一儆百'。②"这些严酷刑罚的采用就是为了这件事情发生后，约戛、约甫在奴隶中被当作英雄来颂扬，不久以后，离干海子不远的地方也发生过效仿约戛、约甫而刺杀奴隶主的事情，一时弄得人心惶惶，并以一种恐怖传闻的方式在民主改革前夜搅动着整个小凉山彝族大众的内心世界。

为了控制刺杀主人的事情发生，奴隶主会采用更加严酷的手段来对付奴隶，不少人会白天派人监视他们，晚上将他们关着睡觉，有些人还专门制有刑具，比如20—30斤重的木靴，让奴隶带着睡觉。呷西一旦有逃亡的想法和趋势，奴隶主就会采用酷刑来处罚，结果许多呷西被折磨成残疾或者神志不清的人。据不完全统计，民主改革时，跑马坪乡（相当于现在的村委会）呷西中就有瞎子、跛子、白痴等19人，占呷西总数的8.5%，③而全县的残疾人则几乎占到呷西人口的10%左右，④这些人多数都是被奴隶主打伤或者打残的。因此，尽管公开对抗的杀伤力和社会影响很大，能极大地震撼奴隶主而让他们的行为有所忌惮，但是，毕竟人都是理性的算计者，并不是所有的人

---

① 宁蒗彝族自治县革委会政工组、丽江地区革委会政工组宣传组合编：《不愿意做奴隶的人们》，云南人民出版社1972年版，第97页。

② 《民族问题五种丛书》云南省编辑委员会：《云南小凉山彝族社会历史调查》，云南人民出版社1984年版，第41页。

③ 同上。

④ 江培元、闵光汉、吴志钦等：《烂泥箐农场史》，中共宁蒗县档案馆1959年。

都可以像约戛、约甫一样勇敢和大胆，多数人的抵抗依然会采用詹姆斯·斯科特所述的"日常"反抗。像吉火阿牛一样利用迷信来威吓和获取利益的方式估计会具有凉山特色，因为其背后是一套相信鬼神的信仰体系，其运作逻辑就是相信巫术侵害能成为反抗方式的地方性知识及其实践，也就是我们在前文提到过的吉火阿牛式的"仪式反抗"。

（三）仪式反抗

吉火阿牛利用禁忌让主人感到恐惧，将被"鬼"附身的猪杀掉来改善生活，意味着巫术性反抗在彝族社会是有可能发生和奏效的。凉山彝族信仰祖先和巫鬼，巫术盛行仪式繁多。笔者曾访谈过一个做过苏尼的莫色呷西，他说，因为自己会做仪式，很少有奴隶主敢虐待他。有一次他的一只羊被邻村的人偷走，他就在山上做了一个咒人的仪式，结果这个偷羊的人肚子痛得很厉害，第二天就派人送羊回来。这件事情发生后，原先对自己很凶的奴隶主都忌惮他三分，他就可以到处去做仪式而没有受到太大的限制。[①]

彝族社会里有许多咒人的仪式，比如打狗、打鸡等，但这些仪式一般不敢公开举行，因为怕仇家发现而被报复，因此许多巫术性的抵抗是暗中进行的，就连被要求作法的毕莫和苏尼也只能在夜间悄悄行动。奴隶主为了防止奴隶逃跑会用各种酷刑，许多奴隶就会在暗中诅咒主人，最通常的办法就是悄悄用活鸡举行一个小仪式，骂对方不得好死、天打雷劈等，最后将鸡打死，再诅咒某人像这只鸡一样死去。凉山彝族认为鸡与人类同祖，因此用鸡咒人的威力十分巨大。有意思的是，由于各种咒人的小仪式比较多，各种各样的反咒仪式也得到发展，有些反咒仪式还比较繁杂，花费巨大，过去只有大奴隶主和家族庞大而团结的曲诺才能承担得起相关的费用，这种仪式叫"吉觉"。

[①] 蘑菇坪莫色苏尼访谈，2012年1月。

"吉觉"是彝语的音译,"吉"意为敌人或敌咒,"觉"有转、返之意,"吉觉"意为"转回敌咒"。彝族谚语有称:"春季要还债、夏季要吉觉、冬季要赎魂。""吉觉"仪式一般在夏末秋初举行。彝族认为在这个时节一年都过了一大半,万事万物都开始回落或朝下坡走,各种不好或反面的东西开始降临。"吉觉"就是为了扭转这个趋势,使万事万物朝着有利自己的方向发展。另一方面,彝族群众认为,在人与人的交往中,总会犯下大大小小的口债;在人与自然的关系中,人又在不停地索取自然,这些都是债,需要借助仪式来偿还,如果不偿还,就会有鬼怪作祟,使全家人不得安宁。"吉觉"仪式就是在这种遣返、还债、扭转局势的观念支配下来进行的。①

上述引文是蔡华等对"吉觉"仪式的解释,由于地域和方言差异,同一种仪式在不同的地方有可能有着不同的语境和仪式操演,但"吉觉"仪式的含义不应该仅仅只有"转回敌咒"那么简单。"吉觉"仪式中的"吉"至少有三种含义:一是仇敌,包括看得见和看不见的敌人,其中也包括各种妖魔鬼怪;二是蜜蜂;三是奴隶或者俘虏。云南小凉山彝族地区的"吉觉"仪式一般分为两种,一种是规模比较大的家族性仪式,另外一种是规模比较小的家庭日常仪式。家族性"吉觉"仪式一般在发生重大仇杀事件后举行,或者每三年举行一次,仪式花销比较大,过去只有有实力的奴隶主和大家族才能举行;后一种一般规模都比较小,一天左右仪式就可以结束,仪式花销也不算很大。

因为发生了几起群体性事件,笔者的家族曾在 2011 年举行过一次大的"吉觉"。这个仪式中有一个非常重要的步骤叫"打蜂板",

---

① 蔡华、张可佳:《民族学视野下的义诺彝族"吉觉"仪式》,《民族研究》2010 年第 3 期。

上篇　作为措施的农场

先在一块高1.5米左右、宽15厘米左右的木板上用木炭画上一个蜂巢、一只公山羊、一只公绵羊、一头公猪、一只公鸡,然后在这些图案下面写上三句彝文,第一句的意思大概是"我们不是赶着这些牲畜来放牧",第二句写上"我们不是赶着这些牲畜来上贡",第三句写上"敌人滚回老巢去"。然后将这块木板立在一个山坡上,等毕摩念好咒语下令后,枪手开始击打"蜂板",其他的人以户为单位打鸡发咒语,等枪响后大家将鸡扔向"蜂板",这时的场景非常恐怖也比较震撼,有些鸡没死到处乱跑,有些鸡血肉模糊,大一点的家族鸡的数量可以达到上百只,场面非常混乱,也比较阴森恐怖。小一点的家庭仪式尽管没有设置"蜂板",但会用草编织一张"蜂床"或叫"敌人的尸板",然后用咒语来咒骂,虽然没有像"打蜂板"一样壮观,但与其有着同样的象征和功效。

　　笔者想说的是,依据字面将"吉觉"仪式理解为"转回敌咒"并没有错,但有可能忽略了对"蜂板"的象征意义的考察,为什么要在"蜂板"上画上蜂巢,蜜蜂与敌人到底有什么样的象征关联?如果梦到被蜜蜂叮,大小凉山的彝族人为什么都要进行驱鬼或者辟邪仪式?过去的统治阶级为什么都要在固定的时间举行"吉觉"仪式,难道仅仅是为了对付潜在的敌人?那潜在的敌人又是谁?在彝语中,"奴隶""敌人"与"蜜蜂"是同一个词,它们之间不仅仅是语义相关,更是历史相关,因为多数的奴隶来源于敌人,而奴隶可以比喻为蜜蜂般的劳动者。从这个意义上来看,家族性的"吉觉"仪式似乎有着阶级斗争的社会背景,这样一种大规模的反咒仪式恰恰是针对无数无法控制的个体化的反抗仪式而设置的,因此,奴隶的仪式反抗生成了另外一种仪式性的镇压,这种仪式镇压的高级形式可能就是各种各样的意识形态,从这个意义上说,仪式反抗往往就是意识形态的一个重要组成部分。在小凉山,奴隶社会的意识形态不仅约束着奴隶,同样也约束着普通的彝族人民,但是,人们一直都在等待,等待机会逃离这巫术般压抑的社会与环境。

第三章 成为奴隶、反抗与逃亡

三 逃亡与革命

1950年前后,奴隶、枪支、鸦片基本上还是小凉山彝族社会与外界商品交易的三大件,与奴隶娃子交易、抢夺等"合法"行为相对应的是,奴隶享有微乎其微的权利,特别是单身家奴,自小生活在奴隶主的家里,烧火、照看牲口、砍柴、种地等几乎所有的活计都由他们完成,等到婚配年龄,主人家就会将单身的家奴婚配并占有他们孩子们的人身权利,主人家可以将这些孩子出卖、陪嫁等。许多年轻单身的家奴基本上是从外界抢夺或者贩卖而来,由于这部分人经常想着逃亡,主人家对他们的管理比较严酷与残忍,有些不服管教的奴隶甚至还有可能被打残,以此减少他们逃跑的机会。不过,残酷的管理似乎又加剧了奴隶的恐惧与仇恨,导致几乎所有的奴隶都有逃亡的想法,正如前述歌词所述,这些想法像"金竹发芽"和"冰河解冻"一般自然,但是天下乌鸦一般黑,整个黑暗的旧社会无处没有剥削、压迫,彝区和汉区几乎都没有给这些奴隶带来希望,尽管他们不断地反抗,斗争。

> 千百年来,小凉山上不愿意做奴隶的人们曾经对奴隶主的反动统治进行了多次的反抗和斗争。他们逃跑,毁坏生产工具,甚至举起斧头,夺过火枪起来造反!但是,由于当时历史条件的限制,奴隶们的反抗和斗争,得不到无产阶级和共产党的正确领导,而被奴隶主阶级血腥镇压下去了。奴隶们盼望啊,想啊,希望有一天红太阳的光辉把小凉山的积雪融化,希望有一天能高举铁锤把身上的枷锁砸碎!……①

---

① 宁蒗彝族自治县革委会政工组、丽江地区革委会政工组宣传组合编:《不愿意做奴隶的人们》,云南人民出版社1972年版,前言。

上篇 作为措施的农场

1950年1月,整个小凉山宣布解放,北部是宁蒗县,下设4区30个行政村;南部是凉山彝务办事处,下设5区16个工作点;1956年9月,南北两个区域合并成立宁蒗彝族自治县,下辖9个区8个乡671个自然村。① 宁蒗彝族自治县成立以后,和平协商民主改革才面向全县慢慢推开,占1/3的奴隶人口才完全得以解放,到了1957年51个农场建立之后,奴隶的安置工作才算完成。从1950年到1956年,尽管奴隶还没有解放,但奴隶的买卖已经被禁止,迫害奴隶的行为已被宣布为违法,几乎每一天都有奴隶逃亡到政府的工作点和解放军的驻地。因此,对于逃亡、解放和革命的传闻、期待与焦虑涉及每一个个体,奴隶们的想法和举动牵连着家庭和阶级层面上的决策与行动,奴隶解放这根敏感的神经不仅涉及奴隶们的安全和利益,小凉山彝族社会个体、家庭和阶级之间的关联与互动依然在奴隶的去向中得到表达与生产,因此,追踪奴隶逃亡、解放、安置的方式与举措对于我们理解小凉山彝族地区的民主改革就显得十分必要了。

(一) 男奴隶的逃亡

奴隶逃亡的历史应该跟奴隶制度一样古老,但凉山彝族社会很少有奴隶逃亡成功的故事流传,原因可能源于统治阶级对意识形态的控制与主导,制止不利于统治的奴隶逃亡故事流传于民间。即便有些家族的迁徙传说会涉及逃离主人,但因涉及一些仇杀或者命案而很少在家族之外传播,因此奴隶逃亡的经验与故事很少被彝族人理解为与英雄主义有关的事迹而得以宣传。1950年以后,这种情况发生了变化。一方面,随着各级政权机关、工作点的成立和解放军的入驻,禁止打骂、买卖奴隶的思想得到宣传,驻地周边有些虐待奴隶的行为得到有效制止,奴隶们开始向往解放军和共产党并慢慢产生了信仰,逃离奴

---

① 宁蒗彝族自治县县志编委会:《宁蒗彝族自治县县志》,云南民族出版社1993年版,第48页。

第三章 成为奴隶、反抗与逃亡

隶主的想法开始得到内心甚至是朋友的支持,逃亡似乎成为一种有价值和收益的行动;另一方面,逃往政府驻地,寻找解放军的帮助开始成功并慢慢在奴隶中传播,舆论也开始参与人们的行动,而动机与行动的合一似乎也进一步加强了逃亡的成功,因此逃亡行为开始与英雄主义挂钩和联系。到了1965年,宁蒗彝族自治县革委会开始组织各级宣传部门收集各种逃亡故事,并将这些故事塑造成奴隶反抗奴隶制度的家族史(记忆)予以编辑、出版和发行,有些人的经历开始被大家熟悉、关注而成为真正意义上的传奇,他们的逃亡故事也因具有英雄主义特征而成为纪念小凉山民主改革的历史,为我们留下了理解奴隶解放、安置和民主改革的重要口述文献,《不愿意做奴隶的人们(小凉山彝族翻身奴隶家史选)》①就是这些文献中的代表。接下来,我们将以其中的故事结合部分田野调查资料来讨论关于小凉奴隶逃亡、解放及安置的叙事及其意义。

> 民族工作队帮助我们成立了团结生产委员会,伙伴们选我当了青年组长。贾巴补普听说我当了青年组长,说我当了"汉官",要杀我。我才不怕呢。我逃出了贾巴补普家,民族工作队将我收留下来。从工作同志那里,我又进一步懂得了阶级压迫、阶级斗争的道理。②

讲述这个故事的依然是上文提到的贾巴永哈,从县政府退休后他一直住在沙力坪农场。2011年,课题组曾经访谈过他,老人对过去的事情不愿多说,但拿出三个笔记本给我们看,笔记本里全部贴满了从报刊、杂志上剪下来的关于毛泽东的照片,这些照片以时间先后为顺序记录了毛泽东同志的一生,老人对我们说:"我对共产

---

① 首次出版于1965年,1972年重新编辑再版。
② 宁蒗彝族自治县革委会政工组、丽江地区革委会政工组宣传组合编:《不愿意做奴隶的人们》,云南人民出版社1972年版,第116页。

上篇　作为措施的农场

党、毛泽东的感情最深!"1956年,他从奴隶主家逃离出来以后,民族工作队将他送到宁蒗县城读书,其后不久又将他送到西南民族学院学习了一年。1957年,贾巴永哈参加了共青团并当了乡文书,"在党的教育和培养下,我又光荣地加入了伟大的中国共产党"①!前述引文是贾巴永哈收录在《不愿意做奴隶的人们》一书中的自述,书中提到他逃离的时间是在民主改革期间,当时民族工作队已经遍布了主要的工作点,尽管反对民主改革的势力依然强大,但贾巴补普杀掉贾巴永哈的扬言多半也是威胁,因为贾巴永哈逃往的地点在空间上并不遥远,贾巴补普要是真心想追他的话,完全有机会将他找回。尽管贾巴永哈以后去到更远的成都去学习,但"逃离"的观念似乎比逃离本身具有更大的象征意义,因为摆脱奴隶主的束缚而投身革命的勇气并不是人人都具备的,因此,逃离在贾巴永哈的一生中似乎具有决定性的意义,逃离不仅意味着远离,还意味着革命。

贾巴永哈的逃离具有目的性,他基本上能预测到逃离的后果,但有些逃离尽管偶然却因中国革命的大背景而变成必然。阿林尼哈,据说是最先参加中国共产党和中国人民解放军的宁蒗彝族人,英国记者阿兰·惠宁顿在 *Slaves of the Cool Mountains* 一书写道,阿林尼哈在7岁时因父亲的债务而成为奴隶,18岁时逃离他的主人,1950年参加了解放军,其后随解放军回到了跑马坪参加民主改革。② 阿林尼哈并不是在小凉山参加解放军的,而是在随主人远行的过程中逃亡后被解放军解救,比起贾巴永哈的故事,阿林尼哈的逃亡更具有戏剧性。2016年,我们的课题组在拍摄一部关于民主改革的纪录片时专门访谈过他的儿子阿利红红,他为我们讲述了父亲逃亡的故事:

---

① 宁蒗彝族自治县革委会政工组、丽江地区革委会政工组宣传组合编:《不愿意做奴隶的人们》,云南人民出版社1972年版,第116页。
② Alan Winnington, *Slaves of the Cool Mountains*, Seven Seas Publishers, Berlin, 1952, p. 129.

第三章 成为奴隶、反抗与逃亡

  在我父亲小的时候,大概十五六岁,黑彝补余哈伙经常去丽江走亲戚、办事,有一次我父亲跟着他们去丽江,他们让我的父亲背着一个黑彝家的小孩,到半路的时候,黑彝们停下来吃饭,他背着小孩一直在前面走。我估计黑彝们没有给我父亲吃中午饭,他一怒之下就悄悄将小孩放在江边的一堵石墙边,然后开始往山上跑,逃到对面山坡上之后,黑彝们发现了他,拿着枪就打,子弹打在他前面的一棵枯树上,他自己被弹气吹倒在坎下。黑彝们以为他被打死了就没人上来看,等他醒来之后沿着山路继续往丽江方向走,走着走着遇到了一支解放军,他被解放军带到了部队里,军人们帮他洗漱、整理干净后也给他一套军装穿,他当时个子还小,衣服太大了穿不动,就把袖子卷起。父亲还说,解放军还给他拿来了一块香皂,他不知道是拿来干嘛的,还以为是吃的呢,那时候的彝族根本不可能认识香皂。他就这么跟着解放军在丽江呆了两三年,经常跟纳西族打交道,还学会了一口流利的纳西话,汉语也全懂,在我们跑马坪范围几乎没人会讲汉语,别说纳西话了。他回来的时候,就是跟着解放军进入宁蒗的,是回来解放宁蒗的而不是民改工作队,他们是第一批进入宁蒗的部队。因为他熟悉地形,便带领解放军打土匪、抓土匪,小凉山解放之后,就以土改工作队的身份留在这里,之后,因为只有他识字,就让他当了大队里的文书,同时也是我们(跑马坪)上农场里的会计,所以他的经历是十分丰富的。①

  在访谈中,阿林红红一直强调父亲作为解放军的身份,并将其与民改工作队进行区分,在他的观念里,解放军似乎比民改工作队更具有某种权威,尽管其父亲后期也留在跑马坪区和跑马坪上农场工作。解放军

---

① Katherine Swancutt、嘉日姆几、卢志发:《1956——一个英国人在凉山》(纪录片),2016年9月。

与民改工作队之间的区别，在像阿林红红（1966年出生）这一代的彝族人的观念中，似乎对应着逃离的远近与革命贡献之大小的关系，也就是说，贾巴永哈因逃到家门口的民改工作队驻地而没有阿林尼哈的远距离逃亡具有传奇色彩，因此后者的革命贡献似乎更大。也许，这样的解释仅仅是后代对父辈们逃亡故事的敬仰或者纪念性表达，但逃离本身的确改变了逃亡者的身份和命运。在小凉山奴隶解放的过程中，这一拨主动逃离者基本上成为民主改革的中流砥柱，他们为小凉山民主改革的顺利推进做出了组织和人事上的积极贡献。因此，逃离在此意义上成为与革命对等的英雄主义行为，得到后人们的记忆与传颂。

（二）女奴的逃亡

与过去彝族人对英雄主义的男性叙事不同的是，对小凉山女性命运的观照也成为奴隶解放事业中不可缺少的组成部分，她们的逃亡故事也成为当时的传记作家们浓墨重彩的记述之一。共产主义者阿兰·惠宁顿曾于1957—1958年访问过宁蒗彝族自治县，他也注意到逃亡女奴隶不断增多的事实，并对几个女逃亡者的事迹进行了采访，为我们理解这些女性逃亡者当时的处境和心态留下了宝贵的资料。他在书中写道：

> 到了1956年，奴隶逃亡的细流变得越来越大，我采访过几个当时逃亡成功的女奴隶——之前女奴隶从来不这么做，她们更多选择自杀。准确地说是因为不敢逃跑，她们的身价也比男奴隶值钱。[①]

阿兰·惠宁顿采访的第一个逃亡成功的女奴隶叫阿硕乌嘎，她可

---

① Alan Winnington, *Slaves of the Cool Mountains*, Seven Seas Publishers, Berlin, 1962, p. 76.

第三章 成为奴隶、反抗与逃亡

能不太喜欢说话，阿兰·惠宁顿对她的印象并不是太好，因为她不太愿意将内心的想法告诉眼前的这个外国人。这位英国人写道：

> 与阿硕乌嘎的一次谈话洞见到她在1956年6月逃亡时的内心感受。她是一个典型的家奴，不可思议地缺乏知识，花了很长的时间才能让她回答一些简单的问题。1958年初我打电话约她见面时，她是宁蒗县缝纫社的一个纺织工人。阿硕乌嘎对她的出身并没有清晰的概念，一开始她说她是一个自小被遗弃的汉族，然后她又更正说她的父母才是被遗弃的，自己生下来就是奴隶。她作为陪嫁丫头来到女主人的丈夫家，她的主人是补余体日，拥有三十个奴隶。①

阿硕乌嘎逃亡的原因就是被虐待和殴打，而被殴打的原因可能是因为饥饿而私藏物品或者偷窃，因为她在回答阿兰·惠宁顿的采访时提到种一小块鸦片地和饥饿的事情，而奴隶因饥饿而偷窃比较普遍，为此，她还曾经自杀过：

> 像其他的许多奴隶，她也种一小片鸦片，出售后购买衣服和一点额外的食物。她的两个奴隶同伴死于饥饿，另外一个被残忍打死。因为她曾被拴着手腕吊起来鞭打，乌嘎尝试过吃鸦片自杀，结果只落下一身病而没有死成。②

1956年6月，阿硕乌嘎和另外一个奴隶差不多被打死，"血从另外一个女人的嘴里流出"，这件事情发生后，两个女孩商量着是否逃跑到一天路程以外的宁蒗县城，之前她们曾听另外一个奴隶说宁蒗的

---

① Alan Winnington, *Slaves of the Cool Mountains*, Seven Seas Publishers, Berlin, 1952, p. 76.
② Ibid.

奴隶都自由了，住在宁蒗的共产党比任何一家彝族部落都强大，这个奴隶还告诉她们工作队就在那栋新盖大楼的旁边。① 于是，被虐待、殴打的两个年轻女人开始逃亡：

> 等男女主人睡熟了以后，两个女孩开始起来，对其他的奴隶谎称一个要拿点柴火烧，另外一个要解手，她们溜出来后开始尽其所能地奔跑，早上就到达了宁蒗县城。②

这两个逃亡的女孩到了县城以后，一开始接待她们的人是几个彝族人，他们奉劝她俩赶紧回家找自己的主人，于是，"她们沮丧地离开，不知道下一步该怎么办"，这时另外一个干部赶上了她们，他说"跟我来"，两个女孩就跟着他进了另外一栋楼，这个人说自己是共产党，他劝这两个女孩最好出去一段时间，然后就安排她们去丽江学习。学过一年的汉字和算术以后，阿硕乌嘎回到宁蒗。她所在的区已经改革，她也获得人身自由，并在宁蒗县缝纫社找到了一份工作。③ 有趣的是，当阿硕乌嘎成为一名工人为政府工作的时候，她昔日的主人也开始为新政府工作了，并且，他们每天都要见面，惠宁顿饶有兴趣地写道：

> 她过去的主人，补余体日现在也为县政府工作，一个尴尬的巧合是她每一天吃饭的时候都在政府的食堂里碰到过去的主人。"你现在对他友好吗？"我问道，我们唯一一次的谈话时间里她表示出敌意，她眯着眼睛说："我们从来不说话。"④

---

① Alan Winnington, *Slaves of the Cool Mountains*, Seven Seas Publishers, Berlin, 1952, p. 76.
② Ibid.
③ Ibid.
④ Ibid.

第三章 成为奴隶、反抗与逃亡

很明显，阿硕乌嘎的逃亡是成功的，阿兰·惠宁顿认为这些逃亡既跟奴隶主失去对局势的控制有关，也跟奴隶们对奴隶主屠杀他们的恐惧和担忧有关。① 无论如何，奴隶特别是女奴隶的逃亡意味着一个不同时代的到来，这个时代的戏剧性在阿硕乌嘎和昔日的主人依然同吃一锅饭的剧情中得到呈现：阿硕乌嘎成功成为一个纺织工人的同时，其过去的主人也成为新政府的工作人员。这实际上就是小凉山民主改革最根本的目的，民主改革不仅要解放大量的奴隶，同时也需要安置他们的主人，政府不仅要妥善安置他们的工作，还要保障他们的生活水平不降低，这是一个相对和缓的革命，从这个意义上来讲，逃亡似乎只是一个过程。

阿兰·惠宁顿用"细流"（trickle）来比喻奴隶逃亡的行动，想必是将个体奴隶的逃亡理解为可以穿石的"滴水"。此隐喻显然是个体行动汇集为激流的革命叙事，尽管将民主改革时期的奴隶逃亡解读为英雄主义的宣传是后来的事情，但逃亡行动的实施的确是个体决策的后果，此后果直接将个体奴隶逃亡的预期与人们对解放的焦虑联结起来，"解放"因此而具有了"自由"和"失去"的双重语境，对于奴隶和奴隶主而言，"解放"无论如何都是一种焦虑，一种对于主体安全与危险的担忧。由于小凉山彝族社会奴隶畜养涉及几乎每一个家庭，因此，奴隶解放的焦虑传导似乎以某种家庭或者群体性的播化方式得到表达与实践，接下来，我们将在民主改革的大背景下进一步讨论这些焦虑的表现与影响。

四 改革前的焦虑

小凉山刚解放时，许多彝族人一直将"解放"当作一个十分勇敢

---

① Alan Winnington, *Slaves of the Cool Mountains*, Seven Seas Publishers, Berlin, 1952, p. 78.

上篇　作为措施的农场

的英雄。一位曾经做过家奴的老人告诉笔者，他最先听到解放的传闻时认为"解放"是一个人，因为他听别人说"解放快要到花椒湾了"。是的，人们的确很难将"解放"这样的抽象概念与翻山越岭的人格叙事区别开来，特别是民主改革前夕，"解放""改革"等概念逐渐成为舆论的中心，所蕴含的不确定性与风险也随着人们的议论而不断被放大，其效果经舆论的传导淤积成不同程度的焦虑，社会地位和阶级身份的差异又将这些焦虑转化为人们对某些具体事件的关注与评价，在改革到来之前和改革进行的过程中，这些焦虑都被工作队当作问题记录了下来。

> 如家奴务各怕改革后不会当家、做针线、被子烂了补不起。另外，家具农具一无所有，出来后生产生活都有困难，一人去做活了没人做饭喂猪。分居奴秋木耳沙对解放娃子、分土地、废除陪嫁、高利贷深表拥护，但怕积极了，被土匪杀害被主子报复，自己被杀了家里孩子无人养，处于被动状态。穷百姓沙马五基思想顾虑较少，敢于积极工作，出面较早，但对土匪已杀害我积极分子的威胁还是有所顾虑，工作中有冷热病。吹大烟的也怕改革，不准吹种大烟。其他民族说改革是好，就是改革了要上公粮和余粮，还要土地入股按劳分红，有的哭了几天。①

在木耳坪乡的改革过程中，工作队列举了改革过程中家奴、分居奴、穷百姓、吹大烟者和其他民族的顾虑。很明显，这些顾虑都与每一个人的生活和安全有关。家奴在主子家的劳动是有分工的，他们不需要去考虑整个家庭的运转，焦虑和担心都集中在诸如针线

---

① 《木耳坪、汉家厂、战河改革、家奴安置计划总结报告》，1957年，宁蒗彝族自治县档案局，全宗号1，目录号1—4，案卷号34—2。

活等家务和生活技能的细节上；分居奴对于改革的预期最大，收益也比较多，尽管缺少土地、子女陪嫁和高利贷一直是他们最沉重的负担，但安全问题依然是分居奴最大的焦虑；穷百姓由于有自己的部分土地，安全基本上可以通过家支制度得到保障，所以他们改革的愿望似乎并不强烈，因而有所谓的"冷热病"；鸦片吸食者，最大的焦虑就是不能耕种鸦片，这些人一般以种养吸，改革后这些恶习肯定要被废除，这自然成为他们的焦虑。木耳坪乡最早的居民是普米族和摩梭人，他们是木耳坪坝子最早的开发者，拥有的土地相对较多，土地不仅是他们的资产甚至也是他们的历史和社会记忆，在某种意义上，失去土地对他们意味着历史和记忆的断裂，所以其焦虑就是因失地而导致的象征遗失。

　　胡尾果娘子对改革（理解）不通，用唱调子说："欢乐的日子过掉了，苦难的日子正在过，一个月内杀了八条牛，总之有一个娃子的就有一个娃子的顾虑，有九个娃子的就有九个娃子的顾虑。"①

这是木耳坪一个黑彝妇女用调子讲述其对改革的焦虑与担忧，由于家奴占有的普遍性，奴隶解放涉及多数的彝族家庭，特别是中上层家庭几乎都占有一定数量的奴隶，因此，在这个黑彝妇女的眼里，"拥有一个娃子和拥有九个娃子"没有本质上的区别，因为拥有奴隶的性质应该是一样的。

　　团结对象的思想顾虑也大，占有较多土地和娃子的阿鲁体学、阿鲁偏都怕划为奴隶主，坐站不是，晚上睡不着觉白天吃不

---

① 《木耳坪、汉家厂、战河改革、家奴安置计划总结报告》，1957年，宁蒗彝族自治县档案局，全宗号1，目录号1—4，案卷号34—2。

上篇　作为措施的农场

下饭。中层中威信较大的代表人物阿克五基听到谣言说有九个娃子的就是奴隶主，于是说我是奴隶主了，思想（有）顾虑就跑到金官坝子里去赌博，一去就是一个多月，也不回家探听改革的情况，直到划阶级后才（敢）回家来。①

正如前文的妇女所言，阿克五基因拥有九个奴隶而害怕自己被划为奴隶主，因为奴隶主属于改革对象，而改革对象就意味着有可能被镇压，所以他跑到汉区去挥霍他的财产，通过赌博寻求刺激来消解自己的焦虑。实际上，按照之后的小凉山民主改革的办法，拥有十个奴隶以上的人才是奴隶主，拥有九个奴隶的家庭一般只划为富农，阿克五基幸运地没有被划为奴隶主。有趣的是，并不是所有的人都像阿克五基一样害怕成为奴隶主，阿克五基的姐夫——沙力坪坝子里的嘉日阿尔就不怕被划为奴隶主，由于民主改革的风声越来越紧，有不少家庭暗中低价出卖奴隶，嘉日阿尔因贪图便宜而在1954—1956年的三年时间里先后购入30多个家奴，导致自己在日后的阶级划分中成了真正的奴隶主。②

奴隶主上层对和平协商不打不斗政策半信半疑。半信者是工作队和积极分子天天宣传和平协商改革，不打不斗不杀政策一直从未变过；半疑者是想不通凉山为什么会和平改革，如胡五沙的娘子说毛主席的政策是一个，为什么凉山会实行和平改革呢？且积极分子又在我家的炮楼里回忆诉苦了像斗争的样子；只武装娃子不武装上层，还在准备改革，一定是斗争的样子。胡金山娘子对改革不满，说娃子、土地是白锭买的，解放、改革就是赔本。胡尾果妈妈

---

① 《木耳坪、汉家厂、战河改革、家奴安置计划总结报告》，1957年，宁蒗彝族自治县档案局，全宗号1，目录号1—4，案卷号34—2。
② 木耳坪阿克家与沙力坪嘉日家世代联姻，这两个故事都得到阿克五基的外甥加日体古的证实。

第三章　成为奴隶、反抗与逃亡

（老年人）怕娃子解放后没有人背水、砍柴、推磨。①

上层对民主改革的顾虑应该是最大的，他们不仅要面临土地、财产的流失，还面临着被斗争的风险。上文中我们看到工作队在木耳坪坝子里访问到的上层几乎都是妇女，这意味着他们的男人并不在家或者谨慎面对改革，事实上，多数的上层男子并不信任改革，他们随时都有武装抵抗的准备和可能。全县范围内比较有影响和开明的上层中，部分成为人民代表和协商委员，为各级政府工作，但也有一部分人，为了保护既得利益随时准备与新政府对抗。②

> 奴隶解放出来后，住什么地方、哪几个住一家、建屋和进新屋要算日子等问题，曾经有一段时间在个别的乡未充分协商，结果盖好房子没人愿住，说是"有鬼"，如羊坪乡麦架坪村。③

从1950年到1956年民主改革之前，已经有不少奴隶逃离他们的主人寻求政府、解放军和工作队的帮助，在社会治安好、群众基础扎实的地方，已经开始有"解放村"的奴隶安置点出现，这些房屋由政府发动群众建设。引文中的麦架坪村是凉山彝务办事处最早驻扎的地方，综合条件比较成熟，由于不断有奴隶前来投奔，奴隶的安置点就需要建设，但房屋的选址没有与这些即将要入住的奴隶们协商，因为该地点曾经死过人，所以大家认为这个地方"有鬼"，于是就没有人愿意住进刚盖起来的新房子。因此，为了不产生更多的社会问题，工作队就奴隶的安置提出了五个自愿：一是愿意离开其主子的人，不

---

① 木耳坪阿克家与沙力坪嘉日家世代联姻，这两个故事都得到阿克五基的外甥加日体古的证实。
② 他们的焦虑终于在1956年4月全面爆发而成为小凉山彝族奴隶主反抗民主改革的武装叛乱。
③ 《和平协商改革试点乡和全县改革综合总结报告》，1957年2月，宁蒗彝族自治县档案馆，全宗号1—4，目录号1—1，案卷号52。

上篇　作为措施的农场

愿意离开主子暂不强求；二是自愿结合成家庭的人住在一起；三是房子盖在哪里要自愿选择；四是喜欢住什么房子由其定夺，如草房、木板房、土墙房等；五是起房子、进房子要根据奴隶们的愿望算日子选择吉日进行。① 五个自愿的规定，意味着有人并不愿意离开自己的主子，也有人不愿意与其他人共同居住，更有人迷信，尽管这些问题并不起眼，但就当时一触即发的战争语境下，任何细微失误都有可能被敌人利用，因此，中央"慎重稳进"的方针应该是"五个自愿"的前提与框架。以上的分析说明民主改革前的焦虑是普遍性的，焦虑的情绪基本上遍布整个小凉山彝族地区，不仅普通老百姓如此，就连积极分子、工作队也有自己的焦虑和诉求。

　　积极分子和干部经学习后，信心较大，但也有其不同的思想，学员和老积极分子要求工作队领取薪金，原联防和一般积极分子也有类似的思想，工作一般表现还积极，但工作队说做就做，依赖思想严重，缺乏当家做主思想，个别的被坏人拉拢，消沉下去。总的来说，敌人的谣言多，群众变天思想严重。②

改革工作队由县里边委派，对基层的情况并不算很熟悉，他们的工作要依靠当地的积极分子、农协会员和民兵联防队等来开展，当这些人向工作队要求劳动报酬时，工作队显然不能满足他们的要求，于是，社会运动中的焦虑与人的个体诉求发生了联系，焦虑背后的理性选择开始站到了前台。我们似乎可以说，尽管焦虑可能像罗洛·梅所说的一样在本体论上属于对存在的直接威胁，③ 但这些威胁的背后似

---

　　① 《木耳坪、汉家厂、战河改革、家奴安置计划总结报告》，1957 年，宁蒗彝族自治县档案局，全宗号1，目录号1—4，案卷号34—2。
　　② 同上。
　　③ ［美］罗洛·梅、恩斯特·安杰尔、亨利·艾伦伯格等编：《存在：精神病学和心理学的新方向》，郭本禹等译，中国人民大学出版社 2012 年版，第 65 页。

乎也是理想选择或者判断的战场,也就是说,对于生存的需求在某种意义上一直先于所有的道德假定和判断。小凉山彝族地区的民主改革如此,内地汉族地区的土地改革也会一样。

> 那是1958年年初,上面的要求是要把自己的奴隶送到牦牛坪安置点,我亲自将我们家的马海惹送到牦牛坪,那天有好多人在打围墙,准备给新解放的奴隶们盖房子。我将马海惹交给了工作队,他十八岁,不太愿意离开我们家,所以当着好多人就掉眼泪了,我也感觉到有点伤心,不一会儿,我就从安置点回家了。两年以后,有一天这个马海惹突然来到了我们家,他是盐边那边的汉族,他说他的亲人在牦牛坪找到了他,他就跟着哥哥回汉区过了两年,但生活不习惯无法呆下去,就悄悄跑了回来。从此,马海惹就哪里都不愿意去,但又不能呆在我们家,所以我们就在旁边盖了一小间房子给马海惹住,不久我们还给他娶了一个媳妇,现在他的孩子比较成器,有好几个参加工作,日子过得很好呢!①

加三大个子的身高接近两米,生于1933年,身体十分健硕,他不仅长寿,还因精通彝族习惯法和历史在小凉山享有很高的社会声望。2016年,当我们去他家里了解他对民主改革的看法时,他给我们讲述了如何安置家奴马海惹的故事。由于加三家善待马海惹,加上生活习惯的原因,这位被解放的奴隶经过一些波折之后,还是选择回到原主子的身边来过日子。我们借用马海惹的故事想表达的是:马海惹不习惯外界生活而四处奔波的焦虑通过回到原主人身边的理性选择得到消除,这个看似有点违背民主改革精神的故事揭示了人们对生活的想象和要求之间的差异,这些差异呈现了人们在革命前夕看似焦虑

---

① 加三大个子访谈录音整理,2016年11月。

的大环境中依然有着灵活自如地处理问题的主观能力。有趣的是，这些自如与选择似乎就是通过"焦虑"的方式得到表达，或者进一步说，焦虑本身就是一种理性的情绪建设，其对小凉山彝族社会民主改革前夕日常生活的意义在于为真正的即将到来的更大的社会变革铺垫了必要的心理和生理准备，使得革命成为历史的日常叙事在紧张中平缓进行。

第四章 小凉山的民主改革

一 民主改革的思想脉络

民主改革是一场中国共产党领导下的如何让国内少数民族通过改革跨入社会主义的社会运动,与中国当时的社会变迁、政治结构、革命形势有着千丝万缕的联系。因此,我们应对民主改革发生的思想历程、民主改革的经过及其对当今少数民族社会的影响进行深入的研究与思考,因为,这是中华人民共和国历史的重要组成部分。

(一)认识民主改革

民主改革对中国少数民族社会的政治、经济和文化结构产生了巨大影响,因此,民主改革的研究具有重大的学术价值和现实意义。然而,中国少数民族地区的民主改革作为一场深刻而又影响巨大的社会运动,除了少量的档案资料汇编和部分关于西藏民主改革的研究之外,深入的学术讨论很少有人涉足。

为什么民主改革的话题如此冷清?笔者认为有如下原因:第一,学界缺乏民主改革研究的学术信心。认为民主改革仅仅是少数民族工作的一部分,对中国社会科学的研究理论贡献不大。第二,学界缺乏分析民主改革的政治信心。由于民主改革涉及少数民族地区反对民主改革的叛乱问题，其"敏感性"让多数学者谈虎变色。第三，缺乏对民主改革的理论信心。迄今为止，学术界对民主改革研究甚少，对民主改革的内容、改革的类型及其在不同民族地区的实践了解不多，这为理解、研究民主改革带来许多困难。

笔者认为，民主改革作为一场深刻的社会运动浓缩了中国共产党解决民族问题的智慧，而这些智慧来源于马克思列宁主义，来源于中国共产党对中国问题的深思熟虑，它们不仅是马克思主义中国化最为重要的革命实践，更是马克思主义中国化不可分割的重要内容。由此可见，我们必须重新认识民主改革，这也是本章的动机所在。中国共产党对民主改革的认识随着民主改革运动的不断深入而得到发展，民主改革的概念于"五四"宪法颁布以后才被广泛使用，此前，党和国家领导人对少数民族地区的改革有着各种表述，而这些表述最终汇集为"民主改革"被广大人民所接受。因此，党和国家领导人对民主改革的论述成为本章考察的重点，因为，民主改革概念形成和使用的过程就是民主改革的思想历程，对这一历程的考察将对民主改革的理解有着深刻而重大的理论意义。

（二）"共同纲领"时期的改革观

毛泽东同志在党的七届三中全会报告中认为，对少数民族社会进行改革的合法性来自《共同纲领》的规定，"按照《共同纲领》的规定，少数民族地区的风俗习惯是可以改革的。但是，这种改革必须由少数民族自己来解决"。① 这是国家领导人首次对1949年以后少数民族社会进行改革的论述，也就是说，对少数民族社会进行改革是《共同纲领》的共识之一，是中华人民共和国临时宪法赋予全体国民的权利与义务。从此以后，对少数民族社会如何改革的问题成为党和国家

---

① 中共中央文献研究室：《建国以来毛泽东文稿》第1册，中央文献出版社1997年版，第17页。

领导人解决国内民族问题最为重要的思想内容，而这些内容都是对《共同纲领》相关规定的解释与发展，因其思想、内容与"五四"宪法以后的"民主改革"有所差异，笔者称它们为"共同纲领"时期的"改革观"。

1. 土地改革与社会改革

《共同纲领》除了对少数民族聚居区实行民族区域自治的规定外，还特别强调"各少数民族均有发展其语言文字，保持或改革其风俗、习惯及宗教信仰的自由"，[①] 但对改革的内容、方式缺乏进一步的解释，这为毛泽东、刘少奇、邓小平等同志就少数民族地区"改革观"的思考与解释留下了广阔空间。

1950年1月，刘少奇在《中央关于注意处理藏民部落及寺院要求的电报》中提出少数民族"内部制度改革"的观点。毛泽东在1950年6月党的七届三中全会报告中阐述少数民族地区进行改革的合法性同时，也使用了"社会改革"的概念。[②] 1950年6月13日，刘少奇在《中央关于处理少数民族问题的指示》中说："关于各地少数民族内部的社会改革，特别是有关少数民族信仰、风俗习惯及土地制度、租息制度、婚姻制度的改革等，必须从缓提出。"[③] 同年颁布的《中华人民共和国土地改革法》第三十六条规定"本法不适应于少数民族地区"，[④] 刘少奇也在全国政协二次会议的报告中特别强调了少数民族地区的土地改革不同于内地土地改革的观点，延续了毛泽东"少数民族地区条件不成熟不能进行改革"[⑤] 的思想，并初步将少

---

① 秦和平：《四川民族地区民主改革资料集》，民族出版社2008年版，第一部分，第3页。

② 中共中央文献研究室：《建国以来毛泽东文稿》第1册，中央文献出版社1997年版，第17页。

③ 中共中央文献研究室：《建国以来刘少奇文稿》第2册，中央文献出版社1997年版，第219—220页。

④ 秦和平：《四川民族地区民主改革资料集》，民族出版社2008年版，第8页。

⑤ 中共中央文献研究室：《建国以来毛泽东文稿》第1册，中央文献出版社1997年版，第17页。

数民族改革的性质确定为"少数民族内部的社会改革"。

这一时期中国共产党对少数民族地区的改革只是纲领性的认识，主要表现在以下几个方面：第一，少数民族地区的改革是合法的；第二，少数民族地区的土地改革不同于内地的土地改革；第三，少数民族地区的改革是少数民族内部的社会改革；第四，少数民族地区的社会改革从缓提出。在表述上，刘少奇同志开始有用"社会改革"指代少数民族地区改革的倾向。1953年7月，全国统战工作会议的总结报告中，"社会改革"已经成为少数民族地区改革的专用术语。报告中说："已经进行社会改革和土地改革的少数民族地区和汉族地区一样，现在是处在过渡到社会主义社会的过渡时期。而那些尚未进行社会改革或只进行了一点小的改革的少数民族地区，今后究竟应如何来进行社会改革，以便这些地区也能过渡到社会主义，是必须慎重考虑的。"[①] 1953年9月，该报告的修正稿进一步明确了"社会改革"的指导思想："对于这些地区的社会改革可考虑不再采取其他民族地区已经采取过的激烈的阶级斗争方式去进行社会改革，而采取比较和平的方式即经过曲折迂回的步骤和更为温和的办法去进行社会改革，以便十分稳妥地推动这些地区向前发展。"[②] 由此可见，从"土地改革"向"社会改革"转换应该是"共同纲领"时期对于少数民族地区改革的"改革观"，其最大的特征就是不同于内地土地改革的"少数民族内部的社会改革"。那么"社会改革"的具体含义和内容又是什么呢？

2. 全面的社会改革

笔者认为，对少数民族社会要全面发展的认识来源于毛泽东《论联合政府》中关于少数民族的论述："必须帮助各少数民族的广大人

---

① 秦和平：《四川民族地区民主改革资料集》，民族出版社2008年版，第二部分，第19页。

② 中共云南省委党史研究室：《云南边疆民族地区民主改革》，云南大学出版社1996年版，第87页。

民群众，包括一切联系群众的领袖人物在内，争取他们在政治上、经济上、文化上的解放和发展。"①

毛泽东同志完全同意孙中山先生在《中国国民党第一次全国代表大会宣言》上主张的"承认中国以内各民族之自决权，于反对帝国主义及军阀之革命获得胜利以后，当组织自由统一的（各民族自由联合的）中华民国"的思想，②而争取少数民族在"政治、经济、文化上的解放和发展"是毛泽东同志对孙中山先生民族主义思想的发展与完善，这为理解中国少数民族社会改革的内容提供了方向。

1950年7月，邓小平同志在欢迎赴西南地区的中央民族访问团大会上的讲话则进一步丰富了政治、经济、文化三位一体的全面社会观。他认为要消除各民族的历史隔阂就必须在三个方面让少数民族相信，"在政治上，中国境内各民族是真正平等的；在经济上，他们的生活会得到改善；在文化上，也会得到提高"。③邓小平同志还就如何在政治、经济与文化三方面开展民族地区的工作进行了深入阐述。他认为，在没有具备实行民族区域自治的条件下，可以先成立民族民主联合政府，在联合政府下面实行小区域自治，让少数民族自己当家做主，实现他们的政治权利；少数民族地区的经济政策不能照搬汉族地区的做法，经济工作应该以贸易为中心，帮助少数民族把自己的贸易组织起来，让他们在贸易中获得利益，在此基础上帮助他们逐步从农、工、牧、商等方面发展；在文化方面，先办一些训练班，宣传民族政策，尽快提高少数民族的文化水平，应在少数民族地区举办一些教育事业，动员一些人去少数民族地区办学。④

在同一个讲话中，邓小平同志就少数民族地区的政治与经济的关

---

① 《毛泽东选集》第三卷，人民出版社1991年版，第1084页。
② 同上。
③ 中共云南省委党史研究室：《云南边疆民族地区民主改革》，云南大学出版社1996年版，第41页。
④ 同上书，第45页。

系做出了深刻的分析:"实行区域自治,不把经济搞好,那个自治就是空的。少数民族是想从区域自治里面得到些好处,一系列的经济问题不解决,就会出乱子。"① 由此可见,统摄政治、经济、文化的全面社会观是中国共产党"共同纲领"时期的少数民族社会改革观的主要内容。少数民族社会的改革不仅仅是土地改革和阶级斗争,是与民族区域自治、发展经济、提高文化联系在一起的全面社会改革,而这样一种社会改革势必影响到少数民族社会的方方面面,因此与少数民族协商并让他们来推行改革是所有改革的原则。

3. 慎重稳进的改革

1945年,关于少数民族在联合政权中的地位问题,毛泽东同志认同孙中山先生承认国内各民族自决权的主张。1949年10月,中共中央对这个主张进行了修正,少数民族"自决权"的提法在内战时期为了反对国民党的统治而被强调,随着国民党统治的结束,为了完成国家的统一大业,反对其他国家分裂中国民族团结的阴谋,在国内少数民族问题上,自决权的问题应该变为民族区域自治的问题。② 但是,边疆少数民族地区的社会稳定直接与国防安全相关,"少数民族地区的社会改革,是一件重大的事情,必须谨慎对待",③ 因此,少数民族地区的社会改革必须慎重稳进。

在具体的实践中,云南省委将"慎重稳进"定为少数民族社会改革的方针并坚决贯彻执行。1950年以后,云南由于其特殊的历史、地理、政治和文化原因,成为中国少数民族地区社会改革的前沿,中共中央西南局在《关于边界地区工作方针问题复滇省委》的批示中指出,云南面前摆着三个问题:国防问题、民族问题和土匪问题。这

---

① 中共云南省委党史研究室:《云南边疆民族地区民主改革》,云南大学出版社1996年版,第44页。
② 秦和平:《四川民族地区民主改革资料集》,民族出版社2008年版,第二部分,第13页。
③ 中共中央文献研究室:《建国以来毛泽东文稿》第1册,中央文献出版社1997年版,第17页。

三个问题密切相连，其中民族问题是核心，只有解决好民族问题，国防问题和土匪问题才能得到根本解决。① 云南当时的省情是民族众多，边境线长，内地汉族地区分布着大量的少数民族，而内地汉族地区的土地改革势必对边疆地区造成震动，国民党残余势力与边疆少数民族地区的关系比较复杂，稍不谨慎就会有分疆裂土的事情发生。于是，为了维护祖国统一和国防安全，也为了广大少数民族的切身利益，云南省委创造性地提出"缓冲区改革"的设想并报中央审批，1952年8月10日中央批复云南省的报告。②

"缓冲区改革"是指在内地土改地区与边疆民族交错的地区，划出缓冲地带，土地改革采用比较温和的方式，力求减少对边疆民族地区暂时不能实行改革的地方的震动。"缓冲区改革"设想及其实践的理论意义在于尊重少数民族地区社会、经济状况的差异性，尊重内地汉族地区与边疆少数民族地区的差异性，贯彻中央谨慎对待边疆少数民族地区社会改革的方针政策，因此，由"缓冲区改革"所体现出来的"慎重稳进"的思想也应该是"共同纲领"时期改革观的重要特征之一。

（三）"五四"宪法与民主改革

在"共同纲领"时期的改革观中，始终没有出现"民主"一词。直到1953年9月13日，"民主"一词首次在《关于过去几年内党在少数民族中进行工作的主要经验总结》的修正稿中出现："应该肯定少数民族上层人物是可以改造的，我们应争取改造其中的大多数。另一方面逐渐发展革命力量（包括民族的、劳动人民的武装力量），逐渐通过各项政治、经济、文化教育工作不断增加的进步因素，消灭旧

---

① 中共云南省委党史研究室：《云南边疆民族地区民主改革》，云南大学出版社1996年版，第471页。
② 同上书，第477页。

的反动因素，逐渐促进那些地区的政权民主化。"① 很明显，"民主"一词在此特指"政权"的民主化，对少数民族上层及其所维护的统治政权由专制到民主的改造方式。

该修正稿后经毛泽东、刘少奇批阅下发全国各中央局及有关省委征求意见，1954年10月24日中央正式批准下发。② 也就是说，当"社会改革"成为指代少数民族地区改革的专用术语时，对少数民族地方政权民主化的要求也同时被提出，由此，少数民族地区的"社会改革"有了民主化的要求与内容，这为"民主改革"概念的出炉准备了思想基础。

1. 民主改革

1954年9月15日，刘少奇在解释"五四"宪法草案序言中关于少数民族地区的社会主义改造时，第一次将"社会主义改造"和"民主改革"并列起来使用："所以社会主义改造，在少数民族地区，可以用更多的时间和更和缓的方式逐步地去实现。现在还没有完成民主改革的少数民族地区，今后也可以用某种和缓的方式完成民主改革，然后逐步过渡到社会主义。"③ 所以，在没有其他文献证明之前，我们可以认为"民主改革"的概念来源于刘少奇对"五四"宪法草案关于少数民族地区如何实现社会主义改造的解释，是社会主义改造与少数民族地区政权民主化思想的合璧。另外，各民族地区民主改革实施办法的规定也充分说明民主改革是根据中华人民共和国宪法的精神和本地区具体情况制定的，因此"五四"宪法的精神就是民主改革的精神，其目标就是过渡到社会主义社会。

民主改革最初与社会主义改造并列使用，因此，社会主义改造与

---

① 中共云南省委党史研究室：《云南边疆民族地区民主改革》，云南大学出版社1996年版，第87—88页。
② 同上书，第86页。
③ 秦和平：《四川民族地区民主改革资料集》，民族出版社2008年版，第一部分，第8页。

民主改革的关系至关重要。周恩来认为，少数民族地区的社会主义改造是民主性质的改革，而经济又是社会改革的根本，"经济改革分两步，第一步是民主改革，即土地改革；第二步是实行社会主义改造"，① 在对封建制度、奴隶制度的经济基础进行改革的基础上解放生产力，然后进行社会主义改造，把奴隶制度、封建制度和个体经济制度改革成为社会主义经济制度。由此可见，少数民族地区的民主改革是社会主义改造的基础，或者说是社会主义改造的一个部分，"民主"在成为少数民族地区社会改革目标的同时也成为手段，因为只有通过民主化，少数民族地区才有可能完成社会主义改造过渡到真正的社会主义社会。由此，少数民族地区的社会改革因为社会主义改造而具有民主化的要求与内容，这样一种认识与从《共同纲领》到"五四"宪法的演化密切关联。"民主改革"是随着党和国家领导人对少数民族地区的政治、经济、文化和改革形势的认识不断深化而发展起来的思想，因此，民主改革的概念本身就具有高度的开放性。

2. 和平协商改革与"五个不够"

民主改革意味着政权的民主化，这就势必触动少数民族上层的利益。但是，少数民族的上层有两面性，"一面，他们是本民族的统治、剥削阶级，他们要统治、剥削老百姓；另外一面，他们在历史进程中，反对大民族主义，反对国民党统治，在新民主主义革命中，他们是共产党的同盟者，给过共产党以支持"。② 少数民族上层统治、剥削本民族的同时，也是反对民族压迫、反对国民党统治的旗帜，因此他们在本民族内部有着广泛的群众基础。更为关键的是，他们所实践并维护着的各种封建和奴隶制度，正是民主改革的目标。民主改革因此比内地的土地改革更为复杂，因为改革对象不同而不能采取像汉族

---

① 秦和平：《四川民族地区民主改革资料集》，民族出版社2008年版，第三部分，第58页。

② 李绍明：《四川民族地区民主改革的历史回顾》，《西南民族大学学报》2008年第1期。

地区暴风骤雨式的尖锐的改革方式，而应该采取某种更为和缓的方式。

什么样的方式才能算得上和缓？如何理解"和缓"给民主改革的实践带来了困难。云南省的实践就出现了对"改革条件估计普遍偏高，改革意见偏急"的情况。1954年11月16日，云南省委在《目前边疆改革问题向中央的报告》中提出："鉴于过去我们所提出的'边疆改革采取比较和缓的方式'往往为干部理解成'比较内地改革略为缓和一点'，因而实际行动不易摆脱内地改革经验的影响。为使边疆改革在指导思想上根本区别于内地改革，省委考虑，有必要明确提出边疆改革，就叫和平协商改革；改革的地区，就叫和平协商改革区。"① 1955年1月11日，该报告得到中央批准，"和平协商"改革自此成为民主改革的指导思想。

笔者认为，由云南省委起草的《目前边疆改革问题向中央的报告》是有关中国少数民族地区民主改革理论性最强的一份报告，中央批复之后，该报告不仅仅确定了民主改革的指导思想，还对民主改革的基本任务和基本思想做出了深刻阐述。1956年7月，该报告的内容经李维汉同志发展为"关于和平改革的八条看法"而成为中国共产党关于少数民族社会改革思想完全成熟的标志性文献。"关于和平改革的八条看法"（下称"八条看法"）是李维汉同志于1956年向中央政治局汇报时的发言要点。关于"八条看法"，李维汉同志1956年在党的八大一次会议、1957年在全国第七次统战工作会议、1961年在新疆关于民族工作中的几个问题等重要会议上多次发言，充分说明"八条看法"对于理解民主改革的重要性。②

和平协商改革的本质就是用和平、自上而下和自下而上相结合的

---

① 中共云南省委党史研究室：《云南边疆民族地区民主改革》，云南大学出版社1996年版，第101页。
② 秦和平：《四川民族地区民主改革资料集》，民族出版社2008年版，第三部分，第80页。

方式协商解决少数民族社会政权民主化的过程，是少数民族地区社会主义改革的重要组成部分。由于和平协商改革的目的是推翻少数民族社会原有的政治、经济制度，因而不可避免地受到部分统治阶级的反对，但是，由于民主改革要解放上千万受苦受难的农奴、奴隶和贫苦人民，推翻不合理的剥削制度，解放生产力，让广大少数民族群众过渡到社会主义社会，因而民主改革是正义的社会改革，针对民主改革的武装抵抗也就成为叛乱。因此，叛乱和平叛是民主改革的一部分，我们在梳理、研究民主改革时不能回避叛乱的问题，而对于叛乱与民主改革关系的认识，笔者认为应该认真理解毛泽东同志所说的"五个不够"："应该说民主改革是必要的，改革的决心是正确的。但是，我们是有缺点的，缺点就是：协商不够，听意见不够，准备不够，让步不够，灵活性不够。中央对这些事情，也有责任。"① 民主改革虽然过去了，但民族区域自治制度依然是中国处理国内民族问题的基本国策，而毛泽东同志的"五个不够"依然对处理少数民族问题有着深远的指导意义。毛泽东同志的"五个不够"不仅是中国共产党批判与自我批判的典范，也是中国共产党反思少数民族工作、尊重民族平等、尊重民族区域自治制度的核心价值观与大党风范，因此，毛泽东同志"五个不够"的思想依然是检验和反思中国少数民族工作的重要尺度与方法。

3. 直接过渡

1953年7月，中共中央在《关于过去几年内党在少数民族中进行工作的主要经验总结》中提出："至于还没有形成阶级社会或阶级分化极不明显的少数民族地区，在经过必要的工作之后，他们也将直接地、但却是逐渐地和我们一起共同过渡到社会主义社会。"② 由于中国少数民族众多，其社会制度差别较大，在边疆地区有着许多尚未

---

① 秦和平：《四川民族地区民主改革资料集》，民族出版社2008年版，第二部分，第43页。

② 同上书，第二部分，第21页。

上篇　作为措施的农场

进入阶级社会的少数民族，其土地公有，山官或头人参加劳动，剥削量很少，因此不能采用内地"土地区"与"和改区"划分阶级、分配土地的办法来进行社会改革，此种类型的社会改革必须采用新的改革办法来帮助这些少数民族过渡到社会主义社会。同年9月，中央在该报告的修改稿中进一步将上文中的表述精简为"至于还没有进入阶级社会的少数民族地区，它们将直接地，但却是逐渐地和我们一起共同过渡到社会主义社会"，①进一步明确了还没有进入阶级社会的少数民族地区不需要经过民主改革而直接、逐渐过渡到社会主义社会的方针，而此社会改革的实践被称为"直接过渡"，该区域也称为"直过区"。

　　著名民族学家马曜先生认为，"直接过渡"有两层含义：第一，1949年之前处于半殖民地半封建社会、资本主义发展不充分的中国从新民主主义革命到社会主义，也是"直接过渡"，即超越资本主义充分发展的阶段；第二，少数民族地区的"直接过渡"是指在这些民族中可以"不分土地、不划阶级"，即不把民主改革作为一个运动来进行。②由此可见，中国少数民族地区的"直接过渡"被理解为民主改革的特殊类型，是不经过"民主改革"的民主改革，所以民主改革作为手段的思想在"直接过渡"中得到充分表现，而民主改革的含义也因此而得到扩展。

　　从理论上讲，直接过渡区既然不需要民主改革就可以过渡到社会主义，那就不应该是民主改革，但为什么还被理解为民主改革的特殊类型呢？首先，广义的民主改革指中国少数民族地区的社会改革，直接过渡区也属于其中的一部分；其次，前资本主义社会有着许多不民主的因素，尽管直接过渡区没有进入阶级社会，但不民主的因素依然需要民主化；"直过区"是随着民主改革运动的推进而被发现的，

---

① 中共云南省委党史研究室：《云南边疆民族地区民主改革》，云南大学出版社1996年版，第88页。
② 《马曜文集》第五卷，云南人民出版社2008年版，第316页。

"直接过渡"的社会改革依然是在民主改革的思想框架下展开和完成的。由此可见，中国共产党关于民主改革的思想不仅有着开放的特性，还具备极高的自我发展与完善的能力。

二 民主改革的史与志

笔者认为民主改革的概念有着"回溯性"的特征。少数民族地区的改革自1950年提上议事日程至1960年12月西藏民主改革结束，历时10年整。而民主改革的概念真正被广泛使用是1954年以后的事情，但对于此前与此后发生在少数民族地区的社会改革，我们都统称为"民主改革"并赋予其概念上的延伸性，这就意味着民主改革的内涵和外延依然有着伸缩的空间，因而将民主改革理解为某时某地某种方式的社会改革具有局限性；反之，民主改革必须作为跨区域的社会改革来理解才是历史唯物主义的认识观，民主改革作为中国社会主义革命重要组成部分的事实才能清晰，由此而来的中华人民共和国史就无法回避与民主改革有关的话题，也恰恰是这个原因使国史的视野显得更加宽阔与丰满。

另外，民主改革概念的"回溯性"还规定了这样一种认识，即民主改革的思想随着中国少数民族地区社会改革的发展而完善，从"土地改革"到"社会改革"到"民主改革"到最后的"和平协商改革"，每一次转换都是党和国家领导人理论联系实践的思想解放，都是对中国实际问题的深思熟虑，都是马克思列宁主义中国化的具体实践。更为重要的是，民主改革概念的延伸性蕴含着解决中国民族问题的智慧与方法。这些智慧应该成为中国民族区域自治制度的运作机理，而其中关于协商、自我反思的精神不仅仅是解决国内民族问题的品格，也应该是党建工作的核心价值。因为，没有协商和自我批判的精神，民主改革的正义性将无法得到理解。值得强调的是，民主改革作为处理中国少数民族问题的整体视角不能轻易遗弃：边疆民族相对

上篇　作为措施的农场

于内地来说应该具有同样的重要性,无论是"直接过渡区"也好,"和平协商区"也好,他们在政治、经济、文化上的权利都得到同样的重视,因此,民主改革中的民主含义显得更加伟大。

民主改革作为一场深刻的社会运动,已经对中国少数民族地区的社会、文化和经济结构产生了巨大影响,甚至可以说不了解民主改革的发生、发展及其影响,我们将无法了解今天的少数民族社会及其需求。广义的民主改革历时十年,地域上囊括了云南、四川、西藏、甘肃等广大边疆地区,涉及几乎所有的少数民族,因此,作为社会运动的民主改革不仅仅是中国少数民族的记忆,也应该是国家记忆的重要组成部分。因此,作为社会运动的民主改革的理论意义依然没有随着历史的钟声而消失;相反,对于民主改革的认识有着某种更为迫切的当代需要。将民主改革视作社会运动的理论意义在于如何认识民主改革在中华人民共和国史、中共党史、中国少数民族史中的地位问题,因而也影响到如何理解中华人民共和国史、党史和少数民族史的史观问题,民主改革涉及如何理解少数民族的国家贡献及其在国家政治中的地位问题,从这个意义上说,民主改革的认识、研究依然是一个十分重要的政治问题。

民主改革涉及国家统一、民族团结的大局,因而也符合学界对国史的分类与定义,① 所以,完整的国史研究应该包括"民主改革史"的内容。同时,党史、民族学、社会学等学科的研究也不能回避民主改革对中国少数民族地区社会、经济、文化诸多方面的影响,否则,中国少数民族社会的历史、文化变迁将无法得到有效理解。中国少数民族地区民主改革史的研究还处于以族别、地方为视角,重西北而轻全国的阶段;民主改革研究中缺失必要的区域联系、国家视角和国际视野,这与民主改革对中国社会、中国少数民族社会乃至国际社会影响巨大的历史事实并不相符,区域联系、国家视角与国际视野必须是

---

① 朱佳木:《论中华人民共和国史研究》,《中国社会科学》2009年第1期。

中国少数民族民主改革史研究的理论前提。中国当前民主改革研究中主要以族别、地方为视角，重西北而轻全国的事实也说明，中国学术界对民主改革史研究中的区域联系、国家视角和国际视野缺乏必要的理解、审视与评估，而对此段历史的正确认识无疑有利于国际社会正确理解中国政府的民族政策及其实践，民主改革史研究的学理问题因此也尚待改善。

中国少数民族地区的民主改革基本上由县一级的行政区划统一领导，组织相当于乡一级的区域具体实施，其内容涉及阶级划分、土地分配、基层政权建设等内容，程序、步骤与内地汉族地区的土地改革基本一致，只是改革的方式相对温和。基层民主改革的具体时间多数在2—3个月，由于改革时间较短，并未具备"史"的特征，其内容更多体现在横向的社会制度的变革上，"志"的特征显得更加明显，民主改革只有上升到区域和国家层面，"史"的重要性和特征才得以体现，因此，民主改革研究的分析单元呈现出地方志与国史交替互生的"史志"交融，丰富多彩的"民主改革志"是构成"民主改革史"的重要砖瓦，而此方面的研究学术界几乎还未深入开展，民主改革作为"地方志的"基础性研究有待大力加强。

民主改革最早从云南开始继而扩展到四川、西藏等广大边疆民族地区，这些地区的民主改革都不同程度借鉴了云南经验，而"云南经验"是中国共产党充分调查、研究、实践和总结的结果，浓缩了中国共产党解决民族问题、边疆问题的集体智慧，因此，中国少数民族社会的民主改革有着统一的理论考量和时空部署，并非某时、某地、针对某个民族特殊的社会改革。

大量的档案和史料证明民主改革作为国家行为，并不仅仅是某时某地的特殊历史，新疆曾组织代表团参观云南西双版纳民主改革成果的事实就是最为有力的历史证据之一。跨地方、跨民族的区域性比较研究应该成为民主改革史研究的新范式与新内容，其蕴含的社会学、方法论意义是理解民主改革如何在新中国国家建设中发挥作用的关键性学理所在，而此方面的理论探索依然是史学界、民族学界、政治学界关于民主改革史研究至今尚未开展的重要领域之一。

当前，中国的政治学界和民族理论界在探讨处理中国民族问题的理论时有强烈的"治理学"转向，强调政府对少数民族社会运行及其问题的良性疏导，但本课题的研究认为，民主改革时期中国共产党处理民族问题所坚持和强调的"协商"精神依然是现今处理中国民族问题所要继承和发扬的基本原则。"协商"是平等主体之间的对等交流，强调的是各参与主体之间的政治平等，"治理"是政府对社会的有效和良性管控，其对象是物化的社会系统，前者强调人的主体性，后者强调社会结构的功能维系。因此，在处理中国民族、边疆问题时，"协商"与"治理"同等重要，仅仅是"治理"并不能处理好中国的民族、边疆问题，而我们急需像"中国少数民族地区民主改革史"这样的国家级科研课题来统领、继承、发扬和总结中共处理民族问题的历史经验与智慧。在跨地方、跨民族比较研究的基础上，结合各少数民族地方的"民主改革志"，启动"中国少数民族地区民主改革史"的国家级科研课题，总结和强调民主改革的国家视角，以此丰富新中国成立初期社会主义改造和建设的内容，总结民主改革的成功经验，继承中国共产党处理民族问题的智慧，无疑是中国当前民族工作理论和实践的重要课题之一。

民主改革是中央于20世纪中叶在中国少数民族地区实施的社会改革，梳理民主改革的思想历程不仅有利于认识民主改革本身，还有利于认识民主改革在中华人民共和国国史中的地位。朱佳木认为国史的主线至少有三条：探索中国社会主义的发展道路；争取早日实现中国的工业化和现代化；维护中国的国家安全、主权和领土完整。[①] 而中国少数民族地区民主改革的出发点就是使少数民族地区的政权民主化，共同过渡到社会主义，因此民主改革实践属于探索社会主义发展

---

① 朱佳木：《论中华人民共和国史研究》，《中国社会科学》2009年第1期。

道路的组成部分；民主改革的胜利意味着平息叛乱、边疆安定与祖国统一。因此，民主改革史的研究绝不能只用地方史、部门史、民族史的视角来看待。

1953年，刘少奇同志将"社会主义改造"和"民主改革"并列使用。① 此后，"民主改革"成为指代少数民族地区社会主义改造而区别于内地土地改革的专有名词，以"和平协商""自上而下"的改革方式区别于内地"阶级斗争""自下而上"的土地改革。由此可见，"民主改革"作为不断完善的政治术语，是相对于内地激烈的土地改革而采取的相对和缓的改革方式。多数情况下，我们理解的民主改革主要指中国共产党领导少数民族地区的广大人民群众和上层，采取和平协商方式，开展以土地改革为中心的全面社会改造。但这并不意味着所有少数民族聚居区都必须执行相同的政策，具体实践要根据少数民族地区的社会形态、生产关系和剥削程度的差异来开展改革。由此，全国的民主改革有着"缓冲区改革""直接过渡""和平协商改革"等多种类型，云南小凉山彝区则属于"和平协商改革"。

三 云南小凉山改革的步骤

1950年1月21日，宁蒗县临时政务委员会在永宁成立，宣布宁蒗和平解放；同月，凉山彝务办事处在永胜县羊坪区成立。② 凉山彝务办事处主要负责处理南部（奴隶制）彝族地区的事务，宁蒗县临时政务委员会负责处理北部（领主制）摩梭、普米地区的事务，分属两个不同的机构。直到1956年5月，宁蒗县临时政务委员会和凉山彝务办事处才合署办公，南北合并后于1956年9月20

---

① 秦和平：《四川民族地区民主改革资料集》，民族出版社2008年版，第8页。
② 宁蒗彝族自治县县志编委会：《宁蒗彝族自治县县志》，云南民族出版社1993年版，第19页。

日成立宁蒗彝族自治县。1950—1956年，宁蒗县临时政务委员会和凉山彝务办事处都没有立即展开社会改革和土地改革的工作，这是由中央统一部署和小凉山地区特殊的民族关系及社会特点决定的，特别是南部彝族地区头人林立互不统属，没有统一的政权组织形式，因此做好上层的工作对该区域的社会稳定和社会改革至关重要，小凉山民主改革的准备工作就是从团结、争取和教育民族、宗教上层开始的。

(一) 准备工作

从1950年开始，根据中央"慎重稳进"和云南省委"团结、生产、进步"的工作方针，结合小凉山地区的实际，宁蒗县临时政务委员会和凉山彝务办事处从调解民族纠纷、制止和消除冤家械斗、疏通民族关系、促进各民族团结入手，在小凉山地区展开了卓有成效的各项工作，开创了民族团结、社会稳定的新局面。具体做法上，采取"通过上层联系群众、通过上层发动群众、发动群众促进上层"的方法，首先着重做好上层的工作。党和政府针对内地已先后开展减租退押和土地改革、部分上层对党的政策有疑虑的情况，反复宣传党的民族政策和统一战线政策，在党政工作人员中加强政策学习，反复强调在民族地区不提斗争口号，注重团结、教育民族上层和宗教上层人士，组织他们到内地参观学习，让他们参加人民政权的工作，将许多民族上层及子女送到内地各类学校深造。

据统计，从1950年至1956年，党和政府安置了150名民族上层和宗教上层人士在县和县级以上机关中工作；培养本地民族干部318人，占全县干部总数的62%以上，其中县级干部2人、区级干部23人；送到北京、成都、昆明、丽江等内地学习参观的本地民族干部、上层人士及其子女共1027人次；组织了425人的脱产联防武装和2460人的不脱产联防武装；调解各类纠纷

1000余起。①

党组织和政府还主持召开各种形式的民族团结大会，主持解决历史上遗留下来的民族间、家族间、家支间的各种矛盾和纠纷，大力宣传党的民族政策。经过与奴隶主协商，政府逐步废除迫害、虐待家奴的陈规，禁止捆绑、打杀、抢掠、买卖家奴，改善家奴的社会地位和生活条件，②为下一步的奴隶解放工作奠定了舆论和政治基础。

为了加快小凉山各项事业的发展，党和各级人民政府不仅从内地和邻县抽调了大批干部、教师、医务工作者、各类专业技术人员组成工作队到小凉山地区工作，而且重视培养本地的少数民族干部，在传授科学文化知识的同时宣传党的民族政策。5年间，政府从内地调运了大量的粮食、籽种、农具、衣物等物资无偿发放给各族人民，帮助解决生活困难和发展生产，建立贸易公司和贸易小组；帮助发展民族贸易的同时还建立了县卫生院。直到1956年民主改革前夕，统计完成以下各项工作：

> 发放救济口粮383万斤，农具1700余件、救济款6.5万余元、籽种30余万斤，救济寒衣2万余件（套）；投资6.8万余元资金扶持修水沟198条，河坝12道，受益耕地1.63余万亩；推广种植良种水稻3480余亩，苞谷5.8万余架（每架在1—2亩），小春作物1万余架；建立起了贸易公司和20个贸易小组，商品销售额1.49万余元；创建省属小学4所、县属小学11所，在校学生共1610余人；创建县级卫生院1所，区医疗小组6个，免费为各族群众治疗23.8万人次、接种牛痘等预防疫苗6.23万人次、采用新法接生2441人次、产前产后检查850人次；培训各

---

① 中共云南省委党史研究室：《云南边疆民族地区民主改革》，云南大学出版社1996年版，第335页。

② 同上书，第334页。

民族初级卫生员19人，接生员5人。①

截至1956年，小凉山彝族地区生产有了较大的发展，人民生活有了明显改善，党和人民政府的威望空前提高。特别是党的民族平等、民族团结、共同繁荣政策的贯彻落实，消除了长期以来存在的民族隔阂和民族歧视的根源，民族关系得到极大改善。在党和人民政府的真诚团结和教育感召下，各民族上层人士普遍都有了显著的进步，他们在民族团结和对敌斗争中，在各项工作中都做出了积极的贡献，起到了其他人无法取代的重要作用。随着内地土地改革的完成、合作化运动的兴起，生产建设迅猛发展的形势也对彝族地区产生着极大的影响。各民族劳动群众随着觉悟的提高，对阶级压迫和剥削有了进一步的认识。由于耕地大部分属于少数的黑彝、奴隶主和领主所有，限制了劳动群众的生产积极性，极大地束缚了生产力的发展。要摆脱贫困落后的状况，使各族人民得到更快的繁荣和发展，就必须进行民主改革，这已成为各民族广大劳动群众的热切呼声和部分有觉悟有见识的民族上层人士的共识，这也是历史发展的必然趋势。②总之，从1950年到1956年，党和政府做了大量的工作，在思想上基本稳住了上层，县区一级的政权基本稳定，党又在小凉山彝族各阶层特别是上层中培养了不少干部，将他们的子女送到外地读书，为接下来的民主改革奠定了思想、组织、干部等各方面的基础。

（二）改革方案的制定与试点性改革

1955年下半年，中共宁蒗县工委、凉山工委和宁蒗县民族民主联合政府、凉山彝务办事处根据中央、省、地的有关指示，在筹建

---

① 中共云南省委党史研究室：《云南边疆民族地区民主改革》，云南大学出版社1996年版，第335页。
② 同上。

第四章 小凉山的民主改革

宁蒗彝族自治县的同时，开始了进行和平协商民主改革的准备工作。其首先对该地区的社会历史状况、生产力发展水平以及各民族各阶层对民主改革的要求、想法等方面进行了广泛、深入的调查研究，特别征求了与人民有联系的民族公认领袖、宗教上层的意见；然后，根据宪法和党的民族区域自治政策，按照宁蒗县和凉山办事处各族人民的共同愿望，开始酝酿成立宁蒗彝族自治县并草拟进行和平协商民主改革的方案，拉开了小凉山历史上最伟大最深刻的社会变革的序幕。

在小凉山进行和平协商民主改革，目的是废除旧的剥削制度，解放奴隶，解放生产力。但民主改革毕竟是一场消灭剥削和压迫制度的阶级斗争，必然要触及统治阶级的利益。正当筹备成立宁蒗彝族自治县和准备进行和平协商改革的工作顺利进行时，部分奴隶主为了维护其统治地位和制度，于1956年4月6日发动了武装叛乱。叛乱发生后，党和政府根据中央、省委"以政治瓦解为主、军事打击为辅"和"坚持我方不放第一枪"的平叛方针和原则，在强大的政治攻势和军事压力下，争取了大部分叛乱人员回归。在取得平息叛乱绝对优势的基础上，于1956年9月16日召开了宁蒗彝族自治县第一届人民代表大会第一次会议，宣布成立宁蒗彝族自治县，并通过《宁蒗彝族自治县和平协商民主改革实施办法》第一件和第二件。会后，依照《实施办法》，全县开始了在奴隶制地区（依照第一件）和封建土司制地区（依照第二件）进行的和平协商民主改革。[①] 1956年10月，宁蒗县工委和县人民委员会在培训了第一批干部和积极分子后，首先在一区的忠实乡、拉伯乡，二区的巴尔桥乡、石福山乡，羊坪区的羊坪乡、木耳坪乡6个乡开始了和平协商民主改革的试点工作。到同年12月，试点工作基本完成，取得了彝族奴隶制地区和摩梭人封建土

---

① 中共云南省委党史研究室：《云南边疆民族地区民主改革》，云南大学出版社1996年版，第336页。

司制地区以及普米族、纳西族、汉族等民族杂居地区进行和平协商民主改革的初步经验。

（三）全面推广及其步骤

经过试点工作，1956年12月3日，《宁蒗彝族自治县和平协商民主改革步骤和办法》正式颁布实施，和平协商民主改革在全县范围内逐步全面开展，改革的步骤分五步进行，以下分别介绍。

第一步：宣传政策与建政。广泛宣传和平协商民主改革政策，使占总人口95%以上的各阶层人民和占总人口3%左右的改革对象都了解党的方针政策，做到家喻户晓，深入人心。在进行第一步的工作中，党组织和工作组反复强调要做好统一战线工作，认真做好政策的宣传工作，让群众和上层从容考虑，协商处理，协商不通就不办，防止急躁冒进和强迫命令、包办代替的做法。第一步工作的时间，一般为15天左右。①

第二步：形势教育。中心内容是进行旧制度不合理必须废除、要建立新制度走社会主义道路的教育，从而提高群众的觉悟。通过比较教育，使上层明白改革是大势所趋、人心所向，个人有出路，子女也有出路，同意放弃剥削的目的。在进行第二步工作时，要求工作组和各级干部必须明确依靠奴隶和贫雇农，团结一切劳动人民，做好上层思想工作的思想；强调必须认真进行访贫问苦，与奴隶和贫雇农同吃同住同劳动，建立密切联系的工作方法；坚持思想发动，提高群众的阶级觉悟；注意培养和审查积极分子，帮助他们不断提高；用群众身边发生的典型材料、活人活事教育启发群众；检查落后层，找出原因，根据不同情况，分工专人做好工作；做好各阶层生活生产的物资准备，部署好下一步工作。②

---

① 中共云南省委党史研究室：《云南边疆民族地区民主改革》，云南大学出版社1996年版，第338页。
② 同上书，第339页。

第三步：划定阶级。通过协商划定阶级，划分劳动和剥削的界限，树立劳动群众的优势，锻炼干部的领导能力，教育上层承认阶级。① 划定奴隶主的政策是：每户占有奴隶10人以上，相当于3户家奴、3户分居奴以上；每人占有耕地30架以上，虽有附带劳动，但剥削量（如特权剥削、高利贷、地租者）超过其一年总收入的70%以上。同时具备以上条件的应划为奴隶主。此外，对一些虽占有奴隶超过10人以上，但不应划为奴隶主的有：只有分居奴，没有家奴，自己参加劳动；自己参加劳动剥削量不超过总收入的70%；鳏寡孤独和丧失劳动力者；自己参加劳动，无自耕地、无出租地和无特权剥削。②

第四步：财产处理与安置。按政策法规搞好没收、征收、征购、分配工作，安置完各阶层人士的生产生活。③ 在第四步的工作中，党和政府要求各乡村要尊重民族的宗教信仰、风俗习惯等。对寺院的土地一律不动，并要说服农民继续交租。农民交租有困难者，由政府帮助其交租。再分配土地时，火葬场地、坟地、神树等一律不动，不允许破坏。

第五步：建政。建党、调整乡政权、联防武装等组织，组织各族人民发展生产。④ 党组织、乡政权、联防武装等基层组织的建立，意味着民主改革基本上完成，这些组织既是民主改革的成果，也是巩固民主改革成果的组织与政权手段。

以上是小凉山民主改革的五个基本步骤，在具体的政策执行中，这些步骤并不是一成不变的，宣传发动工作基本上持续整个过程，因为不少群众的思想顾虑并不是很容易消除，许多人需要长时间的交

---

① 中共云南省委党史研究室：《云南边疆民族地区民主改革》，云南大学出版社1996年版，第340页。
② 同上书，第341页。
③ 同上。
④ 同上书，第343页。

流。当然，民主改革的过程和细节更为复杂，也有不少人在改革过程中上山参加土匪反对民主改革等。总之，通过和平协商民主改革，全县共解放奴隶、婢子（奴婢）62940 余人，其中 2488 人在党和各地人民政府的帮助下回到了原籍与家人团聚，有 17033 名无家可归者在党和政府的安置、帮助和扶持下组成了 4298 户家庭。全县共没收、征收奴隶主、封建土司领主、地主等土地 261337 亩（其中水田 14112 亩、旱地 247225 亩）分给无地少地的各民族奴隶和农民，废除他们向奴隶主、封建土司领主缴纳的各种贡赋 309732 元、高利贷 233315 元。[1] 在民主改革过程中，党和政府共拨款 58670240 元用于安置、解决各阶层人民的生产生活。[2] 到 1958 年 2 月，小凉山彝区民主改革全部结束，历时 17 个月。通过和平协商民主改革，小凉山地区进一步建立健全了各级农村政权组织和联防武装，建立起了农村基层党团组织，形成了以党支部和奴隶、贫雇农为核心的农村领导力量。[3]

---

[1] 中共云南省委党史研究室：《云南边疆民族地区民主改革》，云南大学出版社 1996 年版，第 344 页。
[2] 同上。
[3] 同上。

第五章　奴隶安置与农场

家庭不仅是社会的基本单元，也应该是人身权利的重要要素。由于奴隶一般生活在主人家中，特别是那些被称为"锅庄的手和脚"的家奴在没有被主子婚配之前都没有自己的家庭，他们一直生活在主人家中，居住在主人家附近简陋的房屋里、草料堆中，被虐待之后住在牛圈或者猪圈里也是常有之事。就算被主子婚配后的家庭，由于需要将孩子们送到主子家当锅庄娃子或陪嫁丫环，奴隶们也没有决定子女自由的权利，因此，他们的家庭权利和义务是不完整的。相反，奴隶主将家奴或者他们的孩子们看作自己家庭的一部分，甚至是自己的私有财产，主子对家奴及其孩子们的人身自由都具有绝对的支配权。总之，奴隶特别是家奴的饮食起居基本上都是由主人家供应或者分配的，主奴之间是一种"类"家庭或者"准"家庭关系，因此，奴隶在被解放的同时也就意味着失去了"家"，这也意味着他们所面临的第一个问题就是包括居所、粮食、家庭、生产在内的"生活得起来，生产得下去"①的一系列安置及其措施问题。

1956年10月，小凉山民主改革开始推行试点，两三个月后，试点区的改革完成，这为改革在小凉山全境的推行奠定了包括组织、制度、思想在内的各种基础并积累了相关经验，此后大面积的改革因此

---

① 小凉山民主改革时期奴隶安置的口号。

上篇 作为措施的农场

进行得比较快，特别是以乡为单位的奴隶解放，几乎都会在一两天内完成。如新营乡，仅仅在1957年6月22—23日两日内就把全部264位家奴完全解放出来，"他们获得了人身自由、政治平等。由他们自愿结合组织成家，政府帮助他们安家立业"①。可以想象，凉山片区50多个乡在一年之内要解放并安置上万名一无所有的家奴，②再加上其他因家奴被解放出去而失去特权或者劳动力的各阶层也需要安置，安置工作是民主改革"牵一发而动全身"的关键性步骤之一。

> 全面安置各阶层的生产生活，家奴解放出来以后分给土地，由政府和乡里帮助盖房屋，生产生活用具由政府补助，一年内生产生活困难由政府帮助解决，知道原籍和有家可回的帮助回原籍归家安置。分居奴和穷百姓缺地少地分给土地，一年内生产生活资料由政府缺啥补啥。改革对象（奴隶主、地主、富农）有代表性者在县里安置，不能安置者，政府按其原有生活水平给予补助。他们的家庭在平等、自愿、给报酬的原则下允许雇工和找群众帮助；对须经一段劳动学习方能掌握劳动技能者，帮助教育使之逐步成为自食其力的劳动者，在学习劳动期间，政府给予适当补助，并说服其他劳动人民在平等原则下与之换工，保证其生活水平不致下降和困难。③

以上关于云南小凉山民主改革的文史资料充分说明奴隶安置对于民主改革的意义及其与安置其他阶层之间的关系，同时，我们也可以从以上的资料中明白，奴隶的安置依然是一项包括居所、粮食、家

---

① 《新营乡奴隶安置及组织农场情况总结》，1957年，宁蒗县档案馆，全宗号1，目录号1—1，案卷号47，永久。
② 《关于彝族地区家奴如何过渡到社会主义的意见》，1958年，宁蒗县档案馆，全宗号1，目录号76—1，案卷号76，永久。
③ 中共云南省委党史研究室：《云南边疆民族地区民主改革》，云南大学出版社1996年版，第342页。

庭、生产等工程在内的系统性安居工程。下文我们将从家庭、物资与生产生活几个方面切入小凉山民主改革时期奴隶安置过程最细微的血管，以此为线索来认识和分析与奴隶安置的"农场模式"有关的各种细节性问题。

一 奴隶安置

（一）组织家庭

有些奴隶还记得自己的亲人姓名或者故乡，待他们解放出来以后，这部分人的首要选择就是归宗，政府也就帮助他们回家与亲人团圆。归宗的人一般来自宁蒗县以外的地方，所以并未安置在小凉山境内。

>全乡总户 640 户 2762 人，其中家奴 264 人，占总人口的 9.5%；长工、婢子 16 人，占总人口的 0.58%；家奴、长工、婢子共 280 人，占总人口的 10.1%。现安置家奴 61 户男 94 人、女 123 人，共 217 人，占家奴总数 85.5%；婢子、长工 5 户 16 人；家奴归宗 36 人，占家奴 13.6%，配给其他阶层为妻或夫及儿女者 11 人，占家奴总数的 4.2%。①

据民主改革时期的档案来看，新营乡归宗的家奴 36 人，占到总家奴数量 264 人的 13.6%，木耳坪乡归宗 24 人，占到了总家奴数 169 人的 14.2%，② 而全县愿意回家团聚的 2488 人则占到了总家奴数

---

① 《新营乡奴隶安置及组织农场情况总结》，1957 年，宁蒗县档案馆，全宗号 1，目录号 1—1，案卷号 47，永久。
② 《木耳坪、汉家厂、战河改革、家奴安置计划总结报告》，1957 年，宁蒗县档案馆，全宗号 1，目录号 1—4，案卷号 34—2，永久。

的27.2%。① 由于愿意归宗的人不一定真的回家团聚，所以27%的数据可能高了一些，这也意味着有更多的人需要安置。当然，归宗的人也并不意味着一去不复返，也有不少人因生活习惯的原因归宗后无法适应汉区生活还回到小凉山的案例。尽管路途遥远，但归宗的人总归还有一个现成的家庭可以团圆或者依靠，而绝大多数家奴就没有那么幸运了，他们的家庭都需要重新组建。民主改革时期的档案材料说明，家奴解放出来后组建的家庭基本上有以下几种（见表5-1）：

表5-1　新营乡家奴、长工、婢子、分居奴安置户家庭组织情况②

阶层项目	血亲关系			非血亲关系		合计
	夫妻关系	血亲团圆	其中不巩固者		不巩固者	
	35户142人	18户68人	4户16人	19户55人	8户21人	72户265人
家奴	30户119人	14户47人	4户16人	17户51人	8户21人	61户217人
长工婢子	3户12人			2户4人		5户16人
分居奴	2户11人	4户21人				6户32人

表5-1摘自宁蒗县名为《新营乡奴隶安置及组织农场情况总结》的档案，原文中的表格更加复杂，表5-1只是其中与家奴家庭组织有关的一小段。表中将家奴新组织的家庭分为血亲关系和非血亲关系两类。其中的血亲关系又分为夫妻关系和血亲团圆两类，而非血亲关系则没有更细的划分。表5-1显示，仅新营乡解放出来组织的72户家庭中，有血亲关系的家庭是53户210人，没有血亲关系的有19户55人。其中，在有血亲关系的家庭中，以夫妻关系建立起来的家庭有35户，父母、兄弟或者姐妹团圆组成的家庭18户；完全没有血亲

---

① 江培元、闵光汉、吴志钦等：《烂泥箐农场史》，中共宁蒗县档案馆1959年，前言第2页。
② 《新营乡奴隶安置及组织农场情况总结》，1957年，宁蒗县档案馆，全宗号1，目录号1—1，案卷号47，永久。

关系临时组织的家庭有19户。2016年，课题组在新营乡境内的蜂子岩农场做关于民主改革的访谈时，一个不愿意提供姓名的老人告诉我们说，改革初期组织的家庭类型很多，有些由生育过的男奴隶和女奴隶各带自己的孩子组成，有些由没有生育过的年轻人组成，而有些原本就是一家人，兄弟姐妹分别到不同的家庭当家奴团圆后组成，有些则是由完全没有血缘关系的人组建的临时家庭。

我们还可以从表5-1中看到，血亲关系的家庭比较巩固，其中不巩固者只是53户家庭中的4户，而在非血亲关系中，不巩固者却可以占到19户家庭中的8户。这种情况其实并不难理解，因为非血亲关系的家庭成员之间的信任感和认同感明显低于血亲关系的家庭，但是，当时撰写报告的工作人员为什么要将如此浅显的道理当作一个非常重要的指标来衡量家奴家庭稳定与否的状态呢？

> 他们的家庭尚未稳定，仍在不断的分裂，如新营乡黑子村解放出来时安置为十多户，十个月内就分为31户，分裂改组中政府还得给予全部安置，（有些人）不能生产生活，因此形成不断的分裂改组就得不断的安置。要形成一个稳固的家庭，起到生产、消费、教育等作用的基层单位的确是困难的。①

在落款时间为1958年2月5日的《关于彝族地区家奴如何过渡到社会主义的意见》的报告中，我们可以看到关于新营乡的家奴家庭数的变化和分裂情况比《新营乡家奴、长工、婢子、分居奴安置户家庭组织情况表》中更为严重，特别是非血亲家庭的数量一直在不断地变化，这意味着这些没有血缘关系的人很不容易组建一个共同的家庭，他们的家庭因随时处在变动中而给政府的安置带来了压力，因为

---

① 《关于彝族地区家奴如何过渡到社会主义的意见》，1958年，宁蒗县档案馆，全宗号1，目录号76—1，案卷号76，永久。

上篇　作为措施的农场

上级部门要求每一个新组建的家庭都必须给予安置,而安置就意味着花钱,大到土地耕牛,小到针线,政府都必须依据相关的文件给予必要的补助与救济,这显然给成立不久的人民政府带来了经济或者财务上的压力。于是,我们的研究就涉及家奴安置的物资供应或相关的经济支持,毕竟,所有的制度都需要成本,影响巨大的社会革命更不例外。

(二) 物资与安置经费

1956年10月至1958年3月,全县进行和平协商民主改革,即采取自上而下和平协商和自下而上发动群众互相结合的方式,实行解放出来的奴隶政府给予安置,因改革而降低生活水平的上层政府给予补助,达到废除奴隶制度和封建制度、解放奴隶、解放生产力的目的。期间,全县财政共支出安置费92万元,占总支出的26%,计安置单身奴隶10368人,半奴隶和劳动人民9391户;因改革而降低生活的上层275户,也给予了补助。[①]

《宁蒗彝族自治县县志》明确记载了民主改革期间全县安置费用的总支出为92万元,其中不仅包括了家奴的安置费用,也包括了对分居奴、上层、半奴隶和劳动人民的各种困难补助,由于安置的重点在于家奴,安置的项目比较细致繁多,家奴安置费用是这笔开支的大头。下面我们将以家庭为单位考察一下当时家奴安置的物资与经费使用情况,进一步加深我们对家奴解放出来时的生活水平及社会建设的认识与体验。

---

① 宁蒗彝族自治县县志编委会:《宁蒗彝族自治县县志》,云南民族出版社1993年版,第433页。

第五章 奴隶安置与农场

对解放出来的 145 个家奴，在五个自愿的自觉自愿的原则下充分进行了民主讨论，自由结合坐成了四十四家。对家奴出奴主家后的住房和生产生活必需品，从住房到簸箕、筛子、茶罐、针线等均作了救济，救济物资达三十三种之多，折币计全乡四十四户 145 个家奴共救济物资金额达 9052 元，每户平均 205 元，每人平均达 62 元的安置费，基本上解决了家奴出奴主家后生产生活上的各种困难，过着了从未有过的自由生活。①

上述引文是木耳坪乡的安置物资及相关开支的基本情况，木耳坪乡的改革在 1956 年 10 月到 1957 年 1 月，上述新营乡的改革尽管在半年以后才开始，但家奴的补助标准基本上是一致的。由于当时整个小凉山的市场发育并不完善，加上交通不方便，物资基本上都是从丽江通过马帮运入宁蒗再转运到乡上，因此，人均 62 元的安置标准并不按现金发放，而是细化到包括柴米油盐、针线农具等三四十种物资，现金补助占到的比例比较少。1957 年新营乡黑子村一个叫务嘎的女奴家庭收入调查中明确提到，全家四口人领取政府安置粮 3.5 斗大米、苞谷 0.85 斗，生活款仅 1 元。② 以物资的形式安置家奴最为简便，因为解放出来的家奴基本上没有去外地购物的经历与能力，他们对现金的需求实际上比较小。不过，每家每户对物资的需求可能也不太一样，他们分得的物资估计也有所差异，但不会出入太多。

单身奴隶除回归外县与家人团聚的 2488 人以外，其余 7880 人，根据自愿安置为 2068 户。安置物资总值为 58.67 万元，人

---

① 《木耳坪、汉家厂、战河改革、家奴安置计划总结报告》，1957 年，宁蒗县档案馆，全宗号 1，目录号 1—4，案卷号 34—2，永久。
② 《新营乡奴隶安置及组织农场情况总结》，1957 年，宁蒗县档案馆，全宗号 1，目录号 1—1，案卷号 47，永久。

均74.5元。因改革而降低生活水平的改革对象计275户,给予生活补助6.18万元,人均56元。与各民族有联系的公众领袖人物117人分别安置安排在乡政府和县政治协商委员会中。①

与木耳坪人均62元的金额相比,全县74.5元的家奴安置人均费用更高,这估计与木耳坪作为试点的政策收紧有关,当然,这也可能是随着时间的推移,改革的制度成本随之增加的结果,比如上文新营乡家奴新组织的家庭不断分化重组的不稳定就增加了需安置家庭的基数和相关的费用与成本,所以,全县范围内人均安置成本比试点区域高的现象是可以解释的。奴隶安置的问题同样意味着上层、奴隶主的安置问题,因为这是同一个问题的两个方面,而这也是整个小凉山民主改革中的"协商"内涵所在。从相关的档案和文件来看,家奴解放与各阶层的安置是同时开始的。由于上层、奴隶主、分居奴、部分需要安置的其他阶层并未涉及房屋建设、农具装备和耕牛配置等问题,所以他们的补助金额与物资种类都比家奴分到的少一些。

表5-2是课题组根据木耳坪安置各阶层时的物资及金额的调查报告制作的图表。

表5-2 木耳坪乡各阶层安置经费比较(未包括奴主)

安置对象	户数、人数	物资种类	救济总额(元)	救济力度(元)	
				户均金额	人均金额
家奴	44户145人	33	9052	205	62
分居奴	66户221	28	1990	34	9
半奴隶、穷百姓	53户254人	15	3048	58	12
一般百姓	48户264人	9	528	11	2

---

① 宁蒗彝族自治县县志编委会:《宁蒗彝族自治县县志》,云南民族出版社1993年版,第300页。

第五章　奴隶安置与农场

调查报告中还说明到，除了 44 户家奴以外，根据缺啥补啥的原则，对 66 户分居奴生产生活存在的各种困难给予了即时的救济，救济的物资达 28 种金额 1990 元，每户平均 34 元，每人平均 9 元，救济面达分居奴的 90.9%，基本上解决了他们在生产生活上的问题；亦同时救济解决半奴隶、穷百姓的困难，给予穷百姓的救济物资达 15 种，金额 3048 元，每户平均得到 58 元，每人平均 12 元。一般百姓给予了 9 种救济物资，救济金额达 528 元，每户平均 11 元，每人平均 2 元。① 木耳坪乡各阶层安置的救济面达全乡人口的 71.4%，政府还对 6 户奴隶主根据不同的生活水平给予了补助，最高的生活水平每人每月达 12 元，最低的达 5 元，对他们家中的老小均做了较长时间的照顾。②

房屋作为居所，是家奴安置中最基础的部分，不知是什么原因，关于小凉山民主改革的调查资料很少涉及家奴解放出来后的居所是如何建设的问题。后来我们在田野调查中了解到，解放出来的家奴虽然没有家庭，但简陋的居所一般都建在主人家附近，他们有建设更加宽敞的房屋的多数材料，就算没有材料，一间房屋很快也能建好。蜂子岩农场一个叫都火的老人告诉笔者说：

> 我从主人家解放出来的时候，有一把斧头、一只羊，其他就一无所有。过去我在山里砍了一些木板放着，还没有干透，想不到一下子就派上了用场。我们这个村好几户人的房屋盖的都是我的木板，工作队要给我钱，我硬是不要，因为我觉得我们已经得到好多了，一点木板算不了啥子。后来，工作队好像给了一把砍刀算是木板的钱，我当时很高兴呢。③

---

① 《木耳坪、汉家厂、战河改革、家奴安置计划总结报告》，1957 年，宁蒗县档案馆，全宗号 1，目录号 1—4，案卷号 34—2，永久。
② 同上。
③ 都火访谈录音整理，2012 年 12 月。

上篇 作为措施的农场

解放出来的家奴安置实际上也是整个村的事情，工作队会发动群众出工出劳，就地取材，有些到山上砍树，有些帮助修房子。如沙力坪坝子解放出来时的安置点由于人多，加上当时还有不少反对改革的土匪在山里活动，就需要一个哨楼，嘉日阿鲁是整个沙力坪坝子唯一懂得如何盖哨楼的木匠师傅，他就带着一帮人，没有几天就修好了一座哨楼。所以，民主改革工作尽管有各种反对力量，整个社会弥漫着社会运动的激情与焦虑，但人们的干劲依然十足，许多奴隶安置的问题都是在取得大家认可的情况下开展的，诸如房屋这样的基础建设基本上通过发动群众出工出劳、就地取材就可以完成，再加上当时彝族民房建筑全用木板盖顶、土墙和木楞为壁，①一家人住的民房可以在一天之内就全部盖好住人。由于发动群众的工作到位，木耳坪在给家奴起房子时还得到有些汉族村落的援助与支持：

> 在发动群众的同时进行了起家奴房子的工作，边发动边安置，由于是依靠群众自己解放自己，因此安置工作较顺利，同时在安置中也得到了各方面的支持和援助，如发动群众进行了民族团结教育后，单向阳（村）汉族就整齐地发动了100多群众赠送了2500把茅草支持家奴起房子。分居奴阿克约洽觉悟后三天内就砍了35棵又长又好的杆杆送给家奴起房子。②

家奴入住新房也比较热闹，工作队不仅要组织欢送会，还要隆重地按照彝族习俗给他们选入住新房的好日子，如木耳坪第一批12户家奴在群众的欢送下于1956年11月19日搬到了新房里，按照彝历，

---

① 宁蒗彝族自治县县志编委会：《宁蒗彝族自治县县志》，云南民族出版社1993年版，第400页。
② 《木耳坪、汉家厂、战河改革、家奴安置计划总结报告》，1957年，宁蒗县档案馆，全宗号1，目录号1—4，案卷号34—2，永久。

这一天的日子属龙，是乔迁新居的好日子。这批家奴的顺利入住亦带动其他家奴迅速做了家，"依靠群众发动群众、自己解放自己，这是整个改革运动中关键性的一环"①。

我们已经知道，小凉山的奴隶分为家奴和分居奴两种，安置家奴和分居奴最大的区别就在于是否组建新的家庭。分居奴基本上拥有自己的家庭，尽管他们的子女会去当家奴，但他们依然拥有家庭作为生活和生产单元的基本权利，改革后，他们的子女解放后一般都回家团圆，这些家庭的情感和激情得到很大提升，在社会变动中起到稳定社会的积极作用。

分居奴中过去陪嫁出去的现在也团聚了，如阿鲁万金全家五个人在五家人家里当奴隶，现在五口人团聚了，在新盖的屋里欢喜地过着团结生活。万金妈万分感激地说："娃子不当娃子了，在过去做梦也不敢想，出钱买也买不到，今天毛主席共产党来了，新的爹妈来了。"阿鲁万金摸着砍刀说："毛主席给的东西就是好，砍刀不磨也能把柴砍下来。"② 家庭的相对稳定使得分居奴的安置成本并不是很大，木耳坪乡安置报告中显示的费用是 66 户分居奴户均 34 元、人均 9 元，政府对他们的安置原则是缺啥补啥，这就意味着这些分居奴基本上用不着搬离原来的家就可以就地安置。由于小凉山彝族的居住比较分散和稀疏，有些靠近深山老林的散居分居奴因为经常遭到叛乱分子的骚扰而自主搬到解放村，如战河乡棉保地村由于叛乱分子长期盘踞在周边的塔耳布子山头，居民的生产生活遭受威胁而迁居到战河解放村，内有家奴 11 户 36 人。③ 这里的解放村就是家奴解放出来后的集中安置点，棉保地的分居奴自主迁往解放村的情况说明该安置点的治安有很好的保障，这估计也是家奴安置和分居奴安置的区别之一。总的来

---

① 《木耳坪、汉家厂、战河改革、家奴安置计划总结报告》，1957 年，宁蒗县档案馆，全宗号 1，目录号 1—4，案卷号 34—2，永久。

② 同上。

③ 同上。

上篇　作为措施的农场

讲，家奴安置是整个奴隶安置的重点并采用了集中安置的方案，以组织家庭为核心的社会建设同时也成为家奴安置工作的重心；分居奴的安置采用了就地分散、以户为单位缺啥补啥的方案，生活补助是分居奴安置的重点。

以上关于奴隶安置的组织、物资和经费的分析，使得奴隶解放所面临的社会建设及其意义一目了然。一方面，家庭作为社会的基本单元在维护、巩固社会稳定时至关重要，另一方面，小凉山以家庭为单位的奴隶占有制度在奴隶解放过程中受到大面积震荡，奴隶、奴隶主以及其他拥有奴隶的所有家庭几乎都在改革、安置的范围内，而奴隶安置仅仅是整个社会建设的一小部分。其中，家奴的组织建设尤其引人注目，因为这是社会建设成败的基石，而家奴的家庭建设不仅意味着同一屋檐下的人要和睦相处，同时也意味着他们能组织必要的生产，毕竟，"生活得起来"之后的"生产得下去"才能说明解放了的奴隶比当奴隶时候的生活好，否则，奴隶解放的合理性不就被"生产不下去"的现实所击溃了吗？

（三）生产与生活

土地的分配是小凉山民主改革的重要内容，在全县范围内，共没收和征收奴隶主、领主、地主及半地主式富农的田地26.14万亩，分配给17455户无地少地的奴隶、半奴隶及广大贫苦农民。① 截至改革结束，平均每户拥有10亩地，如新营乡黑子村的女奴务嘎一家，新分得土地洋芋地1架、燕麦地1架、苞谷地3架，共5架计7.5—10亩地。② 这与木耳坪乡分地的情况也基本上相同：

> 从已没收和分配后的情况看，全乡每人平均有5.2架399斤

---

① 宁蒗彝族自治县县志编委会：《宁蒗彝族自治县县志》，云南民族出版社1993年版，第299页。

② 架是土地单位，一架地相当于1.5—2亩。

的土地和产量，除先留给了奴隶主185.5架20760斤的产量和土地、每人平均6.85架761斤的产量外，将所没收的土地分配给了无地少地的奴隶和百姓。全乡除27户为不动户及13户的抽田户外，全乡233户965人分进了田地，每人平均有了4.5架353斤的产量和土地。其中无地的44户家奴亦平均分到了3.4架298斤的产量和土地。①

以木耳坪为代表的改革试点地区，于1956年年底就完成了土地没收、征收及分配工作，家家户户都有了自己的土地。1957年，这些试点区乡迎来了民主改革后的第一个生产年，但是，无论是家奴还是其他新分得土地的无地少地家庭，他们的粮食生产都不能自足。其中，石福山乡的情况最为严重。

  石福山村解放了的奴隶是以个体经济为基础进行互助生产的。他们经过1957年一年的努力，每人粮食收入110斤，副业收入3元，如果要满足1958年生产、生活的需要，每人还需要国家补助25元。国家即使在1958年再扶植他们每人25元，大部分只有单一劳动能力的人也还不能够有效地利用国家的扶持来发展生产，贫困状况不能得到改善，仍然需要国家年复一年地救济。②

民主改革以后，互助与单干成为小凉山的两种生产方式，一般群众会以家族为单位互相支持和帮助生产，而解放出来的奴隶一般都是以家庭为单位组织生产。作为试点，石福山1957年家奴的生产情况

---

① 《木耳坪、汉家厂、战河改革、家奴安置计划总结报告》，1957年，宁蒗县档案馆，全宗号1，目录号1—4，案卷号34—2，永久。

② 江培元、闵光汉、吴志钦等：《烂泥箐农场史》，中共宁蒗县档案馆1959年，前言第2页。

上篇 作为措施的农场

并不能自足,从全县范围来讲,解放后家奴的生产情况也并不乐观。

改革后,经过一年的实践,生产方面全县没有一个乡的家奴达到粮食自足,包都乡一组9户有6户基本自足(因由凉山迁到坝区,分得较好而多的田地和汉族农民帮助耕种的,否则也不能这样)。长坪乡解放村家奴17户81人,每人平均原粮166市斤,新营乡61户217人,每人平均有原粮263市斤,其中自足的11户36人。加之整个彝族的生产水平很低,长期处于半饥饿状态,若由个体发展生产政府不大力帮助,有的1960年、1962年还不能达到自足。①

除了前文论述过的家庭原因外,家奴单一的劳动技能以及缺乏组织能力也是导致生产不起来的主要原因。1957年关于新营、蜂子岩等村家奴生产生活的调查明确列出了影响生产的各种原因,除了部分人基本上能安排自己的生产生活外,大多数人缺乏管理家务、经营生产、安排自己的生产生活的能力,如从小就捆来当奴隶的,在主子家从事粗简的单一劳动,放牧、砍柴、背水、推磨等各干一项,这些人长大后依然没有掌握其他的生产技能,解放出来安家之后,生产的自足就成为问题。另外,"家奴受压迫很深,数字观念很差,有的从一数不到一百,很多人变成白痴或成残疾,如新营乡217人中这类人有24人,占11%,小孩占27%。这些人就根本无法独立生活"②。奴隶们过去在主子的安排下进行生产,现在尽管获得了人身自由,分得了土地,国家也救济了生产资料和生产工具,但生产经验并不能在短期内获得,因此,家奴解放后的生产生活成为小凉山民主改革后一个比较重要的问题。在木耳坪乡,工作队员

---

① 《关于彝族地区家奴如何过渡到社会主义的意见》,1958年,宁蒗县档案馆,全宗号1,目录号76—1,案卷号76,永久。

② 同上。

第五章 奴隶安置与农场

还注意到了解放出来的家奴在生产上开始有了"靠政府"的依赖思想：

> 家奴当前在生产生活上存在的问题和困难是多的大的，但一个多月来还未引起我们的重视，具体安排一户一村一组生产生活，使他们逐步生产自给的工作上还缺乏经验。摸西村家奴反映以前在主子家天一亮就要做活，现在烤太阳也无人管了，中午才砍柴，不够烧一夜；小孩子约沙，大人叫他去砍柴，他说"你又不是我爹妈，你使不动我"；不会安排家务活路照顾家屋等问题已突出地暴露，救济的斧子等东西不断丢失；务牛两口子25天吃了100斤救济米，一个家奴把一块救济布中间剪成洞套在小孩身上好像穿树叶一样。有了较全的家具农具，解决了口粮籽种后，具体安排今年的农副业生产还是问题，有些家奴分居奴光靠政府救济的思想已经突出并相当严重。①

到1958年3月，全县的民主改革全部结束，改革早的试点区经历了1957年的生产，而有些改革晚一点的乡区才开始将土地分配到各家各户，准备1958年的生产。小凉山彝区虽然经历了一个生产年，但土地分配后的生产没有想象中那么高速发展，相反，解放后的家奴组织、管理和生产开始成为问题。奴隶解放以后，应该采取什么样的形式组织奴隶的生产与生活，对于这个新问题，宁蒗县工委在第一批解放出来的奴隶中进行了摸索和研究。前文提到的石福山②是宁蒗民主改革最早的地方之一，解放了的奴隶以个体经济为基础进行互助生产，经调查后发现，1957年一年的生产根本无法自足。显然，组织解放了的奴隶在个体基础上进行生产，不是一个好办法；那么，用像

---

① 《关于彝族地区家奴如何过渡到社会主义的意见》，1958年，宁蒗县档案馆，全宗号1，目录号76—1，案卷号76，永久。
② 宁蒗中部，属多民族杂居区。

上篇　作为措施的农场

内地一样的农业生产合作社的办法可不可以呢？可是，组成合作社后，生活单位仍然是一家一户，那些没有家庭的人以及缺乏独立生活能力的老、小、残、痴者的困难仍然不能解决，而且，农业生产合作社的管理人才也十分缺乏。① 经过反复研究，宁蒗县工委认为以上两种形式都不符合解放了的奴隶的特点。

第一，他们过去常年在奴隶主的驱使下，只有单一的劳动技能，缺乏独立从事生产、生活的能力，而如果按照每个人的专长分工劳动，他们的劳动能力仍然是相当强的。第二，奴隶在自身解放以后，虽然分得了一份土地，然而，他们个人私有的观念相当淡薄。第三，解放出来的奴隶中，有老、小、残、痴2886人，约占奴隶总数的10.9%，他们完全没有生产劳动能力。第四，奴隶解放后，还要国家在相当长的时间从经济上给予扶植。②

根据这些特点，宁蒗县工委设想一种奴隶安置形式：奴隶解放时分得的生产生活资料完全归集体所有，把解放的奴隶组织起来进行生产，统一办理伙食，由国家派干部进行领导，民主选举代表大会和管理委员会，实行统一留下生产成本、公共积累、口粮后，所余按劳分配的分配制度和组织形式。这种形式不同于国营农场，也不同于农业生产合作社，叫"农场"。③ 1958年1月，宁蒗县召开了区乡干部会议提出《关于建场建社问题的意见》，会后，以办农场的方式在全县范围解决家奴安置后的生产、生活、组织等一系列问题的想法被提上了议事日程，农场因此成为小凉山家奴安置的特点与历史经验。④

----

① 江培元、闵光汉、吴志钦等：《烂泥箐农场史》，宁蒗县委档案馆1959年，第2页。
② 同上书，第3页。
③ 同上。
④ 宁蒗彝族自治县县志编委会：《宁蒗彝族自治县县志》，云南民族出版社1993年版，第300页。

二 农场建设

这是一幅关于一百多位前奴隶充满笑声、积极向上的喧闹场景：1957年12月一个干冷的早上，他们沿着木板坡道上上下下匆忙运土，来修建农场主要建筑的围墙。妇女们在男人的另一侧工作，背着箩筐在富有弹性的坡道上飞奔，冒着齐地的百褶裙将她们绊倒的危险。我从来没有见过小凉山的奴隶们展现出如此富有激情和幽默的画面。①

以上是蜂子岩农场建设时的热闹情景，阿兰·惠宁顿用优美的文笔记录了蜂子岩农场建设时的忙碌与欢快。1957年末，干河子、蜂子岩、石福山、二地四个农场②作为第一批建设的典范点燃了小凉山家奴的生产激情，家奴普遍要求建设农场。

根据省委、地委的指示和要求，在元月九日至十三日，集中了县、区、乡干部及部分互助组长共58人，传达省党代会的精神和省委、地委的指示，通过讨论学习，在干部的社会主义觉悟有所提高的基础上，研究了全县春节前建立农业社及农场问题。当前坝区群众要求建社非常迫切，积极性很高。凉山乡也受前段建场（已建四场）的影响，家奴普遍要求政府帮助他们建立农场，走社会主义道路。干部的积极性也较高，特别是乡干部；个别外来干部，对继续留在凉山领导彝族人民走社会主义缺乏决

---

① Alan Winnington. *Slaves of the Cool Mountains*. Seven Seas Publishers, Berlin, 1952. p. 141.
② 江培元、闵光汉、吴志钦等：《烂泥箐农场史》，中共宁蒗县档案馆1959年，第3页。

上篇　作为措施的农场

心，经过动员和辩论，基本有所扭转。①

上述引文来自宁蒗县工委一份落款时间为1958年1月26日、标题为《关于建社建场问题的意见》的档案材料，档案中明确提到该次会议研究了春节前建立初级农业合作社和农场的问题，而在该次会议召开之前，凉山乡已经建立了四个农场，阿兰·惠宁顿访问的蜂子岩农场就是这四个先行建立的农场之一。我们翻万年历可以知道，1958年的春节在2月18日，该次会议结束的时间是1月13日，会议结束到春节刚好有一个月的时间，就在这短短的一个月内，小凉山彝区将要新建安置家奴的25个农场。

> 根据群众要求及我们的主观力量，计划春节前全县建立19个社、25个场，预计入社（场）农户为1340户、6000人，计一区6个社150户，一个农场30户；二区5个社150户，5个农场90户；三区5个社120户，2个农场35户；四区3个社172户，2个农场69户。跑马坪区4个农场，120户（不包括西布河）；羊坪区6个农场，240户；烂泥箐区4个农场，140户；西川区1个农场，24户。建社建场干部已于1月14日出发，要求在2月10日前，将社、场建起来，各区委应在领导修水利、积肥这一中心工作的同时，把建社建场工作抓起来结合进行，以建社建场为动力，使之推动当前的兴修水利和积肥工作。②

农场的建设是与初级农业合作社的建设同步的，这充分说明农场也是小凉山彝族社会向社会主义的过渡形式。尽管民主改革将地主、领主、奴隶主、富农等阶级占有的多余土地分配给无地少地的人，但

---

① 《关于建社、建场、奴隶创造奇迹》，1958年，宁蒗县档案馆，全宗号1，目录号1—41，案卷号75，永久。

② 同上。

第五章 奴隶安置与农场

土地所有制本质上还是私人所有，整个1957年，小凉山的农业生产以互助组和个体家庭的方式为主，但"耕者有其田"的制度优势并没有推动生产力的发展。此时，外地已经开展了初级农业合作社的集体劳动制度，小凉山的干部群众已有了这方面的需求与呼声。从上述引文中可以看到，农场是作为与社同级的生产单位来建设的，但因其目的是解决家奴的生产生活，农场的建设有其特殊性，这些特殊性集中体现在农场的组织、管理和性质等细节上。

> 凉山试建的农场，必须把范围缩小到"改革前没有私有财产"的人这一点。因为农场还不是肯定所有彝族人民的过渡形式，只是解决家奴问题，加之占有私有财产的人现在入场，对建场将带来很多麻烦，也将会影响到面，对整个生产不利。①

农场的入场资格是具有阶级属性的，从一开始就将场员限制为"改革前没有私有财产"的人，而这一群人基本上以家奴为主，因此，农场等同于家奴的安置方式或者集体经济。在小凉山的实践中，政府对农场的土地性质也做了一些调整。

> 入场户之土地，全部归农场公有，入场户在土地上的花费之劳动工本（为1958年准备部分）由农场计入入场户劳动日内参加今秋分配。入场户应留足够的自留地，但不宜过多，以多少为宜视具体情况而定，坚持有菜园者留菜园，无菜园者在住房附近分配或开荒解决。②

入场户的土地归农场公有意味着家奴刚刚分得的土地又得"还"

---

① 《关于建社、建场、奴隶创造奇迹》，1958年，宁蒗县档案馆，全宗号1，目录号1—41，案卷号75，永久。
② 同上。

上篇　作为措施的农场

回去,一位曾经做过家奴的老人在访谈中告诉笔者:"我们刚好在自家的地里插了一块牌子,不久土地就被收回去了,我自己根本就没种一茬。"① 除了改革的试点乡经历了一个生产年之外,多数在1957年改革的乡区实际上都没有种过一茬,从这个意义上讲,小凉山的土地制度实际上就是从奴隶主的土地所有制直接进入社会主义的土地公有制度,其间经历了民主改革的短暂私有化。当然,农场土地公有的制度设计与当时的初级合作社也不一致,社里的土地采用的是入股的方式。

> 从我们的实际情况出发,今年所建农业社,一律只搞土地入股,耕牛、农具及其他生产资料暂不入社,待社建起后,看生产需要、群众要求和社的管理能力,报经上级批准,再逐步解决。②

不仅入场户的土地归农场公有,与社不同的是,农场里的大农具和耕牛也归农场公有。改革时政府安置的耕牛和大农具一律归农场使用,如碰到私有部分,采取农场出钱购买的办法解决。少量小牲畜允许场员自养,缺乏者农场还可以设法帮助;如遇到小牲畜占有较多或占有虽少但在生产上有相当作用的大牲畜(如母牛、马、骡等)者,需集体购买,不得留作私养。小农具场员自带,如分配前场员有困难者,农场可视其程度补发一次,以后一律自制自用。③ 而农场为什么要采用与合作社不一样的公有制呢,阿兰·惠宁顿的评论估计是最好的解释:

> 农场,允许劳动分工的方案可以使得奴隶单一的劳动技能转变为特长,按劳分配也可以增加人们的劳动兴趣,尽管奴隶们的

---

① 阿苏约达访谈资料整理,2013年12月。
② 《关于建社、建场、奴隶创造奇迹》,1958年,宁蒗县档案馆,全宗号1,目录号1—41,案卷号75,永久。
③ 同上。

第五章 奴隶安置与农场

劳动兴趣通常是比较低的。同时，有限的干部也可以更高效地领导和管理规模化的组织，这样的方式远远胜过大量的干部分散在各地去领导那些没有希望的家庭。①

阿兰·惠宁顿的评价实际上涉及为什么建设农场的三个根本性问题。第一，奴隶们单一的劳动技能如果通过分工的方式整合进集体劳动，那他们依然是高效的劳动者；第二，集体化的劳动生产需要专业、有经验的干部来组织生产；第三，集中居住办农场是以上两个问题的前提。这三个根本性的问题得到了宁蒗县工委的高度重视，并得到了针对性的解决方案。关于农场的组织、分配制度与干部配备等问题，宁蒗县工委指示到：

农场应以社会主义的原则管理生产，实行按劳取酬的分配原则，农场生产应在场务委员会领导下进行，厂长负责，下分若干大队，大队下分小组，场长直接领导农业生产，组长在场长分配下率领组员完成场长所分配的任务。劳动中实行简单的记工定分（如死分）办法。②

而对于集中居住，宁蒗县工委也有明确的指示：

为了便于领导，便于生产管理和政治思想教育工作、保卫工作，农场必须坚持集中。现在居住过于分散，一时难于集中，集中后土地不足，不但增产难保证反而会造成减产的乡，春节前不建场，说服群众秋前再建。不论场社，今年暂不搞与

---

① Alan Winnington. *Slaves of the Cool Mountains*. Seven Seas Publishers, Berlin, 1952. p. 141.
② 《关于建社、建场、奴隶创造奇迹》，1958年，宁蒗县档案馆，全宗号1，目录号1—41，案卷号75，永久。

生产关系不大的基本建设工程，实属非搞不可，也适当安排，不能挤掉生产搞基建，应集中力量搞生产，这一条望各区严格控制。①

以上的指示只是一些原则性要求，要在一个月内建设25个农场，宁蒗县工委必须有专项的财政支持与方案。1958年1月16日，宁蒗县工委就农场建设专门下发了《关于农场经费问题的通知》，从资金来源、划拨方式、资金投入、籽种口粮、干部供给、资金安全等几个方面对如何使用相关经费做出了细致的安排与规定，保障了春节前25个农场的顺利建设及进度。为了不影响解读该通知的完整性，我们将该通知全文引用如下：

关于农场经费问题的通知

1957年冬1958年春我县所建立的农场，其经费开支，提出如下意见，请各区委和有关单位执行，并请各区将所属场需经费于月底上报，以便拨款。

一、1958年各农场所需投资应根据勤俭办场的方针立即造出计划经区委讨论后提出意见上报，工委最后批准，由工委合作部直接拨给各场，账务上场与合作部发生关系，区监督使用不再由县拨区、区拨场，简化手续，使之更利于生产。

二、1958年农场投资原则上是每一场员投资36元，其经费来源有二：①1957年9月扩大干部会上县拨给各区之家奴安置费（已开出支票者）中之"三家一条母牛，两家一只母猪，一家两只羊"一项在农场建立前未开支票者，结存部分全部由区转拨各农场作为农场1958年生产投资，已开支部分作为改革安置费，

---

① 《关于建社、建场、奴隶创造奇迹》，1958年，宁蒗县档案馆，全宗号1，目录号1—41，案卷号75，永久。

由区按制度报销。②除上述不足部分由县继续拨足。9月会议未拨上述款项之区，照原规定之家奴安置标准由安置费中安置后，不足部分由县拨给。

各区应按上述原则审查各场报资计划，并由区拨给应拨部分外再提出由县继续拨给，各场的分别数字供县研究审批。

三、关于1958年籽种及口粮问题：入场家奴1958年缺籽种、口粮者由去年9月会议拨出之安置款中籽种口粮补助项目，由区拨给各场，由场与区粮库发生关系。去年年底结束改革的区乡入场家奴的口粮在1958年拨给各区之中央慰问粮中按各场人口计算，由区一次拨给农场掌握，不再由区控制。

四、农场场长、会计供给问题：从2月份起（新吸收之会计1月到职者从1月起拨给）由工委合作部在农场经费（不在36元内）中供给，目前农场规模都在500人以下，每场只能供给2个，即上级派去之正场长及会计。原为国家工作干部者按原级别供给，新吸收之会计人员，一律按15元供给，群众副场长不脱产，如需脱产亦采用分配时给予相对于一个上等场员一年所得的劳动报酬的办法解决，不由国家供给。

五、农场是生产单位，经费独立（对区乡而言），场内经费开支批准权是正场长，县区要定期检查，场长定期向场员大会报告收支情况并报区县一份查存。

六、场内严禁私人拿用农场公款及用其投资从事资本主义商业活动的行为。农场所有款项应存入国家银行，需用时领取，不许自存大别现款。

宁蒗县工委
一九五八年二月十四日①

---

① 《关于农场经费问题的通知》，1958年，宁蒗县档案馆，全宗号1，目录号76—1，案卷号76，永久。

上篇　作为措施的农场

　　至此，农场的建设无论在制度上、思想上还是资金上都得到了有力保障，1958年春节前后，25个农场建设完成，到1958年年末，全县的彝族区乡一共建设了51个农场。① 农场的选址多数安排在便于开垦的平坝和缓坡上，房屋结构基本一致，一般为两排互相连接的土木建筑，用木板盖房。这些土墙房长150—200米，宽4—5米，单层，多数被分隔为30—40间20平方米左右的小房子，家奴们自愿组成新家庭入住。② 有的成婚结为新夫妻，有的按年龄和长幼关系组成新家庭，每个人都安置工具、口粮、衣服、锅碗，上至土地房屋、粮食、衣服、棉毯，下至一针一线，连妇女用的红头绳、木梳都要计划到。③ 政府在农场设公共食堂，解决大家的吃饭问题。为了防止土匪袭击，部分农场盖有哨楼。④ 在政府的推动和组织下，"农场这种形式得到赞同，在1958年生产大跃进中迅速地发展起来，7414人参加进来，共组成了51个农场"⑤。

　　1958年的生产实践证明"农场"这种形式是有效的。农场由国家派干部当场长，在农场管理委员会下分设若干管理区，管理区又分设若干生产队。生产队按照每人的劳动能力进行分工协作，发挥了解放了的奴隶的劳动能力和积极性。1958年，农场的粮食生产取得了大丰收，其中增产最高的石福山农场，全场有89人，收获粮食平均每人达到2401斤，比1957年每人平均110斤增长了20倍。增产最低的二地农场，全场243人，每人收获粮食552斤，1957年没有组织农场时的全无收成的情况，与1958年组织农场后的收获简直不能作比较。⑥ 干河子农场由于距离县城最近，在统一交公粮、统一留籽种、

---

① 详情请参见本研究的前言。
② 马海务嘎口述，烂泥箐场村，70岁。
③ 江培元、闵光汉、吴志钦等：《烂泥箐农场史》，宁蒗县委档案馆1959年，第54页。
④ 金古五斤口述。
⑤ 江培元、闵光汉、吴志钦等：《烂泥箐农场史》，宁蒗县委档案馆1959年，第3页。
⑥ 同上。

饲料、公共积累，统一留每人口粮600斤以后，还分有现金：一等劳动力10人，每人分21元；二等劳动力12人，每人分17.5元；三等劳动力32人，每人分14元；四等劳动力28人，每人分10.5元；五等劳动力9人，每人分7元；受奖励的三人，每人奖励4元。① 根据石福山、干河子、二地和蜂子岩四个农场的统计，723个场员，每人平均收入粮食1042斤，比全小凉山地区每人收入各种粮食800斤的平均数多200多斤，比辣子洞最富裕户1957年每人收入880斤还多18.4%。②

农场的畜牧业也有很大发展。如峰子岩农场用国家扶持的钱买了耕牛32头、母牛35头、马20匹、羊127只、母猪35口；当年就生牛23头、羊48只、猪20口，养成架子猪15口、肥猪20口。③ 同样，农场的组织建设也取得了很大的成绩。一年多来，农场在集体生产中，还证明了也是培养干部的一种好形式。以峰子岩农场为例，他们共有劳动力119人，在1958年一年的时间里，培养出大队一级的干部14人、积极分子42人、有一定技能的手工业工人20人、联防武装20人。④

1957年年末，是小凉山农场建设的开始，由于这一年属鸡，许多老乡用"鸡年办农场"的方式来纪念这小凉山奴隶安置史上的重要事件。"鸡年意味着变天，意味着新生活的开始，大家用鸡年来纪念解放，记着了鸡年实际上就记着了农场。"沙力坪河西村的老干部嘉日万格这样解释"鸡年办农场"，这既是小凉山的新鲜事，也是中国共产党在民主改革中的新发明。

---

① 江培元、闵光汉、吴志钦等：《烂泥箐农场史》，宁蒗县委档案馆1959年，第3页。
② 同上。
③ 同上。
④ 同上。

上篇　作为措施的农场

三　农场村

(一) 农场"村"

农场类似于集体宿舍，但又不是简单的居所，因为农场还是政治上的组织单位和经济上的生产、分配单元。农场的分配并不是严格的按劳分配，主要原因是劳动力参差不齐，必须照顾到所有人的利益，由于人们不单独开伙，意味着农场也是集体宿舍，房间只是居所，人们并不按照家庭来组织生活。这种形式是按照单身家奴的特点来设计的，不过，有不少场员在集体生活中产生感情，农场内部开始有独立组成家庭的需求，仅烂泥箐农场1958—1959年一年内就有38对自由恋爱的新式夫妻。① 同时，由于多数单身家奴来自不同的民族和不同主人，他们的生活习惯各异，脾气性格差异很大，他们之间的人际关系随着温饱问题的暂时解决而出现问题。

尽管如此，农场人的家庭需求和人际问题并没有导致农场的解体。当多数农场刚刚获得1958年的丰收之后，人民公社化的运动也波及农场。1958年5月，党的八届一中全会提出"鼓足干劲，力争上游，多快好省地建设社会主义"的总路线，同年9月，党中央又做出《关于在农村建立人民公社问题的决议》。宁蒗县工委紧随形势，于1958年10月7日建立了第一个人民公社——红旗人民公社，然后仅用11天即将全县组成20个人民公社、77个管理区、516个生产队。全县耕地、山林、牲畜、家具、果木树等均归公社所有，工、副业统归公社统管和经营。② 农场以场为单位组队合并到公社。为了组织大兵团作战，全县的劳动力按军事编制组成1个师、11个团、51

---

① 江培元、闵光汉、吴志钦等：《烂泥箐农场史》，宁蒗县委档案馆1959年，第58页。

② 《宁蒗彝族自治县概况》编写组：《宁蒗彝族自治县概况》，民族出版社2008年版，第81页。

个营、174个连、656个排、1850个班,由县区统一指挥进行生产劳动。①

1959年后,农场的劳动力也组成班、排、连加入大兵团,农场的土地、牛羊、粮食和物资也被"一平二调",场里只留下小孩和老弱病残。这时的农场已经失去了1957—1958年独立组织生产和分配的特权,政府的投资已被取消,他们与其他彝族群众一样被公社化、平均化。尽管作为奴隶的政治优势依然强大,但农场丧失了设计之初的制度优势,仅成为人民公社的一个中队,②但"农场"作为组织名称得以保留。多数农场只经过一年的生产就被人民公社化,1959年以后,农场人与其他彝人一起经历了不同程度的饥荒。1960年12月,宁蒗县召开四级干部会议,贯彻中央《关于农村人民公社当前政策问题的紧急指示信》(即十二条),在全县范围内开展整风整社、纠正"五风"的运动,对"一平二调"的土地、房屋、牲畜、农具等进行退赔。1961年6月,全县农村公社食堂也先后解散。③

这时的农场,多数人已经建立婚姻关系,人们对私人空间的期望也显得迫切。据部分亲历者回忆,由于多数农场没有建公共厕所,两排长屋之间的空地就成为方便之所,农场内的卫生也因此成为问题。④夫妻会分配到一间房屋,而孤寡老人、小孩则重新调度安排,他们之间的磨合也因频繁的流动而比较困难。由于食堂的取消,人们每天按计划领取食物,自起炉灶生火做饭,农场逐步过渡到以家庭为单位的生活中。1962年春天,中央颁发《关于改变农村人民公社基本核算单位问题的指示信》,全县实行以生产队为基本核算单位的体制,所

---

① 《宁蒗彝族自治县概况》编写组:《宁蒗彝族自治县概况》,民族出版社2008年版,第81页。
② 江培元、闵光汉、吴志钦等:《烂泥箐农场史》,宁蒗县委档案馆1959年,第73页。
③ 《宁蒗彝族自治县概况》编写组:《宁蒗彝族自治县概况》,民族出版社2008年版,第82页。
④ 小凉山彝区建厕所也是近几年的事,但由于分散居住不曾影响环境。

有农场都因此成为生产队。

1962年9月,宁蒗县工委提出"入社自愿、退社自由","允许恢复老屋基","原畜在,退原畜;原畜不在可以用同等发展数充抵"等政策,在全县范围内进行所有制调整,允许个体家庭单干。①"恢复老屋基"的政策对普通的彝族家庭意义重大,所有被集中到农场周围散居的家庭开始恢复老屋基。在他们的带动下,组成家庭的农场人也开始搬出农场,在自留地上盖屋建房,由于这些土地基本上在农场周围,围绕农场慢慢形成聚落,而只有那些老弱病残依然生活在农场,他们也因此成为农场最后的居民并成为后来的五保户。至此,作为奴隶居所的农场解体,而在它的周围,以奴隶及其后代为居民的农场村则开始形成。

(二) 非农场"村"

非农场村并不是一个地理意义上的村落,在本研究中特指除了农场村以外的其他彝族村落,这些村落并不以"非农场村"命名,而是分别有各自的名称。正如前文所说,由于农场村主要由家奴及其后裔构成,这些人的血缘多数不是彝族。②他们都是从附近的彝族家庭解放出来的,因此,非农场人与农场人之间的认同在农场建立之时起,就混杂着血缘、等级、民族等复杂因素,再加上后来展开的基于阶级划分的各种政治运动,农场村与非农场村之间的关系呈现出一种奇妙的构造,后文将进一步讨论此问题。而我们要讨论的非农场"村"就是因农场村在小凉山彝区的出现而产生的大量文化意义上的"村落"。

尽管建立农场的目的是安置家奴,但并不意味着入住农场的人全

---

① 《宁蒗彝族自治县概况》编写组:《宁蒗彝族自治县概况》,民族出版社2008年版,第83页。
② 嘉日姆几:《云南小凉山"农场彝人"的姓氏选择》,《民族研究》2010年第5期。

第五章　奴隶安置与农场

是家奴，因为有许多分居奴、穷百姓和自由民也愿意入场。① 如烂泥箐农场就由91户组成，其中家奴41户165人、分居奴26户189人、穷百姓9户50人，还有自由民5户21人。② 然而，农场村还是被宁蒗彝人理解为完完全全的奴隶村。由于农场的总入住人数只有7414人（见前文），占彝族人口的10%，这意味着有90%左右的彝族人生活在农场以外，这些人全部构成非农场"村"，原因是他们都不愿意与农场人通婚。

农场建设以后，其他的彝族人曾分两批先后集中在农场周围。第一批是有亲人加入"土匪"反对民主改革的家庭，第二批是为了建设人民公社而集中搬迁的所有彝族人，也就是说，到1958年末，宁蒗所有的彝族人都集中居住在51个农场周围。实际上，前文中"恢复老屋基"的政策主要针对民改前有固定居所和土地的人们而制定，因此，1962年后半年始，这部分群众全部恢复老屋基，而他们的村寨却以家族为单位零星散布在农场周围的山林间。由于他们的离去释放了农场周围的土地，农场村也因此获得了村落形成的空间。至此，我们获得一幅关于小凉山彝族村落基于农场村与非农场"村"的画面，尽管后来的一系列政策和运动不断影响着农场村与非农场村之间的关系，但他们在空间上的布局一直延续至今。

农场村与非农场村之间的组合构成了小凉山彝族村落空间布局的原型，此原型不仅蕴含了起源（建设）意义上的村落，还揭示了结构意义上的关系，此关系结构至今依然维系着小凉山彝族村落的空间构成。很清楚的是，此原型始于新中国在小凉山彝区的政权建设，而此政权建设是在打破原来各种社会制度和文化网络的基础上重建的，

---

① 在小凉山的民主改革中，阶级只划奴隶主（地主）、自由民、奴隶三个阶级，到人民公社以前，奴隶主之间通过互助组来组织生产，自由民、分居奴之间通过合作社来组织生产，而家奴以农场模式组织生产。

② 江培元、闵光汉、吴志钦等：《烂泥箐农场史》，宁蒗县委档案馆1959年，第54页。

所以，国家权力参与村落空间的建设在小凉山彝区实实在在地发生，我们也因此获得了与杜赞奇先生的"权力的文化网络"不一样的观察国家权力、村落与文化之关系的新视角。①

四 "农场"的空间再生产

（一）村落空间聚变的层次及方式

1958年的"大跃进"将所有彝人大规模集中在农场周围，但此集中仅仅是政治或军事意义上的聚落而不是村落，因为农场内部的文化机制并没有形成。农场是为了解决单身家奴的归宿而建设的，只要温饱不成问题，人们似乎不再追求其他。而事实是，温饱仅仅是生存的基础，拥有一个温暖的家庭是所有人生活的起点，随着民主改革的顺利完成，回归生活成为人们的必然选择，农场内对核心家庭的要求也慢慢出现。而农场村的形成意味着从生存向生活的转变，生活成为村落的最低标准。因此，农场解体到农场村的形成是小凉山彝区村落布局的第一次聚变。

随着农场村的出现，国家权力开始在农场村附着。1962年7月，宁蒗县由人民公社制退下来，恢复区、乡、社的建制，乡后来改为村公所，是现在的村委会的前身，而无论是区、乡、社制下的乡，村公所还是现在的村委会，其治所都设在农场村。60多年来，可以说宁蒗彝人所有的政治生活都围绕农场村展开，人们在农场村批斗昔日的主人，在农场村接受改造，在农场村展开斗争，在农场村商议发展，农场村几乎形成了小凉山彝区的资源中心，政治、教育、经济资源在农场村集中，也在农场村分配。② 然而，这些事实并没有弱化农场村的奴隶特征，相反，农场村恰恰就是因其"奴隶性"而在完成自身

---

① ［美］杜赞奇：《文化、权力与国家》，王福明译，江苏人民出版社2008年版。
② 嘉日姆几：《云南小凉山彝区民主改革时期家奴的安置措施及其影响》，《思想战线》2010年第4期。

第五章　奴隶安置与农场

聚变的同时也引发了小凉山彝区村落空间的第二次聚变。

相对于农场村来说，其他村落的彝族人认为自己才是真正的彝族人，彝语称"措尼吉苏"，意为有来源的人；而农场村民被认为是"措尼阿吉苏"，意为来源不清的人，俗称"农场措"即农场人。民主改革不仅划分了阶级，也开始了阶级意识的建构，特别是农场村形成以后，农场人与非农场人之间的血缘问题转化为阶级问题，而农场村与非农场村之间的关系也被阶级意识所区别，结果，农场村在无形中定义了所有的非农场村，并使农场村与非农场村、农场人与非农场人、奴隶与主人、非彝族血统与彝族人等关系结构化，而这些关系都是以农场村为中心展开的。至此，民主改革已将凉山彝族社会原先垂直的隶属关系改造成中心与边缘的依附关系，使得所有的非农场村在政治上依附于农场村，继而完成了小凉山彝区村落布局的第二次聚变。

如果说从农场到农场村的第一次聚变是物质意义上的量变的话，那么从农场村到非农场村的聚变就是意识形态上的质变。前者是基于本能的生活重组，可以理解为生物性的选择；后者是基于其上的意识形态的类分，可以理解为象征的异化。两次聚变的层次与方式揭示了村落空间生成的某种路径：生物性的选择如果考虑某种意识形态上的分类，村落空间的布局有可能导致某种政治上的依附关系或文化上的对立。于是，村落空间的生成就不再是自然安排，地理环境对于村落空间的影响似乎可以被忽略，而我们也据此发现村落空间几乎就是表达的结果，是人们表达人与人、村与村、群体与群体关系的物化的象征。

其实，这样的讨论忽略了一个事实：全县51个农场几乎在同一时期先后组建，尽管这些农场相互之间在地理上有着一段距离，但它们在更广阔的范围内形塑了整个小凉山彝区村落空间的地域分布，在这些农场基础上发展而来的农场村与非农场村在更高的层次上彼此联结，互为结构，生成整个小凉山彝区的政治与文化空间。上文说过，

上篇　作为措施的农场

非农场村往往分布在农场村周围的山林上，如果我们将视野扩展到相邻的两个或者三个农场村之间的关系时，我们就会发现，多数的非农场人恰恰居住在以农场村为中心的几个村委会的交界上，它们对不同的农场保持着同样的关系，这就预示了一种可能：全县的非农场村之间因为与农场村保持类似的关系而彼此关联，而农场村之间也因此而彼此联结。

笔者在田野中发现，小凉山范围内的所有非农场村之间都会有婚姻关系，而农场人的婚姻关系也因为被非农场人排斥而仅限定在51个农场内。① 于是，小凉山彝区的村落布局因农场人与非农场人各自的婚姻取向而得到全县范围内的整合，这次整合恰好就是小凉山彝区村落空间第三次聚变的结果。也就是说，象征的异化引导农场人与非农场人在文化实践上有着各自的价值追求，最充分的表现就是他们的择偶行为有着门当户对的趋势，而这些导向性的择偶行为却无意中构成了小凉山彝区村落布局可以追踪的地理关系，这就是小凉山村落空间的第三次聚变。

综合前两次聚变后，小凉山彝区村落的空间布局最终在第三次聚变的高度上获得某种可视的层次性，这些层次不仅有着梯级聚变的特性，方式上还涵盖了从本能到象征再到行为重组的多种让人惊异的安排。从农场到农场村是从个体到家庭到村落的聚变，是人们基于生物本能的选择，因此，村落的形成有着生物选择的基础。农场村的奴隶属性与无产阶级意识形态的结合使得小凉山彝区民主改革前关于血缘、等级的观念得以延续，并参与了小凉山彝区村落类型的分化。因此，小凉山彝区村落空间这三次连续的聚变在生成村落空间的同时为我们提供了一种认识村落文化空间得以形成的"生成"视角，而此视角与杜赞奇的"权力的文化网络"视角正好相反。② 需要强调的

---

① 嘉日姆几：《论凉山彝族族属认同的蛋形构造》，《社会学研究》2010年第5期。
② ［美］杜赞奇：《文化、权力与国家》，王福明译，江苏人民出版社2008年版。

是，上述聚变并不自然发生，而是起始于国家权力有计划的干预。随着梯级聚变层次和方式上的转换，小凉山彝区村落空间布局生成的动力机制也逐渐形成，国家权力在此机制中的运作方式也越来越清晰，而这套机制不仅对理解小凉山彝区村落空间的生成至关重要，还为我们提供了描绘、解释此动力机制的可能性。

（二）国家权力的高密化与国家政权的村落基地

随着小凉山彝区社会的不断稳定，军事化的管理方式开始让位于行政管理，县一级的自治政府也开始运行，而村落的行政管理权也开始在乡一级运转。① 农场村的无产阶级属性及牢固的群众基础为国家权力在彝区的建设提供了组织和意识形态上的保障，农场村也因此成为国家政权的村落基地。"国家权力"与"基地"的用法具有相关性，本书理解的"权力"并不是杜赞奇意义上的"权力"，因杜赞奇的权力观念包括暴力、强制、说服以及继承原有的权威和法统而显得过于笼统，② 而本书所说的权力特指国家的行政权力，但当国家行政权力与"基地"一词连用时，将呈现另一种国家权力观：国家权力对于某一区域的控制并不是均匀分布的，而必须依赖一个又一个的基地来传播，国家权力因此会在基地周围形成高密化的权力区域，但基地与基地之间却也存在大量密度低的区域，这些区域为文化或传统权威的存在留出了空间。同时，这样的路径也为村落空间生成的动力机制设定了可能的力学环境。

1962年以后，全县所有的农场村都成为乡（行政村、村委会）的驻所，政府也开始在其周围建设小学和商店，农场村因此成为集政治、行政、教育、商业（经济）一体的权力基地，公路也因此延伸

---

① 《宁蒗彝族自治县概况》编写组：《宁蒗彝族自治县概况》，民族出版社2008年版，第81页。

② ［美］杜赞奇：《文化、权力与国家》，王福明译，江苏人民出版社2008年版，前言，第4页。

到所有的农场村。直到今天,这样的资源配置与集散方案依然是小凉山彝区村落布局的特点。政治上,农场村曾经是阶级斗争和改造的基地;行政上,农场村是社会动员和政策宣传的窗口;而所有彝族人的汉语教育也从农场村开始;由于只有农场村有商店,老百姓的日用品在农场村购买,人们也在农场村消费。改革开放后,因公路的畅通,农场村也成为信息交流和沟通的重要场合。今天,我们不仅可以在农场村打花式台球,还可以在农场村看到好莱坞大片,全中国最"山寨"的日用品也堆满了农场村所有的商铺,而大量的黑车也将农场村通往乡镇的土路弄得尘土飞扬。行政、教育、商业、信息在成为权力高密化之手段的同时,也成为各种社会行为的目的,并吸引了小凉山彝区村落空间以农场村为中心的社会流动,使得所有的人以农场村为中心组织自己的生活。各种社会行为的农场指向因此生成了国家权力的农场内聚力,而作为政权基地的农场也因此获得了权力高密化的形式与内涵。于是,我们可以在农场村感受北京,这是一个最低版本的"首都",唯一不同的是农场村的奴隶属性并没有完全消失,恰恰也是这个原因,国家权力在农场村的高密化成为可能。犹如所有雨滴的内核都是一粒尘埃一样,小凉山彝区村落空间的农场内核为国家权力在彝区的巩固提供了最原初的附着点,最终形成一个密度极高的权力"实体"。

农场村权力高密化的运动方式意味着国家权力在村落的分布并不均质,需要一个基地作为依托。但是,国家权力及由此产生的现代性并不是生活的全部,人们需要姓氏、信仰、仪式、节日、习俗、历史、传说、迷信等文化象征来编织生活之网,这意味着人们另有获得这些象征和意义的通道。权力密度相对较低的非农场人生活的区域就成为这些文化或传统的领地,于是,相对于权力高密化的农场村来说,这些文化或传统的指向是外向的。

(三)村落空间生成的动力机制

尽管彝族聚居区的多数乡镇和村委会的治所都在农场村,但农场村因面积、人口的因素只具备村民小组的规模,全县 51 个农场村细分为 110 个左右的村民小组,仅占全县 1122 个村民小组的 10% 左右。也就是说每个农场村平均有七八个非农场村围绕着,农场村与非农场村因此构成一对多的类轴心模式。由于国家权力在农场村的高密化意味着非农场村处于权力密度的低区域,农场村与非农场村因此形成某种空间形式上的依附关系。由于多数农场人的血缘并不是彝族人,但他们通过选择彝族姓氏、讲彝语、穿彝服、行彝事的方式融入小凉山彝族社会,① 而周边的非农场彝人则完全提供了有关信仰、仪式、节日、习俗、历史、传说、迷信的多数知识,为农场人的彝族认同提供了丰富的象征储备,从这个意义上讲,农场村又在文化或传统上依附于非农场村。

农场村与非农场村空间形式上的依附关系变得明朗,而本书将这些依附关系所蕴含的情感与价值称为空间的表达。农场村因国家权力的附着与高密化而象征着国家政权,使得其他非农场村在政治上依附于农场村,尽管村落政治的微观环境可能有着超乎我们想象的文化路径,但此种形式上的政治依附关系依然在小凉山彝区的村落布局中发挥作用,而农场指向则是此依附关系的政治标识,表达了无产阶级专政的意识形态在小凉山彝区村落空间布局生成中的位置及作用。但是,无产阶级专政的意识形态并不能完全替代传统文化,而一系列的文化运动也没有用新文化取代彝族人传统的价值观念,农场人的行为方式与其他彝人一样依旧遵循过去的文化理念。至此,我们发现传统文化有着与国家权力相反的指向性,农场人的文化观念在此意义上依附于非农场人长期坚持的传统。②

对于上述村落空间动力机制的抽象表述可能如此:理论上国家权力的高密区就是传统文化的低密区,而国家权力的低密区又是传统文

---

① 嘉日姆几:《云南小凉山"农场彝人"的姓氏选择》,《民族研究》2010 年第 5 期。
② 同上。

化的高密区，国家权力由高密区向低密区的流动与传统文化由高密区向低密区的流动正好形成权力与文化的双向关系，村落空间的秩序得以形成。于是，政治上的农场指向和文化上的非农场指向的双向依附关系生成并维护着小凉山彝区村落的空间布局，其动力机制也因此形成，而这种布局既是意识形态的地理表达，也是传统文化的空间表达，前文中关于国家政权与彝族文化之张力的原因也得以解释，此张力在更为宏观的层面其实就是村落空间秩序得以维系的动力结构。尽管此结构影响村落空间布局发展变化的行为方式有待进一步的观察和解读，但生成小凉山彝区村落空间布局的权力与文化的动力机制则因此得以初步的描述与解释。

"农场模式"与杜赞奇先生的"权力的文化网络"因关注国家、权力与村落之关系而具有可比性，然而，杜先生的华北汉人村落研究与笔者的西南彝族村落研究却得到关于此议题的不同理解。尽管本课题与杜先生的研究在时间、地域、民族、话题上有所不同，但这些差异不足以导致如此巨大的反差。杜先生将乡村的文化网络理解为所有权力之基础，国家政权只是利用这些文化网络来实施影响并获取利益。而我们则将村落空间布局的生成理解为国家权力的结果，国家政权建设在重构适合自己的文化网络中生存并获得利益。同时，村落空间也是表达的结果，理由是，空间本没有上下、前后、左右、内外之别，是人们赋予这些差别不同的价值与情感。① 另外，国家权力对于某一区域的控制并不是均匀的，必须依赖一个又一个的基地来传播，国家权力因此会在基地周围形成高密化的权力区域，但基地与基地之间却也存在大量密度低的区域，这些区域为文化或传统权威的存在留出了空间。同时，这样的路径也为村落空间生成的动力机制设定了可能的力学环境。

---

① ［法］涂尔干：《宗教生活的基本形式》，渠东等译，上海人民出版社1999年版，第12页。

在我们看来，国家权力、村落与文化的关系是生成性的，不可能只由规范、象征等虚化的价值构成。国家权力、生物选择、等级、阶级、地理环境等因素共同参与并生成了我们所看到的村落空间及其布局，没有这些因素参与的供"权力"驰骋的"文化网络"似乎并不存在。村落空间生成的历史研究比虚构一个具有实证目的的"权力的文化网络"更符合我们的历史经验，中国西南的大部分村落几乎都与国家建设有关，大量村落不是源于军屯就是民屯，而小凉山彝区的村落空间布局仅仅是其中的一类。所以，我们的研究说明，不能脱离生活来"发现"历史，而应该在生活中感悟历史，任何精巧的分析框架仅仅是分析框架，或许，这就是黄宗智先生针对中国近代史研究提出"四个陷阱和一个问题"的真正原因。①

---

① 黄宗智：《中国研究的范式问题讨论》，上海社科文献出版社2003年版，第115—224页。

下篇

作为方法的农场

第六章　沙力坪农场：婚姻、家支与打工[*]

一　沙力坪农场概况

（一）地理位置

跑马坪乡位于宁蒗县南部，乡政府驻地距县城约47公里，是宁蒗县南部比较重要的交通要道，也是宁蒗县通往永胜县、华坪县的必经之路。沙力坪村委会是跑马坪乡下辖的四个村委会之一，位于该乡东边，距乡政府所在地约7公里。2015年上半年，这里刚修成通往宁蒗县城的柏油路，交通比较便利。全村总面积29.64平方公里，地势北高南低，由两块坝子构成，中间由一座自北向南不断倾斜的小山梁隔开，这两个小坝子均北靠宁蒗县境内最著名的万格山系，海拔2720米，年平均气温9℃，年降水量980毫米，属高寒山区，全年霜雪期达5个月。生产以农业为主、牧业为辅，当地适合种植马铃薯、苦荞、燕麦、白芸豆等农作物，近年来村民开始种植

---

[*] 本章内容由《夹缝中的文化认同——小凉山彝族地区农场村调查报告》（2005年7月）、《宁蒗彝族自治县跑马坪乡沙力坪农场的历史与现状调查》（2015年7月）两个田野报告构成。两个报告均在笔者的带队下分别由云南大学2002级人类学本科专业沙力坪实习组（由朱晴晴等同学执笔）和云南民族大学2015年民族学暑期学校沙力坪组（由杨景涵、刘虹、刘蕊、石吓沙等同学执笔）完成。

下篇 作为方法的农场

图 6-1 沙力坪村委会大门（课题组摄）

经济作物附子、重蒌等。全村耕地面积7819.60亩，人均耕地2.7亩；林地29285亩。① 沙力坪村委会下辖上阿鲁村、下阿鲁村、金古组、农场一组、农场二组、河西一组、河西二组、王家组等8个分布于坝区的自然村及拉马丁组、大湾子组、哨房组、阿西组、嘉日组等5个分布于山区的自然村。现有农户916户，有乡村人口3335人，主要以嘉日、阿鲁、沙玛、马海等姓氏为主，均为彝族。②

村委会驻地在农场组，如图6-1所示。沙力坪以农场村为中心，村委会、老年活动室、沙力坪完小、村卫生室以及十多家小卖铺均位于农场村境内（见图6-2）。农场村周边分布着阿鲁村、金古村、王家村、河西村等非农场村，其中河西村与农场村紧密相接，是离农场村最近的非农场村。农场村交通便利，是蝉战河通往跑马坪以及宁蒗县城的必经之地，2015年，村委会到各组的主干道已硬化，约4米

---

① 《宁蒗彝族自治县跑马坪乡沙力坪农场的历史与现状调查》，云南民族大学暑期班学校调研组，2015年7月，数据来源于村委会各种报告。

② 同上。

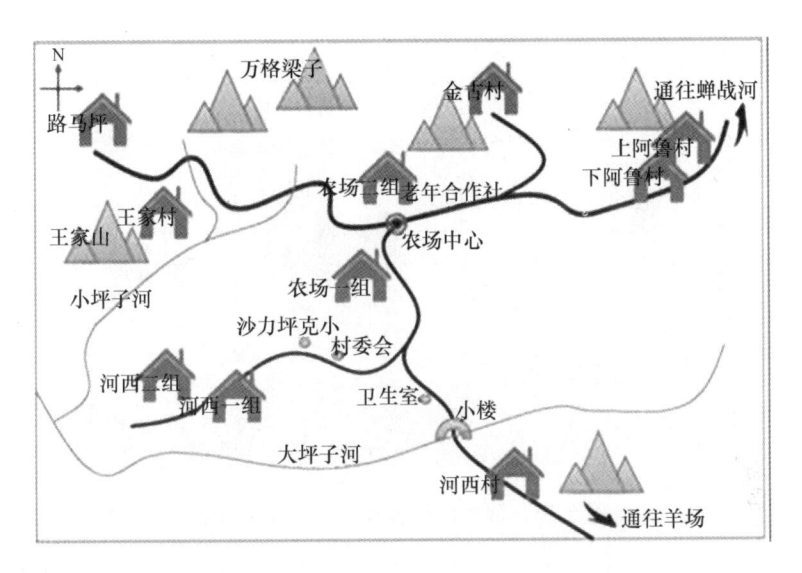

第六章　沙力坪农场：婚姻、家支与打工

图 6-2　沙力坪村简图（课题组绘制）

宽的水泥路极大方便了当地居民的出行。

（二）农场简史

农场村分为两个小组，一组有居民 83 户 256 人，二组有居民 67 户 227 人，两组共 150 户 483 人中，仅有 6 户为非农场人，96% 的农场人均为家奴的后代。①

> 解放前，我们这些人是被土匪偷来卖给当地有钱人的，在小娃娃的时候就被卖到这里。解放的时候集中在这里住，一起劳动，国家给吃，所有农场都是这样来的。②

村民对农场人被抢来的历史毫不忌讳，随机访谈都可以得到以上

---

① 入户调查的数据。
② 农场村民随机访谈。

下篇 作为方法的农场

图6-3 沙力坪村远景图（课题组摄）

回答。农场村一组二组相互毗邻，无明显分界，以核心家庭为单位的农场村各户分散交叉居住在一起。农场村以杨姓（彝姓加日，也写作嘉日）居多，约占农场村总户数的一半，他们与农场村的其他如沙玛、加巴等姓氏通婚，村民间多数有亲戚关系。

图6-4 农民种植的草约——附子（课题组摄）

据村民们讲，农场村各家户的经济状况相近，经济收入很大一部分都靠外出打工获得，每家除种植基本农作物如马铃薯、苦荞、燕麦外，近几年还选种了附子、重蝼等部分中药材。牲畜以猪、牛为主，家禽饲养鸡的较多，少数家庭还养了少量的马。截至2015年，农场村和中国多数其他村庄一样，村子里多数时候仅能见到学龄儿童以及照顾他们的40岁以上

第六章　沙力坪农场：婚姻、家支与打工

的中老年人，40岁以下的青壮年劳动力，除少量在外读书外，其他多外出打工，除重大节日、婚丧嫁娶等节庆、仪式外很少回家，他们每月寄几百到千元不等的生活费回家。农场一组村民杨志成告诉我们：

> 现在每个家庭都有一两个儿子、姑娘在外面打工，孩子读到初中，成绩好的继续读书，父母愿意供他们上学。成绩不好的，如果自己不愿意读了，父母也不勉强他们继续读书，他们就（外出打工）自己挣一些生活费。现在国家政策好，在外边一个月能挣到一两千块钱，自己花一点，一部分寄回家。家里面养一头牛、一头猪，到七八月，当牛肥一点猪胖一点的时候，就卖出去一头牛，或者一头猪，把娃娃寄回来的钱凑在一起，修修房子，好好的睡（住），国家政策好，路铺到家门口，你支持一点我支持一点，这样就过得差不多了。①

图6-5　沙力坪农场村路牌（课题组摄）

---

① 杨志成访谈录音整理，2015年7月。

下篇 作为方法的农场

作为一个彝族村寨，农场村在语言、日常生活、人生礼仪、宗教信仰、丧葬习俗等方面都与当地其他彝族村落并无异处，村民各家户之间看似也和睦相处。农场村民与周边的非农场村民是否真如我们看到的那样相处和睦？农场村与非农场村之间的关系如何，他们是如何看待彼此的？带着以上疑问我们展开了对沙力坪农场的调查。

关于凉山彝族的等级观念，去彝区调查的人或多或少都有所讲述。我们在沙力坪调查期间，作为当地知识分子的原跑马坪乡长加日万格老人是这样解释的：

> 彝族社会里有这样一句古语："务龚兹米，尼龚尔斤。"意思是哥哥分工后当贵族，弟弟则分为平民百姓。彝族等级制很早就开始了，三兄弟的后代分化为三个等级：老大为兹伙，即土司；老二是诺伙，即贵族，又称黑彝；老三是曲伙，即百姓。500年前左右，等级开始固定，从此诺生诺、曲生曲，后辈开始世袭等级，并实行严格的等级内婚，不同的等级有不同的权利与义务。严格来讲，具有彝族血缘的只有兹、诺、曲三个等级。此外，彝族社会中还有"斤"这一人群。"斤"指的是奴隶，男的称"斤"，女的称"仆"，统称娃子。其来源包括其他民族被绑架来的孩子，以及兹、诺、曲等级的男人与女娃子的私生子。未成年的娃子称呷西，划（阶级）成分时被称为家奴。（家奴）吃住都在主子家里，每个娃子都有固定的工作，当其到了一定的年龄，主子便为其婚配，之后在主子家旁边盖一间房子用来居住，这时他们被称为"莫佣"，划（阶级）成分时称其为分居奴，所生的子女必须送到主子家去，成为呷西，如此循环。

加日万格说，直至19世纪中期，沙力坪一带的主要居民为汉、

第六章 沙力坪农场：婚姻、家支与打工

回两族，彝族很少，有少量傈僳族、普米族与之为邻。王姓汉族地主是本村最大的地主，不仅占有当地大量的土地，而且还拥有纸作坊、磨坊、碾坊和油坊等。黑彝补约克朴家的曲诺阿鲁基足因当时补约家较为贫困，孤身一人至沙力坪谋生并投奔在王姓地主家。①阿鲁基足本人聪明伶俐，很快取得王姓地主的信赖并协助其管理家业，在王氏的扶持下阿鲁基足得成家业，渐趋富裕。清咸丰年间，滇西回民起义爆发，阿鲁基足在王姓汉族地主和小凉山黑彝的支持下参与镇压回民起义，后为清廷建立功勋，被委任为千长。击败回族后，阿鲁基足反过来对当地的汉族进行打压和驱逐，王姓地主的土地和财产均被其所夺。另一说法是王家的两个儿子均为白痴，无力掌管家业，且王姓地主一直视阿鲁基足为己出，在王家绝后财产便归阿鲁基足所有。总之阿鲁基足遂成当地大户，拥有沙力坪及其周边的大片土地。当时，阿鲁基足的黑彝主子生活仍然十分贫困、不安定，阿鲁基足为扶持自己的黑彝主子，便以极低的租金将沙力坪的大片土地典押出租给其黑彝主子，补约阿呷始迁入沙力坪。随着补约家族迁入沙力坪，跟随补约家的其他曲诺，如金古、加日、吉火三兄弟、沙玛等，以及其下属的阿加和呷西等也相继迁入沙力坪。由于在沙力坪一带阿鲁基足家的土地最多，所以新迁入的黑彝、曲诺等均向阿鲁家买地或租地来种植。②

加日万格还给我们讲到，跑马坪、沙力坪一带的黑彝补约家有两支，即补约务哈和补约务达及其后代，解放后补约务哈家相继迁离沙力坪，现今在沙力坪一带的黑彝仅有补约务达的后代余务红，余家自"文化大革命"时由王家村迁至农场村后便一直生活在农场村，现为农场二组村民。黑彝在整个彝族社会的等级是最高的，但人数也是最少的，要想在一个地区站稳脚跟，需要控制甚至依附其属下的曲诺阶

---

① 沙力坪坝子西边的汉族地主，现在这户地主曾居住过的村子还叫王家村。
② 参考本书第二章。

层。在沙力坪财势较大的曲诺有两个,加日家族和阿鲁家族,他们是大头百姓,不仅占有大量的土地、财富和娃子(奴隶),且分别支持着黑彝补约务达和补约务哈两家,加日家和阿鲁家也互为姻亲。农场村周围的非农场村,如河西村大多数居民是解放前分居奴的后代,父辈曾为余家、加日家的娃子。1957年土改,解放分居奴,娃子从此翻身做主人,有了自己的权利和选择,他们集中居住在农场村。而农场村绝大多数为加日家家奴的后代。黑彝补约务哈家受其曲诺阿鲁基足家的支持,生活相当富裕;另一黑彝余务红家在新中国成立前已贫困不能自立,一直受其所属富裕曲诺加日家的支持,而加日家仍需称其为主子,并在生活上给予照顾。

图6-6 补约务哈家的哨楼(课题组摄)

加日万格的哥哥叫加日光体,今年74岁,是当地比较著名的纠纷调解人,身体健硕,记忆超群,对沙力坪周边的人事、历史十分熟悉。他告诉我们,现在的沙力坪农场是1962年以后才慢慢形成

第六章 沙力坪农场：婚姻、家支与打工

的，奴隶解放后集中了两次，第一次在小坪子，第二次才是现在的农场。

> 1957年集中，所有的人都集中在小坪子，过去嘉日土毕建瓦厂的斜坡上。家奴们先解放，盖了两排长长的土墙房，隔成一小间，三四个人可以住的那一种。靠最上边的斜坡上还盖了一座哨楼，木匠师傅是加日阿鲁。两排房子的旁边已经搬了不少人过来，沙力坪所有的加日都集中在这个地方。有一天晚上，我们的驻地受到土匪的袭击，当时所有的枪支都已经上交，只剩下负责保卫的加日马祖配有一支破枪和一个手榴弹。半夜里，土匪开始攻击哨楼，加日马祖沉着气并没有开枪还击，因为他知道自己的破枪抵不过土匪们的快枪，他躲在哨楼的墙角里让土匪打哨楼，这时集中点里开始慌乱。土匪们发现没有抵抗后开始进入定居点，等快要到哨楼下时加日马祖突然投出唯一一颗手榴弹，没有人死亡，但有部分土匪受伤。袭击的人看到哨楼里有人配备手榴弹后赶紧撤退，这时加日马祖开始报名："投弹的是加日马祖，加日念萨的孙子，英雄的后代，有种的再来领死！"这时，定居点里的人开始平静，他们都比较佩服加日马祖，要不然许多奴隶肯定被杀，因为许多奴隶是逃出来的！①

加日光体告诉我们，这个时候的定居点才是真正的农场，集体劳动，吃食堂。

1962年以后政策开始变化，允许单干，恢复老屋基，这时大家都纷纷搬回原来的老屋基，因为老屋基旁边一般都有自留地，土地比较好，便于耕种。原来农场里的人开始结婚，他们都不愿意在农场里住了，就陆陆续续往现在的农场村搬家，因为村公所、学校和商店都

---

① 加日光体访谈录音整理，2013年12月。

在这里，这里比较热闹。再后来发展成了今天的农场一组和二组，有些成分高需要管制的人户也跟着过来了。①

二　农场里的婚姻

沙力坪农场村的通婚范围多在四川及跑马坪周围，例如新营盆、战河、蝉战河、华坪和羊场等地方，还有相当一部分人在农场一、二组之间通婚。但由于农场村的人员构成主要有三类，一是黑彝，整个村子只有1户；二是曲诺，有20来户；余下的则是村子的主体部分，即以前娃子的后代。这三个群体之间并不婚配，他们各自有各自的婚配对象。

据村里60多岁的黑彝余务合介绍：共产党来了以后，娃子的父母来找，找到的就带着回去，那些没有亲人来找的就由国家照顾并在农场住了下来，因此对剩下的这些娃子而言，刚解放时或者是独身一人，或者仅有一个小家庭，以至人口繁衍到今天，也就只有两三代人。对于他们而言，没有众多的家族可以依靠，相对于周边的大家族，他们可以说是势单力薄，尽管他们可以依附在某些家族上，这些家族因面子因素仍称他们为兄弟，但不会承认与这部分人有血缘关系，特别是在姻亲选择上，大家一般都是"各走各的道"。沙力坪村里现在只剩下唯一一户黑彝了，他们婚配的对象十分固定，范围也比较广，可以延伸到四川大凉山等地。

老黑彝姓补余，今年刚好60岁，老伴姓刘，是从四川盐源嫁过来的，今年67岁。老人共有三个儿子，大儿子在跑马坪信用社工作，不住在农场村；二儿子在缅甸打工，媳妇张氏从万马场嫁入，现在已育有两个儿子；三儿子今年1月份刚结婚，现在

---

① 加日光体访谈录音整理，2013年12月。

第六章 沙力坪农场：婚姻、家支与打工

也在缅甸打工，他的媳妇是从四川盐源嫁过来的，是自己母亲的外侄女。老余家还有两个姑娘，大姑娘嫁给自己母亲的侄子，二姑娘嫁到华坪。很显然，这是典型的姑舅表婚。黑彝的两个儿子都是从小定的娃娃亲。当问及孙子有没有定亲时，她们说："没有合适的女娃。如果他们跟非黑彝等级的人通婚，黑彝会看不起我们，会不要我们的。"①

黑彝有着强烈的血缘自豪感，尽管现实生活中他们会将许多自豪感隐藏起来，但当大家在婚丧嫁娶聚在一起时，这种优越感就会体现出来。在婚姻上，他们的要求更加严格，很少有与白彝和农场人通婚的案例。在沙力坪农场，有些农场人认为自己是黑彝的私生子，加上相对于周边加日、阿鲁等大家族的强势，有时这户黑彝和几户他们家过去的家奴之间的关系特别紧密，他们经常会互相帮工，彼此支援，"各走各的道"的同时依然有着某种超越等级观念的认同。

对于农场的主体人群来说，他们的婚姻相比以前有了某些变化。我们访谈了几位老人，其中一位是曾在大黑彝补余务哈家做过娃子的马大爷，他对以前娃子的婚姻状况做了简单的介绍。

马大爷现年67岁，有三个儿子两个女儿，各自都已婚嫁。他的母亲被土匪绑来卖给姓马海的一家曲伙做娃子，他也就成为马海家的娃子。由于马海家的儿子吸鸦片，欠补余务哈一个银子，马海家便用他来抵债，他在8岁那一年就到了补余务哈家。后来，他和务哈家另一个从四川绑过来的女娃子互相喜欢，务哈同意两个人结合，并给了他们一半猪头，以示结婚庆贺。马大爷告诉我们："一个主子家里的两个娃子互相喜欢，黑彝会很高兴，

---

① 《夹缝中的文化认同——小凉山彝族地区农场村调查报告》，云南大学暑期调研组，2005年7月。

但如果不喜欢而黑彝要求的也必须要成家。"马大爹媳妇的一个哥哥和一个弟弟都在解放前上门到了四川的媳妇家,至今还不曾回来过,兄妹们也再没有见过面。相比他媳妇的兄弟们,马大爹认为自己也算幸运的了!①

过去,娃子的婚姻基本上由主人家安排,没有自由可言。现在,大家的婚姻比较自由,但他们的通婚范围并不大,多数人的嫁娶基本上还在同一个农场内部,或在附近的农场里寻找配偶,因为大家有着相同的历史背景与认同,彼此间没有太多的避讳和压力。与一般的彝族家庭一样,姑舅表婚还是被农场人推崇,不过,近年来大家对姑舅表婚的优先性也产生了怀疑。

杨建,现为村委会农技员,是农场村唯一的村干部。他曾当过兵,参加过老山作战,也曾担任过村团书记,在沙力坪组织了200多人到跑马坪参加火把节打跳比赛,得过乡第一,家里面至今贴有奖状。他有一个女儿、两个儿子。女儿的年纪最大,现在在广东打工,已外出三年,去年刚刚与舅舅家的儿子定亲。这门亲事家里其他人都同意,包括女儿自己,但杨建本人却并不十分赞同。他这样说道:"我的姑娘还要嫁到老表家,我不同意。三代以后,子孙脑子迟钝会变成'猴子',② 这样传三代,后代个子不高,身材也不好,像猴子一样。"杨建说他跟自己的姑娘讲,"你可以嫁到条件更好的人家里去,不一定非嫁到自己的舅舅家不可。"但姑娘坚持要嫁到舅舅家。由于姑娘的坚持,其他家人

---

① 《夹缝中的文化认同——小凉山彝族地区农场村调查报告》,云南大学暑期调研组,2005年7月。

② 彝族谚语,"连续开亲三代,后代像猴子",以此反对过度的近亲结婚。

第六章 沙力坪农场：婚姻、家支与打工

也同意，杨建只好也同意了这门亲事。①

以上案例可以看出，婚姻与健康的问题一直受到人们的重视，但传统姑舅表优先婚的彝族文化依然影响着农场人的婚姻观念，人们经常为婚姻纠纷展开械斗。不过，接下来的故事将说明婚姻纠纷不再弄得人倾家荡产，人们开始采取较为和缓的方式来解决婚姻纠纷了。

杨锋的大儿子今年21岁，很小的时候便由父母做主和舅舅家的女儿订了亲，但双方在几年前解除了婚约。解除婚约的要求是男方提出的，原因是"儿子看不起他家姑娘"。杨锋回忆道："他家姑娘来（我家）了，当时我儿子也在家，我就让他们两个好好说说，要是同意的话当年就结婚了（当时男18岁女17岁）。不知怎么的，我儿子看不起他家姑娘，后来就提出解除婚约。当时村里面的小组长也来调解过，但不成功。我们给了女方家一笔钱，买了酒，还给女孩的母亲买了衣服，然后婚约就解除了。"②

婚姻纠纷基本上是凉山彝族比较普遍且难处理的纠纷，有些甚至可能发展为家支械斗，但沙力坪农场村民基本上将婚姻纠纷看得比较平淡，并没有像周边非农场人将婚姻纠纷看得比较严肃。当谈起儿子可以找什么样的媳妇时，我们访谈过的杨锋笑着说："我们上一辈的人没有自由，结婚之前媳妇长什么样都看不到。现在可以领着儿子到女方家里去看，他（儿子）的媳妇自己自愿找，找一个其他民族的也不怕嘛！现在彝族跟汉族通婚的人太多了！"

当然，女儿嫁得太远有时也是悲剧。村里有个老大娘，有个女儿在十多年前嫁到了江苏，谈起女儿，老大娘很是伤心。当时，女儿在

---

① 《夹缝中的文化认同——小凉山彝族地区农场村调查报告》，云南大学暑期调研组，2005年7月。

② 同上。

宁蒗打跳,① 由于长得漂亮,被一个在宁蒗支教的江苏老师介绍给了自己的侄子,后来姑娘便嫁到江苏去了,那一年她才19岁。老大娘那时也随女儿去了江苏,在那里住了五个月,并学会说一些简单的汉话。后来老大娘的女儿死掉了,男方家里的人称:由于姑娘想老家,想父母,得心脏病死了,但老大娘不相信,她认为女儿是自杀。当时这边去了四五个人去了解情况,男方给了一万块钱,事情就此了结了。老大娘说女婿从未到过她家,说起女儿的逝去,老人忍不住满眼泪花。

农场里还居住着6户非农场人,都是沙力坪坝子人口最多的曲诺加日家,他们基本上是因为阶级成分高而被分配到农场里接受管理的。加日尔伟是其中一户的户主,他认为,婚姻的问题尽管不能强求,但也不能破坏规矩,黑彝就该与黑彝通婚,白彝就该跟白彝通婚,农场人也有自己的婚配对象,这个规矩无所谓好坏,只要自己愿意和喜欢就是。他说:

"我母亲是阿鲁家的,媳妇是阿西家的,儿媳妇有一个是阿西家的,有一个是阿余家的,我的姻亲都是很著名的人的后代,儿媳妇的修养和品行都很好,我们都对孩子们的婚姻感到比较满意。"当我们问及如果他的孩子与农场人通婚他会不会赞成的问题时,他笑了笑说:"我的家庭目前没有出现这样的情况,我也就没有办法回答。但是,人心都是肉长的,彼此喜欢肯定有喜欢的理由,我现在担心的不是年轻人们彼此喜欢,而是彼此不喜欢。现在讲黑彝、白彝、农场人差别的人越来越多,街上经常有人为这些事情打架,所以彼此通婚不一定就是坏事啊。"②

---

① 参加政府组织的民族舞比赛。
② 加日尔伟访谈录音整理,2015年7月。

第六章　沙力坪农场：婚姻、家支与打工

加日尔伟是一个木匠，经常给亲戚朋友盖房当师傅，收入也不错，家庭比较和谐，小孩们也比较本分和勤劳，估计是这些因素让他对生活的态度比较严谨。他并不赞成太讲究等级差别的生活，但似乎也反对不讲究差别的一般化，所以他的态度比较鲜明：守规矩估计是最好的生活方式。等级观念在沙力坪农场依然被人们坚守，黑彝、白彝和农场人都有着自己固定的婚配对象，大家都在自己的婚姻范围内寻找能与自己匹配的家庭和个人，因此，匹配似乎是一种"美德"，如果一个黑彝不找与自己匹配的黑彝，他们不仅会受到黑彝们的嘲笑和抛弃，同样也会受到其他诸如白彝、农场人的歧视。沙力坪有一个非农场村的小伙子娶了一个外村的农场人的女儿，尽管这个小伙子的家族反对特别厉害，甚至达到几乎没人搭理这个小伙子的地步，但他依然坚持与外村的女孩结婚。这件事发生后，有些比较直率的农场人就给这个小伙子的父亲讲："据说你们家的亲家不仅骨头不好，还有狐臭，现在你的名气比我都不如，因为我还不跟有狐臭的家庭通婚呢。"这说明，匹配就是加日尔伟所理解的"规矩"，婚姻不仅是一种选择，也是一种"道德"，在这个意义上说，"道德"似乎就是"各走各的道"。

三　打工的经济理性

在沙力坪，外出打工并不是从农场人开始的，却可以说是农场村将其发展壮大起来的。目前农场村在外面打工的有五六十人，年龄多在30岁以下、16岁以上。农场第一批外出打工的基本上在2000年前后，男子多数在缅甸养路，女子都在广东、山东、上海、昆明、丽江等地，现在，农场人打工主要集中在福建、广东一带。一个在外打工的小伙子说农场村仅靠打工一年可收入二三十万。

据村干部介绍，最早的打工都是县政府组织出去的。作为贫困县，劳动力输出是其发展的一条重要途径，县劳动就业局会到用工单位签订

下篇　作为方法的农场

用工合同，签好合同后，就通过村委会、村民小组通知大家来报名，想去打工的人自己或通过父母报名后，体检合格就可以被安排做某一项工作了。当然，也有一部分人是通过原先在外面打工的人带出去的。

图6-7　沙力坪农场与非农场（课题组摄）

打工在农场已成为一种普遍现象，不论是黑彝还是普通人家，都有人在外面打工。黑彝余务合的两个儿子和农场村许多小伙子、中青年人都在缅甸养过路。我们调查期间，发现农场村里的年轻人大多不在家，只有报告人一家三兄妹和一个13岁的女孩。由于赶上彝族传统节日火把节，有几个在外打工的小伙子回到村里，为村子增添了些许活力。

一个刚打工回来的青年人这样告诉我们："这里土地少，人又多，粮食不够吃，卖粮食更是不可能的事，现在跟着人家到外面打工，每一年收入都要多一些。好的一月可拿五六百回来，买二三百斤大米（补添一下）就够了。"他今年29岁，17岁结婚，

第六章 沙力坪农场：婚姻、家支与打工

十八九岁就出去打工，曾到过四川、思茅、中甸等地方，现在下关打工。多年在外让他能讲一口流利的汉话，整个人也很健谈、开朗。他现在有三个孩子，大姑娘10岁，读三年级；小姑娘6岁；儿子只有2岁。在对待子女的问题上，他说："我是一家之主，对孩子的未来要好。自己要供子女上小学、初中，上大学时家里都要凑点钱。姑娘嫁到哪里都行，嫁给汉族，一方面可以跟着形势，另一方面生活条件、吃的方面什么都要好。"对于小儿子，他很自豪："彝族家没有儿子就断根了。哥哥家的儿子不能算是自己的儿子。有了儿子，死时四个人用肩膀抬到山上，没有儿子则是四个人用手抬。"①

这位年轻人的思想既传统也现代，关于彝族服饰他还评论道："我们年轻的一代不想穿民族服装，多穿汉装，妇女更爱穿彝族服装。其实，彝族服装比较贵，一件衣服和一件裙子就要一百，够买好几套汉族的（衣服）。一套彝族服装的钱，可以买两三套汉装，换洗着穿，要好得多。"

如果成绩不好，农场的年轻人往往只上到初一便外出打工了。外面的世界，包括生活方式，对这些小年轻诱惑很大。一个高中刚毕业的学生正巧去了趟缅甸，他的哥哥们在那里打工，回来时买了一套新衣服穿在身上，言语中透露出对这套新衣服的喜爱之情。

针对外出打工观念的差别，我们选择了两个非农场村进行调查。王家村也有许多在外面打工的人，但都是男性，很少有女性外出，所以这个村子又被开玩笑地称为"寡妇"村。与农场村相连的河西村，外出打工的人相对要少，女的尤其少。河西一个刚从丽江卫校毕业的女孩子想要出去打工，但她的父亲坚决反对。"彝族传统嘛，女人打工没得面子"，有人对此现象如此解释。这位女孩的堂哥当时在村委

---

① 凉山彝族有死后"无子不上膀"的习俗，这里的"用手抬"指不受人尊敬。

会当干部,当我们问起是否赞同堂妹外出打工时,他很干脆地说:"幺妹出去打工,我肯定赞成。"并进一步解释道:"现在我们河西在家里干活的人比较多,观念上有点落后。农场在外面打工的人多,慢慢的,他们的观念就不一样了。河西只有一张车,还是退休干部用的;农场有四五张车,由于没执照,收掉三张。他们买来私车用来拉人,一天可以挣上20块钱。"另一位村干部也曾提到,村子第一辆三轮摩托是农场一组的一家女儿在广东赚钱后买的。①

> 火把节的第二天,杨锋和几个堂兄弟正在自己家里装修新房。看到我们去,男主人赶紧停下手中的活,将我们迎进正屋。他告诉我们,昨天刚去宁蒗搬了天花板和瓷砖。环顾四周,发现新房已经装修得差不多了,地面是水泥的,屋子中间是用一扇扇玻璃隔开的,靠近火塘的一周贴上了白瓷砖。在那里帮忙的杨建同我们早已熟悉了,他笑着对我们说:"我们是穷的了。汉族钢筋买得起,砖买得起,屋里摆得就更多了。"男主人满怀憧憬地说:"明年要是你们再来就好了。那时沙发都有,火塘不烧火了,当作客房,再起个灶房。老房子也要铲掉,再盖个新房子(为二儿子)。"新房子会有沙发,会贴瓷砖,会镶天花板,还会有灶房,但也会有火塘。乍看起来也许很奇怪,有火塘不烧火,还要再盖个灶房,不是多此一举吗?但男主人虔诚地说:"火塘是彝族的规矩。"②

农场人既有传统的一面,也有现代的一面。说他们传统,是由于他们对火塘的敬重,说他们现代,因为相对于其他彝族人,他们的生活方式更赶得上时髦,他们对经济有着更为敏锐的感觉,也更加灵

---

① 《夹缝中的文化认同——小凉山彝族地区农场村调查报告》,云南大学暑期调研组,2005年7月。

② 同上。

活。这些越来越理性的经济行为跟打工有很大的关系,这也影响到了他们的教育观:只要孩子愿意,初中毕业后农场人都不会让自己的孩子再去读书,而非农场人则似乎更看重教育。

> 读书最重要了。知识多了可以当干部,当了干部生活就会变好,人也比较有尊严。书读得不好,就只能打工,当工人,给别人家干活,活得没有面子。再多的钱人家也不稀罕。所以,我鼓励我们家的儿子搬到县城去住,教育条件要更好一些,上大学的希望更大。

以上是曾经当过乡长的退休干部加日万格关于教育的解释,他还认为非农场人普遍比农场人重视教育,原因是非农场人好面子,更喜欢当干部和重名声,而农场人比较实在,只要能挣得到钱,打工似乎就很好,小孩初中毕业后就没有太多的必要去上学,而我们在农场村里的访谈似乎也证明了这一点。加日万格还说,农场村的大学生就没有河西村的多,王家村的大学生更多(七八个),甚至还出了一个博士,所以王家村的年轻人基本上都搬到城里面去了,他们更有名气也更有出息,在沙力坪坝子里的影响也就更大。

四 无家支的社区?

彝族社会多数事务是通过家支来解决的,小到婚姻选择、一般纠纷,大到禁毒等区域性事务受家支组织的影响都很大。但对于农场村来说,家支的影响很微弱,大小纠纷一般是通过村委会调解来解决的;对于一些公共性的事务,例如修路,则是在村委会的组织下安排各家各户来完成。像婚丧嫁娶、建盖新房等重大事件,在其他村落主要是以家族为单位举行,而在农场村则多数靠亲戚关系和邻里关系来完成,本村的人有时也会来帮忙。例如杨锋家装修房子时,有四五个人在帮忙,全是他的叔伯兄弟和老表,还有村子的一个木匠师傅,因为是兄弟,师傅不收工钱,换作是别家,师傅一天要上百元钱。他们告诉我们:"盖房子用人最多的时候需要几十个,村子里的人都会来帮忙,而现在四五个人就够了。"

图6-8 研究人员参与式访谈(课题组摄)

村干部反映:"农场比较文明,好说话,一般纠纷很少。"其实,如果他们与周边的非农场村发生了纠纷也并不好解决。农场在王家村有相当数量的土地,以前有些地分布在路边,周围也没有住人。后来王家村的人出去打工,赚钱回来,便在路边盖了新房。而两三年以前,农场还没有什么人外出打工,也没有多少收入,再加上土地周围住人,鸡和牛等家禽家畜糟蹋庄稼,没办法就调地,或者卖掉。再到后来,农场的人渐渐出去打工,有了一定的积蓄,并且家里地又少,原先在王家村那边的土地也比较肥沃,因此就想买回来。但王家村的人又不卖,于是便产生了纠纷。农场的人找过村委会,但村委会也很

第六章　沙力坪农场：婚姻、家支与打工

为难。他们说：当初卖土地的时候根本没有经过村委会，双方买卖的各项手续也不清楚，况且早已经卖出去了，很难裁断。我们认为，这是因为农场人没有家支来支持，而王家村拥有强大的家支组织，因此，他们在与农场人的交往中往往能占更大的便宜。

2000年以来，该地区的吸毒问题比较严重。对于像加日这样的大家支来说，族内成员吸毒会受到整个家支的惩戒与管理，不太需要外人干涉，《虎日》①真实地向我们展示了这一过程。但农场村的人势单力薄，若有人吸毒，就没人管束和教育，只能靠政府强制戒毒，因此毒品的危害更大。我们入户调查期间曾去过一户人家，屋子很破旧，只有一个老人和两个年幼的孙儿，老人说儿子和媳妇都去昆明打工去了。后来听人说她的儿子吸毒，在昆明被抓进戒毒所了，但没有人能上昆明去处理该事，老人们就只能任其自然了。

家支制度是彝族社会的核心，那没有家支力量的农场人靠什么来组织日常生活呢？如前文所述，农场村既有黑彝，也有众多娃子的后代，还有几户曲诺，由于彝族社会固有的等级观念，他们虽然都住在一个村，但往来并不密切，特别是黑彝家，一般人都不会去，说是"黑彝的鬼大，不敢去，去了会晕倒"。虽说不是绝对的老死不相往来，但也确实是"不是一家人，不说一家话"。日常生活中，农场人的行为方式似乎更加自由，因为他们好像没有太多"规矩"的约束，特别是许多家庭仪式，程序如何一般就是户主说了算。比如过火把节，一般的彝族人家都要转脑壳祈祷平安，但农场村有些人家就可以不做该仪式，只是杀只猪作为节日的庆祝，而这很容易被周边的村民认为不懂规矩。对子女的教育问题上，农场村里的人也有着不同的想法。整个农场村高中生有三个，有两个已经毕业了，初中生有六七个，大多数人只上到初一便去打工，在外面几年后，家里用他们赚来的钱盖新房，再将他们叫回来，为他们找媳妇成家。

---

① 庄孔韶、嘉日姆几等在沙力坪拍摄的反映家支禁毒的纪录片，2002年。

下篇　作为方法的农场

　　杨锋家两个儿子都在打工，最小的儿子今年13岁，读五年级，他的叔叔们笑着打趣他："这么小的年纪就想出去打工了。"原来刚刚结束的那个学期，这小孩跟几个朋友到昆明打工，在昆明待了20多天。后来老师一直去家里劝说，叫他回来上学，他的父母便坚持让他回来。其实，他家里有好几头牛，还有羊和猪，两个哥哥已经在外面打工好多年了，家里的境况在当地还算不错，但这小孩却这样解释自己出去打工的原因："我家里太穷，供不起我上学，我怕到时考上大学又供不起，多可惜，不如现在就出去打工。"①

　　与此形成鲜明对比的还是我们的报告人一家。报告人的母亲曾自豪地说："读书方面，农场比我家好的人没有了。"农场村只有这一家在艰难地供着三个孩子读书。大儿子上大学是一笔支出，二姑娘上高中是一笔支出，最小的姑娘也上初二了。老妈妈今年50岁了，上过高中，曾是宁蒗一中女子篮球队的队员，家里至今还留有照片。老妈妈毕业后曾在跑马坪教书，一两个月之后便回家了，自动放弃了教师职务。原因很简单：她见到一个汉族女子的母亲死掉后没有人埋葬，就想起了自己的父亲。她也是独生女，为尽孝道便回家务农了。老妈妈的丈夫曾读过初中，担任过阿鲁村的小学教师，但前几年因嗜酒成性，整天醉醺醺的，脑子不甚清醒，于是便不教书了；这几年本想办退休，正值阿鲁村缺教师，而他也不甚喝酒了，便又继续教书。我们在沙力坪调查期间，他正准备去宁蒗进修，升为一级教师。由于这家两位老人都读过书，他们也就更懂得教育的重要性，全力供着孩子读书，并且也懂得尊重孩子的选择。

---

①《夹缝中的文化认同——小凉山彝族地区农场村调查报告》，云南大学暑期调研组，2005年7月。

第六章 沙力坪农场：婚姻、家支与打工

对于这一家人，我们最先接触的是最小的妹妹杨青。我们第一次碰见她时，她在帮另外一家人干活，见到她和那家的户主在和泥盖灶房，干活的架势丝毫不亚于一个男子。后来听她母亲说杨青命大，她30多岁怀上杨青，由于算超生被迫去引产，当时杨青已经有7个月大了，引产后还有气息，母亲就将她抱回家，本以为她活的希望不大，谁知她居然活了下来。现在的杨青长得高高壮壮，外表很健康，只是心脏有点毛病，干不了重活。杨青的姐姐叫杨蓝，坚强能干，开朗热情。她家里家外样样活都能干，在我们调查期间，多次邀请我们去她家做客。

图6-9 彝族传统木板房（课题组摄）

老人们对做娃子的经历依然记忆犹新，村里有几位老人分别向我们讲述了自己做娃子时的遭遇。

马大爷今年67岁，8岁时被马海家抵债给补约务哈家，他的工作是放猪。一年后因为想母亲便回去了，结果又被抓了回来，

下篇 作为方法的农场

为防止他再次逃跑,他被送到很远的地方去放牛。后来,他的母亲也因抵债而来到补约务哈家,之后,他才被准许回来,母子才得到团聚,他的工作也换成砍柴的了。作为娃子,饭也不够吃,铺垫也没有,只能用松叶做铺垫,当时一天吃两顿饭,早上一顿,晚上一顿。早上吃荞粑粑,荞面很粗,是用来喂猪的;晚上吃的是荞子蒸麦等混合起来的饭。讲起那一段历史,马大爹便愤愤不平:"那时候,啥子都没得,连母鸡下蛋都不准去捡,怕鸡蛋被偷走。对比起来,解放之后,有了自己的土地、牛羊,日子就是天壤之别。"

对这些老人而言,解放后,他们的地位有了明显改变,可以拥有自己的房子、土地、牛羊,因此,他们从心底里热爱共产党、人民政府,况且,彝区的民主改革是经过流血战争的,他们也都曾亲身经历过,更懂得今天的日子来之不易。这也是农场村大多数人的想法,在沙力坪,农场党员最多,他们对政府、共产党的情感也最真。民主改革让农场人翻了身,但他们的处境有时也比较尴尬,这种尴尬深深植根在其他的彝族人中。河西村的许多小姑娘都说不会嫁给农场人,无论他们多富有,因为他们是被解放出去的,不懂规矩,"如果真是要嫁的话,整个家族会抛弃我们"!同样,河西村的小伙子也不愿意娶农场的姑娘,他们的回答都是相同的。因此,客观上讲,农场人得不到其他村子的认同,走不进他们的生活。农场人与非农场人就像两条平行线,各自沿着自己的路走下去,并不会相交。农场的一位毕业于西南民族学院的退休老干部说:"彝族旧的习惯、势力在人们脑子里根深蒂固,难以改变,虽然在中国共产党的领导下强调一家人,但宁蒗是彝族自治县,彝族的等级观念还很强,具体表现在婚姻上,到目前为止,不同等级之间的婚姻还是比较少,婚姻都是有限制的。"①

---

① 贾巴永哈录音整理,2015年7月。

第六章　沙力坪农场：婚姻、家支与打工

五　农场人的意识形态

农场村在变化，王家村也在变化，但农场村的变化似乎更加明显。村里有了台球桌、麻将桌，村民之间基于市场的交换行为也比较多，比如杨小明的妈妈买了邻居家的鸡来招待客人，比如退休的那位老教师雇村里的人为他放羊。还有思想上的变化，人们开始不再那么推崇姑舅表婚了，认为姑舅表婚既影响人的健康，又限制了亲属圈的扩大。长辈和晚辈之间的关系也在变化，父母开始注重自己在儿女心目中的形象，开始尊重儿女的选择，儿女与父母的关系也有了互相倾听的趋势。

改革开放以来，彝族社会也发生了很大的变化，但是，正如前面那位退休干部说的那样，彝族社会的传统观念太强，所以在短期内，其世界观和价值观依然难以改变的。在农场村，一方面，旧的通婚壁垒还没有打破，黑彝和曲诺等级的人不愿意跟农场人通婚，农场人只好与农场人通婚，有时也跟包括汉族在内的其他民族通婚，这就使得他们更加不像"彝族人"。另一方面，外出打工也加速了他们的现代化，他们明显在接受新鲜事物上具有一定的优势，这又使得他们更像"外面的人"。民主改革后，沙力坪周边的家奴基本上集中在农场，地主、奴隶主、富农、贫农也一度集中在农场的外围。非农场人现在多数都住在农场以外，我们访谈曾经比较富裕的"大头百姓"加日万尼，他说：

> 我家原来住在王家村，刘少奇当国家主席的时候大社分小社，我们才来到河西。农场主要以加日家解放出来的娃子为主，所以他们也姓加日；河西这边原来是余国栋家住着，所以河西村的人主要以余国栋的家奴为主，余国栋是大黑彝，彝名补余务哈，他们家同阿鲁家一道进入沙力坪。河西村全部是余家的奴

· 195 ·

下篇 作为方法的农场

隶，而农场村基本上是东一家西一家凑起来的，周边的农场多数都是这样子。我们家是大头百姓，外公当过国民党的保长，父亲民主改革以后当过协商委员。父亲叫杨宏才，受政治冤枉了，1958年就去劳改，最后1960年不到死于风湿病，改革开放后才得以平反。他们家的成分是奴隶主，有二十多个奴隶，解放后就散了。①

图6-10 已出版的家谱（课题组摄）

加日万尼还告诉我们，农场人一般都跟随原主人家姓，名字多数都是来到主人家以后才取的。一般的彝族人家都有家谱，小孩就可以数（背）得出来，而农场人只能记着三代人的名字。农场村大部分都是娃子的后代，他们原来什么民族都有，汉族、傈僳、普米、摩梭等。农场村里姓杨的一般都是从加日家解放出来的，现在也姓加日；姓罗的是从阿鲁解放出来的，现在也姓阿鲁；姓马的是从马海家解放出来的。如果一户百姓没有儿子，那他们家的奴隶和财产都会归余家（黑彝），余家是他们的上一层，所以彝族人会想方设法生儿子。当然，黑彝家要是没有儿子，他自己的财产和奴隶会归女儿，要是连后代都没有，就会被其他亲戚分掉。奴隶下面还可以养奴隶，有些有本事的奴隶可以用奴隶将自己赎出来。有些比较厉害的农场人现在也有家谱，比如加日家写家谱的时候，有几户人就背着酒强烈要求将自己的家谱写在书里，我们当时考虑到情感和面子问题，就不好意思拒绝，所以就将他们写在家谱里

---

① 加日万尼访谈录音整理，2015年7月。

了，这些人一般都认为自己是某家百姓（曲诺）的私生子。

图 6-11 苦荞疙瘩汤（课题组摄）

我们还访谈了加日万尼的哥哥加日天都，今年 68 岁。他说，沙力坪坝子有两家黑彝，河西的大黑彝叫余国栋，比较富裕，土地、财产后来分给了农场；农场那家黑彝比较穷，成分也低。加日天都说自己的爷爷是奴隶主，有二十多个娃子。民主改革后父亲杨宏才把牛羊分给了娃子，有些娃子去找亲戚再也没有回来，但大部分还在农场。河西平坝（农场二组）原来没有人住，只有余国栋家在这里，现在余家的哨楼还保留着。加日天都家是从王家村搬下来的，"文化大革命"以后他们成分高分给农场管制，就住在现在这个地方了。我们在访谈加日天都时，他的侄子恰好也在旁边，但他对农场的解释则有点附会和想象的成分：

下篇 作为方法的农场

  农场村这边余家的奴隶很少,多数是我们杨家的奴隶。解放的时候,就把奴隶集中起来,农场村以前叫奴场,觉得不好听,就改成农场了。农场村的余家以前可能有点穷,不是很富,共产党也没有怎么整他,他家穷,没有奴隶,所以就住在那里了。当时多数有点富的都死完了,都是被斗死的。我们家以前有点富,政府把我们的财产和土地分一些给奴隶,我们搬来农场附近,就是接受教育。①

  天都的侄子所说的余务红家尽管是黑彝,但比较贫穷,因此在民主改革初期并没有受到太大的打压,但对过去的那段历史,余务红仍然非常无奈和气愤。"文化大革命"之前,余家住在王家村,因为家庭贫困,阶级划分被划为贫农;但由于自己的黑彝身份,在彝族社会享有名义上的贵族待遇,在"文化大革命"中被当地的农场人硬是抬到了地主的身份,并被迫从王家村迁到农场村,集中管制,与农场人一起劳动并接受教育改造。"当时的人不识字,没文化,上边好好的政策被下面这些人歪曲执行,乱整!"老黑彝余务合如此说。

  分居奴的子女往往被主子抽去做家奴,男的为主子家劳动或成为主子儿子的财产,女的多半成为主子女儿的陪嫁女奴,因此分居奴与其子女往往相隔甚远。所以民改时,娃子多是独身一人或是夫妻两个,尽管过了60多年,农场村民至今多数还是三四代人。由于娃子没有姓,只有名字,民主改革后,这些人多数跟主子姓。农场村的人主要从加日家来,因此,村里119户村民中以"加日"为姓的就有70户,以"沙玛"为姓的有10户,以"马海"为姓的有8户,以"阿鲁"为姓的有3户,以"加巴"为姓的有3户。我们访谈了农场村里的一户姓加日的人家,他说:"这个地方全部都是姓杨的,农场多数姓加日,姓沙的十多家,姓马的有好几家但不多。我家现在有三

---

① 天都的侄子的访谈录音整理。

第六章 沙力坪农场：婚姻、家支与打工

个兄弟，父亲有三个兄弟，爷爷只是一个人，据说是加日家的私生子。没有解放的时候，我爷爷在王家村，解放后我父亲三弟兄就到农场来了。"①

据了解，这些姓加日的农场人与其他加日家都有来往，农场有红白喜事他们还是会送礼，老人去世了也来参加葬礼，但是不通婚。农场里面互相开亲（通婚），农场人多数是娃子的后代，被看作"骨头不好"，因而沙力坪其他村子的人多数不愿意与之通婚。河西村、王家村的小伙子们都表示不会娶农场村的女子，理由是："这是规矩，家族不会同意的。"大部分农场村的村民都是在村子内部通婚，还有一部分是与四川以及附近的农场村通婚。

2005年，云南大学沙力坪田野调查小组朱晴晴同学在她随后的论文里写道，影响农场人婚姻选择的趋势主要有实用、自愿、传统三个方面。②

> 所谓实用，既包括娶进来的媳妇要勤劳能干，善于操持家务，也包括通过嫁娶扩大自己的亲属范围，增强亲属力量。农场村的一位中年人谈儿子娶媳妇的问题时，说道："儿子的媳妇他自己自愿找，找一个其他民族的人也不怕。但媳妇嫁过来后要适应山区的生活才行。"村里另一位中年人在谈到自己的女儿时则说："希望女儿不要嫁亲戚家，而是嫁到另外一家，找一家条件好一点的，地够吃一点的，这样，夫妻两个可以很好地一辈子过下去，这样，也可以除了老表，再增添新的亲戚。"③

这里的"实用"实际上指的是文化适应，即适应农村生活；而所

---

① 加日阿千访谈资料整理，2015年7月。
② 朱晴晴：《无根的漂泊——小凉山彝族地区农场村村民的身份认同》，学士论文，云南大学，2002年。
③ 同上。

下篇　作为方法的农场

谓自愿,其实就是尊重年轻人的选择,这不仅是农场人的想法也是整个凉山彝族现阶段的想法,但这种尊重是有某种文化设定的,除了我们在前文讨论的等级观念以外,在对子女的配偶选择上,农场人依然持有凉山彝族特有的疾病禁忌。凉山彝族对狐臭、癫痫病、麻风病等疾病很是忌讳,无论什么样的等级都不会与患有这些疾病的人通婚。

　　民主改革以来,小凉山彝族人民的生活发生了巨大变化,农场村的历史与农场人的历史息息相关,农场人作为一个群体,和"真正"的彝族人似乎并没有太多的血缘关系,农场人在很多场合下并不被看作真正的彝族人,但他们的语言、服饰、生活习惯、宗教信仰等方面,与所谓"真正"的彝族人并无二致,并基本融入了彝族人的生活,成为小凉山彝族的一个重要组成部分,尽管不同等级之间依然存在婚姻禁忌,但彝族社会的整体性依然强大。随着社会的发展,人们正在慢慢接受更加多元的价值观念,凉山彝族群体认同的构造也变得更加宽容开放,文化实践也将呈现出更多的选择,我们相信,小凉山彝族社会将会迎来一个更加和谐、更加开发和活力四射的新时代!

第七章　木耳坪农场：土地、聚落与小卖部

一　木耳坪概况

木耳坪是小凉山最早开展民主改革的地方之一，再加上木耳坪农场出来的人因善于经商而广为人知（宁蒗县的首富就出在木耳坪），木耳坪也自然成为我们研究农场的重要田野点之一。2011年年底，笔者带领云南大学的几位硕士研究生，第一次来到了木耳坪农场。①

木耳坪村委会属于战河乡，位于宁蒗县城的西南角永胜与宁蒗县的交界处，距宁蒗县城约90公里，距战河乡政府所在地约30公里，而到永胜县城则不到20公里，因此木耳坪与永胜县的文化和经济交流更为密切。木耳坪辖14个自然村，包括农场一组和二组、马鞍山、闷水洞、元保、马综林、万三坪、松坪子、猴子箐、菊菜坪、小花田、燕子岩、河坎子、五里箐。其中的燕子岩海拔1870米，是该村境内海拔最低的地方，气温相对较高，土地高产，万三坪位于海拔3900米的塔尔博惹山腰上。民主改革以前木耳坪是一片沼泽地，雨季时，南、北两侧和西面的山洪汇聚于此，积水很深，民主改革后经

---

① 这些学生中有本项目成员卢学英，该同学负责土地制度的梳理；还有刘彦、许沃伦、黄文静、阮池银、官砚江等同学都参与了本此调查，刘彦、许沃伦同学还参与了本报告的书写。

下篇　作为方法的农场

图 7-1　木耳坪鸟瞰图

水利建设，这里的土地已变得平整而肥沃。

从图 7-1 中可以看出，这一地区的大部分耕地分布在聚落周围，而且它们以清晰的田埂为界，分属不同的所有者，自民主改革以来通过不断地整改与利用，最终形成现有的格局。另外根据 1957 年的资料显示全乡主要有彝族、西番、摩梭三个民族，分别聚居在 23 个小村，彝族人口约占 90%，西番（普米族）占 3%，摩梭占 6%。[①] 而现在这一地区除马鞍山村的普米族和村内的一户汉族生意人之外，其他皆为彝族，马鞍山过去有部分摩梭人，但由于与普米族通婚后因普米享受特少民族照顾，大家都把身份填为普米族。木耳坪全村共有 826 户，3786 人，全村国土面积 96 平方公里，2011 年村委会的农业基本情况统计资料显示，年末实有耕地总计 7016 亩，其中水田 94

---

① 《木耳坪、汉家厂、战河改革、家奴安置计划总结报告》，1957 年，数据出自宁蒗县档案馆，全宗号 1，目录号 1—4，案卷号 34—2，永久。

第七章　木耳坪农场：土地、聚落与小卖部

亩、旱地6922亩、25度以上陡坡耕地600亩。由于人口和实有耕地面积存在的统计口径的不稳定，人均耕地面积在2亩左右浮动。本次调查，由于时间的关系，调查范围以农场一组、农场二组、马综林和元保为主。

农场是木耳坪村委会人口最集中的地方，也是整个村委会的商品集散地，农场分为上下两个村，两村共有711人。[①] 到2011年，该村一共有36家小卖部，其中农场村的小卖部有30家，周边的人都会来木耳坪购买各种生活必需品；木耳坪村委会治所就在农场村旁边，中心完小也设在农场，因此农场成为木耳坪名副其实的政治、经济和文化中心，同时也是小凉山彝区人口比较多的聚落之一。民主改革前，木耳坪没有人居住，改革后，政府将家奴集中在农场，开始了该区域以农场为中心的村落布局。50年之后，这种布局是否发生了变化，它们与土地制度、聚落布局和村落内部经济交往是否有关系呢？

二　土地制度的变迁

我们选择从"土地制度的变迁"入手来调查木耳坪农场的历史，原因在于土地作为一种重要的生产资料，经民主改革的重新分配后，对小凉山彝族地区的生计方式及其变化产生了重要影响，那么不同时期的土地制度与当时的经济发展形成了怎样的关系呢？近一百来年，小凉山彝族社会主要经历了奴隶主的土地所有制、合作和集体经营、家庭联产承包责任制和土地流转四个阶段，每一种土地制度对其上的社会关系的影响和形塑是不言而喻的，民主改革始于对土地制度的调整，但这并不意味着一劳永逸地解决了所有的问题，土地制度的不定期调整和改革是中国三农问题的核心，也是中国农村稳定的基本。在木耳坪，以上几种土地制度之间并没有截然分开，它们的运转有着内

---

① 木耳坪村委会标准常住人口信息查询总会表，2011年。

下篇　作为方法的农场

在的乡土逻辑，不同时期的土地制度，不仅影响了人与人之间的关系，对人们的观念也产生了重要影响，而这些影响又进一步生产着群体之间的关系与认同，这就是我们想了解农场人与非农场人之间是否有基于土地利用的文化差异及其形成的原因。

（一）改革前的土地利用

  总的看来，全乡共有土地7307架（包括外乡奴隶主的1138架），其中固有耕地2992架，轮耕地4315架。占总人口3.29%的黑彝阶层占有土地3723.5架，占全乡土地面积的50.9%；占总人口2.2%的六户奴隶主阶级占有土地3330架，占全乡土地面积的45.5%、年产的49%；总人口中51.8%的百姓阶层占有土地1254架，占全乡土地面积的17.1%、年产的17%左右；奴隶阶层只有土地278.5架，占全乡土地面积的3.9%、总产量的3.2%左右；另外有169个家奴则全无土地。①

从这段资料中可以看到人口较少的黑彝和曲诺奴隶主阶级占了一半以上的土地，并且还占有大量的奴隶。他们通过自营地和出租地两种土地经营方式，将生产资料和劳动力集中到少数人手里，成为提高私人经济水平的重要手段。在木耳坪周边地区，凉山彝族并非世居民族，他们迁入这里的高山森林地带之后，有的土地是从阿氏土司处租来的，后通过抢夺或转让固定到罗洪（胡）和保姆（米）两家黑彝手中，后来莫色（毛）和阿西（肖）等比较富裕的曲诺也占有一部分土地；还有的土地来自对荒山老林的开发和利用。

---

① 《木耳坪、汉家厂、战河改革、家奴安置计划总结报告》，1957年，数据出自宁蒗县档案馆，全宗号1，目录号1—4，案卷号34—2，永久。一架相当于1.5—2亩。

当时的土地耕种情况主要有"熟地""二荒地"和"火烧地"三种。①"熟地"分布在村寨附近，土质较好，产量较高，可以固定耕种；"二荒地"离村寨较远，土质较差，但在耕地面积中占的比例较大，一般三年种两耕，能够保证一定的产量；"火烧地"，也就是刀耕火种，两三年后地力用尽，就得长期丢弃。对于总的土地利用来说，接近坝子的平地年年耕种，山地则荒两年种三年，而在高山地区一般是荒三年种三年。然而在当时的条件下，只种植苞谷、荞子、洋芋等传统作物，并不能够满足彝族人的生活需要，大致在清末民初，小凉山开始种鸦片，并成为当时凉山彝人的主要经济收入。木耳坪鸦片的种植面积占了耕地面积的很大一部分，种植面积每年都维持三四百架以上，这些鸦片地基本上都是"熟地"，所以传统的粮食产量减少，不足部分只能通过与汉区的鸦片交换来弥补，木耳坪也就出现了彝汉之间的商品粮交易。

由此可知民主改革前土地集中的情况比较严重，少部分人占有了大量的土地，而这些土地的粮食产量并不能满足人们的需求，鸦片的种植使得收入增加，不少人将自己住地周围的"熟地"改为鸦片地。地力受到损耗的同时由于高产地的减少，影响到粮食的供应，因此促使不少汉族商人前往彝区进行粮食交换，他们用粮食交换鸦片。每年鸦片收割完毕，木耳坪就会举行烟会，小凉山各地的大户都会来木耳坪交易，场面人山人海，热闹非凡。②

（二）改革时期的土地利用

1. 民主改革

1956年10月，木耳坪乡作为民主改革的第一批试点乡之一开始进入改革，到1957年2月，改革基本结束。改革的过程，依照《宁

---

① 自《中国民族问题资料·档案集成》（81卷），《云南小凉山彝族社会历史调查》第579页。

② 访谈资料整理。

蒗彝族自治县和平协商改革步骤和办法》来进行：第一步，安置和稳定上层；第二步，扎根串连，组织劳协会；第三步，划分阶级；第四步，没收、征收、分配土地和安置奴隶生产生活；第五步，建立乡政权和党团组织。阶级划分的时间以1956年1月起往上推三年为准。奴隶主的划分不超过总户数的5%。起初划分出的阶级有奴隶主、劳动人民、穷百姓（半奴隶）、分居奴隶、家内奴隶，后根据家庭实际的经济状况并结合内地的土地改革，他们被划分为奴隶主、富农、中农、下中农和贫农几个阶级。这次改革废除了奴隶主的土地所有制，而变成了劳动人民的土地所有制，并废除了各种特权、地租、高利贷、杂派。①

  没收分配土地时的具体情况为，先留给奴隶主与奴隶同等的一份土地，如缺乏或丧失劳动力可允许其雇工耕种或出租。对于那些只有一口人或两口人而有劳动力的无田少田的贫苦农民，在本乡土地条件允许时，分给多于一口人或两口人的土地。奴隶主的房屋、牲畜、农具、粮食、白锭等浮财和底财保留不动。解放之奴隶、农民因缺乏耕牛而生产困难者，可由政府给予补贴贷款，以公平合理价格协商征购奴隶主多余的耕牛解决。另外在安置过程中，依照具体情况发放籽种、口粮、农具和其他生活用品。②

可见能否顺利没收、征收和分配土地，就成为能否稳定人心的重要环节，因为土地是发展生产最为重要和直接的生产资料。当时在木耳坪通过改革没收了奴隶主3144.5架土地，其中有固耕地1479架、

---

① 《中国宁蒗工委办·和平协商改革实施办法、步骤、做法》，1956年，自宁蒗县档案馆，案卷号47。
② 《木耳坪、汉家厂、战河改革、家奴安置计划总结报告》，1957年，宁蒗县档案馆，全宗号1，目录号1—4，案卷号34—2，永久。

轮耕地 1665.5 架。外乡奴隶主的 1138 架土地尚待没收和分配。从已没收的和分配的情况看，全乡每人平均有 5.2 架土地、399 斤的产量，除先留给奴隶主 185.5 架土地，每人平均 6.85 架外，将所没收的土地分配给了无地少地的奴隶和百姓。除 27 户为不动户及 13 户自由户外，全乡有 233 户、965 人分进了田地，每人平均有 4.5 架 353 斤的土地和产量。其中无地的 44 户家奴亦平均分到了 3.4 架 298 斤的土地和产量。① 除耕地外，大块的山林、荒地、牧场，一律收归公有，不予分配；而交通、建设用地，给予保留，也不分配，在国家未使用前可交农民耕种。至此土地基本平均分到个人手中。因人口相对较少，人均耕地面积比较充足，按理人们可以自由耕种、自由配置，但接下来的 1958 年，又有了新变化。

2. 农场建设

1958 年 1 月，宁蒗县召开区乡干部会议，并提出《关于建设建场问题的意见》，到 10 月初，全县共建 151 个初级农业生产合作社、51 个农场。当时的入场人员主要是家奴，也有部分分居奴。在土地问题上，"入场户之土地，全部归农场公有，入场户在土地上所花出之劳动工本（为 1958 年准备部分），由农场计入入场户劳动参加今秋分配，入场户应留足够的自留地，但不宜过多，以多少为宜视具体情况而定，坚持有菜园者留菜园，无菜园者在住房附近分配或开荒解决"②。当时木耳坪公社内的木耳坪农场，集中了周边西布河、米家乡、羊坪、河坎子等地所有家奴和分居奴，在木耳坪坝子上进行初步建设和生产。随着人口的大量聚集，为了更好地集中管理，开发和扩大土地面积就成了首要任务。政府集中了大量的劳动力将这片沼泽地的垭口挖通，经过填补、平整和挖沟疏渠，原来冬瓜林和刺瓜林丛生

---

① 《木耳坪、汉家厂、战河改革、家奴安置计划总结报告》，1957 年，宁蒗县档案馆，全宗号 1，目录号 1—4，案卷号 34—2，永久。

② 见《关于建社建场问题的意见》，出自中共宁蒗县工委办《关于建社、建场、奴隶创奇迹》，1958 年，案卷号 75。

的烂渣笆地就变成了农场人生产生活的地方。农场人的住宅由国家帮助建盖，生产生活用具均由国家帮助购置。

  我是从米家乡被集中到这里的，当时年龄还小，就被安排和五保户们住在一起，被集中过来的奴隶农场上村有100多人，农场下村也有100多人。没有房子的人，国家就集中建设了新农村，五间为一排分着住，有的一间有3人，有的一间有2人；有些人的房子是在工作组的安排下，自己修着住的。像下边现在最富的阿克家原先是从河坎子搬来的，自己原先就起了茅草屋，当时修一下就住了。这些奴隶中有70多人找回家去了，我们当时是一边修房、一边办地，好像是1957年、1958年办集体食堂的，当时饿死的还是有两三个，就分掉了。1962年恢复老屋基，有的人又搬回原来住的地方，不过还是集体劳动，按工分分粮食。①

以上是金古都忍对农场建设初期的回忆。在自愿组合的原则下，一部分农场人可以组合成新的家庭，那些有残疾和年龄较老或较小的奴隶，也对他们进行了恰当的分组。其他的奴隶主和地主阶层单独居住于农场村周围，但生产方式也为集中劳动，按工分吃饭。土地和居住环境开始稳定之后，增加粮食产量、提高生产力，就成为最迫切的目标。1959年的木耳坪公社分为四个生产队，开始大面积种植大春作物：洋芋、谷子、苞谷、荞子、燕麦和菜籽，而且也试种了大量小春作物：小麦、大麦、蚕豆、鸡豆和油菜；还有一些经济作物，如甘蔗、棉花、大麻等也被引进。② 为了提高粮食产量，对各种作物都有精耕细作的专门措施和办法，如对苞谷的耕作方案是：

---

① 讲述人金古都忍，男，彝族，63岁，木耳坪小学炊事员，记录于2010年1月30日。
② 《木耳坪、永宁坪关于59年—60年各种规划和春耕生产的安排意见》，1959年1月，自宁蒗县档案馆，案卷号88。

第七章　木耳坪农场：土地、聚落与小卖部

1.（每亩）底肥500件，追肥500件；2.深耕一尺以上，耕密精细；3.密植一尺，每亩300株；4.提早耕种，凉山地区谷雨、立夏前下种，三、四大队小满前种完；5.薅四道，追肥三道，一道400件，二道400件，三道200件，保证无草。①

除此之外还不断兴修水利、改造水田和修建道路，这里土地平整，水源丰富，生产队想大面积培育水稻，结果因海拔高水稻不能抽穗，试验失败。农场还倡导绿化，1959年开始要求每人要栽10棵树，土地要固耕、要停止刀耕火种，退耕还林。这种如火如荼的生产和建设，让民主改革和"大跃进""人民公社"运动紧密联系在一起，大家刚刚从地主、奴隶主和富农手中分到土地，又将土地交给集体，集体所有制直接继承了民主改革前的土地制度。国家政策不断进入并影响了原本寂静的凉山彝族地区，社会主义教育也影响了这一地区人们的思想，即便大多数人都在迷茫而不知所措，他们也麻木地遵从着上层的生产计划，如1960年计划粮食种植面积9958亩，总产达5199675斤，人均4942斤；总产值达311980元，人均296.52元。②这些是政府统计资料中的生产计划，该年的生产计划是否达到已无从而知，但其所体现的历史背景是真实的，也因为这种不切实际的生产活动，当时也出现了饿死人的现象。上述集体劳动、按工分分配的生产模式，一直持续到1978年，此后开始实施包产到户。

（三）包产到户时的土地利用

我当时也是队里的生产队长，听说要分土地了，我一直不同

---

① 《木耳坪、永宁坪关于59年—60年各种规划和春耕生产的安排意见》，1959年1月，案卷号88。

② 同上。

意，很多人也是和我一样的想法，我们怕土地分配后，又像改革前一样，少部分人就把土地占完了，而我们又失去了土地，整天吃不饱穿不暖，还为别人劳动。后来上面的领导也来劝我，说土地会分到每个人手里，大家可以拥有自己的土地，自由生产，30年不变，不用担心会出现不平等的情况。后来我就听从了组织的安排，开始带领大家划分土地。我们按人口在原来的地里一点点的丈量，像2个人口的每人给5分，3个人口的每人给3.5分，六七个人口的每人给3分。但还是有些人说我们把土地都分给了农场人。①

沙玛佳佳是木耳坪农场包产到户时带着大家分土地的女生产队长，从这个案例中可以看出，对于新制度的实施人们最初都是怀疑和不安的，尽管政府工作队依照政策尽可能合理地分配了土地，但具体到个人时多数都会觉得不合理。木耳坪家庭联产承包责任制的实行比宁蒗县其他地区早三年，大家把生产资料和生活工具按一定标准分配到个人，先到组，然后到户。沙玛佳佳讲述了更多的细节：

> 土地每人可以分配到二亩四分左右，一个家庭如果劳动人口较多，总体分到的土地就比较多，但个人分到的土地就较小；而那些只有一两个人的家庭，个人分到的土地要较多一些。五保户也分到了相应的土地，在生活上政府另外给一些补贴。在具体的分配过程中，原本的土地被划分出一道道的界限，一大块的被分为好几分，属于多个不同的家庭，所以村民的土地是连在一起的。在分配集体的牲畜时，羊每人两只半，牛每两人一头，肥料按篮分配。最初的农场村主要是集中了被解放出来的奴隶，而之后其他等级的人也被安置到农产村的周围，到现在农场人与非农场人已混杂居住在一起。但是对于农场周围的大多数成形的固有

① 讲述人沙玛佳佳，女，彝族，65岁，农场人，记录于2010年1月28日。

第七章 木耳坪农场：土地、聚落与小卖部

耕地，自民主改革以来，多数属于农场人，所以包产到户中，这些肥沃的土地基本又返还到农场人手里。而非农场人的土地次之，现在有人还会抱怨"我们是什么也没得到"。①

图7-2 整理沟渠（课题组摄）

1979年林地也一次性分到了户，并且这时期开始了第一批人工造林，政府对此每亩补贴5元，到1987年前后人工造林面积达到2.6万多亩。在坝区的土地被开垦之前，耕地主要分布在半山腰上，长期的采伐和不断扩大耕地面积使这一地区的山洪和泥石流现象不断加重。为此这里的土地最先成为退耕还林的重点区。今天那些土地上已长出茂密的树林，而由此产生的问题是，原有的耕地面积减少。到80年代，为了提高地力，副县长阿苏大岭主持领导疏通了农场周围的大面积土地，村民在原来的基础上将沟渠进一步挖深，使地里的水分下渗到沟里，最终汇聚到一起流进河里，从过去炸开的垭口流出，

---

① 讲述人沙玛佳佳，女，彝族，65岁，农场人，记录于2010年1月28日。

· 211 ·

这样就使土豆和玉米的产量大大提高。因人口的不断增加，人均占有的耕地面积减少，为此通过提高地力改良作物品种、增加粮食产量，成为当时的重点工作。①

经过20多年的摸索，农作物已经固定为洋芋、苞谷、荞子、燕麦，但品种改良取得了很大的成功，如苞谷，20世纪70年代引进烟单33、单玉6号、成单4号、沈单3号等，平均单产提高到120公斤，80年代又引进腋单2号、丹玉13号等平均亩产200多公斤；洋芋，1949年之前的品种有三层、丽江、腩波、洋人等，平均亩产300公斤，1960年以后品种退化，到20世纪80年代，基本更新，以克疫、阿坝及菠薯1号、2号为主，在肥料的使用上除已有的农家肥之外，已广泛使用农用化肥。②

家庭联产承包责任制的完成，使凉山彝族人的生活也开始出现了新的变化，人们可以自由生产，自由分配劳动时间，生活的积极性有了更大的提高。正如前文所述，民主改革尽管将土地分配给了个人，但个体家庭自己组织生产劳作的时间比较短暂，小凉山的彝族人民直接从"奴隶制"跨入"社会主义"，这是真正的一步跨千年，而到了包产到户，家庭才真正成为土地的主人。随着时间的不断推移，土地主人的情况也随着市场经济的发展而发生了很大的变化，有些人开始外出学习、打工、经商，土地开始被闲置，而有些土地也因在交通沿线而具有更大的商业价值，人们对土地使用权的流转有了更大的需求，土地使用权又开始倾向于集中。

（四）木耳坪现今的土地利用和整改

1. 土地的占有和利用情况

包产到户之后，各家土地的占有情况基本稳定下来，1997年的

---

① 退休教师秋莫的访谈资料整理，2011年。
② 宁蒗彝族自治县志编纂委员会编：《宁蒗彝族自治县志》，云南民族出版社1993年版，第310页。

第七章　木耳坪农场：土地、聚落与小卖部

土地普查落实了亩积，每家约有 15 亩土地。2003 年中国颁布实施了《农村土地承包法》，该法规定，通过家庭承包取得的土地承包经营权，可以依法采取转包、出租、互换、转让或者其他方式流转。这样人们就会根据自己的具体情况调整所拥有的土地，如各户可在内部自由买卖；适当垦荒，扩大耕地面积；通过整理房屋附近的荒地，以扩大耕地面积等。

马鞍山的普米族熊政才，在坝子里原来有 1 亩 4 分地，后从农场买进 5 亩多，又在自家附近的荒地上整理出一些，现有土地 17 亩。而那些儿子较多的人家，儿子成家之后，土地被分配出去，每家占有的土地面积减少，这就需要通过提高土地产量或自己协调土地面积来解决家庭收入问题。女儿较多的人家，年老之后，没有充分的劳动力耕种土地，所以他们愿意将土地转让给愿意耕种的人或让亲戚耕种。①

木耳坪的土地除小花田的部分水田之外，其他皆为旱地，且类型主要为耕地和林地，人们曾尝试种植核桃、花椒、苹果等经济林木，都因海拔较高没有成功。各种作物均只收一季，坝子里的土地一般第一年种洋芋，第二年会种苞谷，并在地里兼种四季豆、白芸豆、黄豆和普通的菜瓜。8月、9月收完洋芋之后，就开始撒园根②。各家会在自己的土地上专门划出一块地种草，以作为牛羊的草料；近几年马综林和元宝的几户邱家和杨家在自家的耕地上挖成了几个鱼塘，养鱼卖给村里需要的人家，但是经济效益不佳，邱家的一个鱼塘又被填平了。另外农场村附近的耕地下出产"草煤"③，是种植花草的优质肥料，已开采的草煤，被挖出后堆在地里晒干，然后被磨碎装袋，到时

---

① 村委会罗主任访谈资料整理。
② 蔓菁。
③ "草煤"是埋藏在地下的腐殖层。

下篇 作为方法的农场

村里的老板会找来大卡车装运到下关卖掉。

但人们对于草煤开采争议较大，因为它需要深挖，大面积开采之后，土地就变成了很深的水塘，人畜不小心掉进去都很危险；加之开采完之后要填平需要花费更大的力气和更多的泥土，而且即使你在自家的土地上挖，也会影响到别人家的土地，人们之间为此也经常发生纠纷，总的来说草煤的开采破坏大于收益，入不敷出。老人们认为："草煤的开采，只是一时的利益，开采完之后就什么也没有了，但土地的利用是一辈子的事。"所以他们鄙视那些只顾个人利益开采草煤的人，而另外一些年轻人却不想放弃这个赚钱的机会，有的是自家掌握开采权，请帮工开采；有的把开采权卖给一些老板，让他们找人开采；还有的把土地进行了交换。

图 7-3 挖好的草煤（课题组摄）

总的来看，现在完全依靠土地种植传统农作物已经不能满足人们的生活需要。所以到目前为止，木耳坪村常住居民的职业结构有了很大变化。从表 7-1 中可以看出，随着时代的变化，村民对土地的依赖性也不断减弱，生计方式开始多样化。加之木耳坪不断增多的流动人口和便捷的交通，与战河乡其他的行政村相比，其内部的商业流动性有不断增强的趋势。

表 7－1　　　　　　　　　木耳坪村职业结构变化

	民主改革以前	20世纪70—90年代	现在
职业类型	少数奴隶主、地主	工作队人员	村委会干部
	多数分居奴和家奴	农民	小学老师、炊事员
	极少部分人贩子	保管员	煤矿老板
		供销社销售员	卡车司机（拉货）
		老师	小车司机（拉人）
		炊事员	拖拉机手（用于农事）
		铁匠	个体户（经营小卖部）
		畜牧员	铁匠、磨房老板
			小吃店、服装店老板
			外出打工人员

2. 作物的节令安排与人们的农事活动

在土地的耕作安排上，木耳坪每年的洋芋种植面积约占所有耕地面积的2/3，平均收获有三四竹筐，3000—5000斤，过去一斤米可以换3—8斤洋芋，而拿去卖时，不好时一斤两三角，较好时一斤1.6元左右。现在洋芋的品种主要是羊克洋芋、脱毒洋芋和示范洋芋。春节前后，开始种植早春的地膜洋芋，3月出芽，4月锄草，5月盖土，6月出新芽，8月出新洋芋。种植的过程中，主要施农家肥和复合肥；收获后主要用于喂猪、做菜和出卖。因为这里的海拔在2400米以上，属冷凉地区，所以在选玉米籽种时，要选能够早熟和适应性强的会单4号、长城799、罗单3号和曲辰3号等。1月前后，大家都会到农科员那里购买包装好的玉米籽种。3—4月清明前后开始播种，要加农家肥和化肥，盖土时还要再加两道化肥，地膜玉米收成较早，中间出芽时还要拔草、撕地膜。9月开始收。家中劳动力多时，就种两三亩，劳动力不多只种一亩左右，收获后主要用于喂猪，现在的人大多只吃新鲜时的包包。荞子种植在较高的山地上，种植时间也是在清明前后，但因为产量不高，村民原有的土地面积也不是很大，所以各家种植的面积都较小。有的人说："我们只是为了在做毕摩仪式时必须用到，才种一点的。"荞子的种植不加太多的农家肥，主要是太远，肥料运输困难，磷肥和尿素要加得多一些，正在开花或开始结种的时候会打农药。种得较多的人家一年的产量在七八袋，500—600斤。园根的种植在八九月份收完洋芋之后，但春节前，已经开始种育种园根。在上次收获的时候，就已选出带根而且完整的育苗园根，一般会留一两筐。1月底天气开始转暖的时候就种到地里。① 到6月，便可以收获种子，这些才是9月要用的籽种。有些人家该年可能没用育种

图7-4　种植园根（课题组摄）

---

① 课题组成员卢学英根据调查资料整理，2012年5月。

第七章 木耳坪农场：土地、聚落与小卖部

籽，就会到种得多的人家购买，一杯10元，两三杯就够种了。① 园根是最容易管理而且产量较高的作物，只要加足肥料，可以不锄草。收获之后人可以生吃，或做菜，不过多数还是作为牲畜的饲料，晒干磨碎不仅便于储存，而且营养价值更高。绿肥的种植时间也和园根相同，各家根据自己的实际情况播种，一般种植面积都不大，多数在园子周围。

图7-5 给园根施肥（课题组摄）

现在较轻的农活和家务活都由妇女承担，大多数男人都外出打工，直到种庄稼前才回来。一个男人一年在地里的时间会有三四个月，而女人基本上都是八九个月，所以这里的农事安排以妇女的活动为主。现在的肥料除人力外，还可以用马或拖拉机拉，马一次的劳动力是人的四五倍，拖拉机一车约是人力的32倍，一两天就可以把肥

---

① 盛一两的瓷质酒杯。

料拉到地里,然后人们再从地里把它们分成多堆,以便于种土豆或玉米时使用。有的人自家没有拖拉机就会向村里有拖拉机的人家租用,一天工钱120—130元,时间早上8点到下午6点,除去中间吃饭、休息的时间,一天能拉约15车。①

对于凉山的彝族人来说,耕作的方法和技术、农具的使用情况都和附近的汉族没有太大区别,但农家肥的积累方式可以算是彝族地区所独有的。每年作物种植之前,人们都会把自家院子肥料池里的肥料都挖出来背到地里,然后又积累新的肥料。妇女们把每天出去背来的松针放在院子里堆成高高的一垛,等牲畜圈里变稀时,就放一些铺在上面,这样反复,变稀后再铺,日积月累牲畜的粪便和松针混合在一起,就变成了肥料;人们再从圈里把它们挖出来堆在圈外的粪池里,雨水天气,为了方便行走,也会在外边的粪池上铺上松毛或蕨苔叶,到第二年耕种前,肥料就积累得差不多了。以下是凉山彝族(妇女)各月主要的劳作安排:

一月份:背肥料、背柴、搂松毛、将地里大块的土打碎整平。

二月份:栽早春地膜洋芋、帮助修房子的亲戚或邻里背土。

三月份:背柴、搂松毛(只要不下雨都去)。

四月份:种苞谷、撒荞子、挖洋芋籽种。

五月份:锄草(荞子一道,苞谷撕地膜时拔草,后还要锄三、四道,洋芋两道)、撒燕麦(锄一道)。

六月份:挖地膜洋芋、割荞子、打荞子、种园根。

七月份:挖锄耕洋芋。

八月份:背柴、找猪草。

九月份:挖洋芋、种园根。

---

① 访谈资料。

十月份：摘苞谷、种绿肥。

十一月份：收苞谷、锄园根草、背柴（为彝族年做准备）、砍苞谷杆（磨碎后可以喂牲畜）。

十二月份：收园根、找柴、搂松毛、翻土、疏通地里的沟渠。①

受原本土地条件的影响，木耳坪坝子土地里的水分含量一直都比较高，所以在下种之前，必须在自家地里把沟渠重新梳理一遍，或再挖深一点，以便于有效地排水，从而提高土地产量。除上述内容，还有日常生活中的家务活。在火把节和年节前，所做的准备也较多。忙碌一年最终收获的粮食，除了部分洋芋和荞子可以拿出去买，其他都只够自家内部消费。所以通过粮食获得的经济收入较少，但是通过家庭养殖业获得的收入却占了家庭收入的相当一部分。

3. 与土地相关的仪式活动

从过去到现在木耳坪村的洪涝和冰雹灾害都比较严重，因为土地多在坝子上，所以灾害一旦发生，受灾面积就会很广，到目前为止，政府已经出资修筑了拦洪坝，但很大程度上农民还是靠天吃饭，拦洪坝的效果似乎并不明显。据村民回忆，1964年发生过一场特大暴雨灾害，之后人们为了防暴，在集体领导的许可下，像改革前一样，找人做了一场"克其"仪式（为防冰雹而做的烧狗仪式）。

当时为集体烧狗，有12个工分，虽然很害怕，但为了能吃到荞粑粑，我和另外三个人就去了。我们把狗和先前就做好的大荞粑粑带到山上，在地上打了两个牢固的桩，然后像烤乳猪一样把那只狗的双脚反绑起来，挂在树桩上，然后和荞粑粑一起用火活活烧死了，我们把剩下的荞粑吃掉，烧完就回来了，可能像这

---

① 课题组成员卢学英根据调查资料整理，2012年5月。

样被烧死的狗有200多只。现在已没有这种烧狗的案例,但是我们有时候会凑钱买鸡到山上去烧。①

现在这种防雹仪式基本见不到了,但有时还会做与此意义相同的"泽土"②仪式,还有各家各户也会不定期做一些祈祷丰收的仪式,如"木色洛""桌年说"。③另外在火把节或彝族年的时候,村民会拿肉祭祀土地之神,尤其是三四月份作物种植完毕时,人们会拿着酒肉到屋外抛向四方,祈求不要发生水旱、凶灾,不要降冰雹。种荞子时,人们会把籽种背到山上的土地上,生火把一块石头烧烫,然后倒一些水在石头上,把荞子拿到冒出的蒸汽上转几圈,以示洁净、种植顺利,这也是靠天吃饭的人们对自身内心世界的实践与表达。但是与过去相比,现在的人做仪式已经没有那么庄重和频繁,人们对于神灵的依赖性在减弱。

民主改革后,原有的奴隶主土地所有制变成了劳动人民的土地所有制,人与人之间的关系从原有的隶属、雇佣和租佃关系变成了人人平等。对于凉山的彝族人来说,土地所有权的公有化,已经彻底宣布了一个时代的结束,人的思想方式和行为习惯出现了新的变化。家庭联产承包责任制使土地使用权长久地落到个人手里,从此彝族地区的生活水平有了更进一步的提高。而近年土地流转的改革,使得家庭取

---

① 讲述人阿鲁比哈,男,彝族,62岁,二组村民。
② "泽土",也是一种防雹仪式。此时全村的人会一起凑钱购牛、羊及白公鸡各一只,还有火药鞭炮等,寻一最高的山顶祭天。祭天时,除女子外,男子不分老幼皆可参加,人数不限,各村男子携枪聚集在山顶上,按东西南北四个方位燃四堆篝火,上放青枝绿叶,使篝火浓烟滚滚,然后不停地鸣枪放炮并齐声吼叫,再用四升荞籽放入火中炸成泡花撒向四方,同时,毕摩开始念防雹经,边念边将鸡打死放血祭天,再打杀牛、羊,取腰肝烧熟,切割成小块用树叶包好撒向四方,并用诅咒与祈求相结合的方式,求神灵将冰雹引向其他方向。诅咒和祈求是否灵验,则由毕摩将已打死的白公鸡向四方抛掷,如鸡头朝前,则为已防住了冰雹,否则再打鸡念咒抛掷,直到鸡头朝前为止。
③ "木色洛"是祭拜山神的仪式,彝族人认为山神是自然诸神中最有力的神,因而祭拜较为频繁,以求人畜平安、农业丰收等。"桌年说"是一净宅仪式,通过去污除秽,使人畜平安,粮食丰收。

得土地承包经营权之后，可以通过转包、互换、出租、转让等形式流转土地的经营权，实现多样化的经营，从而增加了自身内部的经济增长方式。有趣的是，民主改革后土地的利用方式基本上奠定了其后的土地制度，甚至还影响到人们的居住方式。农场作为家奴的安置点，在占有木耳坪最好土地的同时，也因为拥有比较有利的地理位置、政治资源而显示出比非农场人更大的经济优势，而农场人与非农场人之间的这种差异似乎进一步体现在围绕土地制度形成的聚落空间及其布局上。

三 聚落与认同

木耳坪农场家家户户连在一起，彼此挨得很近，家户的密度很高，村落以坝子为中心，向坝子与平地之间逐渐扩散。非农场村都在山腰，成线状，而且以小家庭为单位独自居住，一家一姓、一家一山的特点比较明显。邻居之间的距离相对较远，从远处看，家户零散分布在山林之中，若隐若现。木耳坪马鞍山小组是摩梭和普米族，其风格与彝族村落并不一样，因此在整个木耳坪坝子有三个不同的聚落类型。据当地人说，这三个聚落就是在民主改革后逐渐形成的，整个坝子聚了又散，散了又聚，人员流动很快，都是搬来搬去。那么民主改革前和民主改革后的聚落特征有何差别，这些差别与政治组织乃至意识形态之间又是否有关系呢？我们想从木耳坪最直观的物质形态，如聚落布局、选址情况、房屋结构以及聚落形成的社会文化过程来分析以上问题。

（一）院落布局

进入木耳坪农场，映入眼帘的是木耳坪村落的整体布局。据村民们说，木耳坪在民主改革以前是个大沼泽地，周边都是海拔3000米以上的高山，溪水都汇聚在木耳坪。因此村民以河或者小溪为界，向

图 7-6　木耳坪村落分布图（课题组摄）

山靠拢。坝子中间有一条主河，河水从西向东流，河坝和周边的半山腰都是居住点。

在木耳坪，房子都有围墙，围墙差不多都是用木材建造，用一根根原木经过加工修整而成。老乡告诉我们，经济条件不好的就用木料和泥土打墙，家里有钱的就用石头砌墙，"因为在这个地方石头很少，又很贵，一般买不起，一块石头就要卖五六块钱，只能买几块打一下地基，石头要去很远的地方才能买到，盖所房子就要15000块钱，好难啊"①。围墙的大门由两扇门组成，门顶上用瓦盖住，围墙内部就是房屋，有正房和偏房，人居正房，正房两边是偏房（耳房），左右偏房一般都有上下两层，右偏房上层放一些杂物，比如木材、草、劳动工具等，下层一般关羊、猪、牛、马等，左偏房一般是储物间或者是厨房。偏房一般都是外墙用水泥砖砌成，内部都是用木料搭建。

---

① 2010年1月23日在木耳坪燕子岩和当地人的访谈。

第七章 木耳坪农场：土地、聚落与小卖部

图 7-7 木楞房（课题组摄）

正房的材料和偏房差不多，分为三间，房子外部有些用玻璃装饰，有些用木料，三间房子外部都有一扇门，正大门也是只有一扇门。进门的正堂中间没有供奉台，大部分是一面墙，墙上挂着每年杀猪、羊留下的胆，有些家庭挂着几十个，有些家庭只有几个，据村民们说，挂着的胆越多说明这家人越殷实富有，调查期间我们没有看到不挂各种胆的人户。除此，还有部分家庭专门设置主人与客人的座位，表示对客人的尊重，一般客人与主人相对而坐，主人的方向与开着门的那扇为准，客人坐在主人对面，这样的座次是彝族地区待人处事的最重要的礼俗。正堂正下方是火塘，火塘上置铁三角可以支锅，或放吊锅，用来煮饭菜。一般来客人都是围着火塘的一边而坐。正堂的上方一般会搭建一层以便放风干猪肉或粮食。正房右间没有门，中间没有隔成两部分，一般是卧室，设置和左边一样。

村子里还有一两家是现代楼房式的洋楼，村民说这是宁蒗首富为父母亲盖的，尽管该楼房样式西化但仍然要设有正房来接人待物。农场村与周边的非农场村在居住方式上还是有差异的,在农场,房屋呈现多样,有平房、小洋楼、瓦房等,建筑风格更靠近永胜、丽江大理一带,多用瓷砖装修,窗户是花纹玻璃,整个房子相对较矮,但富有层次感。村民告诉我们说:"我们农场的房子努力的方向是,向永胜那边的房子看齐。永胜房子很漂亮,你们从那边来,应该也注意到那里的房子,思想也要往那边靠拢,永胜比宁蒗发达多了。"[1] 而相对于农场的非农场村,三五户组成一个小聚落,前文所说的木结构房居多,房子由正房和偏房组成,装修相对简单。

(二)聚落化

民主改革前,居住在木耳坪的黑彝有两姓——倮姆(汉姓米)和罗洪(汉姓胡),他们共同管理木耳坪及周边地区。除了这两姓黑彝外,木耳坪还居住有莫色、阿西、阿克、邱莫、莫勒、阿卢等几支有势力的曲诺家支(百姓)。倮姆家居住在现在的元保村山头,也就是现在木耳坪完小附近。罗洪务撒家聚居在现农场村的南边,罗洪金山在农场的东南方向,罗洪福广聚居在河坎子,这些大户人家周边住着他们的噶加(分居奴),家奴一般跟主人家生活在一起,有的有自己的房子,有的则没有,因此彝族地区的人口并不集中,三五户构成一个聚落,现在多数的非农场村基本上沿用了过去的居住方式。改革后,家奴集中在一起住,以农场为代表的聚落人口开始增加,房屋密度也高了起来,人们的生活方式也有所变化了。木耳坪乃至宁蒗的聚落形态及社会生活发生了根本性的改变,之后每一次国家政策的调整都会影响到农村的居住方式。在木耳坪,他们会以国家领导人的名字来区别不同时代,也用国家领导人的名字来强调和表达对不同政治风格的表达,通常大家都会说从"毛泽东时代""邓小平时代",而自江泽民之后村民都说是"共产党",一位70多岁曾经被批斗过的老奶

---

[1] 永胜属于丽江市的县市之一,大部分是汉族居住。

第七章 木耳坪农场：土地、聚落与小卖部

奶这样说："我们对邓小平很感激，是他让我们生活有点好过，但对毛泽东我们也没有怨言，那是时代的错误，对共产党也没有怨言。"①因此，下文在叙述木耳坪聚落形成的过程中我们将借用当地人的叫法，用"毛泽东时代""邓小平时代"和"共产党时代"来描述聚落形成的几个既有联系又有区别的阶段，来理解木耳坪自民主改革至今聚落化的社会文化过程是如何发生和发展的，以进一步帮助我们理解民主改革对彝区目前社会文化乃至地理空间的型塑及影响。

本书第四章曾经提到，整个小凉山地区的民主改革分为两步走，其中北部摩梭土司区的忠实，中部多民族杂居区的八二桥、石佛山，南部靠近汉区的木耳坪是第一批改革的试点地区，承担着引导小凉山民主改革方向和走向的重要任务。木耳坪作为试点乡之一，留下了比较翔实的很珍贵的调查报告，这些报告的统计数字显示，民改时期的木耳坪有彝、西番（普米族）摩梭三个民族，有278户1184人，其中男581人、女603人；从各民族的情况来看，彝族248户1051人，其中男501人、女541人，占全乡人口的90%；西番族10户54人，其中男28人、女17人，占全乡人口的3%；摩梭族18户88人，其中男43人、女45人，占全乡人口的7%。相关的等级情况如下：黑彝12户39人，其中男19人、女20人，占全乡人口的5.8%；百姓129户615人，其中男304人、女311人，占全乡彝族总户口的64%；分居奴64户252人，其中男121人、女131人，占全乡彝族总户口的30%；家内奴隶45户133人。改革中阶级情况如下：奴隶主6户27人，占全乡总户口的2.2%，该6户奴隶主占有家奴48人，占全乡家奴的28%；分居奴30户128人，占全乡分居奴总数的45.5%。家奴安置方面，全乡属于安置的家奴有169人，其中由西川区回来本乡的4人，有家归来的20人，动员替奴隶主当雇工的5人，

---

① 2010年1月20日在木耳坪对彝族老人的访谈。

其余137人组织成45户进行生产劳动。①

从1955年到1961年是木耳坪乡解放奴隶和安置奴隶的时期，如何安置和解决奴隶生产生活问题是所面对的最大问题，而事实上，奴隶安置的问题同样也是上层安置的问题，家奴安置和上层安置其实就是同一问题的两个方面，也是最复杂、最敏感的问题。怎样才能在确保奴隶人身安全的同时保证生产生活的顺利进行，这关系到安置点的选择，也因为此，当时的木耳坪进行过两次大集中，一次是在1955年，所有人都集中安置在米家乡，②当时共有900户，共20个自然村，包括木耳坪、闷水洞、老家河、小岭山、石里箐、小米田、龙洞湾、万沙坪、清水河等村落。③两年以后，也就是1957—1958年，政府集中大量劳动力在木耳坪坝子把垭口挖通，并将坝子里的水疏向另外一个出水口，再经过填补、平整和挖沟疏渠，使得到处是冬瓜林和灌木丛的木耳坪沼泽变为平地和旱地，在靠近山边的地方建起现在的农场村。这次集中，据部分亲历者回忆，当时政府建了许多整齐的木板房，分居奴按家庭入住，单身奴隶则按他们的意愿组合成临时家庭，对那些有残疾和年龄较老或较小的奴隶也进行了恰当的分组。过后，依照劳动力的情况，还将他们分成几个连，如一连是青年女子、二连是青年男子、三连是中年人、四连是老年人，这就形成了集体生活、集体劳动、按工分分配的模式。政府负责将奴隶主手中没收来的生产和生活用具分配给新安置的个体家庭，也购买、发放部分农具和耕牛分配给新安置的奴隶，与此同时，政府也在农场的外围区域建立新村，将贫农以家族为单位安置在最外围，而将奴隶主与富农安置于奴隶和贫农之间，初步形成以家奴村为中心、贫民为外围、奴隶主与

---

① 《木耳坪、汉家厂、战河改革、家奴安置计划总结报告》，1957年，数据出自宁蒗县档案馆，全宗号1，目录号1—4，案卷号34—2，永久。

② 木耳坪农场以西十公里以外的一个小平坝。

③ 《木耳坪、汉家厂、战河改革、家奴安置计划总结报告》，1957年，数据出自宁蒗县档案馆，全宗号1，目录号1—4，案卷号34—2，永久。

第七章 木耳坪农场：土地、聚落与小卖部

富农为过渡的聚落布局。对于这一段经历金古都惹老人这样告诉我们：

> 对于以前在这里发生的事情，都还记得清楚一点。1955年，我们这里大集中过一次。但不是在这个坝子里面，因为当时这里（农场村）还是很深的大水沟，整个坝子全部是烂泥滩，叫冬瓜林，不能住人。所以当时集中的地点在米家乡，就是现在的西布河。为了能很好地安排当时解放出来的百姓和奴隶，就在现在的这个坝子里面挖沟，把水从坝子里面排出去，当时的情况就是大家都是在挖这条沟。在1957年，才把大量被解放出来的百姓和奴隶集中在现在的村子里。当时村里只有150多人，1962年，恢复老屋基时，就开始分散，原来在哪里住的就搬到哪里，当时搬出去了十几户人家，有70多人。安排在农场村时，是上面的人安排的，房屋的建设是以一条大路作为中间线，房子集中在路的两边。五间五间的挨着住，当时睡在路两边的一般是没有成家的和五保户，每间房子睡三至四人，已经成了家的人自己盖房子住，有些人在改革后，就被亲人认回去了。有些找不到亲戚，联系中断的，就在这里住下了。当时有800多人，共同吃大锅饭。有八个人专门做饭，因为当时的万沙坪、河坎子、闷水洞等都是在这里集中。①

从以上的描述可知道，集中居住是木耳坪民主改革最重要的手段和方式。集中涉及所有的阶级、家庭和个人，这就意味着集中点必须容纳得下上千人的生产和生活，所以许多民改前没有被耕种的高山沼泽、平地被开发，木耳坪、沙力坪这样的凉山坝子都是在民主改革以后被开发利用起来的。在木耳坪一带，第一次集中仅仅是人口意义上

---

① 金古都惹访谈录音整理，2012年12月。

的集中，并没有足够的土地让大家耕种，而这从长远的角度来看并不利于生产生活的稳定，于是大家开始开发大面积的沼泽地，同时也将大量的人口集中在农场周围，这实际上是小凉山彝族地区最为有效的人口及生产力的再配置和组合。从某种意义上讲，集中居住和集体生产解放了凉山彝族社会的生产力，过去的生产关系也进行了有效调整，从而开启了凉山彝族社会聚落化的开始，因为，聚落化意味着居住方式的扁平化和政治化并开始远离过去的等级、血缘的支配方式。当然，这实际上也是毛泽东时代人民公社化的产物，而在小凉山彝区，人们将包括后期"文化大革命"在内的各种社会运动都理解为民主改革的延续及其组成部分，因而将民改后的一系列运动和事件都称为"毛泽东时代"，而我们也可以将"毛泽东时代"理解为更为广义的"民主改革"。

（三）轴心化

1962年后开始恢复老屋基，原来居住在什么地方都可以回去居住，不强求居住在农场或者农场的周围，在此号召下，多数家庭搬出农场，农场里实际上也只留下家奴和部分与他们关系比较好的贫下中农。

> 我家现在住马鞍山，1958年集中在上面的马宗林，60年代才搬到马鞍山，当时是政府叫搬回来的，我们也想留在农场住，当时有四十多人留在那里，总共有八九户人，现在可能有150多人。①

搬出农场的还有几户沙家、卢家等，最后，农场村大部分只剩下了当地人所说的不是真正的彝族人，也就是当地人常说的"奴隶"，而农场外围的富农和黑彝已经陆续搬出木耳坪，不在此居住，农场真正成为家奴的安置点了。之后就是集体化的日子，这一时期，农场因

---

① 毛老人，男，普米族，57岁；是木耳坪第七任村委书记。

第七章 木耳坪农场：土地、聚落与小卖部

图 7-8 单家独户（课题组摄）

为占有大量的优质土地而比较丰收，加上国家政策从不间断的支持，农场人无论在政治上还是经济上都占有很大的优势，在木耳坪，只有木耳坪农场的人有机会到永胜赶街，只有他们有机会吃到大米。1980年，人民公社和集体化时代结束，土地分配到户，土地的经营权归农民所有，而在木耳坪由于村公所设在农场，再加上村公所干部多数都是农场人，因此在土地分配时，农场人分得的土地更好，为此不少村民至今还有怨言。

> 对于土地分配是有不公，好坏的分配都不均匀，但也没有办法，因为政策掌握在下面农场干部的手中，说了不公平，他们也不会为我们改变一下，所以只好不说话了。现在，我们和他们是各走各的，各住各的，也不必住在一起。①

---

① 阿克老人，非农场人。

下篇 作为方法的农场

虽然部分人对土地分配有怨言，但包产到户的政策受到欢迎，每家每户开始以极大的热情投入生产，努力过好自己的生活。因为土地的到户给了当地农民极大的自由权，在这种自由管理生产的情况下，彝族人开始重新回归自己的山林，回归半耕半牧的生计方式。他们之间开始走亲戚访家支，非农场人的家支优势可以跨越地区，将他们与很远地方的人联系起来，这使得他们比亲戚更少的农场人更具有文化和组织上的优势。也就是说，农场人因具有土地和政策上的经济优势而让人羡慕，但非农场人因具有血缘和地缘上的文化优势而开始变得自信和强势。

和农场人交往可以，但是我们绝对不可能和奴隶通婚，这是禁律，我的祖祖辈辈都是这样的，包括我这一代人，直到现在，我们就不和他们通婚，如果和他们通婚，内心是有很大的结的。但是我不知道我的下一代会怎样，如果为了生存，我想我是不会去干涉的，因为他们经济好啊，有时候说不定。但是我这代人是绝对不会的。①

邱阿合对与农场人通婚的话题十分严肃，态度也比较傲慢。对血缘和"彝根"的坚守，似乎是非农场人和农场人最大的不同。在我们的访谈中，农场人似乎并不在意和谁结婚，只要能够生活得好，什么民族都无所谓。几乎多数农场人都会有这样的表达，他们在婚姻方面比较开放，不看民族，只要经济条件可以、双方愿意就接受，因此农场大部分男女青年的婚恋对象既有本地的农场人，也有外面的汉族人，甚至还有广西、贵州等地的少数民族。所以，非农场人的社会（文化）资本和农场人的经济（货币）资本似乎都是各自自我认同的基础，在此意义上，这种文化导向和市场导向的价值取向似乎已成为

---

① 邱阿合访谈资料整理，男，非农场，2012年11月。

第七章　木耳坪农场：土地、聚落与小卖部

他们区别彼此的标记。农场村里一位快 60 岁的退休教师就这样评价非农场人：

> 我的父亲是从四川绑过来的，母亲是永胜的汉族人，他们结婚是主子的安排。我的父亲有两个老婆，因为主子和另一家主子关系不好，就和前一个离婚了，有一个孩子。我是后面的妈生的，我的主子家姓邱，我有兄弟姐妹六个，现在都已经成家了。我自己当过木耳坪完小的老师，后在 1978—1980 年做文书，1987 又回到教书的行列。在农场村，我们是汉族，但由于风俗习惯是彝族的，所以我们也是彝族。我们和外面的彝族不一样，他们很落后，思想很保守，不像汉族进步，所以我们和永胜那边关系很好，而和宁蒗不打交道。和农场外围也少有往来，除非是一些比如像老人去世、结婚的重要场合会去送礼外，平时不相干。但我们和普米族来往较多，关系也很好，他们既会做生意又不会看不起人。①

这种经济理性和道德理性的价值差异显然并不是毛泽东时代的产物，农场人恰恰就是因为经济上的原因而沦为奴隶，而部分非农场人也因为经济上的原因而受到打压。毛泽东时代的民主改革就是要消灭这些差别，实现人人平等；到了邓小平时代，包产到户使得大家打破平均主义的限制，家庭的生产愿望和能力被激活，比起上一阶段的平均主义，多数农场人因政治上的优势而获得土地上的经济优势，成为真正意义上有尊严的人。同时，非农场人的道德理性也开始被激活，因此我们看到了上文中农场人与非农场人对彼此的评价和想象，也许，这种从经济理性到道德理性的双重追求估计就是邓小平时代区别于毛泽东时代的小凉山实践。

---

① 个案六调查对象：罗德正，男，56，农场人，教师。

下篇　作为方法的农场

　　更有意思的是，自恢复老屋基后，木耳坪农场外围的山坡开始出现以小家庭为主、家族连成一串的聚落方式，这些小家庭围成院子，形成了一家就是一姓，一家一山坡的居住格局。于是农场四周的山腰全部居住着非农场人，由于村公所（村委会）、小学、商店都在农场，所以周边山上的非农场人几乎每一天都要到农场去购买自己的生活用品，或者去农场办各种各样的事情，而农场不仅成为这些非农场村日常生活的中心同时也成为他们联系外部世界的中转站，国家所有的政策无一例外都是先从农场开始宣传、执行的，然后慢慢影响或惠及周边的非农场村和非农场人。在此意义上，农场村似乎又成了"让政策看得见"的地方，而这种对政策红利的期望和评价似乎成为村民对"轴心化"集体权力的想象与服从。

　　木耳坪农场是宁蒗新农村建设的试点单位之一，在农场村，家家户户都通了电，用上了自来水。自2008年始，农场村户与户之间就实现了道路硬化，家家户户都铺上了水泥路，仅木耳坪农场就有30多家小卖部，每天都有人从永胜进许多商品到木耳坪销售，周边山上的非农场人都来木耳坪购买商品，因此木耳坪既成为商品的集散地，也成为信息交换地。房子更新的速度也比较快，瓦板房慢慢消失，取而代之的是平房或者洋房。而在农场外围，变化似乎并不太大，人们似乎并没有享受到实在的政策红利，按照村民的说法，上面来的好处似乎全部被农场"吃"掉了，我们曾经就这些问题访问过村委会主任。

　　问：罗主任，您好。您这个坝子里都修了水泥路，比上面几个组的要方便多了，什么时候打算把外围这些居民的路修好，大概能修不？你们的新农村建设和其他地方的新农村建设有哪些不同？

　　罗主任（笑）：这个呢，是这样的，因为下面（农场）呢是比较集中，居住在坝子，路好修，不花费多少钱。上面几个组嘛，就要看他们的意愿和怎么规划了，还看国家有多大的支持了，时间就不好说，至于区别嘛，我们有我们自己的。

问：农场是不是特殊一点？

罗主任：思想意识好一些吧，我们呢跟着时代和共产党走！

我们之所以问这些问题是因为道路硬化影响到了非农场村民开始往道路两边搬迁。这条硬化的水泥路在村内全长 700 米，所有的小卖部、乡村卫生室和小吃店等都在这条路的两边，而这条路连接着自元宝村以上的所有其他非农场村，道路硬化后，大家看到了路两边沙地（荒地）的交通和商业价值，开始有部分村民在沙地上修房子盖小卖部。但这些沙地旁边就是一条小河，雨季会涨水，这些房子就比较危险，河道的治理、疏通和道路硬化在村民看来就是新农村建设的当然内容，因此他们也希望得到更多的实惠而不是仅仅由农场人来享受，因为罗主任是农场村里的人，村民们似乎也认为他偏向于农场人。

农场村的路建设好后，影响了一些外围的彝族人，再加上这条路是进入其他几个村的必经之路，村民也意识到这条路可能带来的利益，有些就开始往山下搬迁，盖房子就靠近路边、靠近农场。这就意味着农场村与非农场村在空间上的区隔似乎慢慢在弱化，城镇化的推进和新农村建设项目在彝族地区的推行似乎有可能将自民主改革以来形成的村落布局进一步重组或分解。如果说，毛泽东时代的集中是一种追求平等的同心圆实践，那邓小平时代似乎是在各得其所的同时保持彼此间的差别，而从新农村建设引起的聚落变化来看，共产党时代的聚落呈现出某种黏合与分化的模糊，也就是说彝族人的房屋布局或者特点呈现多样化风格的同时，农场村与非农场村似乎也尝试着互相靠近与承认。

中国共产党很好，让我们的生活越来越好，我们原来都是饿着肚子，穿不好，想吃点肉都是奢望，但现在是每顿都可以吃了。现在生活好了，农民耕种土地也不需要怎么教，都会积极地去种了。这个科技真好，所以希望孩子要懂科学，没有文化知识是行不通的。现在我的孩子有三个上大学的，教育这一块，我们是非常支持，只要孩子能读，我没有吃的也要省下来给他们读书。新农村建设来了，大家都往路边搬，就是因为娃娃读书方便啊。我们农场差不多都是在读书，上面非农场村虽然打工的比我们多，但也在读书，只有把书读好，才能让共产党看得起我们。

这是一位老奶奶告诉我们的，读书似乎是一条比修水泥路更为重要的康庄大道，这种知识上的进步不仅与温饱有关，似乎还跟尊严联系在一起。而以新农村建设为代表的农村就地城镇化，似乎拉开了农场村与非农场村之间对政策资源的理解与争夺，互相靠近的个人行为受到鼓舞，这是否意味着"农场轴心化"的聚落方式受到了挑战？

四　小卖部与市场代理人

木耳坪的小卖部都集中在农场村，原因是农场既是木耳坪的政治、文化中心，也是这一段的交通枢纽和经济中心，"轴心化"的农场村不仅体现在聚落特征和国家政策的倾斜上，也反映在农场村对周边非农场村的经济优势上，而这些经济优势就是通过一般的商品贸易来体现的。木耳坪农场集中了整个木耳坪乡所有的小卖部，他们既经营批发，也经营零售，他们对外界的市场反应十分敏捷，并直接与永胜、丽江、大理的市场联通。由于木耳坪位于宁蒗的南部，他们距永胜县城只有二十来公里，对市场的反应比宁蒗县城更为快捷，因此作为轴心的农场所分布着的小卖部实际上就是让"市场"看得见、摸得着的地理单元，而农场人主导的商品交易也可以理解为市场经济在彝族社会的"代理"及其后果，而农场人似乎就是这个巨大市场在彝区的"代理人"。下面，我们将以木耳坪的小卖部为切入点，对小卖部的运行、村民与小卖部之间的互动展开调查，通过村寨中最基本的商业活动来理解当地的文化与整个商业活动之间是如何相互作用和联系的。

（一）农场村的小卖部

到2011年，木耳坪农场一共有36家小卖部，其中农场人经营的小卖部就有30家。我们所说的小卖部其实是指所有的经营型小商店或者实体，包括磨坊、修理店、小吃店等，因为在木耳坪这些实体一般都是小卖部，比如一家人既可以经营小吃也可以经营小卖部，所以我们将这些小实体统称为小卖部。农场人经营的小卖部占有绝对的优势，其中有4家磨坊，1家私人诊所（同时设有对外的洗澡间），3家彝族服装专卖店，1家卖彝族服装同时也卖凉粉，1家电焊修理，2家卖农资产品同时还卖杂货，3家专门卖凉粉和米线的小吃店，1家同时经营小卖部、小吃店和小药店，1家兼营小吃和小卖部，其余14家主要都是小卖部，占据了所有商店数的83%以上。[①]

小卖部经营的货物多种多样，包括食品（米、酒、糖、茶、盐、零食、干米线、面条、食用油、桔子、梨、甘蔗、麻花、白菜、番茄、葱、洋芋、辣椒、鸡蛋、生姜、凉拌菜等）、生活用品（水桶、水壶、锅、簸箕、水瓢、洗发水、围巾、袜子、胶鞋、皮鞋、雨鞋、衣服、裤子、洗衣粉、洗涤剂、手电筒、油漆、绳子、锅、板凳、锅盖、盆、蒸锅、雨伞等），此外还有猪饲料、烟等物品，啤酒储存量很大，每家小卖部现存的啤酒都不少于20件，多的有200件以上的存货。[②]

整个村子只有一家修理铺，可以处理村里的汽车出现的小故障，但是大的问题还是无法解决；彝族服装店专门经营的是传统的彝族服

---

① 调查小组成员入户收集的数据，2011年12月。
② 同上。

装，主要服务于中老年彝族妇女；小吃店以经营米线、凉粉为主。比起小卖部，这些店可以算是"专卖店"，而且数量也较少。供需关系是经济活动中一种重要的关系，供需平衡才有利于整个社会的发展，修理铺只有一家，服装店和小吃店数量也不是很多，他们所提供的服务面对的只是部分村民，并非全部村民。但是小卖部就不一样，它的顾客是全部村民。小孩的零食，男性的烟酒，老年人的糖果，家庭所需的米、菜等都来源于小卖部，每个村民与小卖部都有一种无法割舍的联系。

木耳坪村小卖部的发展可以分为三个时期：第一个时期是1990—2000年，这是小卖部的起步阶段，这期间，整个村子只有3—4家小卖部；第二阶段是2000—2011年，这期间，小卖部不断增加，新出现的小卖部有23家，这是一个高潮期，这其中很大一部分是经济利益的驱使；从2011年以后，新开的小卖部只有1家，并有超市化的倾向。在调查过程中，很多店主抱怨现在村里的小卖部太多，竞争太大，生意不好做。现在小卖部在木耳坪村基本达到饱和状态，已经能满足村民的需求。在未来几年内，小卖部的规模估计不会有很大变化。

（二）代理人

代理人作为一种中介人，将外部市场与内部村民很好地连接起来，在此我们借用"代理人"来指小卖部的主人。从永胜县城的批发商那里开始计算，货物要经过三四个流通环节，最终才能到达村民手中。第一类是商店主人从永胜县城进货，将货物集中到木耳坪的商店，之后村民再前来购买（永胜—木耳坪的商店—村民）；第二种情况是在第一类的基础上产生，即小规模的小卖部从木耳坪村的大商店批发货物，然后再销售（永胜—木耳坪较大的商店—小商店—村民）；第三类商店从战河进货然后在木耳坪销售（战河—木耳坪商店—村民）。小卖部老板在进货的时候是有选择性的，小卖部所销售的货物，

第七章 木耳坪农场：土地、聚落与小卖部

都是与当地人的需求紧密相连的，这中间需要经营者在进货的时候就进行筛选，然后再把从不同批发商那里拿的货物重新组合在一起进行销售。整个商品流通的过程中，小卖部是货物交换的场所，小卖部主人起着中间代理人的作用，一方面这些店主与木耳坪之外的人进行货物交换，在木耳坪村内与村民进行交换；另一方面，他们是外界信息的传播者，经过他们的筛选之后，他们会将一些新的商品带进村子。作为中间代理人，小卖部主人将外部世界与木耳坪村民很好地连接起来。

在农场村的30家小卖部中，有19家是农场人经营的，1家是永胜汉族经营，其余的10家是非农场人经营，农场人经营的小卖部占据了多数。整个木耳坪村共有826户3786人，其中农场人有140户共711人，其余的都是非农场人。在人数上非农场人远远多于农场人，但是非农场人经营小卖部的数量却占了全部小卖部的2/3。在调查过程中，我们也发现现在农场人与非农场人相处很融洽，相互买卖物品，共同参与一些仪式，但是由于农场人"汉根彝人"的身份，非农场人不与农场人开亲。"血缘所决定的社会地位不容个人选择。世界上最用不上意志，同时在生活中又是影响最大的决定，就是谁是你的父母。谁当你的父母，在你说，完全是机会，且是你存在之前的既存事实。"[①] 农场人与非农场人在观念里对彼此都有一些"偏见"，非农场人认为农场人"不是真正的彝族"，农场人则认为非农场人经济落后，素质较低。可以说，农场人和非农场人在经济地位与血缘上各占优势。

酒是当地小卖部的主要商品，且销量非常巨大。村里规模最小的商店一个月平均下来可以卖200斤散装白酒，一年就销售2400斤白酒，村里最大的商店一年下来可以卖出去3万多斤散装白酒，这其中还不包括啤酒和瓶装白酒。这么多的酒都是谁消费的呢，在访问过程

---

① 费孝通：《乡土中国》，北京出版社2004年版，第101页。

中，一位农场人店主有意无意表现出这样一种观点：饮酒的主要都是马综林、元保等村的村民（非农场人），这些人素质没有我们高，喝了酒容易乱，而我们这边的人（农场人）很少喝酒，即使喝也不会喝很多。这其中一个很有趣的问题是农场人经营的这些小卖部主要顾客是非农场人（农场村的村民去永胜买东西的比较多），换一种方式说，农场人经营的小卖部的利润主要来源于非农场人，但是同时他们又对这些非农场人带有一些"偏见"。所以笔者认为小卖部的出现事实上也是农场人与非农场人之间一种看不见的"关系"，除了经济上的联系外，还包含有身份认同的竞争。从农场人一开始经营小卖部的动机来看，主要还是经济利益驱使，但是在经营小卖部的过程中，不知不觉产生了一种经济优势，无形中开始弥补自己在血缘上的"不利"地位。

小卖部作为经济的一部分，对当地居民的生活起了非常重要的作用，村民的生活离不开这些生活必需品，也就离不开这些小卖部。这样一来，农场人经营的小卖部就掌握了这个资源，掌握着木耳坪村很多人的生活与生产资料的价格与供应，也就是说，小卖部可以看作农场人提高自己身份认同的一种手段，农场人通过这种方式在经济地位上超越非农场人。对于本身是农场人的小卖部主人来说，他们不仅仅是以商品代理人的身份存在，而且还代表了农场人身份的诉求，通过自己在经济方面的优势来提高自身的认同。虽然在整个农场村中，经营小卖部的人只占少数，但这少数人代表的似乎就是绝大多数人的意愿。

（三）理性经济人？

在现代商业活动中，利益最大化依然是商家最主要的目的。在当地，一件（12瓶装）啤酒出售后利润在1—2元，这利润是比较低的，但是在店主看来，酒的销量很大，就当是批发给村民，尽量满足村民对这些东西的需求。在木耳坪的商店，一瓶泸沟湖白酒售价7

第七章 木耳坪农场：土地、聚落与小卖部

元，买两瓶的话是13元，也就是6.5元一瓶；而在宁蒗县城的商店，不管你买几瓶，都是7元一瓶，有的商店甚至卖到8元一瓶。宁蒗县城是泸沽湖白酒的出产地，木耳坪商店里卖的泸沽湖酒都是从宁蒗县城运来的，这其中还有运费，在进货价格一样的情况下，木耳坪的酒却卖得比县城还便宜。当地的小卖部不像城市里的超市那样有固定的营业时间，小卖部一般是中午11点以后开门营业，到下午5点的时候关门，晚上很少有小卖部营业。在这段营业时间中，有的中午还要回家吃饭，这样每天的营业时间不到6小时，营业时间有很大的变动性和随意性。这样的营业模式可能在很多人看来是不理性的，是当地的生活习惯造就了当地小卖部的营业风格。

由于各种原因，当地的这些小卖部卖出东西后，有些村民并不是立马付钱，赊账在这个村子普遍存在。每个商店或多或少都有赊账的情况，少的商店赊出去几百块钱的货物，多的赊出去一两万块的货物。尤其是在四五月份，农资产品销售的旺季，前来赊账的村民比平时要多一些。农科员家赊出去的账有一万多块，但他说村民只要一有钱，就会马上来结账，最迟的也会在十月份收成之后把赊的账还清，没有人会赖账。彝族的赊账并不是商品经济出现之后才有，只是小卖部出现之后，赊账的场所集中于小卖部。随着与外界联系的加强，彝族社会的经济活动也不再只局限于村寨，但由于交通等方面的限制，绝大多数村民的活动依然是局限在木耳坪村这个范围。在木耳坪，几乎家家都饲养猪、羊、牛、鸡，饲养这些动物主要用于招待客人和举行仪式，余下的就是自家食用，很少有人把这些家禽和家畜拿到市场去销售，自给自足的经济方式仍然占据了非常重要的位置。

我们可以看到，不管是小卖部的主人还是当地的村民，都不是名副其实的"理性经济人"，商店主人的经营方式、当地村民的消费习惯，一同造就了当地独具特色的小卖部经济。在中国，小卖部这种私人经营模式出现不过是20世纪80年代以来的事情，木耳坪村的小卖

部的发展有 20 多年的历史，比起一些经济发达地区要落后几年的时间，但对于木耳坪来说，在市场经济越来越强调专门化的时候，木耳坪村的小卖部却朝着综合化方向发展；当所有的商家都在强调一手交钱一手交货的时候，木耳坪的赊账文化依然还在继续。

第八章　烂泥箐农场：档案、史实或方法？*

宁蒗彝族自治县在奴隶的安置问题上，创造性地通过建设"农场"的方式，将奴隶安置与人民公社结合起来，通过有效安置奴隶的生产生活而保障了民主改革的成果。随着时间的推移，"农场"慢慢从安置点形成村落，而它们与其他非农场村之间也生成了一些新的社会关系。比如，一般情况下，农场村与非农场村之间的通婚并不受鼓励，而多数的农场村则与其他的农场村保持着普遍的婚姻联系。①"农场"研究不仅涉及与奴隶来源有关的民族关系问题，还涉及理解凉山奴隶制如何形成的史学问题，更为重要的是，奴隶解放及其安置措施还涉及怎样理解现今小凉山彝族社会的村落构成问题。对于一项人类学研究来说，农场建设初期的个案显得更为吸引人，但以什么方式进入当时的历史情景是个十分棘手的问题。当笔者为此一筹莫展时，却在宁蒗县档案馆查到一份叫《烂泥箐农场史》的档案，该档案整理于1959年，其中收录了几份关于烂泥箐农场的实名访谈，蕴含着许多农场建设初期的重要信息。自2009年始，笔者按照该档案

---

* 本章的部分成果以《档案、史实抑或是方法——宁蒗县民主改革档案〈烂泥箐农场史〉的人类学回访》为题目，发表在《思想战线》2016年第5期上。

① 嘉日姆几：《云南小凉山彝区民主改革时期家奴安置措施及其影响》，《思想战线》2010年第4期。

提供的线索展开了关于烂泥箐农场的人类学研究，此方法意外地将档案、历史、文学、村落、个人、民族、革命等许多主题连接起来而超越了档案是否真实的一般性问题。笔者最初的想法其实很简单，就是想通过对档案中的报道人、亲历者或者整理者的访谈来了解农场建设初期的情况，随着研究的推进，笔者越来越觉得档案与田野相结合似乎可以升格为研究中国少数民族当代史比较有效的方法之一。

人类学的回访或者再研究有多种形式，如自我回访、他人回访、问题回访和跨界回访等。费孝通先生对江村的多次考察属于自我回访，戴瑙玛、潘守勇等对杨懋春研究过的抬头村的回访可以视为他人回访，问题回访可以理解为对先行者所讨论的问题之缺陷进行再认识或者探讨，而拉迪里对巴尔扎克《乡村医生》的再研究可以理解为跨界回访，即历史学对文学作品的回访。① 尽管回访或者再研究已经成为人类学重要的研究方法之一，但针对某份档案的回访在人类学或者档案学的相关研究中并不多见。对档案的回访与人类学一般意义上的回访和再研究有什么样的异同？该方法对历史人类学特别是对当代中国少数民族史的研究有何意义？本章将在呈现《烂泥箐农场史》回访过程的基础上对以上相关问题展开讨论。

一　"黄金"档案

（一）《烂泥箐农场史》

2008 年，探矿热席卷整个小凉山，不少人通过转让手中的探矿权而一夜暴富，大大小小的本地老板和外地老板充满了宁蒗大街。恰好就是这一年的秋天，笔者也开始了小凉山的农场研究。宁蒗县档案馆存档的资料始于 1951 年，1951—1955 年的档案只有少量的几份，

---

① 庄孔韶：《回访的非人类学视角和人类学传统》，《西南民族大学学报》2004 年第 1 期。

第八章 烂泥箐农场：档案、史实或方法？

到了 1956 年，档案开始增多，有关民主改革的报表、情况汇报、村落情况、阶级构成，应有尽有。《烂泥箐农场史》安静地躺在这些资料中，这是一份泛黄而封皮精美的打印稿，当从档案目录看到这个题目时，笔者知道这就是我所要寻找的"金矿"。

> 今年五月，党委要我们写一部农场史，作为祖国国庆十周年的献礼。我们接到这个任务的时候心里很高兴，因为如果能把过去小凉山奴隶制度水深火热的奴隶血泪史和他们如何在英明伟大的党和毛主席的领导下，英勇顽强地站起来，打碎奴隶枷锁，获得解放，以及他们接着又在党和毛主席的指引下，在总路线的光辉照耀下，一日千里地向共产主义社会飞跃前进的史实记录下来的话，那将是进行共产主义教育的好教材。①

《烂泥箐农场史》编写组在后记里说明，该农场史是中华人民共和国国庆十周年的宁蒗献礼，目的在于真实记录奴隶在共产党、毛主席的领导下"一日千里地向社会主义社会飞跃前进的史实"，这同时也是共产主义教育的教材。该农场史在 1959 年编写，编写组由江培元、闵光汉、吴志钦等四人组成。

> 任务是非常艰巨而光荣的。时间紧迫，刻不容缓，我们组织了一行四人到达了小凉山的烂泥箐，在十多天的访问中，我们受到很大的教育。②

江培元、闵光汉、吴志钦同为小凉山当时赫赫有名的知识分子，其中江培元还是宁蒗第一中学的第一任校长，至今依然健在。《烂泥箐农

---

① 江培元、闵光汉、吴志钦等：《烂泥箐农场史》，中共宁蒗县档案馆 1959 年，后记第 43 页。
② 同上。

下篇　作为方法的农场

场史》全由此四人小组历时十多天的记录、编写和整理而成，全文约3.2万字。编写过程中，编写组对奴隶的遭遇和改变感慨万千：

> 一个个奴隶在奴隶社会的悲惨遭遇，给我们看到了一个残酷的、黑暗、反动、残暴的吃人的社会，有了共产党，牛马不如的奴隶才从吃人的万丈深渊中解放出来，现在，他们正在先进民族的帮助下，向着党所指引的方向气势澎湃、挺胸阔步、日跃千里地奋勇前进！①

编写组想将他们所看到事实写出来，告诉没有到过凉山的朋友，史诗般的奴隶解放如何发生，他们以崇高的政治觉悟、认识和热情完成了一份价值无法估量的资料，并对这份资料的用途充满了期望：

> 这些雄伟的史诗，使我们非常激动，我们想把它全部告诉给没有到过凉山的读者，但是当我们一提笔，却感到很大的距离，这支笨笔表达不出我们的思想感情和史诗的雄伟澎湃，更主要的是我们政治思想水平和阶级觉悟低，生活的深入不够，没有写作能力。不过，不管它好好坏坏，还是把它写成，且当一个资料，希望读到资料的同志，帮助我们把它写成文章，用它来教育读者。这是我们的衷心希望。②

《烂泥箐农场史》完成后，不知有多少人读过这份资料，也不知这份资料给这些读者带来什么样的影响，但是，正如编者们的期望，的的确确有人将这份资料当作了"黄金"，只不过时间已经过去了50多年。《烂泥箐农场史》由序言、第一编、第二编、第三编

---

① 江培元、闵光汉、吴志钦等：《烂泥箐农场史》，中共宁蒗县档案馆1959年，后记第43页。
② 同上书，后记。

第八章 烂泥箐农场：档案、史实或方法？

和后记五个部分组成。序言是一篇由时任中共宁蒗彝族自治县县委会第一书记普贵忠署名的题为"解放后向社会主义过渡的一种好形式"的文章；第一编题为"血泪写成奴隶史"，由"我的一家""谁愿意做奴隶主分养的牛马""受苦人掌握了枪杆子""毛主席比我们的爹妈还要亲""幸福的日子渐渐来"六篇口述资料组成；第二编题为"安家立业办农场"，由"安家立业办农场""结婚""我们的当家人""算细账""水流过了家门前""贸易公司门前""农场小麦丰收在望""人人炼钢 钢炼人人"八篇纪实散文组成；第三编题为"步步登高办公社"，内容只有一篇"共产党硬是要把我们扶上天"的纪实文章；最后是由编写组集体完成的后记。笔者对以上几个部分在整篇资料所占的字数和比例做了简单统计，很直观看出第一编"血泪写成奴隶史"和第二编"安家立业办农场"是整个《烂泥箐农场史》的重点，前者占到总字数的37.5%，后者占到40%（见表8-1）。

表8-1　　　　　　　《烂泥箐农场史》的篇章字数比

《烂泥箐农场史》	序言	第一篇	第二篇	第三篇	后记
字数（个）	32209	2973	12069	12922	3620	625
比例（%）	100	9.2	37.5	40.1	11.2	1.9

奴隶的家史和农场生活的情况成为该材料的重点，当笔者阅读这些材料时候发现，材料基本上通过口述和整理的方式完成，所访谈的人有甲巴阿各、沙马都热、马海头诺、阿必阿各、几几、甲巴補哈、沙马乌义、巴嘎热等。1959年的烂泥箐农场已经是大拉坝公社的烂泥箐大队，沙马乌义是党支部书记、巴嘎热是大队长，因此该材料中由此二人口述的材料比较多。看完材料后，笔者当时就断定这些人用的肯定是真名，于是就萌发了寻找这些当事人的想法。

下篇　作为方法的农场

（二）造访烂泥箐

2009年5月底，笔者开始了寻访《烂泥箐农场史》中上述口述者的工作。在没有到达烂泥箐农场之前，《烂泥箐农场史》描述的关于烂泥箐的景象一直萦绕在笔者的脑际中：

> 烂泥箐是一块四周有山的小平地，说是平地，并不是说它是在坝子里，它却是在凉山上的平地，四周的连山却是重叠山峰，雄伟、高俊。青冈从石岩缝里长出来，矮小、多叶，青苍苍的和蓝天映照，非常美丽。入口处狭沟有一个突出的石嘴作了烂泥箐的屏障，屏障背后是农场新开的三百亩麦地，五月里麦浪起伏，果实累累，丰收在望。新修的马车路像条带子似的穿过麦地，向山边的村庄延展，纵贯烂泥箐。①

烂泥箐农场就在烂泥箐乡政府驻地周围，其景观与50年前《烂泥箐农场史》所描述的几乎没什么差别。准确的说，烂泥箐农场所在的烂泥箐坝子是一个平缓的小峡谷，东高西底、北缓南陡，烂泥箐河自东向西流过坝子，南边是宁蒗县中部最高的高原坝子牦牛坪，东北部直接与四川凉山州盐源县的辣子沟接壤，既是四川、云南的边界，也是大小凉山的边界。巧合的是，笔者也是5月造访烂泥箐，苦荞刚刚从地里长出来青苗，周围的各种树开始长出泛黄色的叶子，地里劳动的人稀稀疏疏，多数都是老人和小孩。

> 膘壮的公牛拖着车子，迈着稳重的步子，公牛的毛色火红，亮得像紫缎子。小伙子扬着鞭子，坐在车上，嘴里轻快地哼着彝

---

① 江培元、闵光汉、吴志钦等：《烂泥箐农场史》，中共宁蒗县档案馆1959年，第21页。

族调子。农场新开的水沟平行马路,静静流着。防洪沟斜插车路,马车路用桥让过了防洪沟。山坡上放牧着农场成群的牛羊。这一切都是新的建设,新的景象。①

与50年前热火朝天的烂泥箐农场相比,现在的烂泥箐有些萧条,山坡上没有牛羊,坝子周边靠近乡政府的土地上只有密密麻麻的民房,这些民房的档次也不一样,有些是围着围墙有着大门的砖房,多数是小凉山常见的木楞房,也有部分土墙房。有些房子虽然还在,但房门紧锁,院落里已经长出杂草,显然已经有一段时间没人居住和照顾了。尽管笔者此次访问烂泥箐农场的目的是追寻《烂泥箐农场史》里的当事人,但在更为广泛的层面来说,所有居住在烂泥箐农场里的人都是当事人。资料中说明,烂泥箐农场于1958年初建设,当时入场的人员由以家奴为主的91户彝族人构成,其中包括家奴41户165人,分居奴36户189人,穷百姓9户50人,自由民5户21人(见表8-2)。②

表8-2　　　　　　烂泥箐农场建设时各阶层情况

	家奴	分居奴	穷百姓	自由民	合计
户数(比例%)	41(45)	36(40)	9(10)	5(5)	91
人数(比例%)	165(39)	189(44)	50(12)	21(5)	425

家奴和分居奴构成的奴隶共354人占到烂泥箐农场的83%,这就意味着现今居住在农场里的人主要还是这些人及他们的后裔,所有的人几乎都是笔者的访谈对象。但是,有一个关键的问题摆在笔者的面前:在云南小凉山,直接询问别人的奴隶身份是比较忌讳的,也就是

---

① 江培元、闵光汉、吴志钦等:《烂泥箐农场史》,中共宁蒗县档案馆1959年,第21页。
② 同上书,第21页。

下篇　作为方法的农场

说，无论你的出身是诺（黑彝）、曲诺（白彝）还是其他，都不能直接询问对方的出身，更不能因为别人的出身而耻笑和羞辱别人，这就意味着笔者在了解农场的情况时必须谨慎和适度。考虑到这些因素，笔者经人介绍住到了一家在街上开小旅社的马海老人家，由于我爱人出自这个家族，也由于这位老人与我都同样出身曲诺，与这位老人的交流更为方便和坦诚，笔者因此而获得了大量有价值的信息。

据马海老人讲，甲巴阿各、沙马都热、马海头诺、阿必阿各、儿儿、甲巴補哈、沙马乌义等都已经过世，巴嘎热的情况不太清楚，但乡上还住着一位曾经当过烂泥箐社长的沙玛老人，他可能更了解情况，让我找时间找他了解情况。这位沙玛老人来自沙玛石一家族，与我奶奶同属一家，算是远亲。由于笔者的父亲曾经在烂泥箐一带工作过，与沙玛老人算是故交，访问沙玛老人家得到很好的款待，老人身体健康，也有子女参加工作，家境比较殷实，特宰杀一头小猪招待了我。据老人说，烂泥箐在1958年以前不叫"农场"而叫解放村：

> 1956年解放，从烂泥箐、树扎等周边解放的（奴隶）都集中到烂泥箐来了。新建了一些房子让他们住着，以后有些被自己的父母接走，有些被亲戚接走，只有那些没有地方可去的才安家在这里，能有去处的全部走了，被自己的父母、兄弟、亲戚找走。①

《烂泥箐农场史》也提到该农场在1958年之前叫解放村的事，1950年宁蒗解放以后许多无家可归的家奴都陆续来到解放村，由民族工作队负责安顿和保护。1956年民主改革后，所有的家奴、奴隶全部解放，都离开了原来的主人或者奴隶主，由这些人组成的临时村落就是解放村，它们多数是农场的前身。沙玛老人对这一段时间的集

---

① 沙玛尼惹访谈录音整理，2009年5月27日。

第八章 烂泥箐农场：档案、史实或方法？

体和食堂记忆特别深刻：

> 1950年工作队已经到这里了，1959年人民公社下放，我们集体吃饭，到哪里吃到哪里，也不花钱，说是全民所有制。刚刚开始吃饭什么也不要，后来就开始用饭票，用饭票来报账，直到食堂下放。后来食堂下放以后，自己开始做饭，食堂一个月才做一次饭，这样好像过了半年，后来就开始评工分，根据工分来打饭。1959年的上半年是一个月分一次粮食，下半年出新粮食以后先直接分给个人，并在后来粮食分配中除掉。吃食堂经历过这么一些阶段。工分分配一直延续到1973年生产方针改革以后才取消，原先是集体劳动、集体分配，粮食也这么分配，钱也这么分配，这就是人民公社食堂的经历。①

沙玛老人说，农场是因为解放出来无家可归的人住在里面而叫农场的，而同一时期的其他人则由四五户人家构成一个叫互助组的劳动单位，后来搞合作社时才将人集中起来。

> 农场是因为将（奴隶）改革居住在这里才称为农场，并不是国家的（国营）农场，改革（奴隶）以后集中，大二地改的、树扎改的，周边四面八方的都改过来了。主要是那些锅庄娃子，也没有家庭，有些有自己家庭的，都会留在原地，只有那些无处可去的人才集中到农场。那些有自己家室的人就留在原来的地方，但这些村子后来也马上集中了，刚刚开始叫互助组，四五户人家一个组，自己劳动，后来不久就又集中在一起搞合作社。比如，这一大片搞成一个合作社，这里一个合作社，那里一个合作社，近的一个合作社，互助组之后就是合作社了。农场就是相对

---

① 沙玛尼惹访谈录音整理，2009年5月27日。

下篇　作为方法的农场

于互助组来说的，指的是那些没有自己家庭、没有去处的奴隶一起居住、劳动的地方。①

烂泥箐农场的房屋全部新建，是土木结构，共上下两排，几十个小房间连在一起，中间留出空地，沙玛老人在自己的屋子里指着后面的山坡说：

上面不是有一个斜坡吗？斜坡上住着一些人，上面有一条水沟，水沟的上面修一排房子直到边边上，下面也修一排土墙房，小间小间的，有我现在住的这么大，上下各整齐的两排一直盖到边边。刚刚开始时男的住一间，女的住一间，后来只要彼此喜欢、有好感的可以住一间，彼此喜欢的男女可以组成一个家庭，彼此没有好感的住在不同的房间里。饭刚刚开始是国家给的，一人一天一碗饭，相当于国家干部一样国家供应。②

这个时候，农场的土地还没有调整，这些人就完全靠国家救济，由于没有通公路，所有的粮食都从县城通过马帮运到烂泥箐。农场建立起来后，国家对牲畜、土地也进行了调配：

牲畜包括牛、羊、马，是将地主、奴隶主、富农和土匪的没收后交给农场管理，土地是根据目测来分配的，哪些是农场的、哪些是合作社的都根据目测来分配，上面靠近烂泥箐合作社的是这么分配，下面靠近红光的也是这么分配的。农场安置在哪里，周围的土地就分配给他们。烂泥箐坝子的土地分为三部分，一部分是烂泥箐的，一部分是农场的，一部分是红光的。也不是（农

---

① 沙玛尼惹访谈录音整理，2009 年 5 月。
② 同上。

第八章 烂泥箐农场：档案、史实或方法？

场）自己出钱买的，也不是国家出资来买的，牲畜是没收的，土地是分配的。①

有了土地以后就是生产的问题，而生产就需要有人组织，这些组织者多数都是《烂泥箐农场史》中出现过的人物，沙玛老人记得其中部分人的情况。

> 刚刚开始是一些国家干部作为工作队住在这里。有个叫巴嘎热的在过这里，有个叫阿比阿牛的专题在这里，这个阿比阿牛好像去世了，巴嘎热还活着。专门有一个工作队负责农场的事。最早是阿比阿牛，马海阿支是保管员，后来是社长，安排粮食的分配，后来农场变合作社以后就当社长了。马海阿支当了许多年的社长了，是一个很厉害的人，现在她的儿子还在县里面工作。农场是一个单独合作社，后来农场分成了上下农场，1956年是一起的，1957年底就分开了，1958年建设农场以后又集中了，中沟的、山外的老荒山的也来这里，后来恢复老屋基之后这些老荒山的人才回到自己的老屋基。②

笔者就《烂泥箐农场史》里口述者的情况向沙玛老人核实后，发现只有巴嘎热还活着，其他人都已经过世，并且老人也不知道这些人的后裔的基本情况。在这些人中，马海阿支是一个十分重要的人物，因为在材料中巴嘎热就有关于她的一个专门介绍，此人可能是当时作为先进重点表扬或者宣传的人物，而她的儿子又在县城工作，因此他们肯定熟悉巴嘎热的情况，于是关于马海阿支后人的访谈将是下一步目标。

---

① 沙玛尼惹访谈录音整理，2009年5月。
② 同上。

下篇 作为方法的农场

在当天的访谈中，沙玛老人不仅介绍了农场的过去，也对农场的发展情况作了一个粗线条描述，而这些描述似乎解释了笔者看到村里部分房屋紧闭而稍显萧条的原因：

> 农场里的人，刚刚是非常多的，那些被人捆绑、掠来的人很多，刚开始只是四五个单身的人居住在一起，后来自由结婚的人就单独居住一间，后来一部分被亲戚找去，留下的那部分有些自行搬出农场。改革开放后更是四分五裂，居住在农场的只有原来的三分之一了，现在是从外面搬来的占多数，原来农场里的人将土地卖给这些新搬来的人，然后自己又搬出去。国家比较照顾，由于政策好，有些不是农场的也有跟着农场享受的（好政策），比如一个人曾经给过四只羊，好像是七几年，只有那些居住在农场里的人享受，而搬出去的人就得不到这个享受。从其他地方搬进来的也享受了这个照顾。上农场有一些新建的房，上下农场本来是一个合作社，所以上农场的新建房就是因为他们是农场而得到的（享受）。本来国家是照顾的，只不过有些原来是农场的人搬走后没有得到应该享受的，而有些本来不是农场的却得到了享受而已。①

现在看来，烂泥箐农场的情况比想象中复杂。尽管沙玛老人的访谈描绘了农场从建设到现在留下1/3"老底"的情况，但由于沙玛老人并没有在农场生活过，有些细节并不是太清楚。因为从《烂泥箐农场史》的资料看来，农场里既有单身家奴，也有成家的分居奴，还有部分穷百姓和自由民，但沙玛老人似乎将后面的人全部忘记了。其实比较清楚的是，发展到今天，原先农场里的人也有很大的分化，有些搬离农场，有些参加工作，而有些继续留在农场，但他们之间的差异

---

① 沙玛尼惹访谈录音整理，2009年5月。

第八章 烂泥箐农场：档案、史实或方法？

和区别如何形成，他们之间的联系又如何保持和延续，这些问题将有待于进一步的研究和认识。对于笔者来说，如何继续沿着《烂泥箐农场史》里面的人物展开访谈和讨论将显得更为迫切，因为这些人年纪都比较大了，机会一旦错过将不再拥有。

二 巴嘎热的沉默

（一）农场当家人

沙玛老人的访谈结束后，笔者折回宁蒗县城并找到了在宁蒗县文体局工作的马海务嘎，他是《烂泥箐农场史》中最为重要的报道人马海阿直（支）最小的一个儿子。马海务嘎毕业于设在西昌的四川省彝文学校，有较高的彝文造诣，曾任过烂泥箐乡人大主任，创作过不少彝语歌曲，收集了近15万字的彝族谚语并准备出版。2009年他与几位志同道合的朋友开始策划在县城开办彝文学校，致力于彝族文化的传播和研究。

> 马海阿直是我们农场的保管员，也是我们的当家人，1958年12月她已经光荣地加入了中国共产党。他们一家人过去都是奴隶，旧社会受的那个苦啊，真是说都说不完，一直到共产党来了，全家人才得到了翻身。改革后党和政府帮助解放出来的没家可归的奴隶安家立业，办了农场，他们全家人都进了农场。刚改革出来的奴隶呀，就只有一个光身子。共产党和人民政府样样安置我们，从房子到土地、从衣服到口粮、从籽种到农具，锅瓢碗盏样样齐，一棵针也救济，我们的阿直一家人全得了照顾，大小每个人都穿上了新衣服，阿直的心中很清楚谁救了他全家人。①

---

① 江培元、闵光汉、吴志钦等：《烂泥箐农场史》，中共宁蒗县档案馆1959年，第26页。

下篇　作为方法的农场

马海阿直其实是随夫姓，因其丈夫姓马海而叫马海阿直。从上面的引文中可以得知，马海阿直并不是以单身家奴的身份加入农场，而是全家人都加入农场，其子马海务嘎也证实了这个情况：

> 农场里的人知道自己姓氏的人比较少，几乎都没有自己的姓氏。唯一有姓氏的只有我们家，我们家是从四川跑过来的，所以就安排到农场，当时我们家跑过来时，这里的住宿条件都有了，就把我们家安排在这里了。其他的有的是阿比家解放的，有的是沙玛家解放的，有的是热柯家解放的，当时的房子建设得很好。①

马海家因什么原因跑到烂泥箐来，务嘎并没有告诉笔者，但他们家来到烂泥箐时，农场的房子似乎已经盖好，工作队就把他们家安排进了新建设的农场。由于组建了家庭，加上阿直聪明能干，她被推选为保管员，因为其他单身的家奴几乎没有过经营、管理家庭的经验，而阿直此时已经是三个孩子的母亲，懂得如何组成家庭生活，她的经验在农场这个大家庭的运转中起到了重要作用，这些在《烂泥箐农场史》中也有所反映：

> 公社成立时又选她当了保管员，她和李仁同志说："我力气很大，我要和群众去生产。"老李幽然地说："家里没有人保管，外头找来，屋里死完。"她听了这话就马上答应下来干保管员。你别看她不识字，她的账可清楚呀！她有惊人的记忆力，一个月社里生产队的收入她全记得，记不得拿出来给识字的人看看马上清楚。每项款用一种颜色标记着，要问她账，她能一清二白地说出来。②

---

① 马海务嘎访谈，2009年5月。
② 江培元、闵光汉、吴志钦等：《烂泥箐农场史》，中共宁蒗县档案馆1959年，第28页。

第八章 烂泥箐农场：档案、史实或方法？

尽管不识字，阿直能将400多人的农场账务算得清清楚楚，有意思的是她能通过不同颜色来标记不同款项并分门别类，更为重要的是，她具有极强的分配、调节能力和计划意识：

> 她又能精打细算节约用粮，她随时在想怎样既节省又让群众满意。秋收的时节，由于粮食多，大家都主张大干，一天吃三顿饭，但是她向群众说："日子还在长，现在不计划将来没有吃的。"她没有浪费粮食，从秋收就开始计划用粮。每当吃饭的时候，你总看见她这里端、那里送，原来她是在帮助照顾村中的病人和老弱有残的，她一定要让这些人吃到饭才回家，有什么吃什么，冷也吃、热也吃，有时候饭吃完了她也就不吃。工资发下来，很多没有家的人由于过去他们受奴隶主压迫，现在有钱也不会用，于是她就把这些人的钱代为保存。她结合每一个人的需要，帮他们买东西，经常给他们扯来布，做好衣服给他们穿。场里社里的群众说："阿直是我们的好当家人！"①

1962年，马海阿直因得到更多农场人的拥护而当选为社长，1966年，她以大拉坝区烂泥箐下农场社社长的身份参加了宁蒗彝族自治县建立十周年各族各界代表大会，并光荣地成为28位主席团成员之一。② 尽管如此，阿直同样没有躲过"文化大革命"被批斗的命运。

"文化大革命"期间，农场内部也盛行批斗，其他一些农场的领导也被批斗，但在农场村由于多数都是单身家奴，批斗没有掺和阶级

---

① 江培元、闵光汉、吴志钦等：《烂泥箐农场史》，中共宁蒗县档案馆1959年，第28页。

② 《庆祝宁蒗彝族自治县建立十周年各族各界代表大会主席团、秘书长名单》，宁蒗县档案馆，全宗号1，目录号1—4，案卷号185。

下篇　作为方法的农场

和家族因素。阿直又有三个身强力壮的儿子保护，多数人因惧怕这些儿子报复而没有侵犯阿直的身体，阿直的晚年因得到这些儿子的照顾而比较幸福，直到 1987 年离世，享年 65 岁。阿直的大儿子当时还是巴嘎热的通讯员，不仅跟巴嘎热学了一身好枪法，手里还拿着巴嘎热的枪，这无形中似乎也成为一种威慑而保护了母亲。

> 巴嘎热是个很厉害的人，土匪听说巴嘎热来了就乱跑，土匪在哪里出现，巴嘎热也会出现在哪里，他估计也击毙了不少土匪，所以后来他就隐居，他也怕被他击毙的人的后裔和家属找他，几乎都不出门，躲着生活，现在据说是住在蜂子岩。①

前文已经交代过，巴嘎热是《烂泥箐农场史》所有报道人中唯一健在的一位，他的生活不仅与马海家有交集，某种意义上还是马海家的恩人，他不仅培养马海务嘎的大哥，马海家的大儿子是其通讯员的事实也暗中保护了马海阿直。在马海务嘎的眼中，巴嘎热还是个传奇人物：

> 巴嘎热人不是我们农场的，他来我们农场娶媳妇，媳妇是我们社的，以后就入赘到我们农场，他也是个独儿子，所以就住在我们农场了。他并不是一开始就住进农场的，但农场的底子他全部清楚，因为他当时是农场的支部书记、联防队长，当时一般人都由联防队长来控制。这个人口才也好，也比较勇敢，手脚也比较厉害，土匪被他追到投降，枪也打得好，多厉害的土匪都被他追到投降。巴嘎热了解所有的情况，我们就知道一些后来的情况，农场建设时候的情况我们都不清楚了。②

---

① 马海务嘎访谈，2009 年 5 月。
② 同上。

第八章　烂泥箐农场：档案、史实或方法？

烂泥箐农场于 1958 年年初成立，以后就分为上下两个农场，1959 年人民公社时农场以一个生产队的编制加入了人民公社，农场作为安置家奴的使命结束。在《烂泥箐农场史》整理时，巴嘎热就是农村生产队的队长，关于马海阿直的报道就是由他和支书沙玛乌义口述。马海务嘎的访谈证明巴嘎热并不是一开始就安置到农场，而是因到农场娶媳妇而在此安家，后因加入联防队并在打土匪的过程中表现勇敢而受到尊重并得以提拔。此处的"土匪"其实是指大小凉山反对民主改革的彝族武装，彝语为"诺合莫"，意为"彝人的军队"。1956 年大小凉山民主改革以后，反对民主改革的武装叛乱也开始，此次叛乱直到 1961 年才完全平息。① 其间，新建立的政权也面临各种考验，宁蒗县各地开始建立由解放出来的奴隶为主的民兵联防队来保卫民主改革的成果，协助解放军平息叛乱。由于联防队员熟悉地形并深谙凉山彝族武装的战术战法，这些组织起来的奴隶武装在小凉山平息叛乱的战斗中发挥了重要作用，而巴嘎热就是其中比较出色的联防队员之一。

（二）蜂子岩的隐士

告别马海务嘎后，拜访巴嘎热一事就成为笔者的一块心病，由于教学、申报各种项目等原因，直到 2010 年冬天，笔者才来到了蜂子岩。蜂子岩属于宁蒗县新营盘乡，也是一个农场，其建设的时间早于烂泥箐农场，英国著名记者 Alan Winnington 曾于 1957 年造访过这个农场，并在 The Slaves of the Cool Mountain 一书中对该农场的组织形式及相关情况有着比较翔实的描述，② 笔者在之前的章节中也曾讨论相关问题。蜂子岩农场离县城约 4 公里，村子分布在永胜至宁蒗县级公

---

① 宁蒗彝族自治县县志编委会：《宁蒗彝族自治县县志》，云南民族出版社 1993 年版，第 548 页。

② Alan Winnington, *Slaves of the Cool Mountains*. Seven Seas Publishers, Berlin, 1962, p. 141.

下篇 作为方法的农场

路的两侧，由于交通便利、气候温和，近年来有不少牦牛坪、大拉坝等高海拔地区的彝族同胞自由迁徙至此，40 年前农场的面貌同样面目全非。

图 8-1 巴嘎热与孙女（课题组摄）

这一天，笔者开车来到了蜂子岩，看到路边的小卖部旁边坐着一位上了年纪的老人，于是将吉普车停在路边一个比较安全的位置后，径直走到老人身边与他攀亲戚。老人姓马海，几年前从大拉坝搬至蜂子岩，意想不到的是他不仅认识笔者的父亲，其在宁蒗县公安局工作的儿子也是笔者高中时的学长。攀完亲戚后，我就问起巴嘎热的情况，马海阿普告诉我，巴嘎热就住在这个村子，并且身体十分健康，他主动带我来到了巴嘎热家。"巴嘎"彝语的意思为"冬瓜"，"热"为阳格词，"巴嘎热"连在一起可以理解为"像冬瓜一样矮小、结实的男人"，此名字一般只作绰号用。

巴嘎热家位于公路上方，是一个单独的小院，离公路大概 50 来米，院内有一高一矮的两个平房，高一点的坐北朝南，矮一点的坐东

第八章 烂泥箐农场：档案、史实或方法？

朝西，院坝里已经打上水泥地板，干干净净。

坐东朝西就是老人的房子，我们进屋时，老人不在，家里只有一位年轻的母亲带着两个小孩在屋里玩耍，一见我们进来，赶紧给我们铺上毡子，并吩咐大一点的小男孩赶紧去菜园通知爷爷。过了几分钟，巴嘎热拉着孙子的手从屋外进来，正如其名，他身材矮小，脸色刚毅，径直走到自己的主位，一言不发，只是从自己的衣兜里掏出一把兰花烟塞进烟杆慢慢抽起来。也不知什么原因，当天笔者也比较紧张，平时的健谈似乎被巴嘎热老人的刚毅所抵消，竟然说不出话来。马海阿普是个热心人，一看气氛有点冷场，他赶紧向巴嘎热介绍我的情况，事实上，巴嘎热与我父亲共事多年，听说我是嘉日基足的儿子，脸上和气氛都开始有些缓和。巴嘎热并不主动说话，几乎都是一问一答，整个下午收获并不是很大。

巴嘎热不是彝族，是永胜县、宁蒗、华坪交界的傈僳族，10岁左右被人捆绑进入凉山，然后被卖到到二村的一家补余黑彝家做锅庄娃子，小时放羊，长大后各种农活都做。20岁左右由于不服主人家管教，自己跑到烂泥箐并投到黑彝热柯家做娃子。1955年前后，多数娃子都知道解放军要彻底解放所有娃子，自己也就主动接触民改工作队和解放军，这段时间认识阿牛姑娘，阿牛是盐边那边的汉族，也是自小被卖到彝区做娃子。民主改革以后，阿牛被集中到烂泥箐解放村，巴嘎热则成为联防队员，1956年民主改革后土匪叛乱，巴嘎热也就参加了几次小战斗。烂泥箐农场成立后，他就到农场当联防队长，也在农场安了家，后来就当烂泥箐生产队队长、支书。

阿牛是巴嘎热的第一任妻子，七几年因病去世，她与巴嘎热没有子女。之后，巴嘎热娶了第二任妻子，这位妻子是一位寡妇，丈夫死后一直一个人在蜂子岩住，巴嘎热娶了她之后，两人就搬到丽江县一个山上的纳西族村子，一住就是20年，他们在丽江育有一个儿子。儿子17岁时，老伴在丽江去世，巴嘎热虽然在该村子生活了20来

下篇　作为方法的农场

年，但语言、生活习惯都很不适应，于是父子两人又从丽江搬回蜂子岩，不久在蜂子岩娶了现在的儿媳妇，现在有一个孙子和孙女，孙子5岁，孙女3岁。①

巴嘎热沉默寡言，以上是笔者从近三个小时的访谈录音中理出的关于巴嘎热个人生活史的主要线索。当笔者问道，"据说您在联防队时十分勇敢，能不能给我讲讲您的战斗故事"时，巴嘎热的回答是："年轻的时候没头没脑，就是瞎整，没什么可讲的！"这与马海务嘎所说的"土匪在哪里，他就出现在哪里，多厉害的土匪也会被他追到投降"形成了强烈的反差，显然，巴嘎热有所顾虑，并不愿意讲述个人的战斗经历，那么这位曾经的勇士在顾虑什么呢？

记得笔者十来岁左右，随父亲来到另外一个"老革命"家玩耍，他们二老都参加了平息叛乱的战斗，没事就谈论到打仗的事情，其间他们互相询问对方到底打死了多少人，两位老人都坚定地说自己没有打死过人。当时，我百思不得其解，两位老人明明讨论了一天的战斗，听起来就像看电影一样激烈，那为什么没人死亡？这样的战斗有什么意义？现在看来，两位"老革命"的想法可能就是"勇士"巴嘎热的顾虑。

民主改革时期大小凉山彝区平息叛乱的军事斗争其实是相当惨烈的，仅仅宁蒗一个县，县志里面记载的被击毙的叛匪数量接近1600人，②其中并未包括自杀的数量；民兵、联防队和积极分子烈士近200人，③宁蒗小凉山平叛部队烈士陵园里埋葬的解放军战士的坟墓就有近200座。④如果加上自杀及后期死于监狱的数量，宁蒗一个县在民主改革叛乱中死亡的人数接近2500人，其中只有200

---

① 笔者根据巴嘎热的访谈录音整理，2010年12月。
② 宁蒗彝族自治县县志编委会：《宁蒗彝族自治县县志》，云南民族出版社1993年版，第549页。
③ 同上书，第548页。
④ 小凉山平叛部队烈士陵园位于宁蒗县城万格路，大兴完小旁边。

第八章 烂泥箐农场：档案、史实或方法？

人左右是解放军和外来的干部，剩下全部是宁蒗的本地人，而彝族人至少占到 90% 以上。宁蒗彝族自治下成立初期的彝族人口约 6 万，叛乱中死亡约 2300 人就占到了总人口的 4%，这意味着每 100 人就有 4 个人死亡，也意味着每一个村落都有人在叛乱中丧生，从这个意义而言，彝族人民在民主改革中同样付出了巨大的代价和牺牲。

20 世纪 80 年代以后，政策开始松动，有不少彝族人开始为自己在叛乱中丧生的亲属寻求"命金"。按照彝族习惯法，死者的亲属有权向加害者要求"命金"，四川大凉山就有不少这样的案例。在云南小凉山，彝族人内部是一个透明的社会，谁做了什么大家都比较清楚。同样，彝族社会依然是熟人社会，民主改革尽管并不是彝族人所能掌控的社会变革，但不同阵营的区分仅仅是改革和运动时期，此外更多的时候人们的社会联系依然紧密，在这样的文化和社会环境里，谁都不会在公开场合炫耀打死过什么人，因为这些死者的家属和后裔随时都可以启动寻仇机制和诉讼程序。因此，无论上述三位老人有没有打死过别人，他们至少都目睹和经历了别人被打死，他们隐瞒这些"真相"就是因为深谙彝族文化和习惯法精神，不愿意为这些"真相"的负面效果而承担不必要的道德和法律责任。

巴嘎热尽管勇敢，但由于势单力薄而不得不"隐居"，因为参加叛乱的人往往都是当地的大家族，至今依旧根深叶茂，他离开凉山的原因是不是感受到了压力？他为什么要再次回到了蜂子岩？巴嘎热的内心可能充满了矛盾，而沉默可能是最好的选择，而此时的巴嘎热已经是一个 81 岁的老人了。此次蜂子岩之行，我能感觉得到巴嘎热的确不喜欢被打搅，于是，我也没有厚着脸皮多次访问他。当笔者想再次访问这位老人时，得知老人已经于 2013 年过世，留给笔者的就只有几张老人的照片和关于第一次访谈也是唯一一次访谈的少量记忆。

下篇　作为方法的农场

三　文学与史实

（一）1959 年的烂泥箐

尽管巴嘎热沉默寡言，但当笔者问起《烂泥箐农场史》收集、整理的经过时，他说道："我记得好像有三个汉族、一个彝族，他们在烂泥箐农场的时间不长，十来天的样子，他们就住在保管室。"至于自己当时说了些什么，巴嘎热说全部忘记了，而关于《烂泥箐农场史》工作小组的情况，有一个人比巴嘎热记得更清楚，这个人就是《烂泥箐农场史》的主要撰稿人——江培元老师。江培元生于 1935 年，云南会泽人，汉族，1958 年毕业于昆明师范学院后到宁蒗初级中学任教，1959 年被宁蒗县委临时抽调到《烂泥箐农场史》整理小组，他不仅是《烂泥箐农场史》的主要撰稿人同时也是该小组目前唯一健在的组员，现居昆明养老。

几经周折，2016 年 4 月笔者拜访了 81 岁的江培元老师，他身体健硕，善于言谈，性格直率且记忆力超群，至今依然对当年不读高中上中专的事耿耿于怀：

> 我的初中是在会泽读的，当时由于小学教师缺乏，初中毕业以后硬是逼着我去读昭通师范。说真话了噶，本来我不愿意读（师范）的，喊我去读昭通师范后也没办法，只好去读了，但也不怎么安心，因为我那个时候读书成绩也有点可以，我想读高中读大学。国家的需要就是你们的志愿了，当时还讲这个，不能讲价钱，没有办法我就去读昭通师范了。[①]
>
> 读了昭通师范以后嘛，因为成绩有点好就给我去考昆明师范学院。当时我家庭太困难了，我姊妹六个，我父亲又公私合营，

---

① 江培元访谈录音整理，2016 年 4 月。

第八章　烂泥箐农场：档案、史实或方法？

一化三改造嘛一个月只有 27 块 5 角的工资，无法供应就不让我去读（昆明师范学院），最后我就要求我父亲，本科四年太长就读个专科，后来父亲就给我去读专科。①

江老师成绩优异，中专毕业后考上了昆明师范学院②中文系本科，但由于家庭经济状况的原因，尽管遗憾但他还是读上了昆明师范学院的大专。1958 年大专毕业后，他被分配到了一穷二白的小凉山任教。

专科毕业以后 1958 年就分去丽江，那个时候又由丽江统分到宁蒗。宁蒗当时只有一个初级中学，初级中学刚刚开办，两个班，一级一个班，一年级一个班、二年级一个班、初一一个班、初二一个班。初一班有 29 个人，初二班大概 35 个人，就这样在宁蒗教书。③

1957 年宁蒗成立第一所中学，称为宁蒗彝族自治县中学，建校至 1964 年，每年只招收一个初中班；1965 年后，每年招收两个班；到 1972 年，该初级中学改名为宁蒗彝族自治县第一中学，并升格为宁蒗县第一所完全中学。④ 1958 年也就是该中学成立的第二年，江培元老师到宁蒗任教一直到退休。江老师先后为宁蒗县的教育事业服务 40 年，成为宁蒗教育界真正的元老，他的名声在宁蒗妇孺皆知。

1958 年去宁蒗，教了一年就赶上 1959 年国庆，说是 1959 年国庆要县里献礼，要把农奴翻身这个历史要写一下。当时闵光汉

---

① 江培元访谈录音整理，2016 年 4 月。
② 现云南师范大学的前身。
③ 江培元访谈录音整理，2016 年 4 月。
④ 宁蒗彝族自治县县志编委会：《宁蒗彝族自治县县志》，云南民族出版社 1993 年版，第 571 页。

下篇　作为方法的农场

是县委宣传部的负责人，还不是部长，就由闵光汉、吴志钦我们三个组成一个小组就去烂泥箐，对了，还有一个翻译叫阿必什么的，记不起来了，他懂一点汉话。吴志钦是政府的一个科员，永胜人。我们就这么去了，当时喊我负主要责任来写。①

这个工作小组成立后，由于宁蒗县一共办了51个农场，就面临选择去哪里的问题。江老师说他们一开始并没有选择烂泥箐农场，而是选了另外一个叫"大二地"的农场，这个农场恰好就在宁蒗县城到烂泥箐农场的中间，离县城相对近一点。

大二地还要去了解嘛，原来是说大二地也写一点，但大二地不行，在了一天没有什么搞头才又上的烂泥箐。那会儿李仁在大二地当党支部书记，他说烂泥箐比大二地典型，所以我们从宁蒗出发后用了三天才到烂泥箐。②

看来，这个小组到烂泥箐农场是李仁的建议，这个李仁曾在烂泥箐农场当过场长，③马海阿直曾经主动向他请示过不当保管员而参与劳动，所以他比较了解烂泥箐农场的情况。这个小组到烂泥箐农场的时候，恰是"大跃进"期间，正处在人民公社食堂之后的饥荒时期，工作小组依然面临饥饿，工作条件十分艰苦。

那个时候生活很艰苦，我们去了烂泥箐以后饭都没有吃的了，那个时候烂泥箐的区委书记是武装部的安政委，那个树叶拿开水擦一道，挤掉水给它做成团，一小点荞面包起，所以吃这个

---

① 江培元访谈录音整理，2016年4月。
② 同上。
③ 江培元、闵光汉、吴志钦等：《烂泥箐农场史》，中共宁蒗县档案馆1959年，第28页。

第八章 烂泥箐农场：档案、史实或方法？

东西就像吃药丸一样，不能（先）将荞面吃掉，吃掉以后树叶就嚼不下去了。①

江培元老师至今依然十分清楚地记得在烂泥箐农场期间的伙食，他说有一天工作小组实在饿得不行，最后由马海阿直请示安政委，阿直才给工作小组端来一撮箕洋芋，烤两个吃然后再烤两个吃，边吃边写文章。

> 饿着肚子写的啊，又要必须在烂泥箐写完，怕回来以后记不得，那个时候电话也没有，打听又不方便，我们就在烂泥箐农场的保管室里写，我们睡也睡那里，有时也叫懂汉话的人来问，写完后带稿子回宁蒗来改。②

江老师的访谈印证了巴嘎热的说话，保管室既是工作小组的办公室，也是他们的住处。江老师还说，保管室虽然叫保管室，其实里面什么也没有，只有一个火塘和两床竹子做的竹篱笆，而这些情形我们在《烂泥箐农场史》中却永远看不到，相反，我们看到的是一个热火朝天的烂泥箐农场：

> 区上算粮食产量的同志回来了，这一下，人们突然就静悄悄的，个个都想听听苦战一年的胜利捷报。那个同志不慌不忙，照着小本子一五一十地念了一串串粮食分类的小计合计数字之后，就一字一板地提高了声音："按4斤洋芋折1斤主粮计算，我们农场每人平均有主粮1104斤！"人们沸腾了，哪里像是开会哦！……这是去年的事情，是烂泥箐农场大跃进的一瞥。这是在

---

① 江培元访谈录音整理，2016年4月。
② 同上。

下篇　作为方法的农场

继续跃进的年代里——1959年的仲夏我们一行四人到原烂泥箐农场帮助写农场史，农场的主人骄傲地、淋漓尽致地争着向我们介绍的情景。①

工作小组饿肚子肯定是实情，四五月在凉山就是青黄不接的季节，别说1959年，就算现在许多贫困的家庭依然压力很大，只不过现在市场发达了，只要有钱就可以买到粮食，而在1959年的凉山，就算有金山银山也买不到多余的粮食。对江培元老师的访谈是本研究之大幸，因为通过访谈，我们体验到《烂泥箐农场史》的写作背景和目的，写作既要兼顾历史也要兼顾现实，所谓历史就是压迫史，所谓现实就是翻身史，这就是工作小组认为大二地不典型的原因。因此，烂泥箐农场史是选择的结果，并且这些历史写作的目的就是宣传，而宣传就有可能突破史实，那工作小组如何做到宣传与写实兼顾呢？他们选择"典型"的标准又会是什么呢？

（二）文学与史实

尽管艰苦，但工作小组依然严谨，他们最重要的工作方式就是访谈，由于语言的因素，访谈对象不仅要考虑其阶级觉悟等政治表现还要考虑其汉语能力，也就是说政治表现和语言能力似乎是工作小组选择访谈对象的主要标准。

> 当时么就是公社化，烂泥箐是个农场，这个农场主要是由改革出来的分居奴成立的，因为其他什么自由民了、大头百姓它是生产队，不属于这个农场，农场就是最贫穷的家奴、分居奴组成。当时么就在烂泥箐农场选择（采访对象），我记得选择的主

---

① 江培元、闵光汉、吴志钦等：《烂泥箐农场史》，中共宁蒗县档案馆1959年，第39页。

第八章 烂泥箐农场：档案、史实或方法？

要对象是马海阿直，马海阿直是当时的保管员，是个妇女，很有威望、很得老百姓的拥护，她又是积极分子，大概是分居奴的样子。么就选择了她，那个时候就由她讲了一篇（文章）。①

马海阿直因得到农场人民的拥护，再加上她是政治上的积极分子，于是成了工作小组的重要访谈对象。而选择以下的其他人则似乎既要考虑其革命性的问题，还要考虑这些人的叙事能力。

还有一个好像是甲巴补哈，甲巴这家人呢在彝族当中很有点反抗性，他家好几个人都敢与奴隶主对着干，补哈是弟兄当中汉话比较说得好一点，我们就请他来，他也就说了一篇。还有就是乡长和书记，书记是沙马乌义，沙马乌义也讲了一些，但他讲得不典型，没有代表性，按照当时的观点来就是他那个翻身啊、由苦到甜这个他讲不出来。乡长好像叫巴嘎惹，这个呢也是民兵，他讲了一点。我们在那点就是选择了这几个人，讲了回来以后我们就写了。②

很明显，江培元等工作小组并没有将家奴的问题理解为民族关系，他们认为奴隶制还是彝族社会内部的问题，甲巴补哈具有反抗性因此适合阶级斗争的哲学和理念，而他对于抗争、翻身、由苦到甜的程序化叙事似乎成为"典型"的标准，相反，沙玛务义因不能领会到抗争、翻身、由苦到甜的叙事而达不到"典型"。因此，《烂泥箐农场史》的组织和叙事其实就是以上标准，这就意味《烂泥箐农场史》在某种意义上是借用这些访谈对象的话来呈现中国共产党1959年前后的政治思想，因此，该材料蕴含的政治思想意义远远大于历史

---

① 江培元访谈录音整理，2016年4月。
② 同上。

下篇　作为方法的农场

真实的部分。在对江培元老师的访谈中，江老师还讲了他如何创作"贸易公司门前"这篇散文的经过，而这个小故事则涉及文学与史实的方法论问题。

贸易公司门前[①]

入夏，小凉山上掀起了春耕生产的激烈战斗。五月中旬，烂泥箐贸易小组的收入激增了几倍，门市部的小王忙得不可开交。男男女女的彝族社员，把贸易小组的门前场院围得水泄不通，他们争着买针，买线，买布，买衣服，买红糖、干鱼和茶叶……这原来是公社又发了工资。小王说："自从公社成立后，人们发了工资，卖东西的人可比过去更多起来了，他们买的不再是什么盐巴等类，而是缝裙子的几丈布、小孩的新衣新帽和调剂生活的干鱼、红糖等，有的人，茶叶一买就是几筒。"

没有买到东西的人都争先恐后，埋怨贸易小组的门太小，推着前边的人快一点买；买了东西的人又坐在门口等伴，谈笑风生。一个女的说："过去在奴隶主家哪点会有钱来买东西，千辛万苦集得一点点经过重重剥削剩下的很不可靠的'私房'，连买棵针也买不到。"又一个女的接着说："奴隶赶街，过去做梦倒是赶过好几回。奴隶主生怕你跑掉，没有办法，只好将自己苦死苦活积得的几文私房全部拿给主子到宁蒗或四川的盐塘去买，可是，大半钱都被他剥削去了，最多给你三方布，有时什么也不替你买回来。你去要一要还要挨毒打一台。""嗨！"另一个马上接嘴说："要不是奴隶主是为了把你的钱剥削掉，他才不会帮你买东西呢！"……

谈论继续着。回忆着过去，对比着现在，从生活谈到生产，

[①] 江培元、闵光汉、吴志钦等：《烂泥箐农场史》，中共宁蒗县档案馆1959年版，第33页。

第八章 烂泥箐农场：档案、史实或方法？

从加甲孩子的新帽子谈到洋芋莫穿的新裙子……买东西的人越来越多，这时来了一对青年人，女的还有点羞羞答答，怪不好意思，男的是个中等的个儿，披着披毡，身子挺结实。到了公司门前，男的在问："买了茶叶和缝衣服的布外剩下的钱究竟买什么？"女的还没有答言他又接着说："看尼，这一次钱多，你的裙子已经破了，还是买几丈布回去缝条新裙子……"

"不，"女的摇了摇头，坚定地回答说："我的裙破点补补缝缝还是可以穿，钱还是用来买锄子，大跃进没有锄子不行！我们先买锄子，生产出多多的粮食，秋后收了庄稼，工资就更多了，那时钱多多有了，买什么也不愁。"男的看样子还想说什么，但马上又不说了，他被女的说服了。两人买了三把锄子，高高兴兴的走了。

他们一走，很多人就指着他们说："看人家小两口才跃进呢！要结婚了，还不买布。"

上文是江培元老师收在《烂泥箐农场史》里的散文，但对于写这篇文章的灵感来源，或者这篇文章的真正情景，江老师则另有说法：

我还写了一篇，现在不合时宜不需要了，就是我当时有一天就去贸易公司站着看一下，结果来了一对要结婚的彝族青年，那个时候人民公社还刚刚发了两个月的工资，以后么就莫想啦！那个月就发了一点工资，就来那个贸易公司，其实就是一个小小的商店，烂泥箐那个商店，拿着点钱买东西，如水果糖啊，当时为了歌颂人民公社，触动了灵感一下，把这个环境先给它渲染一下，么就是这个贸易公司门前门庭若市、车水马龙，都是拿着钱来买东西，说明这个人民公社好了噶。因为你给国庆十周年献礼么要讲毛泽东的人民公社好了嘛，么我就觉得给它渲染了一番，说买什么红糖、咸鱼了，其实也不是那个样子。

其中就有这对夫妇，他们买了点水果糖，也买了一把锄头，

下篇　作为方法的农场

那么我就说是这个么要给它虚构一下，给它扩大一下：这个男的要给这个女的买花衣服，这个女的坚决不同意，说是现在是大跃进我们要搞好生产，所以么要把这个钱拿来买成农具，就买了点农具，我就看到他们两个向着花椒湾那边走去，形象越来越高大，（文章）起名就叫《贸易公司门前》。写了这个是虚构的，但还是有一小点（真实），其他那些完全是照着他们（讲述）写实，他们咋个讲我们咋个写，只是有些细节加点润色，后来写成了这一本《烂泥箐农场史》，登在《边疆文艺》上，后来么就当作国庆献礼了，过了之后我们这台事情就了了，就在那里教书，教了四十年。①

江培元老师对贸易公司门前的渲染恰恰是最为真实的史实，它反映了大跃进时期人们歌颂伟大生活的意识形态如何影响到一般意义的文学作品，这些文学作品以某种超史实的方式呈现了人们真实的思想状况，当时的虚对现在来说就是实，因此，作为档案的文本在此意义上完全没有真假的问题。工作小组通过访谈对象的选择、文学渲染等方式记录烂泥箐农场建设的"历史"，其动机、目的和方法对我们理解民主改革时期家奴安置方式的政治背景和立场远远大于了解史实，我们不仅看到了农场的言说，同时也感受到了农场如何被言说，同样我们似乎也可以想象或回味因农场的实而被虚化了的非农场人在历史中沉默的原因。

四　五保户的儿子

以上的访谈都是在档案以内，或者说我们所访问到的都是编撰《烂泥箐农场史》中有名有姓的亲历者，而作为烂泥箐农场里的最底

---

① 江培元访谈录音整理，2016年4月。

第八章 烂泥箐农场：档案、史实或方法？

层的普通家奴，因为他们的不善于言说或者不典型之类的原因，并没有被《烂泥箐农场史》所捕捉和重视，而事实上，他们依然生活在烂泥箐农场史中。在这些普通的家奴中，有一类人叫五保户，一般都是残疾或者不能自己劳动的人，烂泥箐农场也有不少这样的人，其中部分还组成了自己的家庭，有了他们的后代，沙玛沃热就是一位五保户的儿子，至今依然生活在烂泥箐农场。

沙玛沃热生于1970年，是笔者最为重要的访谈人与朋友，他能言善辩、思路敏捷，对人生的经验和感悟超于一般人，每一次与他的交流后，笔者都是感慨万千。在翻译、整理关于他的访谈录音之后，笔者发现他出口成章，所有的谈话自成一体，无需任何修改就可以直接刊出。也许，沙玛沃热如此流畅的言说来自其自小的个人诉说，也来自于他内心的独白，但无论如何，这样一种言说似乎可以让沃热找到生命的意义。接下来，笔者将以沃热的访谈材料梳理像他一样的五保户们及其后代的个人生活史。

（一）沃热的家世

沃热的父亲在烂泥箐农场建设好后才来到农场，他出生在现在新营盘乡的东风村，这个地方过去叫"衙门西"，是潵薬土司衙门的所在地。沃热的爷爷娶了两房媳妇，大房是金古家的，他与大房只育有一个女儿；后娶了一个千萨家的姑娘做小房，他与小房没有生育，而小房与另外一个沙马家的男人却育有一个私生子。沃热的爷爷后来跟一个汉族女子生了他的父亲，父亲很小就由爷爷领养。临近解放前他爷爷就死亡了，至于死亡的原因，据说是因为与黑彝结仇而在院坝里被枪杀。其爷爷留下的一小点家产全部被小房占有，小房后来改嫁到打卦坪另外一个沙玛家，这个沙玛家虽然与沃热爷爷的家支同宗但隔得还有点远。沃热的父亲也随小房来到这个沙玛家，后因生病而双目失明。

解放以后，沃热的父亲有个相好的被解放到烂泥箐农场，他就追随

下篇 作为方法的农场

图8-2 曾经是家奴的老妈妈（课题组摄）

这位姑娘来到这里，不久，他们有了一个儿子。当时农场了有个专门照看小孩的老奶奶，这个小孩子三四岁后非常调皮，有一次被她老奶奶打了一顿，不知什么原因就死了。儿子死后，沃热父亲与妻子的关系也随着破裂，这个女人随后也被她的兄弟们领走了，回到了四川。

  走投无路以后，他就捡了我母亲组成了家庭，养育了我和弟弟，不久我弟弟也死了。由于我父母都不是聪慧之人，父亲又看不见，父母都成了五保户，也没有能力去寻找自己的家支，他的家支也没能找到他，虽然名义上是沙玛石亿家的，但几乎算不上真正的沙玛，活得似人非人，自身都难保。①

---

① 沙玛沃热访谈录音整理，2014年2月。

第八章 烂泥箐农场：档案、史实或方法？

沃热的父亲尽管双目失明，但家谱却记得清清楚楚，并自小教沃热背诵。不久前，小凉山沙玛石亿家族编写家谱并将其出版，沃热顺着家谱找到了与自己最近的宗支。沃热说，其实他一直都认得其他族人，但其他族人并不认得他，因为自己毕竟是五保户的儿子，奶奶和母亲也是汉族，别人不一定承认自己的族人身份。2012年，与沃热最近的宗支在宁蒗县城聚会，杀了一条猪吃了一顿饭，大家很是热闹。有了这些族人的支持后，沃热觉得自己的力量和信心都得到加强，他觉得自己开始有了微薄的面子。

> 人活着差异真还大，前辈们比较活跃和有名气的，就好像房屋建筑的基础，只要基础打得好，无论走到哪里都有些面子，都活得不差，像我一般没有基础自身难保的人就不算人，走到哪里别人都不会给面子。不久前，能找钱的地方开始有了，邻居也好，朋友也好，亲戚也好，出点什么事情我都能赶到，赶到后当然就不能只身前往，随着能找钱的地方多起来，我也能随上我的礼钱，微薄的面子也随着有了。①

沃热用房屋的基础来描述他对诸如家支制度等彝族社会结构性问题的理解，巧妙地避开血缘和等级的优劣问题。在凉山彝族社会，面子很大程度上与家支的势力有关，许多人都有"个体贫穷群体富"的表达和行动，意思就是说单个的家庭尽管贫穷但他的族人十分强大，这个人一旦有什么困难，族人的帮助就会从四面八方汇集而来，结果他的能力还有可能超过许多富有的个体家庭。沃热父亲虽然失明，但他懂得家支组织在彝族社会的重要性，因此就像一般的父亲一样从小让儿子熟记家谱，这实际上是一种社会资本的传递。随着沃热的成家和长大，沃热通过谱牒慢慢将自己联系到更大的家支上，他的

---

① 沙玛沃热访谈录音整理，2014年2月。

活动能力和范围也随之提高和增强，但这些能力的获得也只是近几年的事情，沃热在很长一段时间其实都是比较孤单而弱小的。

（二）沃热成家

沃热曾先后娶过两个媳妇，第一个媳妇是一个叫诺儿木呷的人介绍的，沃热曾经在烂泥箐乡当过炊事员，诺儿木呷也在烂泥箐乡当过副书记，因同情沃热的处境就给他介绍了一个媳妇。但到了婚礼前两天，这个姑娘因嫌弃沃热的家境开始反悔，不过沃热觉得比较正常，因为任何人都想嫁得好一点，所以他将这一次的婚姻描述为"破裂"。现任媳妇是一个叫唐立先的人介绍的，这个人在新营盘派出所工作，与自己的媳妇同村。唐立先联系好对方后，沃热约上了在牦牛坪大队工作的沙玛阿萨，前去求婚。他媳妇家同意这门亲事以后当晚就杀了一头猪，第二天也杀了一头，并说好沃热要给礼金1000元，但沃热只给了其岳父600元，剩下的岳父也没有再向他讨要，沃热说这是他岳父体恤他！沃热对自己的媳妇比较满意，认为她"口舌不多，容易相处"。

> 一度算不上人了，娶个媳妇都没有门进而去乡政府落脚，当然，现在这种事情比较多了，大家考虑经济（因素）都到酒店去结婚，都不进家门了，在家办比较铺张浪费，花费也比较大，所以多数人都去酒店了。①

沃热的婚宴在乡政府院坝举行，他对这一简单的婚宴比较遗憾，不过他也给了自己很好的解释，还觉得自己的婚礼在某种意义上还比较前沿，现在的年轻人都在酒店举行婚礼，一想到这些沃热就比较宽慰。我们从沃热的婚姻经历中可以看出，作为一个五保户的儿子，沃

---

① 沙玛沃热访谈录音整理，2014年2月。

第八章 烂泥箐农场：档案、史实或方法？

热能娶到一个比较满意的媳妇似乎归因于他在乡政府当过炊事员的经历。因为在乡政府工作，沃热似乎被普通老百姓视为"干部"，他因职业的原因认识了不少在村乡一级工作的基层干部，加上自己勤快和能干，人缘不错，沃热的婚姻得到朋友的帮助而比较顺利。而现实生活中，许多五保户的儿子不是那么容易就可以讨到"口舌不多，容易相处"的媳妇。

烂泥箐农场里的人开始搬出农场的老房子，只留下几户五保户居住在过去的土墙房里。1990年前后，其他的五保户都被认领的家庭带走了，当时这些五保户每户有50元的盖房补助，多数五保户都盖了一间土墙房，刚好住人，放东西却不够。沃热家是最后一户搬离农场老房子的五保户，直到1991年才搬出来。沃热利用补助的50元，加上自己的一点积蓄，在邻居和朋友的帮助下盖了一间木头房子。到了1994年，他父亲也在这间房子里去世，此时，沃热已于前一年被乡政府辞退了，家里比较潦倒，只剩下一头老母猪了。

> 是头母猪，唯一的母猪，准备用来做下一年的过年猪。老人一去世后，就没有牺牲品，"果革丘"① 公绵羊倒是买了一只，我其实买了两只果革丘，原来父亲断气前就准备了一只，但我的老岳父来看我父亲时我杀给他们吃了。父亲去世后我又从一户贾巴家买了一只，大概花了100多块钱。②

"果革丘"在彝族人的葬礼中自古以来就是必须的，不能算在葬礼吃的花销里，因此沃热家里献上的牺牲就只有这头母猪了。沃热说，由于没有喂养的饲料，这头母猪瘦弯了腿，当时也没有粮食来喂猪，因为人吃了就没猪食了。除了这头母猪，沃热就没有其他东西来

---

① "果革丘公绵羊"的意思是离开人世的伙伴羊，这只绵羊必须是种羊而不是羯羊（阉割后的公羊），一般家人要在病人去世之前就准备好。
② 沙玛沃热访谈录音整理，2014年2月。

·275·

下篇 作为方法的农场

摆宴席了，左邻右舍和前来帮忙的人简简单单把一张放肉的篱笆摆在场坝里，象征性地摆了一下（宴席）。

我估计只来了十来人，只是给这些人象征性的分了点食物，邻居们也就没有得到一点宴席该分的肉。当时乡政府拿了300块钱随老人的葬礼，村公所随了120块，由于我曾同乡政府的干部们同过事，拿5元的、拿10元的都有，邻居们每户出荞粑5双和1块钱，在大家的帮助下我安葬了父亲。①

按照彝族习俗，有后人的老人去世，除非他是非正常死亡或有其他疾病，否则至少都要杀一头牛来宴请亲朋好友。沃热父亲的葬礼比较简陋，简陋得连牛都不杀，这样的家庭基本上可以算是最无助的家庭了。沃热说，父亲去世之后一直到2004年他都穷困，饭都吃不饱，家里种的粮食只能吃到每年的冬天就开始断粮，当时也没有什么地方可以去打工找钱，或刚刚听到有些地方可以打点零工。沃热只能在断粮以后帮别人干点像犁地这样的杂活，一天能挣3块5块，一拿到钱就赶紧买点粮食，由于没有钱买更多的粮食，刚买的很快吃完了就需要买新的，所以沃热整天都在忙着买粮食。

幸好，沃热家的邻居是一个老师，从沙玛家的辈份来看，他们还以父子相称，这户邻居相对富有，人也比较和善，也比较体恤沃热，经常给他们家一些粮食和肉。这位老师无微不至，有一次对沃热说："这几天你屋后的扁豆应该是结豆了，掏出些豆子可以吃上几顿了吧！"2005年年底，沃热的儿子尼色惹出生，由于没有东西来给他做"朵波杜"②仪式，他刚好在彝族年前三天出生，等了两天以后，沃热还是找不到牲畜来给小孩做仪式，没有办法就来到隔壁老师家。这

---

① 沙玛沃热访谈录音整理，2014年2月。
② "朵波杜"仪式是在小孩出生后几天选吉日让他出户，一般都要杀猪宰羊。

位老师就说:"这样吧,你既然找不到朵波杜的牲畜,你的过年猪就别在别人杀年猪的那一天杀,我算出来的日子是杀年猪后的第二天好,你的过年猪就留在小孩子朵波杜这一天来杀,这样既可以算过年,也可以算给小孩子朵波杜了。"后来沃热就照他的话做了,总觉得也很顺利。因为有了隔壁老师这样能出主意和实时救济的老邻居,沃热也并不觉得很孤单,不过,贫困的生活与酸楚估计也是沃热前半生最为重要的经历与记忆,"蛇月诉冷背结冰,猪月说热脚淌汗",这可能是他用来描述自己的苦日子最为恰当的彝族谚语!

(三) 沃热立业

由于地少又不够吃,2006年沃热从一家加巴家花了1100元流转了一块地,当时的流转费是650元一亩,之后,日子慢慢开始好过起来。沃热被乡政府辞退后有一段时间还有些思想顾虑,因为在乡政府做饭时,老百姓将他的身份当作干部,而事实上他只是一个临时工,沃热也受到这些想法的影响,不愿意出去打小零工,总觉得比较丢面子,后来迫于生计,不得不厚起脸皮帮别人犁地。到了2004年以后,沃热开始学着做点小买卖,他说,大的做不了,100元以内的小本生意还是可以做的,零零星星、反反复复做起了一点小买卖。

别的我也做不了,但在找菌子时由于我能找到些菌子,2002年刚开始我在加巴它尔的瓦厂里做瓦,每天也找不到多少钱,工钱他也不能按时给,也就没有决心做下去了。之后,2004年这一年我们夫妻两个就去(山上)找菌子,刚开始我一个人去找了三天,我只碰上唯一一朵菌子,就是比较值钱的松茸。我将这个松茸带回家以后,我媳妇以前在老家的时候找过菌子,能不能找到菌子就靠有没有经验。我想不到她会找,媳妇想跟我去找菌子,我当时并不同意:"你又不熟悉地势,肯定不行,连我熟悉地势的人都找不到。"她就说:"我只去找一天,如果找不到以后

下篇　作为方法的农场

图 8-3　沙玛沃热家全家福（课题组摄）

就不去。"第二天我带她去找时，她找到了许多（松茸），差不多找到一斤，之后，我暗暗的开心了。①

松茸平常一般一斤（公斤）200—300元钱，值钱的时候是1500元钱。沃热熟悉松茸交易的流程，他说，值不值钱还是靠老板出不出钱，松茸好像多数都是日本人定的货，在昆明交易，老板办起菌子公司，日本人来这里进货，进得快时就值钱，进得慢积压起来以后就不值钱。知道媳妇是个找菌子的"能手"以后，第二天夫妻俩再去山里跑，找到了满满的一塑料袋。由于菌子一般都有特定的出菌口，沃热媳妇跑了十来天以后，就记下了差不多所有的出菌口，夫妻俩每天都可以找到满满的一食品袋菌子，当年就找了两三千块钱。这以后，

---

① 沙玛沃热访谈录音整理，2014年2月。

第八章 烂泥箐农场：档案、史实或方法？

他俩每年找松茸的收入除了生活费、车费以外，最低一年是 1800 元，最高是 2200 元，沃热高兴地说，当时的 1000 元就相当于 2014 年的 1 万元，2000 元就相当于 2 万元。2005 年以后，沃热抬着秤也开始收了些菌子，边收边找，他的收入就越来越高，平均一年就不低于 4000 元了，2006 年纯收入就达到了 6000 元。出于好奇，沃热每一天都给自己记账。2006 年，她的大女儿 16 岁，去山东砖厂打了一年工，当年她还找回 1500 元。由于还是小孩，（工钱）基本上被代工的人赚吃了，她就只分得了很少的 1500 元。总的来说，那一年沃热家就得了 7500 元的纯收入，然后他就添置了前述的一亩多地。

家里有了相对稳定的收入之后，沃热就开始出去打工，最开始他到攀枝花一带盖房子，也去山东的砖厂干过活。每一次出去，除了车路费外就只剩下七八千元了，回来后再买猪过年，买各种东西以后就没剩下多少了。由于沃热干的活计比较多，身体也好，只要一有时间就跑出去找钱，跌跌撞撞生活也就好了起来。

> 以前宁蒗县城粮食局下来就是绿茵茵的稻田，现在到处都是白花花的房子，也是为了找钱，国家盖起房子，私人就租房子住，然后彼此做生意，外面的人也来这里贩卖东西，内部也彼此买卖，我想钱就这样多起来了。以前我只有一间房子，现在已经是好几间了。现在我媳妇身体不太好，花了不少钱吃药，要不然的话我还能盖更多更好的房子，也比周围的人也差不多。以前由于被物品、母亲束缚着，该出去的时候也出不去，媳妇也经常生病，我一旦出去以后，家里边也没有人做活，也就比不上别人了。但是，比起以前来，现在的困难已经不算什么，已经很好了。[①]

---

① 沙玛沃热访谈录音整理，2014 年 2 月。

沃热对市场经济充满了激情和想象,他明白交易会促进流通的深刻道理,也明白人力资源的稀缺和重要性,所以他对自己的未来充满信心。从上文的访谈中我们可以看出,沃热最放心不下的其实是媳妇和母亲的身体健康,因为这是他生命中最重要的两个女人,尽管沃热的父亲还有一些远房亲戚可以攀攀,但沃热明白那也是比较远的事情,所以沃热特别孝顺,一直守护着自己的母亲直到去世。

(四)沃热尽孝

沃热的母亲有先天性残疾,又哑又聋,尽管可以照顾自己的起居,但无法说清自己的家世和籍贯,沃热认为她可能是四川攀枝花盐边一带的人,因为她偶尔提到"商会"这样的地名,这在当地人的知识中实际上是指今天的盐边县渔门镇一带。沃热母亲被掠为奴隶的细节并不清楚,但她至少待过两个家庭,前面的家庭待奴隶似乎比较残忍,而后面的家庭好像更为和善,沃热是这样转述母亲对这两户家庭的记忆和评价的:

> 不知是从海来窝窝家还是海来达一家,应该是刘家村海来达一家,这是一户好人家,将她当作女儿来抚养。一开始好像是被万张家绑来的,她说这家是比较狠,用烧好的火钳烙她的脖子,她脖子一直留有一个烙过的伤疤,伤疤窝进去。她还说这家人抓着自己的双脚将身体腾起后绕圈圈,然后将她甩出去,她当时就昏死,醒来后四周到处都是鲜红的血,我估计可能是吐血或者碰伤后流血。所以她是从海来家解放的,这是一户好人家。[①]

沃热照顾了卧病在床的母亲整整三年。2009 年由于孩子读书,他们家准备了两头过年猪,一头在彝族年时宰,另外一头在汉族年

---

① 沙玛沃热访谈录音整理,2014 年 2 月。

第八章 烂泥箐农场：档案、史实或方法？

（春节）时宰。沃热的母亲由于年纪过大吃新鲜肉肚子吃坏了。① 第二天早上快要吃饭时，她准备出去方便，大门外是水泥地板，有一些细沙子，老人不小心滑倒了。当时沃热家摆好饭准备吃，只听有人在外面喊："你们家母亲不知怎么了，躺在地上爬不起来了。"沃热出去看时老人站也站不起来，也不喊疼，就只是在地上爬，周边的灰尘有她的衣服拖过的痕迹，可能已经在地上爬了四五分钟。

> 我马上将她抱到家里，我摸摸她身体也没发现骨头断了，我拉了一下她的腿好像比较疼，我也心疼她就不敢多拉了，随便拉了几下好像没有拉上，不一会儿，左边大腿膝盖以上就肿得很粗了。刚刚这一年我大儿子也不想读书以后就外出打工，家里面刚好有儿子送回来的2000块钱，我就买了一些西药，我自己也找了一些草药，如瓦巴斯尔、布约、其丁等，② 也从上面买了些吊针（液体），我自己会打吊针，我用这些药打、吃、擦了两个月以后，肿块就消了，我就把她医好了，但还是不能走路，我整整照顾了三年。③

由于老人自己不能走路，大小便也就不方便了，刚开始时是沃热抱着她上厕所的，他说，母子之间到了关键时刻也就没有羞耻可言了。抱着老人解手时容易动着她的伤口，沃热就想办法做了一张床，在床上留了一个洞，安上一个小门，不解手时就将小门关上，盖上铺盖躺着，解手时就打开小门，沃热还安了一个扣子。沃热还锯了四个木轱辘，安在四个床脚上，这张床能推出去也能推进来，沃热就这样给母亲改造了一张能活动的方便床。他还从宁蒗买了一个红色的胶桶放在床下，粪便排出后再倒出去清洗，饭也在床上喂，水也在床上

---

① 彝族人杀猪时一般要吃许多烧肉，容易吃坏肚子。
② 瓦巴斯尔、布约、其丁，草药的彝语名称，都是用来治疗跌打损伤的彝药。
③ 沙玛沃热访谈录音整理，2014年2月。

喝，一口一口的喂，就这样照顾，整整照顾了三年。沃热告诉笔者："我随时都在想，万一我母亲病危了，我可真的舍不得，毕竟是自己的骨头啊。"

终于有一天，沃热开始做奇怪的梦了，老人腿上消肿以后，他梦见说有人要接走母亲，这是一个不好的预兆，他家就准备了一只小猪，用小猪给她转头（祈祷），也算给她招魂。彝族人一般不会给年纪大的老人做治疗仪式，认为死亡也是正常的，没有必要去干扰正常的秩序。当沃热给母亲转头时邻居也这样说："你母亲都这么老了，也不是年轻人，也就没有必要了（给她吃药和做仪式）。"但是，沃热还是给自己的母亲做了治疗仪式，他说：

> 毕竟是自己的母亲，自小把我拉扯大，就算汤里有点油渣，她也不愿自己吃而夹给我，我记事以后她就这样夹给我，抱着我坐，大点以后，好吃好喝都留给我。对于母亲我已经满足了，但父亲还是不满足（有遗憾），太穷了就没有照顾好，母亲却满足了，要是多活几年，由于吃穿都不用担心，跟我多活几年多吃点东西，我就十分快乐，那就更好了。就这样一直照顾到前年。①

2012年7月27号，沃热的母亲去世了。她4月底得了感冒之后就开始病重，有几天都差不多死了，邻居、家族每晚都来看她，沃热家都坐不下人，就这样陪着她照顾了一个月，老人的情况开始好转，但三个月以后又复发了，病重以后大小便时原来那张"方便床"就不方便了，沃热夫妇把她抱下来照顾。

> 我自己给她清洗，7月27号就这样老了。如果要是跟我的父亲比较的话，父亲就显得非常的可怜，当时只有那么一点白面，

---

① 沙玛沃热访谈录音整理，2014年2月。

第八章　烂泥箐农场：档案、史实或方法？

断粮以后买不起米，白面就便宜一点，也就只能给他吃点馒头了，父亲连烟都抽不起。自我媳妇嫁过来之后，许多人的母亲就没有我的母亲幸福，许多有名气的人的母亲一直苦到洞边（老死），我母亲自我媳妇过来以后手就没有动过农活，直到去世，孝敬母亲我是心满意足了，但没有人会认为自己完全孝敬而不留遗憾！①

笔者第一次到沙玛沃热家时，沃热带我到屋后墙角边指着一对老旧的磨石对我说："这是我父母留给我的唯一财产，我要好好保留！"今天，沃热的生活随着孩子们的长大而一天比一天好，但这些不断增长的物质财富似乎仅仅是沃热生活的开始，沃热以一种十分坚韧而又自信的方式在烂泥箐农场生活着。40年前，他的父母就算被写《烂泥箐农场史》的各位老师所遇见，但他们可能进入不了档案，因为他们生活得悄然无声，犹如沃热今天的生活，但恰恰是因为烂泥箐农场史的线索使得沃热成为档案外的一个故事，因为，档案以外的生活应该包含于档案之中，毕竟只有小人物的历史才是烂泥箐农场史真正成为历史而不是档案的最为根本的原因。沃热说，他这一生最大的遗憾是不知道母亲的真实年龄，也不知道母亲的真实身份，因为母亲不知道自己生于哪一年。

五　档案、史实与方法

60年前的烂泥箐农场史通过访谈对象的选择、文学渲染等方式记录烂泥箐农场建设的侧影，一方面我们从这些材料中可以了解到农场建设时的基本情况，而另一方面，通过对这些当事人的访谈，我们可以了解到《烂泥箐农场史》的整理动机、目的和方法，这对我们

---

① 沙玛沃热访谈录音整理，2014年2月。

下篇 作为方法的农场

理解民主改革时期家奴安置方式的政治和经济意义十分重要。沙玛尼惹、马海务嘎、巴嘎热、江培元老师和沙玛沃热的访谈都从不同角度带我们切入农场的生活史，尽管大家对农场的记忆和表述有着鲜明的个人特点，并未让我们看到一个"客观""完整"的农场，但恰恰是这些不同的视角和体验构成理解农场生活史的不同经验。因此，江培元老师对贸易公司门前的渲染恰恰是最为真实的史实，它反映了"大跃进"时期人们歌颂伟大生活的意识形态如何影响一般意义的文学作品，这些文学作品以某种超史实的方式呈现了人们真实的思想状况。

烂泥箐农场自1958年年初建设起，为一些无家可归的人提供了温暖的住宿条件，但随着这些人自我能力的提升和需求的增长，作为集体生活的农场也慢慢在解体，而自小在农场长大的马海务嘎对农场的解体是这样解释的：

> 当时盖房子的时候也没有考虑太多，卫生条件也不好，猪圈、鸡圈也不方便，养鸡、养猪也不好养，大家纷纷搬走，最后只剩下几户五保户，后来这些五保户也不愿意住了就重新盖房子给他们住。①

这是一个很有趣的解释，马海务嘎是站在个体家庭的立场解释农场解体，而农场在最初建设的初衷就是解决单身家奴的安置问题，也就是说马海务嘎是站在现在的角度理解农场的过去，而所有的历史写作似乎都具有这样的特征即用现在的观念解释过去，这意味着农场作为场所的使命似乎被我们遗忘了。民主改革前的小凉山彝族社会并未形成大的村落，最初来到农场的人都是从不同的家庭解放后来到这里，多数人按照自己的喜好组成临时家庭而没有真正的家庭，所以农场仅仅是让人相遇的地点。《烂泥箐农场史》以个体为单位的叙事其

---

① 马海务嘎访谈，2009年5月。

第八章　烂泥箐农场：档案、史实或方法？

实就是追寻了农场的这种组织特征，因此，当我们按照《烂泥箐农场史》的报道人、亲临者和写作者以及诸如沙玛沃热一样的小人物进行回访时，我们的工作似乎就是让这些人回到农场，让他们在农场的情景中相遇。

《烂泥箐农场史》改变了笔者只是将档案看作资料或者史实的想法，而沿着档案的线索去发现烂泥箐农场以什么样的方式被记忆或者被表达，此方法似乎比考据档案文本是否真实更有意思。杜靖认为，历史学与历史人类学在对待档案上的差别就在于前者只关心档案的可信程度，而后者关注档案如何产生或者被制作的社会过程。[①] 如果本书的研究也算是历史人类学的话，我们则有着不同的看法。

首先，任何一份档案在成为档案之前都不是档案，也就是说每份档案都有满足某项需要的实际功用，正如《烂泥箐农场史》是为了国庆十周年献礼，因此，档案的原初用途及使用者的喜好决定了该档案制作的方法和内容。其次，档案的使用者和档案的制作（整理）者可能还不是一拨人，这就决定了档案的制作者、整理者在制作过程中将个人的思想和价值摄入档案文本的可能性，而此可能性很大程度上由档案制作者领会使用者意图的多寡来决定，这好比《烂泥箐农场史》整理者们对自己政治觉悟的把握和反思一般。再次，档案制作者们似乎都是"二道贩子"，他们是对曾经发生过的事物的再解读或者文本化，正如江培元等只是翻译、整理了个人的口述而无法保证这些报道人话语的真实性，他们对此唯一的判断标准就是是否典型，而典型就意味着是否符合使用者们的要求或者标准。

因此，围绕某份档案似乎存在着多层丰富的文本及社会关联，而这些社会联系的层次性几乎与所谓的真实性或者过程无关。在本章中，笔者将马海老人、沙玛老人、马海阿直、马海务嘎、巴嘎热、江培元、沙玛沃热等人的经历串起来，原因就是他们都与《烂泥箐农场

---

① 杜靖：《历史人类学视野中的档案和文本》，《青海民族研究》2010年第1期。

下篇　作为方法的农场

史》有关，换句话说是作为档案或者文本的《烂泥箐农场史》让他们发生联系，但这些联系并不是自然发生而是笔者回访后的文本让他们相遇，这种方式就是我们通常所说的民族志写作，按照赵旭东的说法这是一种典型的"线索"民族志，① 所以这些人的相遇是一种"线索相遇"。而此"线索相遇"似乎在以下几个方面构成了人类学档案回访区别于其他回访的特征。

一是地点相遇。报道人和笔者都在不同的时间在烂泥箐农场生活过，即便大家的行为和时间不一定交叉和重叠，但农场作为一个既定的地点让大家相遇，这些人在烂泥箐农场或长或短的生活经历构成了一种关于社会实在的线索，此线索在最为广泛的意义上就是我们通常所说的历史本体。尽管现代社会的流动性让《烂泥箐农场史》中的报道人、亲历者和整理者生活在不同空间，但他们有关农场的记忆依然可以让他们再次在"农场"相遇。

二是价值相遇。由于农场作为家奴安置措施的独特性和政治性，以及由意识形态赋予烂泥箐农场的象征意义，江培元老师等完成的《烂泥箐农场史》是一种选择性工作的结果，制作档案的时间、地点、人物都是选择后的"典型"，是与周边其他农场比较后的典型。在此意义上，作为档案的农场似乎浓缩或者包含了档案以外的农场，也就是说档案本身就包含了非档案线索，这些线索多半由档案创造者当时的思想和价值判断所引导，由于这些档案所蕴含的思想、意识是自然的流露或者是某种合法性的自然呈现，当时的人们并未意识到这些选择的人为性，因此，此人为性只有通过日后的反思才得以明晰揭示，而我们用民族志的方法研究、反思这些档案时就与前人发生了价值上的相遇。

三是方法相遇。笔者之所以选择这份档案作为研究起点，就是因为看到档案里的人、档案外的人、创造档案的人以及阅读档案的人相

---

① 赵旭东：《线索民族志：民族志叙事的新范式》，《民族研究》2015 年第 1 期。

第八章 烂泥箐农场：档案、史实或方法？

遇的可能性，而这种相遇是超越时空的，这些人相遇本身就是社会联系的重要方式，发现这种联系的方式就是我们通常所说的民族志，在这种意义上，民族志本身就是方法，因为当我们用民族志来研究历史与现实的关联时，线索必须被限定才能称为线索（这与赵旭东的理解有所差异）。①而在本书的研究中，档案文本及其所拓展的空间构成了民族志所能涵盖的范围，也就是说，档案的民族志研究让这些人再次在文本中相遇，而民族志似乎就是让人相遇的方法或者技艺，这种方法或者技艺揭示了一种包含、串联着多层文本的隐文本存在的可能性，而这种可能性恰恰来源于人们对档案的选择性。

正如江培元老师虚构贸易公司门前的文学手段恰恰强化了他所处时代的精神特质，巴嘎热的沉默寡言也凸显了彝族社会超越短暂社会变革、维持更为长久的家族寻仇观念延续的可能方式。以上种种都是在以《烂泥箐农场史》为线索的民族志描述过程中显现或者生成的。因此，对档案的人类学回访在本书中似乎还成为理解小凉山家奴安置措施如何影响彝族社会、文化的手段与方法，因为档案中的选择性反映的恰好就是社会与人之间的权力关系及其背后的意识形态，而对此权力关系和意识形态的揭示、理解和思考似乎才是历史人类学真正的主题与任务。

总之，本章对沙玛老人、马海务嘎、巴嘎热、江培元老师、沙玛沃热的访谈从不同角度切入农场的生活史，尽管大家对农场的记忆和表述有着鲜明的个人特点，并未让我们看到一个"客观""完整"和"同一"的农场，但恰恰是这些不同的视角和体验构成理解农场生活史的不同经验。有意思的是，我们达到以上理解的效果却始于对一份档案的回访性研究，此研究打开的视野似乎已经不再是对档案真实性的考证，也不仅仅是对档案产生过程的社会学关注，而成为一种理解、描述档案多层文本的方法，此种方法对研究中国少数民族当代史

---

① 赵旭东：《线索民族志：民族志叙事的新范式》，《民族研究》2015年第1期。

下篇　作为方法的农场

应该有着重要价值。一方面，新中国成立后在少数民族地区建立了相对完善的档案制度，且收录了有关少数民族社会、经济发展的大量档案文书；另一方面，这些档案的整理者、所涉及的当事人生活的年代离我们不太远，我们完全可以用人类学的回访对他们进行追踪性访谈，这些人和事之间的联系在为我们呈现当代少数民族社会的历史关联及过程的同时，似乎还可以为我们理解档案如何参与历史建构的方式与方法提供某种便捷路径。

作为"黄金"档案的《烂泥箐农场史》为笔者的研究打开了思路，笔者也因能寻访到部分报道人和写作者而深感幸运，因为他们的言说或不言说都将烂泥箐农场的过去和现在连接起来，但是，作为一项学术研究，笔者的问题才刚刚开始。整个1957—1958年，小凉山的农场就有51个之多，这些农场未必都如烂泥箐农场一般"典型"，也没有像烂泥箐农场一样拥有自己的官方历史，笔者也不可能在本书中全部回溯所有农场的历史。更为重要的是，恰恰因为这51个农场的不一样导致了这些农场的差异，那我们应该如何从这些差异中找出"农场"这样一种奴隶安置方式对小凉山彝族社会的影响？回答这些问题将是下一章的任务。

第九章　农场类型学

一　农场的分化

　　从功能上讲，农场类似于福利院，是安置家奴的临时性居所；从组织上讲，农场发挥着大家庭的动员作用，为满足场员的温饱而生产。但是，生产水平和生产总量的提高并不能仅靠激情和觉悟来完成，同样也受到土地、山林、草地、水源等生产资料的制约与影响。民主改革以前，小凉山彝区的土地利用方式是以家庭为单位，耕种房屋周边依山傍水便于劳作的小块土地，即便有些大户人家拥有上千亩土地，多数也是一些经常抛荒的轮歇地。人们不太容易能找到可供三四百人生活的成片土地，多数村庄往往会到比较远的地方去耕种。为了便于劳作，人们都会在远处的土地边上搭建一些临时性的住房，当地人习惯称这些临时性的据点为"窝子"。民主改革后，部分农场村需调配一部分人员到"窝子"劳动，慢慢地这些"窝子"也称为"农场"，人们往往用"上下农场"来称呼这些自然分化的农场，"上下农场"这样的地名至今在小凉山比较普遍也是这个原因。

　　农场分化的原因主要是土地不够吃，到窝子上劳动比较远不方便，当然也出现了一些人际上的问题。不过人员调配还是自愿报名，场里并不强行分配，人们一般是按亲戚关系来组织和搬迁。烂泥箐农场是1959年清明节以后分的，因为我特别记得搬上来的那一天我父亲捕到一只野鸡，我们吃野鸡肉、喝野鸡汤，特别幸福！①

何文光是烂泥箐农场走出来的为数不多的老干部之一。2014年我们采访他时，他依据吃野鸡肉的事件准确推算出烂泥箐农场分家的时间，理由是野鸡发情一般在清明节后两个月内，小凉山彝族利用其发情互相争斗的习性通过家养"诱子"刺激野鸡自投罗网的方法来捕捉野鸡。何文光家是以家庭为单位加入烂泥箐农场的，他父亲的几个兄妹都搬到了上农场。他告诉我们，农场主要以单身的家奴为主，他们一般比较慵懒也没有野心，但加入农场的部分穷百姓和分居奴则不然，他们往往为主导农场内部各种事务而斗争，农场分化初期就显现出苗头，到后期"三反五反"，特别是"文化大革命"中，这些斗争就更加激烈和白日化，烂泥箐农场内部的斗争最终以某些人的入狱而结束。②

烂泥箐农场的分化尽管有着人际的因素，但便于农业生产、资源配置的分化原则还是人们首要的考虑，这些特征在沙力坪农场，跑马坪上、下农场，西布河上、下农场，战河上、下农场，西川上、下农场的分化中都是共性。农场村在小凉山全境内的第一次分化基本上发生在1959年内，我们称这一次基于土地资源的分化为自然分化，以区别于后期基于社会和文化的第二次分化。第二次分化使得小凉山的农场及其组织与联系呈现出不同特征，这些特征就是本章将要讨论的农场"类型学"。有意思的是，我们鉴别这些农场"类型"的经验和标准似乎并不来源于农场内部的构造而源于他们与其他农场或非农场

---

① 烂泥箐农场何文光访谈录音整理。
② 何文光访谈录音整理。

村的联系，这意味着我们不能采取"切割法"来理解小凉山农场的发展变化，尽管它们有着几乎相同的构造逻辑与方式。

由于不同农场处于不同的组织小环境中，比如有大小不一的非农场家族在外围发生作用，以及这些农场人本身的能力和组织方式的细微差异，再加上这些农场因处于乡镇、自然村两级不同的行政区划，其所拥有和获得的社会、文化、经济和象征资本也有所差异，导致了小凉山农场从里到外的嬗变及类型生成。迄今为止，有些农场因融入周边社会而消失，有些农场成为某些大家族的"附件"，有些农场则变得非常自立与自信，而有些农场则通过吸收不同的农场人来补充自己的人口与资源，以上形态学事实使得我们通过农场"类型学"的考察，来讨论民主改革后小凉山彝族村落的社会文化过程成为可能。接下来，我们将依据这些农场与外界的关系将它们分为"依附""自立""补充"等类型来讨论农场分化的过程及其社会学意义。

二 依附型农场

我们曾在关于沙力坪农场的调查中提到，119 户村民中以"加日"为姓的有 70 户，占到总户数的 59%。① 加日，有时也写为嘉日、甲子，是沙力坪坝子的第一大家族，民主改革时，该家族曾有 7 户奴隶主和 10 余户富农。沙力坪农场的家奴基本上都是从加日家解放出来的，这些家奴因从加日家出来而采用"加日"作为姓氏并与加日家发生着各种联系，他们对外宣称自己是"真正"的加日家族，对内也积极参与加日家族的各种事务，承担各种尔普，尽管他们依然在有些领域被排斥，但其作为加日家族外延性宗族的特征却十分显眼。

外延性宗族是指自称是某个家族但并不被该家族全部认可的群体。由于凉山彝族各种家族分布较广，远距离的宗亲、姻亲之间只能

---

① 参见本书第六章。

下篇 作为方法的农场

靠背诵家谱来确认和判断其身份,这意味着这些身份有时可以被冒充和利用,所以某个人是不是某个家族的成员多数情况下只能靠婚姻关系来确定和加强,而婚姻关系一般具有一定的隐私性并可以延伸到上下许多代,只有十分熟悉情况的人才能知道某个人三四代以内的姻亲及其各种血缘或者健康方面的优点与瑕疵,而瑕疵往往可以掩盖,没有瑕疵的家族成员似乎就变成了真正的宗亲。因此,外延性宗族往往在彝族社会的拟亲实践中起到非常重要的作用,特别在沙力坪农场这样的"单姓村"中,大多数家庭的姓氏选择及亲属认同可以将整个农场精巧地变成加日家族的外延性宗族,从而也将农场内部整合成一个具有拟血缘关系的"依附性农场",那这些依附方式与整合方式是如何发生的呢?

家奴往往通过姓氏选择的方式将自己与某些家族联结,并成为该家族成员之一,尽管在某些场合其所依附的家族并不一定承认,但在许多社会交往中这种准家族成员的身份可以通过缴纳尔普的形式得到强化、认可和实践。沙力坪农场目前有70户人自称是加日家族,他们实际上只是21位家奴的后代,其中有几位是兄弟,其余的人之间并没有血缘关系。① 他们自选择加日作为姓氏之后,随着亲属称谓的改变也启动了一种全新的拟亲实践,对内是房支,对外则成为整个小凉山金古家族的一部分。

凉山彝族长幼有别,父子之间、兄弟之间卑尊有序,座次分明,辈分较高的人明显有着较高的权威,兄长和弟媳之间有着严格的避讳禁忌,一般不会在同桌吃饭,更不能随意开玩笑。弟弟和嫂子之间则比较自由,开玩笑也是经常的事。沙力坪的加日家族分为五支,比约双尔支最大,吉克翁节老二,剩下的是尼特伙秋、尼特伙果和尼特伙让,农场村里的加日全都从这些分支中解放出来,当他们选择这五支的姓氏时,他们之间的卑尊和长幼辈分自然也就有所分别。加日阿力

---

① 嘉日万万访谈,2014年12月。

和加日务河并没有血缘关系，但阿力父亲的姓氏出自比约双尔家，所以他们的辈分就比出自尼特伙让家的加日务河大，尽管加日务河比阿力大十多岁，但在婚丧嫁娶的公共场合中，加日阿力都会以哥哥的身份自居，路上遇到务河的媳妇，他都会回避，相反，务河遇到阿力的媳妇就比较轻松，同样地，他们的孩子之间也遵循着相同的宗亲原则与禁忌。这样一来，我们仅仅从亲属称谓和相关的身份禁忌中无法辨别农场村里的加日之间是否有血缘关系，相反，他们之间的拟亲实践不仅将他们与外界的加日联结，也将农场内部的加日氏整合成一个家族；由于其人口上的优势，整个沙力坪农场就成为沙力坪加日家族的一个"附件"，而此附件也因一些更加精妙的社会交往而将沙力坪农场塑造成加日氏的外延型宗族，农场内部的人成功依附在作为符号和实践的宗族或家支制度上。

沙力坪农场处在通往蝉战河和羊厂的交通要道上，2000年前后，小凉山彝族地区毒品泛滥，整个沙力坪坝子的年轻人曾以吸毒为荣，广泛参与吸食和贩卖活动，农场因交通便利，成为整个沙力坪坝子的毒品集散和供应地。1999年和2002年，在沙力坪加日氏的知名人士和德古们的倡议下，小凉山著名的"虎日"戒毒仪式就在沙力坪和周边的跑马坪举行，[①] 沙力坪农场里的加日氏全部参与该戒毒仪式并承担每人5元（男丁人口）的仪式费用，沙力坪农场75岁的加日万万老人告诉我们：

  当时有些人认为，农场里的部分加日不正宗就不要求我们参加，但是，毒品的危害并不分血缘，无论你正宗与否，也不论你是黑彝、曲诺还是奴隶的后代，鸦片（毒品）的危害都是同样的沉重。因此，我们坚决要求参加并缴纳尔普，最后我们也参加了

---

① 庄孔韶、杨洪林、富晓星：《小凉山彝族"虎日"民间戒毒行动和人类学的应用实践》，《广西民族学院学报》2005年第2期。

大会。沙力坪的加日是一个勇敢的家族，他们能做别人做不起的事情，他们的虎日盟誓大会震惊大小凉山，让卖毒的人、吸毒的人心惊胆颤！我们的小孩从此远离毒品，大家都受益了，因此我们也比较自豪成为加日家的人！[①]

加日万万是尼特伙让支的奴生子，他十分清楚所谓"正宗"的加日并不一定完全接纳农场人，但他在大是大非面前的言说无可辩驳，这样的态度使得他拥有非同一般的领悟能力，也就是在他的坚持下，沙力坪加日的虎日戒毒赢得了更多农场人的赞誉与支持。农场人的主动融入也得到非农场人的欢迎，人均5元的仪式费用也成为农场人融于加日大家族的某种象征，而此象征进一步将"份子钱"的仪式意义转换为某种整合农场与非农场的联结方式，或者说，参加了盟誓大会的农场加日氏在仪式中真正感受到某种力量与温暖，使得他们与其他加日氏在面对共同的社会问题时有着稳定而强大的组织与精神力量，这似乎也说明了沙力坪农场附属在家支制度上的组织性需求及满足此需求的可能性路径。如果说，虎日仪式所反映的沙力坪农场依附于家支制度上的方式具有某种自愿性特征的话，那么个体家庭的遭遇及家支制度对其的救济似乎是依附型农场形成的另外一种制度性力量。

三　自立型农场

第七章我们介绍过木耳坪农场的基本情况，其中，多姓杂居是木耳坪农场与沙力坪农场最大的不同。农场内居住着阿克、莫色、阿鲁、邱莫、以伙等姓氏，其中没有一个姓氏占绝对的多数，也恰恰是这个原因，这几个姓氏之间互相联姻，形成了一个强大的通婚圈，他

[①] 加日万万访谈整理，2014年7月。

第九章 农场类型学

们互相帮助、支持，不仅在政治、经济上取得了比周边非农场人的相对优势，也在文化上也慢慢获得自信。相对于沙力坪农场的依附性，我们将这一类型的农场称为自立型农场。木耳坪农场共有 140 户左右，除了家奴的后代以外，也有 20 户左右的曲诺掺杂其中。阿鲁克哈家是农场村里比较有威望的曲诺之一，原因是阿鲁家依然是小凉山著名的曲诺，不仅人口众多，也拥有较高的社会声誉。阿鲁克哈老人有四个儿子，有两位在县城工作，有一位在村里当村委会主任。当我们聊到农场人的婚姻时，他告诉我们，木耳坪的农场人非常强势，人也比较聪明能干，他们通婚的范围比较广，不仅与彝族中比较著名的曲诺通婚，也跟纳西、汉族等民族通婚。他在村委会当主任的儿子，娶的就是本村的农场人，儿媳妇不仅能干，她家的亲戚还在其儿子竞选村委会主任时帮了大忙。他说："如果没有农场人的支持，任何人在木耳坪当村委会主任几乎都是不可能的。"所以，由于村内通婚的原因，木耳坪农场很多家庭之间有着亲缘关系，此关系不仅对村落内部的团结起到了积极作用，一旦这种关系与邻里关系叠加也很容易成为村落内部互助的重要资源。2014 年，阿鲁克哈二儿子竞选木耳坪村委会主任。选举除了依赖竞选者的个人素质与能力外，也离不开竞选者的家支实力、亲缘关系及社会关系。阿鲁克哈二儿媳尽管是本村的农场人，但由于其兄弟姐妹都在村内嫁娶，所以她们在村内的强大关系也就扩展成为阿鲁家的关系，最后，阿鲁家成功竞选上该职位。在木耳坪农场，姻亲关系似乎比在沙力坪农场更为重要，他们可以依靠姻亲对村落内部关系进行再生产。在我们的访谈过程中，阿鲁克哈老人并没有表示出对农场人的偏见，相反他对木耳坪农场人的评价很高，除了儿媳妇的因素以外，木耳坪农场人似乎具备某些值得阿鲁克哈老人尊重的品格与特征。

2011 年我们第一次进入木耳坪农场时，村里的道路早已硬化了，村子里干干净净，家家户户的房子都修得很好。村子中央树立着一幢三层的欧式别墅，这是当时的小凉山首富阿克老板为自己的父母修建的，据当地的村民说，该别墅花了一百多万元。阿克老板经营着几个小凉山境内最大的煤矿，资产上亿，为人正直又广交朋友，在小凉山彝族社会有着很高的知名度；其爷爷解放自一家姓阿克的曲诺，据说个子很高很强壮，是木里那边的藏族人。① 阿克老板的父亲一辈一共有五姊妹，两个姑妈嫁到本村，一个姑妈嫁给一个阿鲁曲诺。母亲一方有四姊妹，全都在本村嫁娶。阿克老板很早就参加工作，由于人品极佳，自己娶到一位参加工作了的曲诺沙玛曲比氏的女儿，之后又将自己的妹妹介绍给妻子的弟弟，因此，他的通婚圈在彝族人看来因与曲诺开亲②而上升。阿克老板的子女都非常优秀，全部大学毕业，大女儿嫁给四川大凉山欧木家族，小女儿嫁给宁蒗有名的沙玛石家族，儿媳妇娶的是丽江的纳西族。由于阿克老板在生意上的成功，他的姻亲也基本上是当地的名门之后，其作为农场人的历史几乎被人们遗忘，再加上他在小凉山经常参与一些如修桥等公益事业，他以及他所属的村落也在小凉山彝区获得了一些声誉，为自立型农场的形成起到了明显的作用。

2011年，笔者带着学生在木耳坪调查期间，恰逢阿克老板78岁的父亲生病，由于是熟人，加上礼节上的原因我们调查小组前往阿克老板家看望老人。阿克老板本人当日也在家，家里汇集了从四面八方来看望老人的亲戚，大约有上百人。我们一行七人的到来让这个家庭感到意外和高兴，他们家当场杀了一头大肥猪来招待我们。一旦有老人生病，亲戚们往往络绎不绝，这是凉山彝族临终关怀的重要形式与内容。在阿克家这个庞大的探亲队伍中，笔者见到了加日拉达。加日拉达住在跑马坪农场，是该农场一个比较有名的小企业家，他曾经创办过"小凉山万格苦荞酒厂"，该苦荞酒厂成立于1992年，1994年倒闭，倒闭的主要原因是当时坏账太多无法收回现金。③ 加日拉达的

---

① 阿鲁阿普，村民随意访谈，2011年。
② 开亲，当地用语，意指不同群体间的首次通婚。
③ 加日拉达访谈资料整理，2011年。

第九章　农场类型学

酒厂虽然倒闭，但他因创办小凉山第一家彝族酒厂而获得声誉，再加上他兄妹几个在跑马坪街上从事诸如商品零售等多种经营，加日拉达成为跑马坪农场著名的强势人物之一。加日拉达在阿克家谈话自如的体态告诉笔者，他不仅是阿克家的老熟人，应该还是阿克家的亲戚，后来我才得知，加日拉达的女儿嫁给了阿克老板姑妈的儿子，加日拉达还是阿克老板的长辈呢，尽管年龄差距不算很大，但他面对阿克老板时的自如和自信似乎就来源于其作为长辈的权威。

加日拉达在阿克家的出现让笔者意识到，小凉山各个农场之间不仅有婚姻关系，甚至还有某种强强联合的内在逻辑，这种逻辑甚至可以贯穿多个农场。再进一步的调查后我们发现，阿克老板的堂妹嫁到昔腊坪农场的吉命家，该家是昔腊坪农场最成功的家庭之一，同样有资产上千万的老板，也有级别比较高的政府官员；昔腊坪农场的吉命家却跟蝉战河农场的阿苦家有婚姻关系，而该阿苦家曾有人担任过宁蒗县法院的主要领导，也有人担任过蝉战河乡的乡长；再进一步地梳理我们还发现，蝉战河阿苦家又跟跑马坪农场的阿鲁家有婚姻关系，而阿克老板的一个姑妈就嫁到该阿鲁家。于是，我们发现，如果以木耳坪比较成功的阿克家为原点，我们可以在阿克家的亲属关系中找到小凉山比较成功的农场人家庭的线索，甚至，我们还可以梳理出强大的纳西家族，因为阿克老板儿媳妇的后家有人在云南省政府里担任副省级以上的干部。调查中，我们还了解到，前文阿鲁克哈担任村委会主任的儿子媳妇就是阿克老板舅舅的女儿，因此，阿鲁克哈老人一家也成为阿克老板亲属和社会关系网中的一络，而这样一种亲属关系的再生产，似乎也可以将整个小凉山彝族家支的脉络网进去，于是，自立型农场的生成似乎有着门当户对的文化逻辑，问题是，此"门当户对"的个体差异是如何在起点基本一致的农场中产生的呢？

在小凉山的51个农场中，干河子农场建在县城附近，新营农场、跑马坪农场、战河农场、永宁坪农场、木耳坪农场、西布河农场、西川农场、蝉战河农场、大拉坝农场、烂泥箐农场都建在乡政府所在

下篇　作为方法的农场

地，余下的全部建在村委会治所附近，这样的安排意味着农场基本上就是当地的政治、文化和经济中心，往往也是当地的交通枢纽，相反，周边的非农场村往往比较偏远，这同样意味着农场村民占有和享受的社会、制度、经济等资源一般比其他彝族人更多。跑马坪乡的老乡长加日万格告诉我们，改革开放以后，农场里的人开始两级分化，一部分人因离学校近，很早就开始读书，后来就参加工作，基本上融入了外面的社会；另外一部分人是五保户及其后代，这一部分改革开放后就比较困难，有些甚至温饱都解决不了，很少有能走出村子的。①阿克老板、加日拉达所在的农场就在乡政府边，不仅交通便利，所拥有和占据的其他资源也显然不是分布在高山上的农场可以比拟的。加日拉达的兄弟、妹妹都在跑马坪街道上拥有很大的房产，他们很早就搞商品零售、批发、代理，垄断一些诸如烟花爆竹、话费缴纳等业务，近些年来还私下开展小额民间借贷业务，将手中的资本和资源优势最大化，因此，他们的社交范围扩展很快，圈子也随之扩大，通婚的范围也伴随经济能力的提升而变得更加自主与自由。

　　农场人是幸运的，政府将最好的土地、资源和政策都分配给他们，而我们这些成分不好的人，从小就不给上学，天天被批斗、挨站。我很固执，生产队不给上学，我天天去学校堵老师，求着上学。最后，老师也没办法，只好让我上学，一直上到中央民族学院。但是，其他像我一样成分不好的人，就没有那么幸运了，许多人都没机会读书。也许是没有机会读书的原因，非农场人一般比较重视教育，到了我们的孩子这一代，农场的小孩基本上初中毕业就开始打工，没几个上大学的，但我们的孩子大学生到处都是，这估计就是"一天黄鳝长，一天泥

---

① 加日万格访谈整理，2017年12月。

第九章 农场类型学

鳅长"的道理吧!①

老乡长加日万格描述的情形可能适合像沙力坪农场这样分布在村委会一级的农场,但像跑马坪农场这类分布在乡政府治所旁边的农场则发展更快,因此阿克老板、加日拉达等家庭所拥有的资源似乎有很大一部分来自行政区划所带来的资源配置上的优先与便利,这些优先与便利随着时间的推移通过学历、工作、商业等文化资本和技能明显超越沙力坪等依靠传统农业为生的农场,这似乎就是我们在阿克老板的故事中所看到的"门当户对"的自立型农场形成的深层原因。从组织上看,各个自立型农场间"门当户对"的文化实践实际上是一种姻亲间的联合与互助,这与沙力坪农场靠家支的依附性逻辑不大相同。当然,这并不意味着自立型农场里的人就不寻求家支制度的帮助,而是说姻亲间的关系似乎在这些人的日常生活中所起的作用更大,并且,这些姻亲关系的选择还依赖一定的经济、物质乃至体现在区位优势上的社会和文化资本的积累,此积累过程实际上就是农场人自解放后真正获得独立发展的制度性优势的缓慢兑现,换句话说,当小凉山社会培养出像阿克老板这样的优秀劳动者时,作为家奴安置措施的农场的最初目标似乎才算实现。然而,阿克老板的成功恰好就是其超越木耳坪农场的社交与婚姻实践带来的,而不是其固守在农场内部的封闭性自足。自立型农场的提法指某一农场通过经济、生产方式和制度的一体化整合,依赖各种社会和文化资本实现经济、文化上的自立,以此克服某些基于"血缘"偏见而获得的文化自卑,因此,上文中的"自立"更多指涉一种精神和文化状态而不是某些可量化的统计学指标。吊诡的是,这样一种通过反对血缘偏见的文化自信似乎只能通过获得血缘上的净化和提升才能办到?如果说,像阿克老板、加日拉达这样的强势人物可以通过自己的经济、社交能力扩大自

---

① 加日万格访谈整理,2017 年 12 月。

己的婚姻关系而提升自己的社会地位，那么那些像沙玛沃热一样孤立无助的五保户的后人又将如何拓展自己的生活？如果区位优势可以帮助形成自立型农场，那么那些区位优势并不好的农场又将采取怎样的制度和文化来适应新的发展与变化？或者借用加日万格的话说，农场两级分化的另一极将是什么状况？

四　补充型农场

我们曾在第八章讨论过烂泥箐农场的情况。2009年始，笔者多次到烂泥箐农场调查，每一次都有不同的体会与发现，其中，印象最为深刻的是，烂泥箐农场最初入场的人户及他们的后代有近一半以上的人都搬出了农场，移到条件更好的地方去生活，其他比烂泥箐农场条件差的村民会通过购买农场土地的方式补充进来，这些补充进来的人基本上都与原农场里的人有亲缘关系。1958年，烂泥箐农场建场时有425人，到2017年有405人。① 从1956年到现在，宁蒗全县人口至少翻了2.5倍，假定没有人口流动和其他重大灾难，烂泥箐农场的人口应该在1100人上下，这意味着烂泥箐农场的人口在不断的减少，那减少的原因是什么呢？

农场里的人，一开始是非常多的，那些被人捆绑、掠来的人很多。最先四五个单身的人居住在一起，后来自由结婚的人就单独居住一间，再后来一部分被亲戚找去，留下的那部分有些后来也自行搬出农场。国家对农场非常照顾，其他的人都自己劳动依靠自己，但农场靠国家专门运粮食给他们吃，当时车子也不通，用马帮直接将粮食驮给他们吃的，给他们粮吃，给他们水喝。现

---

① 425人的数据来自《烂泥箐农场史》，405人的数据来自烂泥箐乡政府2017年工作报告。

在四分五裂，居住在农场的只有原来的 1/3，从外面搬来的占多数，原来农场里的人将土地卖给这些新搬来的人，然后自己又搬出去。①

沙玛务支曾担任过烂泥箐村公所的支部书记，从以上他对烂泥箐农场人口流动变化的介绍中可以看出，烂泥箐农场的人口流动大概有以下几种情形：一是农场建设好后，有些单身家奴被亲戚找到或者联系上了家人，就被接回老家，这种情况在许多农场都比较普遍；② 二是自行搬家，有些人因参加工作而搬到县城，有些人投亲靠友，有些人为了生计而移民等等，我们对马海务嘎的访谈也证实了这些情况，他说烂泥箐农场建设初期的老户只剩下 1/3 了。③ 这些老户搬走后，他们在农场的土地就流转给后来者，不少将女儿嫁到海拔更高的地方的家庭就将这些土地流转下来，将女儿家搬到更暖和的烂泥箐坝子居住。农场里有一位姓高的老人，就是因为自己的女儿嫁到烂泥箐农场后，将原来在大拉坝农场的土地全部流转给别人，然后在烂泥箐农场买了三四亩土地，两户儿子就这样搬入了烂泥箐农场。

据沙玛务支说，以村为单位的扶贫项目，只以现在是否居住在农场为标准，所以许多离开了农场的人就得不到相应的扶贫支持，这从侧面说明这些迁出的人估计很难统计，土地现在成为衡量农场村民身份的唯一标准，尽管多数迁出农场的人与村里的人还有着紧密的联系，但他们似乎已经被排除在农场村的权利范围之外了。

五保户比较多，几乎都死完了，现在只有一个五保户的儿子家住在那里，其他的五保户也没有后代，多数已经死了。农场里

---

① 沙玛务支访谈录音整理，2014 年 2 月。
② 比如在木耳坪农场，有兄弟两人哥哥因为被父亲找回汉区而成为汉族、弟弟则留在凉山而成为彝族的案例。
③ 马海务嘎访谈，2014 年 2 月。

> 最差的就是五保户,其实就是六保户了,他们多数都是残疾人,让他们彼此成家也彼此不喜欢。成家的好像有两户,一家生了一个女儿已经出嫁,另外一家生儿子现在还住在农场。①

五保户是农场里最没有生活保障的人,主要是民主改革前被掠来的残疾人,除了极个别结婚外,多数都没有后代。残疾人是家奴中比重较大的一个部分,一个农场一般有十人以上。据沙玛务支老人回忆,烂泥箐农场有十几个五保户,而阿鲁克哈老人也提到木耳坪农场的五保户有十多人。由于多数五保户缺乏自理能力,就算国家给予物质上的保障,他们也很难照顾自己,做饭也成问题。在农场建设初期,五保户都在食堂吃饭。食堂解散后,许多五保户的生活就没有着落,农场就将这些五保户分配给一部分家庭和睦、劳动力比较强的人户家,土地、部分物质保障也分给这些人户,五保户就跟这些人吃住在一起,死亡后由全村一起出资火葬。

沙玛沃热作为五保户的儿子,我们在第八章对他的个人生活史进行过梳理。在沃热的成长经历中,邻居对其的照顾是最重要的,无论是沃热女儿出生仪式的选择还是父母亲的葬礼,他都得到邻居的无私支持,因为其父母都是残疾人。沃热能获得和拥有的社会文化资源很少,因此他拓展社会交往的方式明显没有木耳坪阿克老板那么自如,他所能动用的最便利的资源就是邻里的互助。笔者在村子里访谈时,大家都说沃热比较勤快,乐于帮助别人,村里有什么红白喜事他都来帮忙;村里许多人的地都是沃热犁的,犁地后人们会给沃热一点钱,让他买米买盐渡过难关。随着沃热自己的努力和孩子们的成长,沃热逐渐摆脱贫困,生活开始殷实,这归功于邻里的互助。

烂泥箐农场的人口流动构成了一种我们称为补充型的农场,一部分能力比较强的人迁出农场,而另外一些与该农场有着血缘或者姻亲

---

① 沙玛务支访谈录音整理,2014年2月。

关系的人以家庭为单位迁移进来补充着烂泥箐农场的人口，如果撇开增长率的问题，烂泥箐农场现在的人口总数基本上与烂泥箐农场建立初期保持相当的水平，这就意味着烂泥箐农场的土地和资源依然具备一定的吸引力而没有被荒废。

> 我的大姑娘嫁到烂泥箐沙玛家，这里的条件比大拉坝农场好多了，所以一听说有人要卖土地，我们就砸锅卖铁买下了一点土地和地基搬了过来。这里离学校近，小孩上学方便，冬天也不太冷。大拉坝农场交通不方便，出产又不好，离学校又远。那个冬天啊，冰天雪地冻死人。原来200多人住的村子，现在一户人家都没有了，死的死，走的走，一个人都不在村子里了。①

高姓老妈妈从大拉坝农场随女儿搬到了烂泥箐，两个儿子农忙时在家帮忙，农闲时在县城打工，家里的农活一般就交给媳妇们做，一年下来收入还算过得去。他们对烂泥箐农场的条件比较满意，特别是小学、中学都在旁边，小孩步行五分钟就可以到学校。高老妈妈提到的大拉坝农场位于四川和云南的边界，海拔3000多米，气候严寒，交通不便。1995年以来，许多人家就开始自发移民搬迁，有部分迁到四川省盐边县，有些迁到四川省盐源县，有些迁到丽江市的华坪、永胜县和宁蒗的其他乡镇。2012年我们去调查时，该村已经空无一人，到处残垣断壁，甚是凄凉。由于农场人一般只能在不同的农场内通婚，大拉坝农场里的人搬出农场后一般会跟着姻亲走，此时的姻亲并不以家支为单位，而是以个体家庭为单位，比如，高老妈妈随自己的女儿迁入烂泥箐农场，他们追随的是儿媳的家庭而不是他们的家支。

我们对补充型农场的理解是建立在人口流动的基础上的，烂泥箐

---

① 高老奶奶访谈录音整理，2014年2月。

下篇　作为方法的农场

农场既输出人口也吸收人口，基本上保持人口的平衡，而大拉坝农场的人口已经被吸收完毕，成为农场类型学中完全消失或者融入周边社会的一种类型。如果说，大拉坝农场因地处偏远，所拥有的社会、文化和经济资源相对困乏是其消失的主要原因，那这似乎只是农场消失的一种情形，县城旁边的干河子农场的消失则是另外一种情形。干河子农场是 51 个农场中唯一建设在县城旁边的农场，由于其地理、交通等优势，早在 1958 年，农场里的生产、收入、工资等就比一般的农场高。① 到了 2014 年前后，该农场的多数家庭都有人参加工作，他们拥有的社会文化资本也可以算是自立型农场的典范。随着宁蒗县城城市化的推进，干河子农场在人口外流的基础上土地也基本上被征收和转让，农场人全部成为城市居民并融入整个大社会，作为组织、村落的农场完全消失，并与大拉坝农场一道构成农场类型学中的一级，尽管它们消失的原因并不一致。农场消失还有另外一种类型，黄岗农场建于 1957 年年底，过了一年的集体生活后，由于人数只有 40 多人，无法开展集体劳动，1958 年年底，因为要在山下的硝水坪建设一个铅厂，就把这些家奴全部搬迁到硝水坪，之后，这些人也慢慢向周边流动，至今整个农场已经完成消失了。②

　　人口流动的现象每天都在发生，小凉山每一个村落都有大量的人口流入城市，大拉坝农场、干河子农场、黄岗农场的消失其实也比较自然。如果我们只是单纯讨论城镇化对某些传统村落的影响的话，他们的消失其实并没有什么特别之处。但是，当我们将大拉坝农场、黄岗农场、干河子农场、烂泥箐农场、木耳坪农场和沙力坪农场并置在一起的时候，我们将发现关于小凉山农场发展的类型化特征，这些特征之间有着维特根斯坦意义上的"家族相似性"。从大拉坝农场、干河子农场、黄岗农场的消失到木耳坪农场的自立，我们发现了每个农

---

① 江培元、闵光汉、吴志钦等：《烂泥箐农场史》，中共宁蒗县档案馆 1959 年。
② 吉火干干访谈录音整理，2016 年 12 月。

场有着各自的适应能力和适应性，它们适应社会变迁的制度资源并不完全相同。大拉坝农场通过放弃的方式融入其他社会；干河子农场尽管也是消失，但他们获得补偿的机会更多；烂泥箐农场通过人口流动一出一进的方式基本保留村落的组织面貌；木耳坪农场通过门当户对的方式维系着农场的尊严；而沙力坪农场则通过依附的方式将整个农场附着在小凉山家支制度的框架上。我们还发现，每个农场在适应社会发展的过程中都选择了不同的组织资源，如烂泥箐农场选择了个体家庭的互助，而木耳坪农场则选择了姻亲之间的联合，沙力坪农场选择了家支组织的延展与包容。这些选择告诉我们，尽管51个农场有着相同的逻辑起点，但由于其所处的社会、文化和资源环境的差别，它们都发展和锻造出了各自的适应能力。这些能力在不断的运用中生成了具有组织特征的适应性，这些适应性在类型化思路的描述和放大下为我们呈现了村庄组织能动性资源被选择和利用的可能性及其方式。当然，这些方式也在中观层面上描绘了小凉山家奴安置措施60多年后的发展与变化，而这些变化也在更为深刻的尺度上回应着农场作为家奴安置措施的社会学理想影响小凉山彝族日常社会生活的社会文化过程。

五 农场类型学

2017年年初，课题组对51个农场的人口发展做了简单分析发现，时下生活在宁蒗县的农场人口有30000人左右，迁徙到县城以外的人口估计占其一半，51个农场里的家奴及其后裔估计会在45000人左右而占到全县彝族人口的1/4。相对于民主改革初期约1/5的家奴人口比，无论在人口质量还是数量上，小凉山各个农场都得到了很好的发展。[①]

---

① 我们随机抽样了5个农场，人口在550人左右，51个农场加上已经分化出来的4个农场，约30250人。

下篇 作为方法的农场

如果从村落的角度出发，不同农场似乎选择了不同的组织方式来适应社会的发展，但这并不意味着它们的选择有着非此即彼的唯一性。比如说，当沙力坪农场将宗族（家支）组织看作第一性的社会资源来运作时，并不排斥其他诸如姻亲、邻里关系等组织手段在应对各种社会问题时的便捷与优势，家支组织是整个凉山彝族地区最为有效的社会组织与动员方式，但这并不意味着人们仅仅生活在家支的控制与保护之中。农场60多年后最为深刻的变化似乎可以理解为家庭、姻亲、家支、邻里等社会关系得到了培育与组建，特别是农场村落化之后，每一个农场村社会适应的组织选择都恰恰说明这些"部件"在适应社会变化中的差异及其互补的可能性，因此，农场类型学似乎在此意义上确立了理解当今小凉山彝族社会结构时的组织"部件"及其耦合的方式与特征。

依附型农场、自立型农场、补充型农场以及部分农场的消失，见证了农场作为小凉山奴隶安置措施如何物化为社会空间的历史进程。我们已经知道野蛮的奴隶制度被推翻之后，这些奴隶开始在政府的支持下重新建设自己的生活，木耳坪人充分利用经济优势，在拓展婚姻范围的同时将姻亲紧紧联系在一起，实现了自己在彝族社会经济理性中的价值，并赢得了声誉。沙力坪农场尽管没有木耳坪农场人的经济优势，但他们对家支组织的依附使得他们拥有足够大的社交范围，其所能参与和发动的组织资源并不是一般的农场人可以比拟的。烂泥箐农场通过婚姻关系和邻里关系延续着自己的生活，他们既向更大的城镇输送人口，也接受来自更加贫困地区的人口。

当涉及具体的通婚选择时，农场人与非农场人之间依然存有一定的偏见，但婚姻关系并非社会生活的全部，人们会通过发展其他社会关系来弥补因婚姻偏见带来的尴尬，所以，不同农场利用自身的地理、文化和经济等优势来强化该农场整合于更大的社会结构时的耦合能力，这些能力在结构上的差异也构成区别不同农场的类型特征。如果说，我们将农场基于土地的分化称为自然分化的话，那么其后农场

第九章　农场类型学

类型生成的过程就是基于社会和文化的再分化，而社会和文化再分化的目的并不是从周边的彝族村落中独立出来，而是为了更好地融于其中。因此，每个农场所采用的适合自己发展的组织"部件"发挥着不同齿轮的作用，他们既不同于彼此，也通过将自己联结成更大的小凉山彝族社会而成为一个整体——"和而不同"似乎就是我们通过讨论农场类型学获得的哲学境像与意义。

第十章　姓氏选择与认同[*]

族群、种族、民族最为简单的定义就是"血缘与文化的共同体"。[①] 血缘纽带是构成一个群体原生性情感最为重要的组成部分,在关于群体原生性情感的讨论中,格尔兹认为血缘纽带是通过拟想来完成的,其定义要素是类比的亲属关系。他说:"亲属之所以要'类比',是因为围绕已知生物联系构成的亲属单位(扩展家庭、宗亲等),即使在最传统的人看来也嫌太小,其意义实在有限,而类比的结果则使概念的指涉范围覆盖生物学难以追述,但社会学上仍为真实的所有亲属,如同一个部落的情况。"[②] 这样的讨论意味着自认为起源于共同祖先的群体未必就是生物学意义上的共祖群体,他们有可能使用了拟想或类比的策略吸收了另外一些人,但亲属称谓并不因此改变,血缘拟构也并不因此影响社会认同。遗憾的是,格尔兹就此止步而没有深入探讨血缘拟想发生的方式、策略、动机及相关问题。其实,众多来自非洲的民族志报告早已描述过大量关于血缘拟想的文化

---

[*] 本章的主体部分曾以"云南小凉山'农场彝人'的姓氏选择"和"论凉山彝族族属认同的蛋型构造"为题,分别发表在《民族研究》2010 年第 5 期和《社会学研究》2010年第 5 期上。

[①] [英]斯蒂夫·芬顿:《族性》,劳焕强等译,中央民族大学出版社 2009 年版,第 15 页。

[②] [美]格尔兹:《文化的解释》,纳日碧力戈等译,上海人民出版社 1999 年版,第 298 页。

第十章　姓氏选择与认同

实践，努尔人收养丁卡人的仪式及相关文化实践就是这方面的代表。①这些报告说明血缘拟想往往发生在一个群体吸纳另外一个群体之时，血缘拟想因此成为族群认同的策略之一。进一步的思考将引出一个重要的话题：血缘拟想的方式是如何发生的。

多次田野调查之后，笔者发现农场彝人通过选择彝族姓氏将自己认同为彝族的血缘拟想方式在小凉山彝族认同中发挥着重要作用。民主改革前，凉山彝族因蓄养奴隶而广为人知，这些奴隶多数来源于其他民族，与凉山彝族未曾有过生物学意义上的血缘关系。民主改革后，多数奴隶及其后裔由于语言、服饰、习俗均被彝化，被默认为彝族。在田野中，笔者发现彝族姓氏的选择成为这个群体认同彝族最为根本的起点，而此认同方式是通过血缘拟想来实现的。对于这个现象的研究不仅可以拓展格尔兹等学者所未探讨的血缘拟想如何发生的问题，还可以触及族群认同中的血缘拟想是如何被构筑和实践的问题。小凉山农场彝人的姓氏选择暗含着民族融合与文化适应如何展开的命题，其所揭示的研究思路对理解族群现象将是一种有益的探索。本章以农场彝人的姓氏选择为切入点，对血缘拟想中的策略、动机、文化背景以及相关的认同问题进行了必要的描述与探讨。

一　农场彝人的姓氏选择

小凉山农场彝人与非农场彝人之间的婚姻界限虽然很难突破，但没有人怀疑农场人的彝族身份，其中最为重要的标志就是农场彝人拥有彝族姓氏。尽管多数农场彝人知道自己的血缘来自非彝族，但他们依然可以通过拥有彝族姓氏将自己拟想为彝族人，由此得到其他彝人的认同与尊重。农场彝人的姓氏选择随着"农场"的建设开始，在

---

① ［英］埃文思·普里查德：《努尔人》，褚建芳等译，华夏出版社2002年版，第260页。

这一时期，家支势力受到打击，姓氏只作为区别个体的符号而存在，农场彝人的姓氏选择体现出沿用原主人姓氏的特征；改革开放后，家支情感得到释放，家支势力也开始活跃，农场彝人的姓氏选择有了更多需求。时下，凉山彝区流行谱牒编撰，许多农场彝人的姓氏因各种原因而得以入谱，他们的姓氏选择因此趋于稳定。农场彝人的姓氏选择虽然有着时代特征，但他们的姓氏选择有着相同的策略与方法，有着精细的利益考量，其背后隐藏着深刻的文化理念。就是在这些文化理念和利益考量的作用下，我们似乎看到了血缘拟想发生的某些机理。

（一）农场彝人姓氏选择的策略

农场彝人姓氏选择的策略通常有三种：第一种是迁就策略，直接借用原主人的姓氏；第二种是协商策略，与某家支协商并通过获得奴生子的身份选择他们的姓氏；第三种为投机策略，通过权衡自己的利益时常更换姓氏。下文中，我们将用个案就以上问题展开讨论，由于考虑到隐私问题，文中的人名和姓氏已经过部分虚化处理。

1. 迁就策略

沙力坪的阿卢杜颇老家在华坪县，傈僳族，9岁被彝人掠上凉山。9岁的某个夏天，杜颇在离家不远的沼泽地放猪，由于天气炎热，他躺在树荫下睡着了。醒来时，发现自己被一个大个子彝人用披毡裹挟，在林子里飞奔。这个大个子彝人叫加巴拉诺，抽大烟，经常到其他民族地区抢小孩换鸦片。杜颇先在加巴拉诺家呆了约半年，"杜颇"的名字也是加巴拉诺取的。他试图逃跑几次，由于地形不熟都被抓回。半年后，杜颇被卖到沙立坪阿卢务哈家。由于务哈家境比较富裕，拥有五六个比杜颇大的呷西，杜颇就专门为他照顾骏马，工作轻松的杜颇因无逃跑之心得到务哈的信任。1956年民主改革，杜颇17岁。1957年，沙力坪建立农场，杜颇与其他的呷西一起入场生活至今。杜颇后来娶了同是呷西的阿果为妻，共养育三男三女，祖孙三代共二十来人。杜颇现姓阿卢，由于自小在阿卢家长大，所有的人都叫他阿卢杜颇，从此，他也就借用了原阿卢家的姓氏，其子孙也沿用了该姓氏。

农场彝人中，像杜颇一样沿袭原主人姓氏的人居多。由于他们长期生活在主人家，往往被认为是主人家的成员之一，人们在称呼他们时，往往冠以主人家的姓氏。民主改革后，这部分人迁就原主人的姓氏而得到村落的默许。尽管宁蒗全县有51个农场，但建设初期政府采用了就近安置的原则，没有将农场彝人与原来的主人从地域上隔开，他们依然生活在同一个政治、经济和文化区域，依旧有着千丝万缕的联系。所以，选择原主人家的姓氏意味着承认"历史"，承认彼此的渊源关系，此举容易得到大家的认同与尊重。尽管他们的选择有着随意性，也很少有人干涉，但随便更改姓氏往往被理解为背叛，所以，多数农场彝人愿意迁就和选择原主人的姓氏。

2. 协商策略

务芝原是汉族，11岁时被彝人所掠。辗转多个地方后最终被卖到跑马坪金古家。19岁时务芝被主人许配给同村阿卢家的男呷西拉杜，养育有四男三女。民改不久，丈夫因病去世，务芝自己一个人将孩子们拉扯大。1995年，务芝临终前告诉二儿子阿卢格达，格达的父亲不是阿卢拉杜，而是邻村的金古尼火。格达办完母亲的丧事后，亲自带上酒，去金古尼火家认父。尽管金古尼火早已去世，但他的族人经各方打听后，认定格达为金古尼火的奴生子，并举行了相关仪式，接受格达为金古家的族人，从此阿卢格达改姓为金古。

彝族的非婚生子分为私生子和奴生子，同一等级间的非婚生子为

下篇 作为方法的农场

私生子；不同等级之间的非婚生子为奴生子。私生子与婚生子一样拥有祭祀祖先的权利，而奴生子一般被排除在祭祖仪式之外，但有着受该家族保护的权利。格达作为奴生子的身份是确定的，因为他的要求得到金古家族的认可并举行了相关仪式。由于奴生子具有合法姓氏，会受到父亲家族的保护，并拥有维持姓氏独立的权利，所以，许多不是奴生子的农场人经常通过与某姓彝人协商的方式来获得"奴生子"的名分。

某一冉姓老干部民改前就随主人参加工作，虽在彝区生活了五六十年却没有彝族姓氏，很是遗憾。原主人去世后他宣称是主人的奴生子而遭到主人儿子们的强烈反对，后来双方经过多次协商，决定从原先主人的近亲中找出一个无嗣的兄弟，将该冉姓的老干部拟为其奴生子。大家在喝酒庆贺时，冉姓老人坦率承认，自己的父母是汉族，并且坟墓就在临县，① 只是因为自己比较敬仰原主人家在彝区的威望而争取"奴生子"之名，并希望自己的儿子们一定要为该家族服务，贡献自己的力量。双方甚是感动，现今冉姓老人的儿子们直接采用该家族的姓氏。

冉姓老人并不是生物学意义上的"奴生子"，却通过协商的方式获得了奴生子的名分。由于农场彝人长期生活在彝区，语言、服饰、信仰、心理素质与非农场彝人无差别，是否拥有稳定、合法的姓氏成为影响其社会声誉的最大保证。由此可见，奴生子所具有的合法姓氏对许多彝化的农场人有着很大的吸引力。于是，通过协商的方式获得"奴生子"身份几乎成为多数农场人获取彝族认同最为重要的方式。协商的情感最为真切，双方在协商的过程中都会尊重对方的要求与希望，协商的过程也暗含着自由选择的因素。通过协商获得的姓氏比较

---

① 凉山彝人至今仍实行火葬而不立坟墓，所以有祖坟者即意味着是外族。

稳定和权威，因为协商的结果往往伴随着"奴生子"身份的确认。

3. 投机策略

  阿布的母亲是智障人士，身体虽然健康但语言表达极为困难，所以无人知道她是什么民族、来自什么地方。1958年农场建设之初，她就来到现在居住的农场村。1966年，阿布的母亲生下阿布，无人知道阿布的父亲是谁。上学后，阿布就采用了母亲原主人家的姓氏，取名阿苏阿布。1986年，阿布初中毕业后成为民办教师，因其聪明上进被调到县城工作。由于阿布与单位领导的关系较好，考虑到升迁问题阿布与单位领导协商后加入该家族，将姓改为吉克，经常与该家族的人士来往。1998年后，吉克阿布被调到另一个单位当副手，不久再次将自己的姓氏改为新单位领导人的姓氏加拉。三年后，该领导退休，阿布成为领导，从此他就成为加拉阿布。

阿布的姓氏选择有着明显的投机性，其目的在于获取能保护自己的政治和经济资本，血缘对他似乎并不重要。阿布就此被认为唯利是图，因此不太受人欢迎。笔者与阿布访谈时，他坦诚地告诉笔者，经常改换姓氏就是为了获取资源，只要拥有足够的经济和政治资源，很少有人会因为他的出身而嫌弃他。尽管如此，阿布也深刻认识到经常改换姓氏的危害，自从更换姓氏后，以前与他经常一起活动的"家支"成员逐渐疏远他，他自己也不好意思主动与他们交往，因此失去了不少知心朋友。

姓氏投机的方式虽不是普遍现象，但也时常发生。其原因是部分农场彝人被多次转卖后，与多家主人有着联系，可借用的姓氏相应比较多，因此，姓氏选择有着多种可能性，而这些可能性为姓氏选择的方式提供了宽松的道德环境，也为部分农场彝人选择拟想的血缘群体提供了多次机会。因而，姓氏选择中的投机行为具有可被理解的文化逻辑，只要姓氏更换时不伤害原姓氏群体的情感，多次的姓氏更换也不会受到太多的谴责。由于凉山彝族家支观念比较强，只要一个人宣布是某个家族的成员，对此人的任何侮辱和伤害就都会牵涉到该家支的荣辱，所以，在众多强大家族之间做出选择本身就是一种投机行为。部分农场人也就根据时局的变化而选择自己的姓氏，由此，姓氏投机成为一种获得资源的策略。

上述三种情况是农场彝人姓氏选择最为常见的策略。迁就原主人家的姓氏最为方便，但不稳定的姓氏选择往往造成婚配的尴尬。此策略不必为选择姓氏发愁，却也隐藏着一个危机：由于农场人多数在农场人之间婚配，又因为同一农场内的人可能来源于相同的姓氏主人，因此同一"姓氏"之间婚配的现象也比较普遍。姓氏投机尽管会有少许利益，但频繁地更改会伤害原姓氏群体的情感，因而并不普遍。所以，协商策略成为多数农场彝人选择姓氏的普遍方式。这三种策略并不截然分开，它们经常被人们同时使用，沿袭原主人的姓氏尽管可以不与原主人及其后裔协商而得到承认，但默许本身已暗含着协商的内涵；姓氏投机看似很随意，但脱离原来的姓氏或获得新姓氏都必须得到他们的默许或者承认，因此姓氏投机必然要求协商的过程，所以，迁就策略和投机策略都是协商策略的外延或变体，协商策略即成为农场彝人姓氏选择的基本方案。

（二）农场彝人姓氏选择的动机

策略就是在动机的驱使下完成的行为选择，农场彝人姓氏选择的动机可以从他们的选择中看出。在笔者的观察中，农场彝人的姓氏选择一般有以下三个方面的考虑：政治、经济利益与社会声誉；而这三个方面又可以综合为利益考量和社会声誉来理解。

1. 利益考量

老海原是傈僳族，民主改革后到农场生活，后参加工作。老海随主人家姓金古,也被模糊地认为"奴生子"。由于金古家支在该地区拥有温杜、温力两房,两房人都认为他是自己的人,各种尔普缴纳时都会通知老海,因此,老海不堪重负。在一次两房都参加的家族会议上,老海提出要明确自己的房份,因为他承担的尔普比别人多。大家听后觉得有理,就让老海自己选择。老海权衡了许久后说:"我不参加温杜而参加温力,因为温杜的人比温力的人多。"后来,此句话就成为大家调侃老海的谈资,甚至有人暗中称呼老海为"温杜、温力"。

老海对参加温杜还是温力的考虑说明老海最关心的是经济利益,温杜、温力双方也因为老海有承担尔普的能力而拉拢老海,老海也因此可以做出加入谁的选择。但多数情况下,农场彝人的姓氏选择是主动向别人提出的,因为农村里的彝族人比较孤单,婚丧嫁娶这样的大事不能靠一己之力来解决,所以,获得某个家族的"奴生子"身份就意味着获得他们的帮助与支持,这对国家救助体系比较薄弱的农村社会无疑是最大的社会福利或者保障。农场彝人的特殊历史让他们还没有形成自己的宗族,这意味着当他们置身于家支力量强大的彝人社会时面临巨大的社会压力,通过姓氏选择加入某个家族的方式就成为明智的选择。阿布的故事也说明如此选择会得到回报,而比阿布弱小的普通人家更需要稳定和长久的支持,他们的利益考量自然驱使他们选择某个姓氏并加入其中。

2. 社会荣誉

加三克达和加三约达都是来自同一主人的呷西,民主改革后,他们都采用了主人家的姓氏"加三"。1980年前后,加三约达的儿子加三木恰娶了加三克达的女儿为妻,两家本是邻居,亲上加亲,很是幸福。1990年前后,村子里面组织人员到四川凉山彝族自治州去考察,加三克达和女婿加三木恰都参加了此次活动。到四川凉山后,无论走到哪里,背家谱、攀亲戚都成为重要的社交内容。由于谱系来源于同一人,加三克达和加三木恰家谱上的辈份是父子,而两人却以舅甥相称,①致使场面多次尴尬。回来后,两家人认真商量了几次,最后决定让加三约达家改姓氏为吉木,因为吉木与原加三世代联姻。

从案例中可以看出,血缘拟想的姓氏实践要求具有稳定的姓氏,稳定的姓氏既是婚配符号,也是家支荣誉。由于农场彝人最初的姓氏借用没有考虑彝族家支外婚的习俗,因此,姓氏作为婚配标识的"地方性"知识没有得到尊重,而迁就同一姓氏的农场彝人多数不同宗,他们的婚配也就显得自然。在农场里,由于大家都知道同姓不同宗的"秘密",文化实践与象征的冲突并没得到体验,而当文化空间转换到实践家支外婚的场景时,同姓不婚的文化就获得伦理意义。案例中加三约达与姻亲协商并将自己的姓氏更改为与姻亲不同的行为得到了大家的认可,因为他这样做是为了双方家庭的荣誉。凉山彝族实践家支外婚习俗,家支内婚意味着乱伦,不管同姓之间的代际有多远,只要来自一个共同的血缘家支就不能通婚,姓氏的选择暗含着姻亲的选择。因此,加三克达与吉木约达的行为知荣知耻,在彝人看来是有尊严的家庭,他们会因此而获得荣誉,得到大家的尊重与赞扬,而荣誉在凉山彝区有时比生命更重要。② 由此,姓氏选择的背后除了利益考量之外,荣誉追求也是强大的动力所在。

二 姓氏选择的文化背景

(一) 以尔普为纽带的家支理念

凉山彝族的家支组织广为学界所知,家支已成为指称凉山彝族父系

---

① 在彝族的称谓体系中,岳父、姑父都称为舅舅。
② 如有人会因在公众场合放屁而自杀。

继嗣群体的专有名词。一般情况下，家支组织有如下特征：共同承担尔普；家支外婚；追认共同的血缘祖先；① 拥有父子联名家谱。其中，是否共同承担尔普是辨识一个家支的必要条件。关于尔普的含义，有多种解释，笔者认为，"尔"彝语意思为商议，"普"为"价钱或钱"；"尔普"意为"商议后的价钱",② 凡是大家互相协商而共同承担的责任及相应的礼金都叫尔普。一个家支在婚丧嫁娶、各种法律责任中必须承担的集资、赔偿义务及相应礼金，对家支成员来说就是尔普，一般由核心家庭承担。该尔普具有一定的强制性，无论是否有承担尔普的能力，只要是这个家支的成员就必须承担尔普，因此，尔普对一个家支是必要的（尔普不一定只在一个家支中承担）。由于一个家支内的尔普具有强制性，因此在最低程度上保障了弱者的利益，是否承担家支尔普成为家庭承担社会责任的重要标志。一旦一户人家不承担尔普就意味着他们已经丧失了做人的基本尊严。反过来，户主必须竭尽全力去承担尔普，特别是那些家境比较困难的人们会因不落下尔普而广受赞誉。

农场彝人会设法取得奴生子身份来获得承担尔普的资格，因为借用别人的姓氏只是个人行为而未曾获得家支的认可，唯一的办法就是通过协商的方式来获得奴生子身份。最为重要的是，奴生子身份一旦获得，他也就受到该家族的保护。由此可见，多数人的姓氏实践其实就是一种交换，他们用承担尔普的经济力量换取相对稳定的姓氏，或者换取血缘拟想中的血亲身份来固定自己的姻亲范围。

（二）"奴生子"现象的历史记忆

一般来说，吸收真正的奴生子要举行仪式。奴生子会带上自己的亲戚、家人去拜见族人，带上烟、酒、牛羊和各种礼物，吸收奴生子

---

① 血缘祖先可以是个人，个别情况下也会是动物。如有个叫"木古忍古"的家支就认为自己的九个男祖先因涨潮过河时得到一匹母马的帮助而认为是母马的儿子，并结为一个家支。

② 有学者认为"尔"是交换之意，尔普是"交换的价钱"（参见巫达《彝族社会中"尔普"形式的变迁》，《民族研究》2004 年第 1 期）。笔者认为此观点有点牵强。

下篇　作为方法的农场

的人家也会招待奴生子一行，也馈赠部分礼物。最为重要的是，主人家会将姓氏赐予奴生子，使其成为独立的一支。这样的情况一般发生在曲诺与其奴生子之间；诺伙至今不会承认奴生子作为诺伙的身份，但会在暗中承认与他们的血缘关系。

而农场彝人所要获得的奴生子身份并不要求有真正的血缘关系，多数情况下只是一种拟想的血缘身份，随之而来的亲属称谓也是拟构的。这样的姓氏选择与给予显得有些随意，只要大家承认就是，没有人会追究奴生子的真实性，甚至多数的"奴生子"也只是酒桌上的戏言。这会让人感到疑惑，严格实践等级婚姻的凉山彝族"奴生子现象"为何如此流行？其实，"奴生子现象"对于凉山彝族不仅现在流行，过去也曾盛行，这种现象不仅仅是凉山彝族的历史记忆，也是凉山彝族的族群记忆。

很久以前，有户姓罗木的诺伙家里有位女奴非常勤俭，每天在推磨的时候悄悄攒下一点荞面，几个月下来，女奴就攒了不少面粉。罗木家由于各种原因而日渐衰败，终于有一天家里断粮，男主人决定把女奴卖了换粮食。临走前，女奴告诉主人，等她走后打开竹箱看看，她给主人留了一点东西。等女奴走后，主人打开箱子时发现，里面竟然攒着几袋面粉。主人家看后非常惭愧，急忙把勤劳而善良的女奴赎回。后来男主人与女奴生了个儿子，此人成为著名曲诺阿纽、森特家支的祖先。尽管奴生子由于其母亲的血缘身份而不能成为诺伙，但他的后代仍然是诺伙罗木家族最为重要的成员。①

这是一个美丽动人的传说，而它仅仅是凉山彝族上千个"奴生

---

① 彝族传说。凉山彝族拥有众多类似的传说，它们自成一体，有着固定的叙事结构、固定的审美情趣。

子"传说中的一个。有意思的是，凉山所有曲诺家支都用类似的传说将谱系追溯到兹莫和诺伙集团，无一例外。所有诺伙和兹伙也都承认与曲诺的血缘关系，这层血缘关系虽然有着不对等的心理感受，但曲诺始终信奉与诺伙或者兹莫的血缘纽带为正统。我们可以假设如此的血缘崇拜为文学虚构，但凉山彝人却相信这是真实的历史，人们相信自己的祖先就是兹莫或诺伙的奴生子。这种血缘拟想不仅体现在共同姓氏、共同传说、共同记忆上，还体现在现实的文化实践中。至今，多数人还是以"曲和诺有亲戚关系但无婚姻关系"的准则来处理曲和诺之间的关系，拥有共同"血缘"的诺伙与曲伙多数生活在一起，共同承担尔普，彼此维护，彼此尊重，相依为命。

由此可见，农场彝人奴生子的姓氏策略并不是当代的文化创新，他们仅仅是激活了彝族文化中的"奴生子"理念来处理时下的问题。关于奴生子的传说如果不是史实的话，为什么所有的曲诺都会认为自己是兹和诺的奴生子？唯一的解释是，农场彝人的先例曾经在凉山彝族的历史中发生——凉山彝族曾经多次接受过其他血缘群体，凉山彝族历史上的民族融合从不间断，因此，用奴生子的模糊血缘来解释亲属关系不仅仅是凉山彝族血缘拟想的策略，也是凉山彝族解决民族融合最为有效的文化实践。由此，凉山彝人处理农场彝人的"奴生子"策略就不难理解，所有的曲诺都是奴生子，所有的彝人也都是历史与记忆的"奴生子"。

必须强调的是，农场彝人所常用的血缘拟想策略是凉山彝族历史上处理民族融合、吸收其他血缘的普遍方式，当代彝人只是重新激活、实践了过去的文化理念。农场彝人姓氏选择始于民主改革时期，人们只赋予姓氏甄别个体的符号意义，改革开放后，家庭成为社会的主要单元，家庭之间的联合对人们的生产生活有着重要意义，因此，姓氏选择更为活跃。现今，农场彝人姓氏选择的活动趋于稳定，尽管仍有不少人时常因为各种原因更换自己的姓氏。因此可知，农场彝人姓氏选择的行为不仅仅与传统有关，还与政治环境有关，而宽松的政治环境似乎也是传统文化复兴的必要条件。

（三）"奴生子"的"马都"

拉且的父亲和叔叔噶莫、噶忍民主改革前都是吉伙拾萨家的呷西，吉伙拾萨为人善良，噶莫、噶忍兄弟俩常受其照顾。民主改革后，两兄弟到农场居住。不久，两兄弟娶妻分家，由于兄弟俩勤劳忠厚，家境越来越好。此时的吉伙拾萨虽已去世，但其后代依然被划分为奴隶主，经常受到批判，噶莫、噶忍经常暗中帮助吉伙拾萨的后人。吉伙拾萨有两个儿子，老大吉伙格哈1952年到西南民族学院学习后参加工作，1959年被怀疑通匪而被判12年徒刑，后死于狱中，无子嗣。老二吉伙拉莫是一个非常仗义之人，因阶级原因而生活窘迫，噶莫、噶忍两兄弟的长期帮助使其心存感激，所以，吉伙拉莫就宣称噶忍是吉伙格哈的奴生子。噶莫、噶忍两兄弟因此获得吉伙姓氏并与该家族相处融洽，他们的后代亲如兄弟。噶莫、噶忍两兄弟不久前先后去世，在噶忍的葬礼上，噶莫的儿子拉且提出了自己的疑问：叔叔噶忍的灵牌是否可以进入吉伙拾萨家的祖灵洞？而他得到的是十分坚定的拒绝，拉且十分沮丧与困惑，因为他不知道父母的祖灵该送往何处。

拉且提出一个严肃而深刻的问题：彝族人的祖灵信仰如何处理奴生子的血缘身份？凉山彝人去世后，后人必须为逝者及其原配夫人举行"尼木措毕"仪式将他们的魂灵送到祖地。①"尼木措毕"仪式最重要的程序就是将象征肉身的竹制灵牌（马都）送到家族隐蔽的祖灵洞存放，祖灵洞的具体位置只有家族中最有威信的人知晓，以防仇

---

① 尼毕仪式一般以逝去的夫妇为单位，彝人认为，只有为逝去的祖先举行尼毕仪式，后代才能健康、发达。

家施巫报复。在传统的宗教实践中,通过协商获得奴生子身份的马都禁止进入姓氏来源家族的祖灵洞。拉且的困惑告诉我们,凉山彝族的血缘身份不仅有世俗身份而且还有宗教身份。民主改革前,家奴无论经济实力有多强,也不论是否成家立业,毕摩①都不会为他们举行"尼木措毕"仪式。而对于那些虽然彝族身份确定但由于各种原因遗忘原本姓氏的奴隶们,毕摩信仰有着相应的仪式来处理其灵魂的归属,毕摩在"年衣木"仪式②时会朗诵如下内容的经文,将亡者的魂灵依附于其主人家的魂灵:

> Jji li ka zhyp zhyp, jji li si wa zhy, jji zhy si nge yiep;
> 奴依于何处?奴依于主子,主是奴靠山;
> mup li ka zhyp zhyp, mup li yur wa zhy, mup zhy yur nge yiep;
> 妻依于何处?妻依于丈夫,夫是妻靠山;
> shut li ka zhyp zhyp, shut li te wa zhy, shut zhy te nge yiep;
> 松明依于何处?松明依于树,树乃松明之所依;
> hxe li ka zhyp zhyp, hxe li yy wa zhy, hxe zhy yy nge yiep;
> 鱼依于何处?鱼儿依于水,水为鱼所依;
> hxit li ka zhyp zhyp, hxit li lo wa zhy, hxit zhy lo nge yiep。③
> 兽依于何处?群兽依于林,林为兽所依。

这部分人的彝族身份明确,虽然姓氏被遗忘,但依附关系使其成为主人家的一员,"尼木措毕"仪式后其灵魂也会随主人到达祖地,其依附关系因此得到延续。尽管如此,象征肉身的马都却不能与主人

---

① 彝族毕摩信仰的主持人与传承人。
② 一种归属仪式,为做仪式的主家寻找政治归属,以便顺利到达祖地。多数情况下,凉山彝族的政治归属与血缘归属重叠。近似的观点见马志才等著《彝族毕摩传毕经》,云南民族出版社2009年版,第36页。
③ 经文内容由宁蒗民族研究所毕摩沙玛史富口述。

家一起存放，而只能在主人家的祖灵洞下方寻找另一山洞，将马都秘密藏于其中。这就意味着马都象征着生物学意义上的血缘身份，而农场彝人的奴生子身份并不能保证生物血缘的真实性，所以他们的马都并不能进入姓氏来源家族的祖灵洞。直到今天，农场彝人依然被拒绝参加姓氏来源家族的"尼木措毕"仪式。

民主改革后，家奴成为农场彝人的大部分，随着家庭的扩展他们也有了做尼毕仪式的精神需求，部分毕摩也开始承接他们的仪式。由于他们的马都不能与姓氏来源家族存放一起，部分人开始寻找自家的祖灵洞，而多数家庭则会选择放弃"尼木措毕"仪式。① 笔者在访谈宁蒗县著名毕摩沙玛史富时得知，他与其父曾为一户农场彝人举行过"尼木措毕"仪式，在"年衣木"程序中，毕摩将该户农场彝人的魂灵依附到其过去的主人家，尽管该户农场彝人现在采用了另外一个姓氏。他们的马都却单独存放，与原主人家的祖灵洞毫无关系。在朗诵具体的仪式经文时，毕摩将这户农场彝人当作遗忘姓氏的彝族人来对待，即依然朗诵上文中的经文。由此可知，毕摩在为农场彝人做"尼木措毕"仪式时作了变通，将他们当作彝人来处理其灵魂之归属，而物化的血缘象征——马都的区别功能则依然存在。

于是，非农场彝人用象征的手法为血缘拟想设置了不同功能，世俗的血缘身份可以通过拟想的方法实现家庭的联合与壮大，而宗教的血缘身份则通过物化的方法（马都）维护着生物血缘的纯净性。因此，凉山彝人的姓氏协商仅仅发生在世俗领域，目的在于获得权力、利益与荣誉。或者说，农场彝人血缘拟想的姓氏实践追求参与公共事务的权利，而这些权利就是农场彝人的社会资本。农场彝人姓氏选择的文化实践说明，姓氏提供世俗与神圣的双重价值，农场彝人通过协商的方法获得世俗的血缘身份（姓氏），从而将自己的族属整合到彝人社会中去。而其他彝人则秘密维护着血缘不可让渡的象征特质并使

---

① 尼毕仪式耗费巨大，农场彝人不做尼毕仪式也许是出于经济原因。

第十章 姓氏选择与认同

自己区别于农场彝人。于是，原生性的血缘纽带因此获得另外一种意义：血缘纽带有着世俗与神圣的双重属性，世俗血缘纽带的建构遵循市场交换的原则，而神圣的血缘纽带则以维护纯生物学关系为标准。也许，这就是非农场彝人不愿与农场彝人通婚的真正原因。换句话说，农场彝人要真正融入彝族社会就必须打破婚姻界线。

农场彝人作为一个特殊的群体，其血缘并非彝族，但在融入彝族社会时，他们巧妙激活"奴生子"的传统理念解决了姓氏选择的问题，从而成为小凉山彝族的重要组成部分。在血缘拟想的文化和宗教实践中，农场彝人精心选择的血缘纽带出现了世俗与神圣的差别，象征肉身的马都不被姓氏来源家族承认，尽管他们的姓氏选择得到了传统与现实的有力支持。于是，小凉山农场彝人的姓氏选择超越了血缘拟想本身而暗含着民族融合的层次问题，也就是说民族融合必须在生物与文化上同时取得成功，否则，民族融合永远只是个理想概念。

如果说姓氏的选择是农场人成为彝族人的开始，那这就意味着因农场人的加入，凉山彝族原来的认同结构发生了变化，诺、曲诺和农场人在区别彼此的情况下必须承认彼此的合法性，否则凉山彝族社会就不可能成为一个社会，外界对凉山彝族具有高度同质性的观察也不可能成立，这就意味着凉山彝族有着一套巧妙的文化机制来处理彼此间的认同问题。那这套机制又会是什么呢？在田野中，笔者偶然领悟到凉山彝族族属认同的"蛋形构造"，此构造不仅可以解释社会历史条件影响凉山彝族族属认同的历时性特征，还可以解释不同民族关于族属认同的多元化想象，由此我们可以圈定族属认同的可能范畴，为讨论"民族""族群"以及由它们衍生的各式认同寻找可供讨论的起点。

三 族属认同

凉山彝族作为一个群体的自我认同并不是问题，但凉山彝族如何将自己想象为一个群体的经验应该是个问题。任何表述群体认同的概念都有使用、延展、退化甚至是异化的过程，概念之间缺乏可供比较的确定环境，而不同概念的使用完全取决于沟通过程中的可交流性。"民族""族群"这些概念的内涵被使用该词时的语境所规定，也被使用者们的认识所限制。使用这些概念必然具有明确的指向性，比如，我们在使用"民族认同""族群认同"之初就明确了该组概念的模糊性，因为认同只作为一种方式发生，而需要"认同"的内容实在太多，我们并不明确"民族认同"是指发生在宗教领域里的信仰认同或者是政治领域内的权力要求，因而，规划概念中的所指成分对于分析所要论述的问题至关重要。本章中的"族属认同"特指凉山彝族在回答"你是什么民族"时给出的关于"我是彝人"的文化图式，因而区别于概念宽泛的"民族认同"或者"族群认同"。当然，如此限定并不意味着"族属认同"缺乏必要的开放性；相反，笔者限定该概念的目的就在于期望得到此概念在某种程度上的可操作性来深化我们对民族现象的认识。下文中，凉山彝族关于"我是彝人"的文化经验仅仅是笔者探讨"族属认同"的起点，其目的是拓宽讨论"族属认同"的路径，提倡一种更为务实和经验化的学术理解来提升我们的研究。因为，在笔者看来，人们理解自己的族属认同时伴随着自我客体化的过程，此过程无需发展另外一个参照，也就是说人们赋予自己的族属问题某种强烈的内向力，不必要发展一个"他族"作为参照，因为"我"就是我的参照。

（一）族属认同的"边界"元视点

尽管小凉山的彝族有农场人与非农场人之分，但问及"你是什么民族"时，他们都会坚定地回答"我是彝人"，再问及其家族时，农场人会说"我不是真正的彝人"，而非农场人则告诉你自己家族名称。非农场人对农场人的描述同样会出现"他们是彝人，但不是真正彝人"的判断。由此，我们得知小凉山彝人在族属认同上有着"彝人"与"真正彝人"的层次落差。这难道就是凉山彝族族属认同类似于白马非马说的名实问题？

长期以来，学术界有着两种理解民族的方式，一是将民族想象为属于历史范畴的实体，[①] 另一种是将民族定义为"裂变体"（为了便于分析，本书称前者为实体论，后者为裂变论）。实体论者将民族定义为同质性极高的共同体，用牺牲同一民族内部差异性的方法来分析民族特征；裂变论者将族体内部的差异性归结为族体不断分化的结果。尽管两者的分析有内外之别，但两者都引入他者的策略将分析对象客体化。作为实体的民族在定义之时就成为客体，裂变的共同体在裂变瞬间也成为客体。而凉山彝人对于"彝人"与"真正彝人"的区分似乎也不是一种简单的"他者"化或者"裂变"。[②] 首先他们都是彝人，族属没有问题，但农场人不是真正的彝人（农场人与非农场人都承认如此的划分），这意味着彝人有着真假之分。于是，凉山彝人的族属认同在彝人内部发生了某种并不确定的膜化边界，此"边界"并不能通过实体化和裂变来解释。因为实体化的策略强调族体作为整体的外部特征而不可能承认真假问题，而裂变的策略却假定裂变的单位源于同一母体，所有的遗传特征也被均匀分布到下一级的裂变单位，所以也不存在相对于母体的真假问题。

对于凉山彝族内部的"边界"，稍微熟悉凉山历史的人自然会联想到黑彝和白彝之分，尽管各路学者对黑彝和白彝的划分有着五花八门的解释，但发生学意义上的黑白之分却是同一个问题，因为离开白彝谈黑彝和离开黑彝谈白彝都是无意义的，更何况汉语的"黑彝"和"白彝"与彝语的"诺"和"曲诺"有着不对等的含义。问题是，就算诺与曲诺有着不同的民族来源，他们之间也并不产生所谓的真假

[①] 如马列主义民族观。
[②] 潘蛟：《族群与民族概念的互补还是颠覆》，《云南民族大学学报》（哲学社会科学版）2009 年第 1 期。

彝族问题。① 但是，由农场人引发的真假彝人问题在大小凉山有着高度的统一性，凡是有其他民族血缘的彝人都会被认为是假彝人或汉根彝人。由此，不难看出凉山彝族的族属认同有着源于等级和血缘的"双膜"结构。而我们所发现的这"双膜"就是认识凉山彝族族属认同的元视点，"这个元视点彷佛是个瞭望台，能看到它自己的时间和地点之外的地方"。②

（二）元视点的文化建构

本章的讨论有着强烈的知识社会学倾向，笔者之所以将族属认同的边界比喻为"膜"，其实就想通过"膜"的生物学机理来理解更为复杂的观念世界，观念的产生及不同观念之间共生、排异和彼此转换的关系如何影响人们的文化实践。

> 我们生活在一个符号、象征、信息；形象、意象、观念的世界里，符号、象征、信息、形象、意象、观念为我们指称一些事物、实际状态、现象、问题，但它们因此也是人与人、人与社会、人与世界的关系的必然中介。在这个意义上，精神圈存在于一切观点、一切观念中，存在于人类每个主体与外部世界、与人类其他主体以及主体本身的交往中。精神圈固然有一个主体入口、一个主体间的职能、一个跨主体的使命，但它也是人类现实的客观组成部分。③

埃德加·莫兰相信作为观念存在的精神圈（文化）直接参与了我

---

① 近年来有少量民族沙文主义者认为曲诺不是真正的彝人，但此命题并没有任何史学证据。
② ［法］埃德加·莫兰：《方法：思想观念》，秦海鹰译，北京大学出版社2002年版，第42页。
③ 同上书，第121页。

们的现实生活，尽管这些观念也是社会—文化—历史的产物，但它们的存在具有某种清晰的实在性与自主性。因此，对于观念组织的生物学类比更尊重它们参与人类现实生活的生命特征，更为宽容地接受观念与人相依共生的理念。笔者经验到凉山彝人的族属认同尽管有着等级与血缘的隔膜，但所有的彝人毫无疑问地认为自己是彝人，他们同呼吸、共命运，共同承担彝人发展中的责任，共同分享属于他们的各种成果，所以，作为一个生命体的彝族更能表述彝人的族属认同，就算其内部有着各种程度的"膜"化，这也标示着文明程度的高度复杂化。问题是，我们必须得解释"膜化"是如何发生的，"膜化"过程的合理性何在，以及伴随"膜化"所产生的机理如何发生作用。

1. 血缘—等级边界

古代彝族先民曾经历过一个按职业划分的文明时代，他们把社会分为"兹""莫""毕""革""卓"五个不同的职业，后来演化为五个不同的阶级。"兹"彝语的本义为"领导"，后来引申为"管理"；"莫"的本义为"集会""中间"，后来引申为"司法"；"毕"本义为宗教师，后来引申为宗教；"革"本义是技艺，后来引申为"技术"；"卓"本义是"农牧民"，后来引申为"普通人"。

元朝开始在彝族地区实行土司制度，"兹"和"莫"合在一起称为"兹莫"，成为指代"土司"的专有名词；"革"和"卓"合在一起统称为"卓卓"，指代老百姓，而"革"只留下技术的含义；"毕"作为宗教组织和宗教活动的概念一直沿用到今天。明朝改土归流后，土司的势力受到不同程度的打压，部分武官阶层开始崛起，特别在清末，强大的土司所剩寥寥无几，凉山多数地方被各个黑彝集团割据，部分地方的白彝也宣传自己是"独立白彝"，凉山彝族地区互不统属，国家的政令得不到通行，造成了所谓的"独立罗罗"的局面。今天的多数"黑彝"可能由土司集团的武官家族发展而来，多数"白彝"可能由土司时代的百姓和他们与土司、武官的非婚生子发展而来，而"嘎加""呷西"等是清以后从其他民族掠夺来的人和他们的后裔。当然,"嘎加"中也包括部分由于债务而降为奴隶的百姓。①

民主改革前,凉山彝族的等级关系严格遵守血缘规则。无论大小凉山,兹和诺的血统都被认为是最高贵的,不仅兹、诺如此认为,作为下层的曲诺、嘎加、呷西也信奉此说。按照同样的观念,曲诺也认为自己的血统比呷西高贵,因为呷西的血缘来自外族。由此,民主改革前的凉山彝人拥有两条血缘边界,这两条血缘边界同样就是等级边界。一条界于兹、诺与曲诺之间(A),另外一条界于曲诺与呷西之间(B)。对于前者,彝人认为"曲和诺有亲戚关系但无婚姻关系",用社会学的方法来强化血缘界线;对于后者,彝人允许呷西通过个人努力而成为曲诺的身份②来弱化血缘政治。在现实中,彝人有最为严格的法律制度来保护血缘界限,特别是在婚姻上,任何违规行为都要被处死。同样,习惯法在许多民事领域用血缘差别优先的法律实践来维护高等级群体的利益。

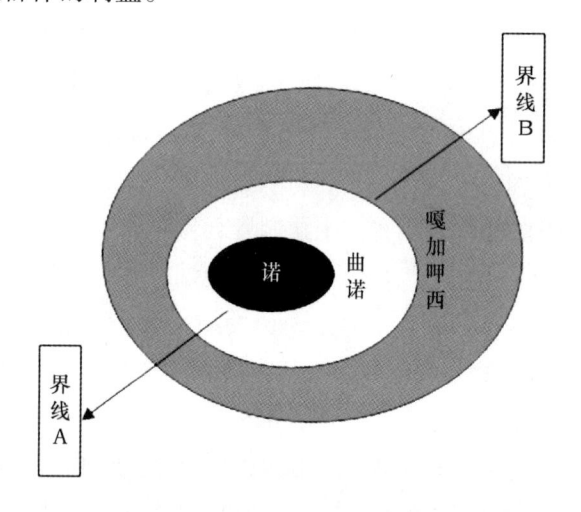

图 10-1 农场等级分布示意图

---

① 更多论述参见嘉日姆几《"德古"与"莫"》,《西南民族大学学报》2008 年第 8 期。

② 彝语称"曲杜","曲"为曲诺,"杜"为冒出。

民主改革前的凉山彝族将建立在血统之上的等级制度默认为处理社会关系的文化地图，从而也产生了人生来就不平等的观念，加上这些观念被法学实践、婚姻习俗、财产分配等社会制度所强化，凉山彝人的意识形态发展出一种万物有等级的秩序观念，这些观念不仅影响着人们的世俗生活，还以一种奇怪的方式建构着人们的信仰世界。凉山彝人把鬼分为四个等级：热、通伙、格点和栓比。热为兹等级变的鬼，通伙为诺等级变的鬼，格点为曲诺变的鬼，栓比为汉人变的鬼。鬼的魔力也因为等级原因而依次递减，人们也设计出不同的仪式来对付他们。

有意思的是凉山彝族关于等级与血缘的观念实践呈现出某种社会决定论的特征，他们用等级来解释血缘，用血缘来解释等级。诺伙既是等级概念也是血缘概念，诺既指称贵族也指称统治权。诺伙虽然自认为骨头是黑色的，但没有用白骨头来指称曲诺，也不认为自己的黑骨头有着神性的来源。凉山彝族社会并没有发展出一套具有神学味道的种族学说来维护等级与血缘的差别，而是通过武力来维护血缘—等级界线。也就是说，贵族作为一个高等级的存在并不是因为天命的原因，他们成为贵族的原因来源于现实的权威与力量，使贵族成为贵族的原因是"牙齿"而不是"太阳"。由此，血缘—等级界线有着鲜明的二维特征，社会建构使其整合为社会—历史观念来控制人们的文化实践，因而上升为实实在在的伦理标准而不是可供评判的道德概念。因此，血缘—等级的高度融合是民主改革前凉山彝人社会最为重要的分层方式。

2. 血缘—等级、阶级边界的"膜化"

民主改革第一次触动了凉山彝族的血缘—等级边界。民主改革就是中国少数民族地区的社会主义革命，全称是"以和平协商土地改革为中心内容的全面社会改革"，是指中国共产党采取协商方式，领导少数民族上层人士和广大民众对部分少数民族地区实施的社会改造。其中的民主有两层意思：首先，少数民族对于汉族的民主。也就是说

下篇 作为方法的农场

少数民族社会的改革必须是自愿的,汉族不能强迫少数民族改变自己的社会结构。其次,少数民族内部的民主。少数民族社会的改革在少数民族内部实行民主,必须得到绝大多数人的同意才能实行改革。

对于中国的少数民族,民主改革既是一个终点,也是一个起点。1958年末,大小凉山结束民主改革,顺利向社会主义过渡,虽然受到部分上层的强烈抵抗,改革还是因奴隶解放的正义性而得到广大彝族人民的支持,实践了几百年的奴隶制最终被社会主义所代替。民主改革在彝区最为重要的政治举措是划分阶级,平均土地,安置奴隶与建立政权。阶级划分的哲学基础就是无产阶级革命理论,发动无产者推翻统治阶级,实现自下而上的社会变革。统治阶级成为革命和专政的对象,不仅要取消他们的特权,还要分配他们的财产到穷苦人民中去,以此来实现无产阶级专政后的第一个社会平等。由于马克思主义阶级划分的学说基础是剩余价值理论,经济指标就成为划分阶级最为重要的标准。所以,发现阶级并划分阶级就成为中国共产党在彝区实行民主改革的首要任务。

大小凉山的彝区虽然实行严格的血缘—等级制度,但诺伙与兹伙之间缺乏某种宪政制的联合,凉山的政治格局出现部落主义的特征,即区域领导权由家族来承担,互不统属,弱肉强食,全凉山水平的政府并未产生也不可能产生,因为分权恰恰是对抗中央王朝最为有效的机制。所以,为了发展自己辖区的势力,多数诺伙鼓励曲诺增强自己的实力,因而,彝区的经济落差并不与血缘—等级的界线重合。鸦片经济的刺激更让土地增值,彝区对劳动力的需求突然加剧,于是掠夺劳动力就成为民主改革前凉山彝区的经济理性。于是,几乎所有的彝人都参与了蓄养奴隶的活动,到民主改革前夕,大量的家庭都有呷西,更有甚者,部分强悍的呷西自己也拥有呷西。[①] 所以,凉山彝族

---

① 四川省编写组:《四川省凉山彝族社会历史调查》(综合报告),民族出版社2009年版,第37页。

的奴隶制是某种程度上的个人主义奴隶占有方式。① 彝族谚语"母猪屎三节，奴下奴三层"恰好表达了这层意思。

个人主义奴隶占有方式强有力地说明了彝区社会分化严重，既有源于血缘—等级的隶属关系，也有源于经济原因的剥削关系，还有源于民族原因的占有关系。如此，如何划分彝区的阶级便成为一个问题，占有奴隶不可能成为划分阶级的标准，因为多数的家庭都蓄养奴隶。② 如果以占有奴隶为划分阶级的唯一标志，那几乎所有的彝人都要成为改革对象，于是，彝区的民主改革就会成为单纯的解放汉人奴隶的运动，转化为汉人与彝人的民族战争，而这样的结果恰好就是民主改革所害怕的结局。更何况，占有奴隶的家庭并不都是靠剥削为生的剥削者，多数也是普通的劳动人民。因此，彝区的阶级划分并不严格按照血缘和奴隶占有来开展，而是按照改革当时各家庭实际的经济状况分为奴隶主（地主）、富农、中农、下中农、贫农与奴隶几个阶级。许多比较富裕的曲诺被划分为奴隶主和富农，与多数诺伙一道成为改革对象。同样的原因，部分贫穷的诺伙也成为贫农。

于是，在凉山彝族的社会构造中，改革前的血缘—等级结构又掺入经济因素，使得彝族社会的构造重新转化。经过民主改革的实践，彝人被分为剥削者、劳动人民、奴隶三种人群。由于考虑到少数民族社会的特殊性，民主改革采用了联合上层推行民主改革的策略，许多上层被安排到新成立的自治政府工作，又由于上层多数是剥削者，彝区的改革也出现了"联合上层反剥削"的局面。多数诺伙、富裕曲诺在放弃剥削的前提下成为统战对象，他们开创的基业保证了其子女们强大的发展空间，今天，这些人仍然是彝区最有实力的群体。

---

① 笔者首次使用此概念，特指民改前凉山彝族家庭蓄养奴隶的方式而区别于集体占有奴隶的方式。
② 云南省委员会编：《云南小凉山社会历史调查》，云南人民出版社1984年版，第56页。

下篇 作为方法的农场

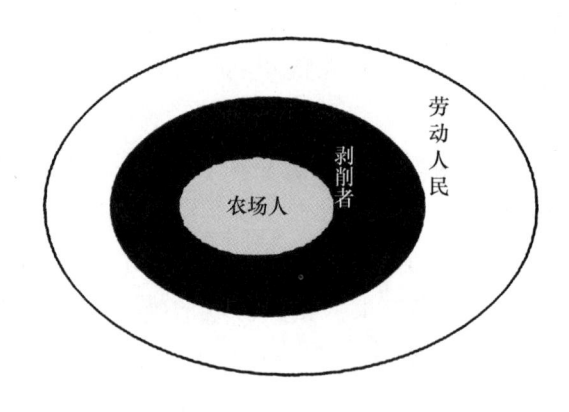

图 10-2 农场阶级分布示意图

　　民主改革时期的劳动人民依然还是今天的劳动人民,生活并没有太大的波动。至于奴隶,政府根据具体情况,抚恤、安抚了部分分居奴,能回家团圆的家奴让其回家,不能回家者政府出资安置。在小凉山,政府采用建设农场的形式来安置家奴,结果出现了本书中的农场"现象"。虽有部分家奴参加了革命,但多数家奴仍然生活在今天的农场里。今天的小凉山,"农场人"依然是"奴隶及其后裔"。非农场人以此为符号,甄别自己的婚配对象,他们不允许自己的孩子与农场人婚配,如此的婚姻实践与民主改革前并无二至,这一观念完全覆盖凉山彝区,凉山彝族依旧是中国最后一个实践等级婚姻的族群。
　　由于对少数民族地区原有社会结构的认识并不充分,阶级划分在凉山的实践没有考虑到彝族社会的等级文化,因而忽略了阶级划分中的文化因素。还有,后来的各种运动提倡政治婚姻,禁止跨阶级婚配,这与彝族社会原来的等级内婚重合而激化了阶级婚姻的意识形态化,人为产生"阶级分治"的婚姻文化,此文化的政治实践又强化了农场人与非农场人的"他者"意识。此后的历次运动,人们几乎再没有碰过血缘界线,因为,用血缘来辨别彝族社会中的社会分化最为简单和便利，而如此的便利又是阶级斗争长久持续的基础。

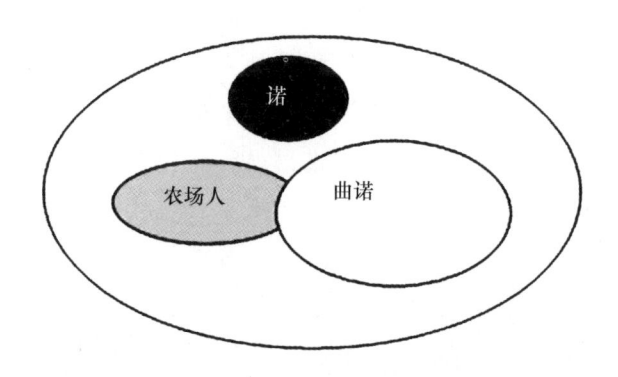

图 10-3 小源山时下群体认同示意图

由此看来，民主改革以后，凉山彝人原有的血缘、等级观念与输入的阶级观念出现某种鲜为人知的融合，诺伙—曲伙—汉根彝人之间的界线膜化为非农场人（诺伙、曲伙）与农场人的界线，彝人的文化实践也出现真假彝人的判断，而真假彝人的判断似乎又脱胎于诺伙—曲伙与汉根彝人的民族界线。于是，彝人的族属认同又回到改革前。更有意思的是，阶级观念随着人民经济水平的不断趋近而近乎弱化。于是，民主改革前关于血缘—等级的两条边界虽然失去了原先的冰冷属性，却依然还承担着区分诺与曲、曲与农场人的功能。今天，无论你走到凉山的任何角落，诺、曲诺与汉根彝人的区分依旧。可以说，民主改革以来国家在凉山所实践的各种政策只"膜"化了彝人观念中的血缘政治图式，随之而来的是凉山彝人的族属认同呈现出某种蛋形化的构造。

四　族属认同的蛋形构造

在族属认同构造的解释上，笔者曾在构造、结构与图式间考虑过用词问题。下文中，结构所暗含的动态平衡并不能描述凉山彝族族属认同不断变化的历史特征，同时笔者也不能接受结构概念的无主体化倾向，纵然，凉山彝族的族属认同呈现出强大的向心性，但并不说明主体已消失。农场人"我是彝人，但不是真正彝人"的表述已经指向一个主体，这个主体恰好以某种奇异的方式存在于彝族族属认同的蛋形构造中。至于图式，很容易让人陷入文化决定论的简单化理解，诚然，每一个民族都有想象族属认同的图式，并且这些图式也是他们在社会—文化—历史的多维条件下形成的观念，但图式所能提供的变化空间似乎有限，并不能真正表达凉山彝族族属认同正在进行的复杂构造。构造不仅能说明凉山彝族族属认同按照某种图式不断变化的特征，也能说明这种构造产生的结构化特性。坦率地说，构造的用法期望某种理想结果的同时也呼唤某种理想的方式。

蛋形的灵感取形于凉山彝族目前诺—曲诺—汉根彝人间的膜化特征，彼此依存的三层构造使人联想到所有的卵生生命，于是，笔者在这个意义上用"蛋形构造"来指称凉山彝人特有的族属认同。令人惊奇的是，当笔者呼吸凉山彝族族属认同的生命气息时，脑海里竟然浮现彝人关于人类卵生的神话。①

凉山彝人族属认同的蛋形特征在民主改革前已经开始发育，诺伙群体是整个凉山彝人在政治、经济和文化上的核心，曲伙群体围绕诺伙群体形成中间结构，汉根彝人则处在最外围，诺伙、曲伙之间，曲伙、汉根彝人之间不通婚。

民主改革时期，凉山的政治格局发生变化，汉根彝人的政治地位突起成为中心，诺伙和部分曲伙成为改革对象，尽管有多数上层参加新政府，但经济实力和统治特权几乎被取消，他们夹在多数曲伙和汉根彝人中间成为斗争对象。由于阶级因素的切入，诺伙、曲伙，曲

---

① 凉山彝族有关于彝、藏、汉三个民族共同来自一个肉球的神话。

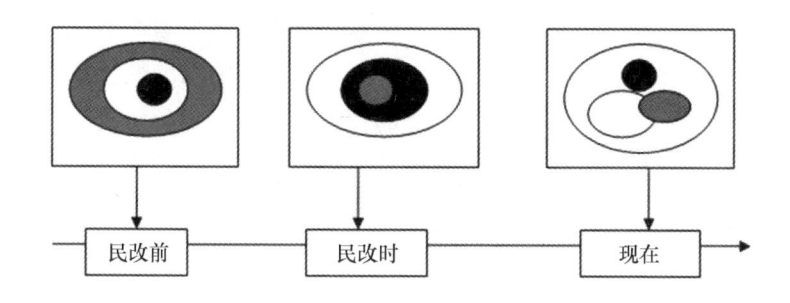

图 10 – 4　族属认同变化图

伙、汉根彝人之间的婚姻界线依然存在，但稍有松动。特别是在政府部门供职的诺伙、曲伙、汉根彝人之间开始有通婚现象，有许多彝族干部开始与汉族通婚，成为新一代团结族。农村的婚姻情况依然保守，绝大多数彝人仍然实践民改前的婚姻文化。汉根彝人成为政治中心，凉山彝人的整个族属认同被阶级认同暂时取代，其构造依然朝单核蛋形结构方向转换。

今天的凉山彝族社会，政治上呈三核心状态，诺伙群体、曲伙群体、汉根彝人形成各自社会网络，尽管婚姻界线有所松动，但通婚的比例不大。在大凉山，城市中的曲伙与汉根彝人有融合趋势，但诺伙与曲伙、汉根彝人的膜化边界依然十分清晰。由于政府在小凉山采用了"农场"形式来安置汉根彝人，农场人与非农场人的区隔更为明显，诺伙、曲伙、农场人之间的通婚依然很难突破。[①]

对于凉山彝族的族属认同，民主改革前、民主改革时和民主改革后有着高度的延续性，其中并没有断裂。如果说在民主改革前凉山彝族的族属认同以诺伙的价值为认同核心，民主改革时期作为贫下中农

---

①　至此，善于定量分析的学者肯定会对笔者的定性方法有所怀疑。问题的关键在于诺、曲伙与汉根彝人之间的通婚率很小，几乎可以忽略不计，他们之间的通婚率对于笔者所要分析的话题就成为一个理想型的零函数（本书特指存在但对主题可以忽略不计的文化事项）。

的无产阶级的政治价值成为核心，那么到了今天，凉山彝族的认同则成为诺伙、曲诺、汉根彝人三核心状态。这种构造上的变化从类型学上并不难理解，但要深究蛋形构造的社会—历史—文化解释时，此话题就显得万分复杂。因此，笔者将凉山彝族族属认同的构造限定在以下几个方面来理解。

（一）"民族"概念的"凉山经验"

无论是诺、曲诺还是汉根彝人，他们都承认自己是"诺苏"。[①]诺苏成为此群体认同的整个卵生生命。人类卵生的神话凉山彝人古已有之，且家喻户晓：

> 洪荒时期，人类只剩下都慕。都慕在各种动物朋友的帮助下，历经艰辛娶得天帝的女儿为妻。过了一年，都慕的媳妇生下一个肉球，都慕和他的动物朋友很是着急，来到天上询问原因，天上没告诉他们破解之法。都慕没办法，就派蚂蚁去偷听天上的消息，蚂蚁被发现后遭到毒打，从此，蚂蚁的腰变得很细；乌鸦被发现后从锅底溜出，从此乌鸦就变得很黑。
>
> 有一天，聪明的蜂鸟躲在天帝装筷子的竹兜里，听到天后对天帝说："其实都慕家的问题很简单，只要砍上高山的冷竹放在火塘边烤，等竹子发出爆破声后，肉球就会说话。"蜂鸟一听，得意忘形地说："我听到了，我听到了。"天帝急忙一抓，只抓着了蜂鸟的尾巴，从此，蜂鸟的尾巴就很短。都慕和他的动物朋友砍来高山上的冷竹放在火塘边烤，竹子发出爆破的声音，肉球突然打开，跳出三个小男孩。一个跳到板凳上坐下，喊了一声"妈呀"，这男孩就成了汉族人的祖先。一个跳到毡子上坐下，喊了一声"比足里"，这男孩就成了藏族人的祖先。一个跳到篱笆上

---

① 凉山彝族的自称。

坐下，喊了一声"啊兹格"，这男孩就成了彝族人的祖先。

这是凉山彝族关于汉、藏、彝三族最为诗意的准卵生神话。这个神话仅仅是人类起源神话的一部分，其完整版还叙述了关于洪水泛滥，汉、藏、彝三族划分领地等故事。引用此神话的目的在于说明凉山彝人对人类起源于卵生生命的想象并不陌生，或者说凉山彝族族属认同的蛋形构造可能有着某种先验的文化起源。既然同一个肉球可以产生三个不同的民族，那三个不同的群体为什么就不可能形成一个民族？无论是前者还是后者，凉山彝族关于"诺苏"的概念都具有很大的包容性，诺苏当中包容不同血缘的群体对于凉山彝人来说并不是一个问题，成为问题的仅仅是外来群体带来的价值观无法成为正统而已，因此，他们是彝人但不是真正彝人的判断直接指涉价值观，而这些价值观是社会—历史—文化条件所赋予彝人的长期成果。既然是长期的文明成果，历史贡献的问题应该就是彝人判断真假的标准。于是，为彝族文化历史贡献最多、最长，最有故事的继嗣群体就是真正的彝人，外来者因其血缘关系而成为新彝人，相对于老彝人而言他们暂时不是真正的彝人，但有谁可以保证这些外来者不会成为真正的彝人呢？由此可知，彝人关于民族的概念其实是向未来开放的，尽管族属认同的内部有着巨大的差异。

神话在信仰者的观念中是真实的存在，作为结构的属性尽管呈现出某种稳定特性，但结构的内部则依然许可某种程度的再组合，就像水虽然可以随温度的改变转化为固态、液态和气态，但作为水分子的结构仍保持不变一样，神话在改变自己的方向或者内容时，依然可以保持其文化地位的合法性。将汉根彝人（农场人）纳入彝人的范围就是彝人肉球神话的现代版，其对我们理解"民族"或"族群"概念的最大启示就在于承认一与多在民族构造中的合法性：一个共同体可以分化为多个群体，多个群体依然可以构造成一个共同体，而这就是凉山彝族关于什么是"彝人"的本土知识，我们可以称之为"民族"概念的"凉山经验"。

"民族"概念的"凉山经验"最大的特色就在于对族群边界的"膜化"实践，生物学概念的"膜"最为主要的机理就是拒绝与吸收共存，吸收外来信息的同时也拒绝外来的信息，承担区别功能的同时也负责融合。于是，凉山彝人在族属认同上的蛋形构造可以得到充分的解释，汉根彝人是彝人但不是真正彝人的认同方式也就有了可供理解的基础。更有意思的是，"民族"概念的"凉山经验"提出一个问题：硬性的族群边界似乎并不存在，存在的仅仅是同时承担区别与吸收功能的"族膜"，同时，在同一共同体的内部成分间，依然用类似于"族膜"的"内膜"来完成内部的独立与统一。

（二）族属认同核心的转换与移位

表面上看，族属认同的生物学类比有着非历史的倾向，也就是说忽略社会—文化—历史条件对族属认同的影响。其实，在笔者所有的论述中，历史观一直作为隐前提发挥作用，凉山彝族族属认同中的政治—经济学理解也暗含其中。前文关于凉山彝族族属认同的经验分析足以证明笔者的立场，然而，凉山彝族族属认同核心的转换和移位[①]机理有待进一步的分析，因为这牵涉到蛋形构造的发展问题。凉山彝族族属认同的三个时期分别有自己的核心价值，在民主改革前，彝人认同的价值核心是以诺伙为象征的审美实践；民主改革期间的认同核心是以阶级斗争为纲的国家政治；而今天凉山彝族族属认同的核心则是建立在求同存异基础上的文化哲学。

如果说凉山彝族民主改革前蓄养大量外族奴隶的外因是鸦片贸易的经济需求的话，崇尚武力的审美价值则无疑是推动武力掠夺奴隶的强大内因。有趣的是，凉山彝族崇尚武力的审美价值未必就是凉山彝

---

① 关于凉山彝族族属认同核心的"移位"表述，是笔者与笔者博士后合作导师何明先生多次讨论的结果。

族的"天然"属性,在笔者看来,凉山彝人尚武文化的形成恰恰是历史上彝人多次与中央王朝不断对抗的文化积累。于是,关于彝人掠夺外族奴隶的政治经济学解释必须承认历代中央王朝"殖民"凉山的历史合力,半封建半殖民化的中国近代史依然是凉山奴隶制高速发展的强大动力与外部温床,凉山彝族的个人主义奴隶占有方式是近代中国政治的凉山畸形儿,而不完完全全是凉山彝人的自我"进化"。

民主改革时期,这样一种审美价值受到了更为强大的无产阶级革命的冲击,被剥削和压迫已久的汉根彝人(农场人)用同样的方式展开了对尚武价值的颠覆,国家政治成为凉山彝族族属认同的核心,阶级情感取代了血缘—等级认同,尽管过去的上层有着转换为领导者的可能,但他们所践行的尚武文化却转换为别人改造他们的方式。于是,肉球神话的隐喻又一次发生,凉山彝人族属认同的核心开始移位,审美价值、国家政治、宗教信仰、风俗习惯等观念成分文化化,原先单一的核心被多元化,他们之间的血缘—等级—阶级界限也内膜化,转换成以汉根彝人、曲诺、诺伙共存的三核蛋形构造,而这样的构造依然还在不断膜化中。

我们并不清楚未来凉山彝族内部的膜化方式如何变化,也不清楚凉山彝族的婚姻关系是否更为自由,但可以明确的是凉山彝族内部的单核心认同方式已经向多核心方式移位,血缘—等级—阶级的界限也随之变化,这意味着凉山彝族族属认同的构造变得更加宽容,人们正慢慢接受多元的价值观念,随之而来的文化实践也将呈现更为多样和自由的选择。于是,我们将迎来一个更具活力的凉山彝族,而这一过程与时代同步,与所有的兄弟民族同步,因为,凉山彝族的族属认同遵循一与多的民族构造方式,尽管它有着被畸形化的历史与记忆。

(三) 蛋形构造之外

以上关于凉山彝族族属认同的讨论完全立足于主位的视角(尽管这个"主位"依然有着被解构的危险),原因是笔者反对把民族实体化和客体化的趋势。族属认同所产生的情感并不是作为他者的研究者所能体验的，尽管此他者依然可以在自己的民族中得到这种情感，但他对他者的理解也只能停留在解释的水平而不可能成为他者。恰恰是这种原因，理论界对于国内少数民族的研究往往忽略了少数民族的主体性，淡化他们自己对族属认同的认识与表述，随意把他们在"民族"与"族群"的概念中分来摆去，粗暴地认为只有舶来的"民族"与"族群"是客观描述他们存在的人性化概念。事实是，这些被"概念化"的民族在没有舶来"民族"或"族群"之前，早已在故乡生活了与发明这些概念的人群一样长的历史，这些"土著"依然有他们关于族属的"地方性知识"，依然有区分外族的"族膜"观念。

　　族属认同的意义尽管发生在人的行为领域，但本质上依然是观念的产物。所以，本章关于凉山彝族族属认同的蛋形构造发生在观念领域，但现实生活中凉山彝族并没有用具有蛋形图式的逻辑符号来表述他们的族属认同，或者将自己的族属认同比喻为某种蛋形结构，原因是人们并不把族属认同的知识学术化和政治化。族属认同是自然发生的，尽管民族的形成有着深刻的社会—文化—历史原因，但族属认同的方式并非情景化，情景化仅仅是人们生存的策略而不是认同发生的原因，族属认同有着经验以外的源泉。

　　正如凉山彝族有着蛋形构造的认同实践一样，所有的民族对于"你是什么民族"都有仅仅属于自己的观念构造，这些民族关于"我是某某民族"的回答有着不可通约的特性，他们的经验完全来自自己的世界而不属于任何外来者。但是，无论不同民族有着多少族属认同的方式，他们的经验肯定来自他们的社会、历史、文化与环境，这些民族关于族属认同的多样化认知恰恰构筑了族属认同的生态环境，他们之间依然以某种伟大而清晰的方式发生联系，这些联系构成了民族现象可以理解的现象学基础，而此基础似乎因强大的内向力而向外界和未来开放！

结　语

　　一般来讲，社会人类学对社会结构的想象有"上下""系统""场域"三种学说，学者们讨论这些问题时都相对独立，很少有将三者联系起来研究的民族志报告。20世纪50年代，中国西南的凉山彝族与国内多数民族一道经历了由中国共产党领导的自上而下的民主改革，人们的日常生活、意识形态随居住空间的政治调整而发生了深刻变化。60多年来，这些改革及变化铭刻在人们的行为及记忆中，不断生产或再生产用来组织日常生活的各种文化资源，而这些文化资源及相关的行为方式多数源于人们对社会结构的想象与实践。在短期内，凉山彝族社会完整经历了从"上下"到"系统"到"场域"的结构转换，对此话题的研究，使得关于社会结构的讨论充满浓烈的"凉山味道"与新意。

一　社会结构本体论的深度问题

（一）制度、关系与具象

　　社会结构的概念对于社会学理解至关重要，结构隐喻使得社会可以认识，一旦我们理解了"结构"，即意味着与随意和混乱相反的社会模式和安排成为可能，而社会学的目标就是要了解这些模式和安排

结　语

是通过什么方式被正确理解的。① 此处的"模式"和"安排"与"社会结构"同义，对它们的"正确"理解意味着对社会结构的认识有可能出现"错误"，而对某一事物正确与否的判断却描绘了一个不以我们意志为转移的"存在"本体，对此结构本体的认识及方法我们可称之为社会结构的"本体论"。

据杰西·洛佩兹和约翰·斯科特介绍，有两种关于社会结构的不同概念在社会学史上长期共存。一方面，社会结构被看作由定义人们行为期望的文化或规范模式所组成，通过这些期望，人们能把握彼此的行为并组织起相互之间的持久关系；另一方面，社会结构被看作由社会关系自身所组成，这些关系就是人们与其行为间的因果联系及彼此间因相互独立而所占据位置的系统模式。② 而安东尼·吉登斯却认为，以上两种不同的社会结构观其实就是客观主义和主观主义在社会学上的二元对立，他曾希望通过借用卡尔·马克思的"实践"观引入社会结构与能动性的两重性概念来克服此问题，并以此方式逃离无时空跨度的主客对立，因为他认为"社会系统的结构特性就社会行为的形式而言，仅仅存在于时间与空间的缓慢再生产中"。③

社会结构与能动性的关系其实就是社会整体与人类个体之间的关系。一方面，个体的生老病死似乎对先于他（她）存在的社会结构没有丝毫影响，而个体的社会生命就是机械地将社会结构所提供的规范内化为驱动各种社会行为的资源；另一方面，"多数的社会实体，从小型社区到巨大的民族国家，将会随着人类思维的停止而一起消失"，④ 在此意义上，社会结构只能存在于个体行为相互交织、镶嵌的个体性思维模式中，且不能独立于个体的思维而存在。

---

① ［英］杰西·洛佩兹、约翰·斯科特：《社会结构》，允春喜译，吉林人民出版社2007年版，第4页。
② 同上书，第5页。
③ Anthony Giddens: The Constitution of Society, Introduction xxi, Polity Press, 2011.
④ Manuel DeLanda: A New Philosophy of Society, Introduction, Continuum International Publishing Group, 2011.

结　语

　　杰西·洛佩兹和约翰·斯科特认为，社会结构的概念指向社会生活之制度与关系元素的复杂表达，他们将基于文化和规范制度的结构称为"制度结构"，而将基于社会关系层面的结构称为"关系结构"。由于制度和关系的模式产生于那些被赋予能力和技能的个体行动，而这些能力和技能只有被看作行为的禀赋才能得到有效理解，社会结构因此具有类似于语法结构的特征而必须被看作由镶嵌在人类身体和思想中的习惯和技能组成的具象结构（embodied structure），此具象结构使得人们生产、再生产和改变制度结构与关系结构的努力成为可能。于是，我们拥有了第三种基于身体和思想的社会结构，它与前两种一道组成了迄今为止理解社会结构最为宽容的理论模式。对于此三种结构与社会学之间的关系，杰西·洛佩兹和约翰·斯科特总结道：

　　　　在我们的观念中，社会结构指向社会生活组织的三个相互独立的层面：制度的、关系的和具象的层面。社会学分析的力量就在于对这个问题的认识之中。那些强调其中一方面而排斥其他方面的主张，将失去它们的理性说服力和生命力。这样的认识必须牢固树立在社会学关注的核心位置，那就是社会结构的三个层面是相互补充的，并且我们需要同时致力于三个层面的研究。①

　　此引文其实并没有描述三种结构之间的真正关系，那么它们之间的层次性如何得以认识和表达呢？那些最容易直接观察到的社会结构的表面特征，与不是很容易被观察到的社会结构的宽泛和深层特征，又是如何联系起来的？② 杰西·洛佩兹和约翰·斯科特对此问题的进一步深究引出了社会结构"本体论深度"的问题。

---

① ［英］杰西·洛佩兹、约翰·斯科特：《社会结构》，允春喜译，吉林人民出版社2007年版，第6页。
② 同上书，第98页。

结　语

（二）本体论深度及其问题

社会结构"本体论深度"的概念与社会结构的层次问题直接相关，这种提问题的方式源于列维·斯特劳斯对拉德克利夫·布朗的批评，那就是将社会结构仅仅理解为人们之间社会联系的实际形式和所采取的"结构形式"。① 相对于拉德克利夫·布朗，列维·斯特劳斯却认为社会学的分析应该把社会生活的表层结构同其基础的更深层结构联系起来，他借用了一个地质学的隐喻即"表层与深层"来批评前者只将注意力局限于社会生活表层而未能调查研究发生在表层下面的更重要的事情。②

列维·斯特劳斯关于社会结构"表层与深层"的地质学隐喻与卡尔·马克思"经济基础与上层建筑"的建筑学隐喻不仅紧密相关而且如出一辙，它们都将焦点聚集在制度结构与关系结构的联系上。问题的关键在于，难道社会结构的层次只有"表层与深层""经济基础与上层建筑"那么浅？如果我们对社会结构层次的讨论只停留在上述两位大师的视域上，那社会结构的本体论就根本没有深度可言，而所谓的深度问题，应该是社会结构之间各个方面的分层、嵌套、嵌入的度量问题。③ 杰西·洛佩兹和约翰·斯科特进一步认为，除了"表层与深层"的隐喻外，将社会结构分成"系统与子系统"的理论实践可视为第二个隐喻，它破除了基础/上层建筑的物理和地理学隐喻，能够突出社会结构隐性的固有特征。而超越以上两个隐喻的第三个隐喻则是社会空间"区别性场域"的观念。④ 此观念不仅走出了基础/上层建筑物理比喻的误解，还打破了诸子系统单维嵌套的所有观点。⑤

---

① ［英］杰西·洛佩兹、约翰·斯科特：《社会结构》，允春喜译，吉林人民出版社2007年版，第98—99页。
② 同上。
③ 同上书，第98页。
④ 同上书，第100页。
⑤ 同上书，第127页。

结　语

　　至此，社会结构本体论之深度随着"上下""系统""场域"等隐喻的相互参照、移动和拥有而变得明显，因为深度本身也是比较的结果，若没有比我更深的东西，我即最深。有意思的是，"深度"本身也是一个物理学隐喻，而对它的理解却必须建立在一系列隐喻彼此破除的连续性上。问题在于，社会事实的连续性暗含着时空跨度，此跨度意味着社会结构间的彼此断裂、连结或者转换，这让我们回到了前文安东尼·吉登斯关于社会结构二重性的讨论。但是，仅仅将社会结构本体论的深度转换为时空跨度还不够，因为在这广袤而寂静的时空中我们还未发现人的踪影，而人的加入就意味着社会结构及其本体论的历史参与问题，事实上，人（历史）的缺席恰恰就是社会结构"本体论深度"所没有展开的"硬伤"。

　　如果我们能发现某个社会在一定时间内其社会结构经历了从"上下"到"系统"到"场域"的发展或转换，并且经历此过程的人们的情感和经验依然还散发着生命的温度，那社会结构及其本体论的历史参与不仅可以得到理解，而且还会将社会结构"本体论深度"的问题历史化。更为重要的是，促成社会结构层次之间彼此转换的条件与方式将会得到有效考察，而它们与社会结构本体论以及参与其中的人的关系也会在经验领域得到鲜活的讨论，而这些恰恰就是上述学者对此问题重视不够的民族志缺位。20世纪50年代，中国西南的凉山彝族与国内多数民族一道经历了由中国共产党领导的自上而下的民主改革，他们先后于十年内经历了奴隶解放、阶级划分、社会主义建设、"文化大革命"等一系列政治及社会改革，人们的日常生活及意识形态随之发生了深刻变化。更有趣的是，凉山彝族社会在短时期内完整经历了上文所说的从"上下"到"系统"到"场域"的结构转换，这种历史经验在民主改革的社会运动中得到表达，并物化在小凉山奴隶安置措施的农场模式及其引发的村落及社会结构的变迁中。

结　语

二　凉山经验：等级与阶级的话语转换

算账教育是中国共产党在凉山彝区实现社会动员最主要的策略，其目的就是让彝族人民自己从对比中坚定改革决心和展望民主改革的好处，避免共产党与少数民族之间的矛盾激化，顺利实现和平协商改革的政治目标。在云南小凉山彝区的民主改革中，力量对比、叛乱损失、政府关怀、民族团结、翻身五笔账成为算账教育的主要内容。① 力量对比账主要比较国民党与共产党、解放军与土匪（彝族叛乱武装）、联防队与土匪之间的人口及实力；叛乱损失账的目的是弄清土匪维护的是旧制度，剿匪平乱维护的是各阶层的共同利益，平息叛乱的本质是阶级斗争而不是民族矛盾；政府关怀账主要算政府对因叛乱而受灾的贫穷家庭的救济及其损失账；民族团结账针对民主改革前各民族之间的械斗，特别是对彝族抢掠其他民族而造成的各种灾难进行批评和反思；翻身账主要从个人解放的角度揭露奴隶主的剥削与压迫来强调自由的价值。②

以上五笔账的比较与盘算使得彝族人民"广泛分清了谁是剥削者，谁是劳动者，劳动是好事，剥削是坏事，划清了阶级界限"。③ 通过个人、家庭、阶级、民族在新旧制度中社会、政治和经济地位的比较，一张由不同层次的社会关系所组成的结构网络变得清晰，制度界限、政策界限、阶级界限和敌我界限更为明朗，对于"人生自由，政治平等"的教育也随之展开并得到强化。④ 一方面，算账教育通过对国民党、共产党之间力量和政策的对比，将凉山彝族社会"植入"

---

① 《和平协商改革试点乡和全县改革综合总结报告》，1957年2月，宁蒗县档案馆，全宗号1—4，案卷号52。
② 同上。
③ 同上。
④ 同上。

到新中国的社会系统中来；另一方面，通过对各阶层之间经济和社会地位的对比，将彝族社会的不平等转化为阶级差别。于是，横向的整合和纵向的调整成为凉山彝区民主改革的首要目标，具体而言，横向的整合对应着彝汉关系，而纵向的调整似乎也就对应着彝族内部的等级差异与阶级分化。所以，民族关系的改善和阶级特权的清除成为将凉山彝区改造为"人人平等"社会的"结构性"话语，对此"结构性"话语的改革方式实际上就对应着"和平协商"的改革方针。随着反对民主改革的武装叛乱及解放军对其的军事胜利，彝汉之间的民族矛盾随之消失，凉山彝区民主改革的目标只剩下纵向的阶级关系，于是，人们对社会结构的想象呈现出某种显性聚焦——居于优势地位之结构的轮廓及层次成为民主改革的元话语，而此元话语的呈现其实就是民主改革时期凉山彝族社会结构的本体论之发生及发展问题。

三　社会结构历史参与的"农场"表达

（一）金字塔结构

金字塔是关于等级制最好的结构性想象，民主改革以前，凉山彝族的社会结构同样符合金字塔式的想象，因为金字塔式的想象暗含上下结构的问题，致使多数研究者认为诺（黑彝）基本上都是奴隶主，曲（白彝）基本上是平民，而剩下的则是奴隶。诺、曲、节三者之间的隶属关系恰好构成金字塔式的结构想象，"诺"在金字塔的塔尖，多数都是奴隶主；中间是"曲"，"曲"的情况比较复杂，一部分已经分化为奴隶主，而多数是平民，少部分会成为债务奴隶；金字塔的底部是呷加和嘎西，嘎家是分居奴，呷西是家奴。

不同等级之间的婚姻界限不允许跨越，诺伙在诺伙之间通婚，曲伙在曲伙之间通婚，呷加和呷西之间通婚，而90%以上的呷西是其他民族。民国前彝汉之间的矛盾比较尖锐，国民党政府对少数民族社会的不信任与压迫也导致甚至激化了凉山彝族对周边其他民族的抢

结 语

掠。当然产生这种情况的原因还有很多，其中最为重要的经济因素就是凉山彝族地区大面积的鸦片种植和对劳动力的需求。凉山彝族不允许从内部获得奴隶，尽管不同势力范围之间经常性打冤家，但属下的臣民或者百姓只有在自愿的情况下才能收留或者占有，任何人不能轻易将别人抓为奴，即便是黑彝也没有权利在彝族人内部抢其他人为奴隶，所以大家只能到周边的外族地区去抢人。因此，凉山彝族奴隶制是建立在对周边非彝人社会的人口掠夺之上的，特别是鸦片种植引入凉山以后，凉山彝族社会对劳动力的需求大增，从这个意义上来讲，凉山奴隶制也是中国半殖民地半封建社会的一部分，是鸦片战争在彝区的后果及历史表现。

民主改革要涉及阶级划分的问题，而划分阶级就意味着要明白什么是阶级；要弄清什么是阶级就必须要弄明白什么是剥削，而要弄明白剥削就得弄明白什么人占有多余土地，或者自己不劳动而占有别人的劳动成果。这一系列的概念转换不经意将"阶级"的概念转换为"土地"的问题，这无形中消灭了凉山彝族奴隶制中与民族有关的问题，这也是凉山彝族地区民主改革最重要的工作。因此，阶级和等级并不一定重合，因为二者的标准并不一致。民主改革以前凉山彝族社会并没有"阶级"的概念，但有建立在血缘之上并与经济能力有关的"等级"的概念，尽管不同群体之间因不能通婚而有贵贱之别，且多数生产资料集中在诺伙和部分"大头百姓"的手里，但这并不意味着彝人社会不同群体之间仅仅是纯粹的经济关系，特别是诺和曲诺的关系并不像主张阶级斗争学说的学者们所想象的那么恶劣，而我们在彝区经常听到的是几个曲诺家族如何支撑或者辅佐一个诺伙家族的忠义故事。更为重要的是，占有奴隶的不仅仅是诺伙的事情，事实上，整个曲诺群体占有家奴的总数比诺伙群体多得多，[①] 因此，与奴

---

① 《民族问题五种丛书》云南省编辑委员会：《云南小凉山彝族社会历史调查》，云南人民出版社1984年版，第16页。

隶占有直接相关的"阶级成分"就不一定与等级有关。

　　阶级是完全按照所占有的生产资料如土地、奴隶、财产的多少来划分的，所以许多富有的白彝被划成奴隶主，而部分贫穷的黑彝也被划分为贫农，"奴隶主"这个阶层与之前凉山彝族原有的"诺伙"群体有70%—80%的重叠，也就是说黑彝不一定就是奴隶主，白彝也有可能是奴隶主。笔者曾在本书的第十章中用了"个人主义的奴隶占有方式"来指称凉山彝族这种有别于古罗马奴隶制的奴隶制，目的是想强调每一个人都有权利拥有奴隶的凉山实践才是凉山彝族奴隶社会的本质所在，即任何人都可以通过自己的能力占有奴隶而不是一个群体占有另外一个群体。比如，在阶级划分时就有奴隶被划分成奴隶主的案例，因为他们虽是家奴但是又占有十个以上家奴，按照阶级划分的标准就成为名副其实的奴隶主。

　　在奴隶主划分的问题上，大小凉山的情况也不同。大凉山奴隶主的比率一开始比较高，反对民主改革的叛乱发生后，奴隶主的比例也就控制在3%—5%，因为毛主席指示少数民族地方比汉族地方穷，汉族地区经济比较好的地方地主的比例也只占到7%—8%，所以地主或者奴隶主的比例就应该低一些。[①] 云南小凉山彝区奴隶主比率刚开始基本控制在5%，而四川大凉山奴隶主的比率基本上控制在6%以上，这就意味着在云南算富农的人在大凉山可能就变成了奴隶主，于是，大凉山民主改革的打击面明显变大了。

　　以上关于阶级、等级或者阶级划分的论述其实就是想说明"阶级划分"的社会运动使得我们关于社会结构类似于金字塔的想象参与了历史，这其实就是马克思主义者的"实践"。在凉山彝族地区，人们是通过彝族社会原有的等级概念来接受阶级概念的，但这并不意味着凉山彝族原有的等级划分与新的阶级划分完全重合，其间产生的差异

[①] 秦和平：《四川民族地区民主改革资料集》，民族出版社2008年版，第三部分，第43—44页。

结　语

恰恰就是我们要理解社会结构想象（本体论）如何参与历史的切入点。也就是说，我们关于等级或者阶级的想象和认识是与社会行动有着密切联系的，这些社会行动往往由一系列的经济和政治行为编织而成，因此，关于社会结构的概念有着形式和实质之别。形式是想象本身而实质就是历史参与，这种参与直接与利益有关，因此观念中的阶级、等级和现实中的阶级、等级是有所差异的，而这些差异在接下来的民主改革中就被"农场"这样的同心圆结构所凸显或者实践，并进一步转化为小凉山彝族社会的空间记忆，以一种十分有趣的方式参与了我们的历史并成为历史的一个部分。当然，"阶级"概念能被彝族人用"等级"的概念所接受或者消化，估计就是因为社会结构的上下隐喻利用了金字塔的压迫感，而接下来的讨论会让我们关于社会结构的想象回到更为熟悉的时空区间，这样的实践就是本书一直在论说的"农场模式"。

（二）作为同心圆的农场

1956年以后出现的"家奴"阶层因最穷而成为民主改革的政治中心，此中心的出现也意味着小凉山农场的政治想象和实践就是将奴隶主、地主和富农夹在奴隶和贫农的中间来改造，其所塑造的社会结构就是扁平化的同心圆，因为这种结构比较容易将具有对比意义的阶级斗争剧场化。如果说金字塔式的上下结构是三维的话，那这种同心圆式的结构想象至少是四维的。与金字塔式的结构想象相比，同心圆式的想象多出了时间因素，而时间因素可以细分为历时性和共时性两个视角或者层面，历时性与过去有关，而共时性则与周边其他关系的现实有关。因此，同心圆的剧场涉及社会结构想象参与历史的坐标问题了，比如说，由于奴隶主划分的依据是某人三年前的生活水准，再加上阶级成分划分和确立之后，该人的所有财产基本上已经被没收或者分配完毕，这就一意味着此人成为"奴隶主"的同时已身无分文，在此意义上，"奴隶主"其实就是一个一

结 语

无所有的人，只剩下一个可以生产无数意义的符号占据着历史和现实的象征空间。此后很长一段时间，该人因过去曾经拥有奴隶而成为需要改造的人，因此，过去参与了历史。只要农场村存在一天，这些过去就随时处于比较状态，因此，农场人与周边的奴隶主、富农或者贫农的比较关系使得共时性也加入社会结构的再生产。共时性同样也指不同阶层间产生的新状态和关系，而这些状态和关系在他们获得阶级成分之前可能是模糊不清的，因此，同心圆结构把时间放入原先的上下结构之后，凸显了与上下结构之压迫感既有联系又有区别的依赖感，即中心对边缘的控制或边缘对中心的依赖所产生的压力，也就是说，中心和边缘的关系依然是一种不平等关系，犹如边疆和中央的关系一般，这种不平等不仅是结构性的压迫，同时也是结构性依附。简单来讲，农场在小凉山彝区的建设，使得农场加入了小凉山彝族当代社会结构的再生产，而农场则因同时保留历史和创造历史的方式将过去人们对社会结构的金字塔想象转换为同心圆想象，从这个意义来说，社会结构本体论通过农场的方式参与了我们的历史或者说农场的实践创造了历史，但这种实践的后果是不是一种新的不平等或者依附呢？

（三）蛋形结构的历史参与

关于蛋形构造的发展和演化问题，笔者已在第十章做了细致的论述，这里不再赘述，不过，笔者想再次强调的是作为蛋形生命体的社会结构想象或者经验可能影响现阶段凉山彝族日常生活的重要性。改革开放以后，凉山彝族社会慢慢产生了诺、曲诺和汉根彝人"三分天下"的群体政治，这种局势在云南小凉山似乎更加明显。一个方面，此三个群体互相区别，而另外一个方面，这几个群体互相依存，他们构成一种类似于蛋形构造的具有膜化边界的生命体，我们可以将这种膜化方式想象为一个鸡蛋，从蛋黄到蛋白到蛋壳的不同结构必须彼此依存，如果鸡蛋摔碎，任何一种结构都不可能存在，而这样一种结构

结　语

特性在社会理论界的代表学说就是布迪厄的"场域"观。① 在本书所研究的"农场模式"中，上述三个群体都不否认其他群体作为彝人的事实，但明显保持着界限与认同，如果蛋黄、蛋白、蛋壳均要在未来的生命史中更好地发挥自己的功能，唯一的办法就是依赖彼此。因此，一方面各个部分要共同维持一个生命体，另一方面它们必须拥有区别性的场域，各部分之间是互相吸收的依存关系，它们之间的膜，就是在阻隔有害的物质与信息的同时也吸收有益部分，因此凉山彝族内部的认同似乎有着膜化的趋势与构造。

族群的边界并不是我们能看得到的实体，边界其实是一种通过区别功能来实现群体整合的事件与方案，我们在讨论这些问题时更应该去了解此边界是如何形成的，而不仅仅是将此边界理解为某种绝缘型实体。研究国界也是这样的道理，有学者曾提出过"和平跨居论"②"多元边疆"③ 等关于国界的理论与概念，而这些观念其实在讨论之前已经设定了一个边界让我们去跨越，但真正的边界并不是如此，国界依然是一种文化与历史建构，边民的生活一定先于边界，这就意味着我们有多种关于边界的经验和认识的可能性。

相对于金字塔式和同心圆式的社会结构想象，场域观念更强调主体在社会结构中的地位和话语权。民主改革以前，彝族社会的话语权多数时候掌握在黑彝手里，百姓和奴隶只能听从上层的意愿；但是在奴隶解放以后，话语权就掌握在奴隶手中。而发展到了今天，早期的奴隶和上层毕竟不占人口的多数，占多数的是中间层的曲诺，所以彝区的政治决策过多考虑奴隶及黑彝的后代就不太现实。为了适应这种趋势，彝区的社会结构似乎有着橄榄球化的趋势：不论从左右哪一端

---

① ［英］杰西·洛佩兹、约翰·斯科特：《社会结构》，允春喜译，吉林人民出版社2007年版，第126页。

② 周建新：《和平跨居论：中国南方与大陆东南亚跨国民族"和平跨居"模式研究》，民族出版社2008年版。

③ 何明：《边疆观念的转变与多元边疆的构建》，《云南师范大学学报》2013年第5期。

让整个橄榄球站立都不可能，因此只能将其平躺着放置，使中间成为着力点，再加上橄榄球内的膜化结构，以往的压迫话语似乎在场域化的社会结构之想象和实践下慢慢变成一种承认政治，即允许一种多维的"场域"文化和政治实践成为可能。

四 民主改革研究中的村落视野

在本书中，农场既是研究对象，也是研究方法。

作为研究对象的农场是我们理解小凉山民主改革历史过程的组织与认识空间。社会革命的影响是多方面的，但这些影响始终会以某种方式物化在社会的制度、关系以及具象结构中，如何从社会结构的整体性中识别出这些物化方式来追踪和评估社会革命对社会变迁的影响，需要我们对民主改革的历史进行认识论意义上的"隔离"，将相关的知识及其条件剥离出来进行讨论，而作为家奴安置措施的农场原本就是"隔离"的结果。因此，小凉山的农场对于凉山彝族的民主改革研究具有认识论意义上的"先天优势"。但是，将家奴从原先的生活环境和家庭中解放（隔离）出来以后，将涉及奴隶主阶级的生活和安置问题，因此，对农场的研究实际上就是对民主改革的研究，而不仅仅是对家奴安置措施本身的研究。尽管民主改革是一场由国家发动的自上而下的社会革命，但其目标就是改变以土地占有和人身占有为核心的不合理的社会制度，其社会革命的神经末梢就是村落意义上的生产力解放和生产关系改革，农场作为生产力解放和生产关系重组的微观单位提供了我们观察社会革命如何在基层发生作用的环境和过程，因此，作为对象的农场其实上也是理解民主改革的方法。

如果说，作为对象的农场处理的是农场如何形成的历史的话，作为方法的农场就应该要讨论农场建设以后如何影响小凉山彝族社会结构的问题了，因此，方法讨论的是社会结构的生成问题。农场作为家

结 语

奴安置的集中点最先处理的是个体意义上的人的安居与生活问题，但是，人毕竟是社会性动物，对家庭、对群体乃至对权力的追求自然会在农场内发生，这就出现了农场村落化的过程，而农场村落化的出现必然要改变农场村与周边其他非农场村之间的关系，周边的农场村自然也会对这些改变进行适应和调整，因此，中观层面的小凉山彝族社会结构性的特征在大家对待农场村的问题上得到呈现与表达，这些表达最终因不同农场发展道路的类型化特征而得以体现。当然，农场村落的类型化分析并不意味着农场人在选择或者适应社会变化中的被动，相反，本书通过对小凉山农场村和农场人的个案调查或者访谈说明，农场人适应社会变迁的能力不仅多样而且有效，农场人作为个体的主观能动性在农场人融入更大的社会中发挥了极其重要的作用。因此，作为方法的农场将农场人、非农场人，农场村、非农场村，彝族人、非彝族人等分类方案与更大的社会分层整合起来，形成了超越村落的宏观意义上的小凉山彝族社会及相关的知识谱系，而这样的方法才应该是民主改革研究中真正具有方法论意义的"村落视角"。

总之，云南小凉山民主改革家奴安置措施及其影响的"农场模式"说明：社会结构的想象是有实践性的，我们对上下结构的想象指导着我们的阶级斗争，也指导着我们的民主改革；我们对社会结构和社会运动的描述，不仅仅是观念，同样也是实践的。作为奴隶安置措施的农场同样创造着新的观点和社会实践，研究此问题的目的就是让我们的学术回归日常生活，来考察民主改革如何通过输入关于社会结构的想象来影响和改变小凉山彝族社会的文化观念和社会构成，将学界对社会结构的讨论引导到观念如何参与社会实践的问题上来，即隐喻的创造先于隐喻本身——这就是我们所讨论的社会结构本体论历史参与的"农场模式"及其隐喻的全部，也是本书全部的田野、理论和学术抱负！

参考文献

一 专著、文集

崔玉英编:《走过五十年:西藏民主改革纪念文集》,西藏人民出版社2009年版。

费孝通:《乡土中国》,北京出版社2004年版。

弗里德里克·巴特:《斯瓦特巴坦人的政治过程》,黄建生译,上海人民出版社2005年版。

郭克范:《扎囊县民主改革时期档案整理与研究》,社会科学文献出版社2014年版。

胡庆均:《凉山彝族奴隶制社会形态研究》,中国社会科学出版社1985年版。

黄宗智:《中国研究的范式问题讨论》,上海社科文献出版社2003年版。

嘉日姆几:《利益,尊严?——云南小凉山彝汉纠纷解决方式的人类学研究》,云南大学出版社2014年版。

江培元、闵光汉、吴志钦等:《烂泥箐农场史》,中共宁蒗县档案馆1959年。

蒋彬、罗曲、米吾作编:《民主改革与四川彝族地区社会文化变迁研究》，民族出版社2008年版。

蒋彬：《民主改革与四川藏族地区社会文化变迁研究》，民族出版社2008年版。

蒋彬：《民主改革与四川羌族地区社会文化变迁研究》，民族出版社2008年版。

李丹：《理解农民中国》，张天洪等译，江苏人民出版社2008年版。

李乔：《小凉山漫步》，上海文艺出版社1959年版。

凉山彝族历史文化研究会编印：《沧桑凉山——瓦扎木基谈话录》，攀西地质大队印刷厂2009年版。

马曜：《马曜文集》第五卷，云南人民出版社2008年版。

马云等：《宁蒗回族史》，宁蒗回族史编委会1991年版。

马志才等：《彝族毕摩传毕经》，云南民族出版社2009年版。

《毛泽东选集》第三卷，人民出版社1991年版。

《民族问题五种丛书》云南省编辑委员会：《云南小凉山彝族社会历史调查》，云南人民出版社1984年版。

莫福山、苏发祥：《西藏民主改革50年变迁》，中央民族大学出版社2009年版。

《宁蒗彝族自治县概况》编写组：《宁蒗彝族自治县概况》，民族出版社2008年版。

宁蒗彝族自治县革委会政工组、丽江地区革委会政工组宣传组合编：《不愿意做奴隶的人们》，云南人民出版社1972年版。

宁蒗彝族自治县县志编委会：《宁蒗彝族自治县县志》，云南民族出版社1993年版。

秦和平编：《云南民族地区民主改革资料集》，四川出版集团、巴蜀书社2010年版。

秦和平、冉琳闻编：《四川民族地区民主改革大事记》，民族出版社2007年版。

秦和平：《四川民族地区民主改革研究——20世纪50年代四川藏区

彝区的社会变革》，中央民族大学出版社 2011 年版。

秦和平：《四川民族地区民主改革资料集》，民族出版社 2008 年版。

全国人民代表大会民族委员会编印：《有关凉山彝族社会历史的若干情况》，1957 年。

史沫特莱：《伟大的道路——朱德的生平与时代》，《史沫特莱文集》（3），梅念译，新华出版社 1985 年版。

四川省编写组：《四川省凉山彝族社会历史调查》（综合报告），民族出版社 2009 年版。

王铭铭：《社会人类学与中国研究》，广西师范大学出版社 2005 年版。

西南民族大学西南民族研究院：《川西北藏族羌族社会调查》，民族出版社 2008 年版。

杨正文：《四川民主改革口述历史论集》，民族出版社 2008 年版。

杨正文：《四川民主改革口述历史资料选编》，民族出版社 2008 年版。

云南省编辑委员会：《云南小凉山彝族社会历史调查》，云南人民出版社 1984 年版。

云南省委员会编：《云南小凉山社会历史调查》，云南人民出版社 1984 年版。

郑长德编：《民主改革与四川彝族地区经济发展研究》，民族出版社 2008 年版。

郑长德、刘晓鹰：《民主改革与四川羌族地区经济发展研究》，民族出版社 2008 年版。

郑长德、周兴维：《民主改革与四川藏族地区经济发展研究》，民族出版社 2008 年版。

郑成军：《彝族志：血统与根——云南小凉山彝族的生活方式、社会结构与家支制度》，云南大学出版社 2006 年版。

中共云南省委党史研究室：《云南边疆民族地区民主改革》，云南大学出版社 1996 年版。

中共中央文献研究室：《建国以来刘少奇文稿》第 2 册，中央文献出版社 1997 年版。

中共中央文献研究室：《建国以来毛泽东文稿》第 1 册，中央文献出版社 1997 年版。

周建新：《和平跨居论：中国南方与大陆东南亚跨国民族"和平跨居"模式研究》，民族出版社 2008 年版。

周自强：《凉山彝族奴隶制研究》，人民出版社 1983 年版。

庄孔韶：《人类学概论》，中国人民大学出版社 2006 年版。

庄孔韶：《银翅》，生活·读书·新知三联书店 2000 年版。

［法］埃德加·莫兰：《方法：思想观念》，秦海鹰译，北京大学出版社 2002 年版。

［法］涂尔干：《宗教生活的基本形式》，渠东等译，上海人民出版社 1999 年版。

［美］格尔兹：《文化的解释》，纳日碧力戈等译，上海人民出版社 1999 年版。

［美］克利福德·格尔兹：《文化的解释》，韩莉等译，译林出版社 2006 年版。

［美］罗洛·梅、恩斯特·安杰尔、亨利·艾伦伯格等编：《存在：精神病学和心理学的新方向》，中国人民大学出版社 2012 年版。

［美］詹姆斯·斯科特：《弱者的武器》，郑广怀、张敏、何江穗译，译林出版社 2007 年版。

［意］卡洛·安东尼：《历史主义》，黄艳红译，上海人民出版社 2010 年版。

［印］杜赞奇：《文化、权力与国家》，王福明译，江苏人民出版社 2008 年版。

［英］埃文思·普里查德：《努尔人》，褚建芳等译，华夏出版社 2002 年版。

［英］杰西·洛佩兹、约翰·斯科特：《社会结构》，允春喜译，吉林人民出版社2007年版。

［英］斯蒂夫·芬顿：《族性》，劳焕强等译，中央民族大学出版社2009年版。

二 论文

安·麦克斯韦·希尔：《小凉山的俘虏、亲属和奴隶》，啊嘎佐诗译，《广西民族学院学报》2005年第3期。

蔡华、张可佳：《民族学视野下的义诺彝族"吉觉"仪式》，《民族研究》2010年第3期。

都梁：《四川凉山奴隶呷西等级的基本特征》，《西南民族学院学报》1981年第2期。

杜靖：《历史人类学视野中的档案和文本》，《青海民族研究》2010年第1期。

何明：《边疆观念的转变与多元边疆的构建》，《云南师范大学学报》2013年第5期。

嘉日姆几：《"德古"与"莫"》，《西南民族大学学报》2008年第8期。

嘉日姆几：《论凉山彝族族属认同的蛋形构造》，《社会学研究》2010年第5期。

嘉日姆几：《云南小凉山"农场彝人"的姓氏选择》，《民族研究》2010年第5期。

嘉日姆几：《云南小凉山彝区民主改革时期家奴的安置措施及其影响》，《思想战线》2010年第4期。

兰林友：《村落研究：解说模式与社会事实》，《社会学研究》2004年第1期。

郎伟：《民国四川凉山地区垦殖述评》，《中央民族学院学报》1988年第1期。

参考文献

李猛：《从"绅士"到"地方精英"》，《中国书评》1995年第5月。

李绍明：《四川民族地区民主改革的历史回顾》，《西南民族大学学报》2008年第1期。

罗志田：《发现在中国的历史》，《北京大学学报》2004年第5期。

马戎：《理解民族关系的新思路——少数族群问题的"去政治化"》，《北京大学学报》（哲学社会科学版）2004年第6期。

潘蛟：《试述烟片种销对近代凉山彝族社会发展的消极影响》，《中央民族学院学报》1987年第1期。

潘蛟：《族群与民族概念的互补还是颠覆》，《云南民族大学学报》（哲学社会科学版）2015年第2期。

秦和平：《鸦片在西南地区的传播及其种植面积考订》，《中国历史》2003年第2期。

秦熠：《鸦片种植与凉山彝区社会变迁（1908—1949）》，《中南民族大学学报》2014年第3期。

宋月红：《西藏民主改革研究现状与特点》，《中国民族报》2009年10月26日。

王明东、陈乐平：《民国时期云南边疆鸦片抗铲事件探析》，《贵州民族研究》2011年第5期。

文艳林：《甘孜藏区的民主改革研究》，硕士学位论文，四川大学，2002年。

巫达：《彝族社会中"尔普"形式的变迁》，《民族研究》2004年第1期。

徐铭：《凉山彝族奴隶社会人口研究》，《贵州民族研究》1985年第2期。

詹承绪：《凉山彝族一个奴隶市场的调查报告》，《民族研究》1980年4月。

赵旭东：《线索民族志：民族志叙事的新范式》，《民族研究》2015年第1期。

朱佳木：《论中华人民共和国史研究》，《中国社会科学》2009年第1期。

朱晴晴：《无根的漂泊——小凉山彝族地区农场村村民的身份认同》，学士学位论文，云南大学，2002年。

庄孔韶：《回访的非人类学视角和人类学传统》，《西南民族大学学报》2004年第1期。

庄孔韶、杨洪林、富晓星：《小凉山彝族"虎日"民间戒毒行动和人类学的应用实践》，《广西民族学院学报》2005年第2期。

三 档案、文件

国务院新闻办公室：《西藏民主改革50年白皮书》，2009年。

《夹缝中的文化认同——小凉山彝族地区农场村调查报告》，云南大学暑期调研组，2005年7月。

《木耳坪村委会标准常住人口信息查询总汇表》，2011年。

宁蒗县档案馆：《关于建社、建场、奴隶创造奇迹》，全宗号1，目录号1—41，1958年，案卷号75，永久。

宁蒗县档案馆：《关于农场经费问题的通知》，全宗号1，目录号76—1，1958年，案卷号76，永久。

宁蒗县档案馆：《关于彝族地区家奴如何过渡到社会主义的意见》，全宗号1，目录号76—1，1958年，案卷号76，永久。

宁蒗县档案馆：《和平协商改革试点乡和全县改革综合总结报告》，1957年2月，全宗号1—4，目录号1—1，案卷号52。

宁蒗县档案馆：《木耳坪、汉家厂、战河改革、家奴安置计划总结报告》，全宗号1，目录号1—4，1957年，案卷号34—2，永久。

宁蒗县档案馆：《庆祝宁蒗彝族自治县建立十周年各族各界代表大会主席团、秘书长名单》，全宗号1，目录号1—4，案卷号185。

宁蒗县档案馆：《新营乡奴隶安置及组织农场情况总结》，全宗号1，目录号1—1，1957年，案卷号47，永久。

宁蒗县档案馆：《中国宁蒗工委办·和平协商改革实施办法、步骤、做法》，1956年，案卷号47。

宁蒗县工委办公室：《木耳坪、永宁坪、关于59年—60年各种规划和春耕生产的安排意见》，1959年1月，案卷号88。

《宁蒗彝族自治县第六次人口普查公报》，宁蒗县统计局，2011年11月。

《宁蒗彝族自治县跑马坪乡沙力坪农场的历史与现状调查》，云南民族大学暑期学校调研组，2015年7月。

全国人民代表大会民族委员会办公室编：《有关凉山彝族社会历史的若干情况》，1957年4月。

《小凉山彝族地区农场村调查报告》，云南大学人类学系田野实习报告，2005年。

袁祥、邢宇皓：《历史的跨越——献给西藏民主改革50周年》，光明日报社，2009年。

中共宁蒗彝族自治县羊坪区委会：《木耳坪乡和平协商土地改革总结报告》，1957年9月。

《中共中央、国务院召开的新疆工作座谈会在京举行》，http：//www.gov.cn，2010年5月20日。

《中国民族问题资料·档案集成》（81卷），《云南小凉山彝族社会历史调查》。

四 外文

Anthony Giddens, *The Constitution of Society*, Polity Press, 2011.

Alan Winnington, *Slaves of the Cool Mountains*. Seven Seas Publishers, Berlin, 1962.

Katherine Swancutt，嘉日姆几，卢志发：《1956——一个英国人在凉山》（纪录片），2016。

Manuel DeLanda, *A New Philosophy of Society*, Continuum International Publishing Group, 2011.

附 录

烂泥箐农场史

初稿

中共宁蒗工委会宣传部
一九五九年八月编印

解放后向社会主义过渡的一种好形式

（代序）

中共宁蒗彝族自治县委会第一书记　普贵忠

1958年大跃进中，宁蒗彝族自治县出现了许多新事物，其中在小凉山地区用农场形式组织从奴隶制度下解放出来的奴隶进行生产，就是这许多新事物中的一件。农场在1958年像其他地区一样，掀起了社会主义大跃进的高潮。场员们参加了大炼钢、铁、铜运动，在农场战线上获得了大丰收。农业产量比1957年增加数倍以上，实现了每人有粮食800—1000斤，副业、畜牧业也有很大增长。被解放出来的奴隶开天辟地第一次享受到自己丰硕的劳动果实，丰衣足食，喜笑颜开，精神奋发。特别是，他们对党对毛主席充满了感情，他们逢人便说："共产党、毛主席是我们的大恩人。"

而在两年前，小凉山地区还是奴隶社会，农场的场员们还是被剥夺了一切的过着牛马般生活的一些奴隶。

提起小凉山，人们都知道是一个极端落后的地方，但是人们不容易具体地想象得到那里的情景，是一幅多么悲惨、恐怖的图画。小凉山聚居着彝族56587人，分黑彝、白彝两系。黑彝是统治阶级，多为奴隶主；白彝处于被压迫被剥削地位，绝大多数沦为奴隶。除了少数奴隶主和一部分自由民以外，有奴隶26353人；有一定人身自由的半奴隶15385人。奴隶分家内奴、分居奴两种，有的是被抢来强迫当奴隶的，有的是自由民被迫卖身做奴隶的。奴隶不但自身属于奴隶主，所生下来的子女也要一律继续充当奴隶。奴隶主对奴隶享有一切绝对

附 录

的支配权,可以任意驱使、任意出卖、任意屠杀。奴隶被当作物件、商品、财富,没有任何权利。在奴隶主野蛮的统治下,他们使用最原始的工具,从事最笨重的体力劳动,劳动果实全由奴隶主占有享受,奴隶只能吃些洋芋、苦荞皮和奴隶主吃剩下的残汤。奴隶主用最野蛮的办法管制奴隶。晚上,奴隶主将奴隶用木制的脚枷锁起来,让他们一条条的睡在地上,连翻过身也不可能。黎明,奴隶主用皮鞭将奴隶叫醒,驱使他们到田间劳动。奴隶主为了挥霍享受,驱使奴隶专司一职,使奴隶从事简单的劳动。长期的折磨,严重地摧残了奴隶的身体健康,损害了奴隶的智力发展。

解放以后,党在小凉山做了一系列艰苦细致的思想工作、组织工作和经济工作,在1956年10月开始和平协商改革,解放奴隶的革命到1958年3月胜利完成了。奴隶被解放出来了,他们不再是"会说话的工具",而开始过着真正的人的生活。他们打碎了几千年来沉重的枷锁,其欢欣鼓舞之情,是无法用语言来形容的。

奴隶社会推翻了,奴隶解放了,然而,采取什么办法安置解放了的奴隶呢?初步的办法是:被奴隶主从邻近县抢来强迫为奴隶的2488人愿意回到老家,我们帮助他们还乡团聚;有夫妻、父子、姐妹、兄弟关系的,我们帮助他们重建家园;无家可归又无亲属关系的以及老、小、残、痴共6650人,在自愿的原则下,我们帮助他们组成新的民主家庭,由他们民主选举长者。对于解放出来的奴隶,由国家出钱扶植他们盖房子,置备口粮、衣服、耕畜、农具。这样,便使解放出来的奴隶生产、生活有了一个初步的归宿。

但是,又采取什么样的形式组织解放了的奴隶进行生产和生活,从而迅速地向社会主义过渡为好呢?对于这样一个全新的问题,我们在第一批解放出来的奴隶中进行了摸索和研究。我们先研究了石福山村奴隶解放后的生产生活情况。石福山村解放了的奴隶是以个体经济为基础进行互助生产的。他们经过1957年一年的努力,每人粮食收入110斤,副业收入3元,如果要满足1958年生产、生活的需要,每人还需要国家补助25元。国家即使在1958年再扶植他们每人25元，大部分只有单一劳动能力的人也还不能够有效地利用国家的扶持来发展生产，贫困状况不能得到改善，仍然需要国家年复一年地救济。然而，组织解放了的奴隶在个体基础上进行生产不是一个好办法。用像内地一样的农业生产合作社的办法可不可以呢？组成农业生产合作社，国家扶植他们从事集体生产，比前一种办法好。对于组织农业生产合作社的办法，生产水平较高的原半奴隶的人比较赞成。他们说："一家人搞生产，放牛、修水利、施肥、盘庄稼，样样活路都要做，实在忙不开，组织起合作社来就好了。"可是，组成合作社后，生活单位仍然是一家一户的，那些没有家庭的人以及缺乏独立生活能力的老、小、残、痴者的困难仍然不能解决，而且，农业生产合作社的管理人才也很缺乏。

经过反复研究，我们认为以上两种形式都不符合解放了的奴隶的特点。奴隶解放后生产积极性是高涨的，但是，第一，他们过去长年在奴隶主的驱使下，只有单一的劳动技能，缺乏独立地从事生产、生活的能力，而如果按照每个人的专长分工劳动，他们的劳动能力仍然是相当强的；第二，奴隶在自身解放后，虽然分得了一份土地，然而，他们个人私有的观念相当淡漠；第三，解放出来的奴隶中，有老、小、残、痴2886人，约占奴隶总数的10.9%，他们完全没有生产劳动的能力；第四，奴隶解放后，还要国家在相当长的时期在经济上给予扶植。根据这些特点，我们设想了一种形式：奴隶解放时分得的生产资料完全归集体所有，组织起来进行生产，统一地办理伙食，由国家派干部进行领导，大力加以扶植，民主选择成立代表大会和管理委员会，实行统一留下生产成本、公共积累、口粮后，其余按劳动分配的分配制度。这种形式不同于国营农场，也不同于农业生产合作社，我们给它起了一个名字，叫"农场"。这种形式既适应了他们组织起来进行生产、组织生活的需要，又解决了他们管理能力缺乏的困难，并且还可以解决老、小、残、

附 录

痴者的赡养问题。因此,农场这种形式得到了赞同,在1958年生产大跃进中迅速发展起来,有7414人参加了进来,共组成51个农场。

经过1958年生产大跃进的考验,证明"农场"这种形式是奴隶从奴隶制度下解放出来后,组织生产、生活,向社会主义过渡的一种形式。农场由国家派干部当场长。在农场管理委员会下分设若干管理区,管理区又分设若干生产队。生产队按照每人的劳动能力进行分工协作,发挥了解放了的奴隶的劳动能力和积极性。51个农场中,增产最高的石福山农场,全场有89人,收获粮食平均每人达到2401斤,比1957年每人平均110斤增长了20倍;增产最低的二地农场,全场243人,每人收获粮食552斤,1957年没有组织农场时全无收成的情况与1958年组织农场后的收获简直不能作比较。干河子农场,在统一交公粮,统一留籽种、饲料、公共积累,统一留每人口粮600斤以后,还分有现金:一等劳动力10人,每人分21元;二等劳动力12人,每人分17.5元;三等劳动力32人,每人分14元;四等劳动力28人,每人分10.5元;五等劳动力9人,每人分7元;受奖励的3人,每人奖励4元。根据4个农场的统计,723个场员,每人平均收入粮食1042斤,比全小凉山地区每人收入各种粮食800斤的平均数多200多斤,比辣子洞最富裕户1957年每人收入880斤还多18.4%。农场的畜牧业也有很大发展。如峰子岩农场用国家扶持的钱买了耕牛32头、母牛35头、马20匹、羊127只、母猪35口,当年就生牛23头、羊48只、猪20口,养成架子猪15口、肥猪20口。一年多来,农场在集体生产中间,还证明了它也是培养干部的一种好的组织形式。以峰子岩农场为例,他们共有劳动力119人,在1958年一年的时间里,培养出大队一级的干部14人、积极分子42人、有一定技能的手工业工人20人、联防武装20人。这是多么值得珍视的新的力量。

农场这样一种形式,在组织从奴隶制度下解放出来的奴隶的生产、生活方面，确已表现出了极大的优越性。虽然它在许多方面还不够完备，还需要我们继续探索和积累经验，但是，可以相信，在党的领导下，它一定能够在实践中向更高的阶段发展。

第一编

血泪写成奴隶史

我的一家

甲巴阿各　口述
闵光汉　江培元　整理

有了共产党毛主席的领导，奴隶社会推翻了！世间上把人分成黑彝、百姓和娃子的制度永世永辈也不会再有了！今天，我要控诉奴隶制度这个吃人的社会。我们受苦人的话只有向毛主席说。过去我们去跟谁说呢？说给爹爹妈妈听，他们没法。

提起我的一家人，说来话就长。

从我爹我妈那一辈起就已经做了牛马不如的奴隶，他们从小就被贼捆到四川大凉山卖给莫西马都家，在莫西家受苦40年，生了3个小娃子，我是其中的一个；40年前我们全家5口人又被大凉山乐合嘎布热家捆到云南小凉山来卖给毛牛坪甲巴弄几家，在甲巴家又受难40年，共产党来了才把我们解放出来。几个40年我家过了几个朝代，只有在共产党毛主席领导下的今天，我们才真正算是一个人！

到甲巴家后，主子为了增加财产——生小娃子，就把我像牲口一样的配给一个老木苏，我死也不愿意，因为我已经悄悄爱上了年轻的奴隶布火。但主子说是"不愿也不行"，逼得我没有办法，干脆就和布火约起逃跑。奴隶社会跑到哪里去呢？跑，哪里那么容易呢？才跑出去不远就被人捉住。这一次逃跑失败了我们"赔礼"五个白锭；主子也怕我达不到愿望自杀，损失一个他的会说话的工具，只好让我和布火做了家，反正以后生出来的娃娃总是他家的小娃子。

附　录

我汉子布火是个硬骨头，13岁就被捆上了凉山。他力气很大，是个劳动上的能手，这一点奴隶主很高兴，因为他觉得有了一个得力的牲口。但是奴隶主也有怕他的地方，因为他很聪明。在奴隶主看来，奴隶只要聪明一点"心就会大"，就会逃跑。因此我丈夫也就被折磨得更多，管制得更严。甲巴弄儿对他的老婆说："这个烂娃子心大得很，要好好管制，只要有机会就给我朝死处打！"鬼地狱的日子哪个过得了，只好又暗暗地商量着逃跑。可是，事情又被阿苏长生告了嘴，当天晚上主子又将我男人吊在梁上拼死地毒打，打得众人都不忍心看。我儿子和姑娘哭死哭活，主子都不准哭。这一次，油嘴的阿苏长生得了主子的两斤羊毛。可是主子说是给了阿苏长生白锭六个，死死活活要我们赔出来。我男人被打得撒尿屙屎都起不来，还要喊去说赔六个白锭的事。越穷越见鬼，在去主子家的路上又被打冤家暗杀黑彝的错把我男人打了一枪。六个白锭是赔了，人差一点就死掉！

人还未好，主子又要喊我男人去犁地，临出门，甲巴弄儿就板着面孔说："今天犁不完三块地，就不要想回来吃放！"怎么办呢？奴隶主比这样毒的事情也是说得出来做得到的，不吃饭也不要紧，更恼火的是要遭毒打。没有办法只有驾着牛快犁，身子痛，咬咬牙。地是犁得很多了，牛已经不能动。牲口也是条命呀。为了让牛喘口气，他才休息下来。可是事情偏偏凑巧，奴隶主这时候来了，他开口就骂我男人，说我男人躲懒睡大觉，我男人向他解释："不是我不犁，是牛已经犁不起了，不让牛喘口气，恐怕牛要犁死掉。"奴隶主一听说就鼓起眼骂道："有本事把牛犁死，我不怪你，犁得死我还再买一条给你犁。"我男人一赌气，套上牛就犁，犁不上多久，牛由于过分的劳累而真犁死了。可是奴隶主马上翻了脸，拾起枪就要打，亏得旁人拉开了，回家后奴隶主用火钳毒打了我的男人一顿。

我有一个兄弟在四川，一天，他从远道来看姐姐，哪知道这一来却闯了祸事，弟弟前脚刚跨出门，奴隶主后脚就到，硬骗着说我弟弟偷走了他家的东西，逼着我们一定要赔给他几个白锭。我男人和他辩了几句嘴，又挨了一顿毒打。我们再也忍不住了，不逃跑怎么活得下去呢？……恰巧这时，我的大儿子看见我主子家在老林用枪暗杀了挖渣家黑彝，主子怕我儿子漏了消息，就几个人商量准备杀我儿子，这个事情被我们知道了，于是我男人心一横带着儿子一阵风就跑到了永胜。

布火和儿子跑掉了，狠心的黑彝怕他又回来把我们也带着跑掉，所以就把我们家剩下来的三个儿子四个姑娘连我一共八个人分到八个地方做牛做马。

日子实在是难熬，一年过去了，一年当中，我男人天天想着丢在奴隶社会的妻子儿女还在受苦，他早早晚晚都想着要回来带着全家人逃出虎口。有一天父子两个真的从永胜跑回来了，还背回来一口袋红糖和糯米粑粑，他们躲在老林里，想等晚上回家。可是老天爷真不睁眼啊！这时候正遇上补约家经常躲到背后山上和马海家打冤家，马海家天天搜山，又把他父子俩搜着，马海家吃了些钱，又把他俩父子交到了甲巴家。

这一回，可不得下台，一回家，父子俩就被头朝下、脚朝天地吊到树上，头下边烧起大火烤，用松明烧出来的松油去烫，麻索捆的地方还用水来泼，几个狗腿子用石头、柴棒、刺条等拼命地打，打得父子两个浑身血肉模糊，遍身都是刺。最后，两个都昏死了，可是奴隶主还不死心，又叫人用木棒将他们父子两个捆起来抬进村去示众，让所有的娃子看。刚进村，两个人又慢慢苏醒来了，我们想这下恐怕会逃得出个活命了，可是狼心狗肺的奴隶主马上又叫点起火来烤、打我的男人，我们全家都跪在他面前求饶都不行……

一场酷刑之后，人已经不像人了，我们全家人跑去抱住我丈夫。他已经很难讲得出一句话了，口大张着，血不断的在淌，浑身是刺，烧焦的肉黑一块、黄一块、紫一块的，我边哭边用针帮他挑身上烂肉里的刺，一家人看他痛苦的样子，心如刀绞，我和儿子姑娘对他说："活着也没有意思喽！"与其这样活受罪，还不如快点死了吧！我们

附 录

哭得更厉害了。布火真是个硬骨头，临死也没有向主子低过头。他枯干的眼中也挤出了几滴泪珠，他用尽了全身最后的力气说了几句话："慢……坐……了！……我……我……去……了。记住这个仇恨，好好抚养娃娃，将来报仇！"布火的眼闭上了，死时还是光着身子，我把儿子穿的一件衣服脱下来盖住尸首。可是连这一点也不行啊！奴隶主一看就走过来用脚踢开了衣服，还气势汹汹地对我说："你们该心疼?！你家这回还跑不?！要是老实点也不会这样，这回你们安逸了吧?！"

不吃人肉的豹子没几个，不挨鞭打的奴隶没见过。

我们撒得点鸦片烟，也被主子偷了，这是我和很多人都亲眼看到了的，但是死不要连脸的奴隶主不但不承认，倒反用火柴头来毒打我。奴隶社会还有什么道理可讲呢？气得我大姑娘没法，只好一面哭一面故意拿着我骂："妈妈呀，你为什么这样说?！你死？你去死掉算了！"这一下，奴隶主扫了面子恼羞成怒，就又把我娘俩痛打了一顿。

我二姑娘为奴隶主放牛放马，牲口吃了人家的庄稼，又是照例的毒打，打得她大雨下得山上发洪水都不敢归家，破披毡都不披一床，就在老林头躲到天亮。

奴隶主把大姑娘配了一个汉子，但是连两口子的日子都不得过，狠心的死奴隶主硬要叫我大姑娘每天公鸡不开口就要到奴隶主家煮元根。① 姑娘不答应，又被奴隶主用火钳打得昏死。

奴隶主的儿子甲巴挖枯吹大烟吹成鬼一样，晚上连觉都不睡，还要叫我儿子布哈整夜陪他坐起。布哈白天白天劳累，晚上又不睡觉，实在支撑不起。可是，奴隶主的儿子一看着布哈打瞌睡，揪起耳朵就是打，有时还抓些灰塞在布哈的耳朵里，如今我儿子的两支耳朵都不一样，而且还是聋的；有好几次还用火钳烧红了烙他和打他。一面烙，一面打，还一面大叫："打鬼，打鬼。"说我儿子身上有鬼才会

---

① 元根，也写作圆根，指凉山地区普遍种植的蔓菁（本书作者注）。

打瞌睡。儿子从睡梦中被烙醒了，烫得支不住就往后退，他还不准退；这样还不算，他还用瓢或房板舀起火炭往我儿子身上泼，我儿子满身起泡了，但他还不甘心，又用开水泼，到如今，我儿子还有一身烫伤的疤痕。

奴隶主是经常这样教他儿子的："娃子，娃子就是要天天打！要是不打，以后他的性子比你还大，你就管不起他喽！"

数得清遍山老林的树叶子，也诉不完我们奴隶娃子的苦情！总有一天，总有一天我们凉山上的娃子也会像内地的受苦人一样站、爬起来的。

来了，共产党来了！

共产党来了，我们娃子的心子大①了！我们天天悄悄地商量着怎么反对主子。

共产党来了，奴隶主的爪子夹得紧紧的，到处打鸡、打狗，② 在共产党、毛主席、解放军和工作队的背后咒骂。奴隶主说得对："共产党来了，你们心子大了，嗯，说都说不起了！"主子家把1500个白锭赶忙暗暗地分给他的三个儿子和三个姑娘，这是我们世世代代的奴隶千劳万累积累下的血汗啊！

快改革了，奴隶主更是到处造谣破坏，威吓群众，他们说："工作队来改革不是改到底，改几天他们就走了，死完了，以后你们还是要当我们的娃子！"又说："工作队和部队来了要杀人……"硬逼着我们往山上老林里头跑。

我们不跑，我们死，共产党活我们活！毛主席共产党领导，我们心头扎实高兴，跑到老林头的，我们也去喊回来了。

啊！毛主席共产党就像菩萨一样！要是毛主席共产党晚来两天，我们的骨头早就喂财狼去了。有了共产党毛主席我们奴隶翻了身！我

---

① "心子大"，凉山俗语，指胆子大（本书作者注）。
② 打鸡、打狗，指用巫术咒骂（本书作者注）。

附 录

的儿子衣哈得到（机会）去县上学习，还有一个儿子布哈和一个姑娘也到丽江去学习过。两个儿子都参加了革命工作，补哈当副乡长；衣哈在民族机干连当副排长，现在专业在人民法院工作。二儿子补哈还参加了共青团。

过去我们天天苦，天天累，公鸡还不叫就被主子撵出去做活路。而吃的呢，倒在地上连狗都不吃，要是穿点新衣服，主子就会说："娃子不能这样穿，穿着心子就会大起来了！"过去的日子真是连牛马都不如。现在啊，现在太好了，我们真正当家做主了，过去孤儿寡女、东逃西散的受苦受难的人像亲姐妹一样地办起农场来了。去年大跃进，共产党又领导我们办起了人人喜欢的人民公社。早出工，晚收工，点起火把连夜苦干，毛主席派来的工作队亲自参加我们劳动，想办法。去年和今年都大不一样，生产发展了，生活提高了，衣服、鞋子、裙子我们样样得穿了，从来没有见过的大白米饭都得吃了，除了吃饭还要领工资；贸易公司办在我们农场门前，连做梦都没想过。替人做牛马的悲惨日子永世永辈、永世永辈也不会再来了。

过去，我天天躲起唱，越唱越伤心，一面唱，一面哭。现在我经常教育我的姑娘和儿子，叫他们千万别忘记受苦受难的苦日子；我叫他们小姑娘小伙子好好唱、好好唱，唱受苦，唱翻身，唱英明伟大的毛主席共产党！

谁愿意做奴隶主分养的牛马

沙马都热　口述
吴志钦　整理

半夜，村里的狗忽然狂咬起来，不知出了什么事情。我家七八个人都起来了，我躲在我爹的背后，紧紧地拉住他的后衣襟。突然，门被打开了，一群黑影涌了进来。"有贼了！"我爹刚喊了第一句，一把长刀劈头砍来，我爹被砍死了，哥哥弟弟和我被捆走了。这是40多年前的事，那年我才8岁。从那时候起，我就在黑彝落合吐革家当娃子，过着牛马不如的日子。风里来，雨里去，整天跟着猪羊跑，人又小，牲口又多，一赶丢了，不知挨过多少次毒打！最伤心的是放羊，羊子跑得快，又喜欢爬岩子、钻老林，我的衣服裤子挂的筋筋柳柳的，连屁股也漏在外面，脚被刺戳的像筛子一样。晚上不得睡，还要给落合吐革的儿子抓背、找虱子、抓跳蚤，肚子常常是半饱半饿的。有一次，豺狗拖走了一只羊，我就被罗合吐革两口子毒打了一台，不准吃饭，还骂我为什么不打豺狗。我才八九岁的人又怎么撑得起豺狗呢？幸好我没有被豺狗吃掉。可是，魔鬼奴隶主睡着了都还盘算着"用粮食换白锭、用娃子生娃子"的牛打滚的剥削办法，整天的坐在家中杀猪杀羊吃，而放牲口的却啃不着个骨头。他们还常说，"黑彝的骨头是黑的"（贵重之意），我看他们的心才是黑的呢！他们才真是吃人的豺狼呢！

奴隶主惯用的残酷手段常常是首先采用毒打和折磨，把奴隶变成

附 录

又病又哑和驯服的牛马。如果毒打不能驯服，就用软化的手段，拴住你的脚杆，给你称点骗人的"私房"，强迫你配对。

我20多岁时，样样活计都能干。奴隶主打死打活也没有驯服我，但又怕我报仇和逃跑，就生拉活扯地把他兄弟落合务几家的丫头阿牛与我像牛马样的配成对。按照黑彝的吃人规矩，这样配对生下的小娃子，男的归我的主子，女的归阿牛的主子，我俩就是他们分养的牛马。在奴隶社会里，不知有多少娃子，年轻时儿多母苦，年老时"鳏寡孤独，无依无靠"。终身受苦，这些"规矩"和"制度"就是一根根死死地锁住我们奴隶脖子的锁链。

我和阿牛是奴隶主硬配成对的，都不是出于自愿，但我们都是受苦人，只有受苦人才知道受苦人的心，我们共同的期望和仇恨都交汇起来了。因此，在半个月后，不知为什么，阿牛被落合务几家喊回去时，我心里却像失落了什么似的不安宁，仇恨要涨破了我的肚子，恨不得马上打死了落合务几家，带上阿牛逃跑。

四个多月后的一个下午，阿牛回来了。阿牛是怎么回来的呢？她告诉我说："自从我俩配对后，黑彝落合务几两口子总想有点划不来，虽然以后他们也能分回去丫头，但是我不能早早晚晚都在他家中做牛做马了，在他们看来我是他们家一个得力的牲口，想把我配在他家屋边，生下娃娃也全是他家的牛马。可是他哥哥落合吐革家常带信去说，不让我与你坐家，你跑了，要落合务几赔娃子。落合务几两口子心中有鬼，又怕你报仇，又怕我俩逃跑，只好让我回来了。"

阿牛生下了一个姑娘，我俩是多么高兴、多么喜爱啊！可是一想到姑娘再大一些，就要被分去当牛马，那怎么办呢？为了我们的儿女不能再受苦，拼命也要闯出去，于是我们就逃跑了。一心想闯出一条路来。可是，我们刚跑到烂泥箐的黑彝热可家，不久，黑彝热可阿耳又串通补约家逃到热可家的万都与糯脚，以他们不带路我们（自己）跑就跑不了为理由，要我们出一个白锭的"卡巴"钱，刚从虎口逃出来的奴隶，不到半个月我们又成了黑彝热可家的娃子了。

附　录

　　不错，奴隶主就没有一个是好心肠的，在吃人的奴隶社会里，任你横闯竖闯，插翅也难飞出奴隶制度的魔爪。

　　只有在毛主席共产党领导的今天，我们才有光明的大路，我们才砸碎了奴隶的枷锁，翻了身，当家做主了，才真正算是一个人。有了党和毛主席的领导，我们当上了兵，扛上了枪杆，警惕地保卫着我们的翻身果实。

受苦人掌握了枪杆子

马海头诺　口述
闵光汉　整理

奴隶社会的苦情三天三夜诉不尽，共产党毛主席的恩情千年万代说不完！

改革前，我们全家都是大屋基黑彝补约挖底家的百姓，嘴说是百姓，穷得没法，也跟奴隶一个样。

30年前，因为黑彝补约家跟热可家打冤家，黑彝就说我爹爹想跑，给我爹穿上了"木靴"。哪个受得了这种苦刑呢？我爹一气就把"木靴"砸烂了，跑到了另一家黑彝热可阿耳家，心想：换一家主子恐怕会松活一点。可是，豺狼豹子有哪一个是好的啊？在热可家才在了一年，黑彝热可阿加（热可阿耳之弟）又说我爹"搞"着他的娘子，就把我爹用火活活烧死了。

奴隶社会死个穷百姓或奴隶，连一只鸡也不值。我爹死后，补约家又说我长大了会像我爹爹一样，口口声声说是要将我"整死才要得"。我才5岁，就叫我放100多个猪，人又小，又下大雨，大猪小猪遍山老林跑，我实在撵不起，黑彝家就用条子、柴棒把我打死打活，还要叫我"赔礼"。娘子打了我，黑彝儿子还说"不整不得"。他们一心一意就是想把我整死，但又怕被我的亲戚家门兄弟晓得，所以，还怀鬼胎要将我"丢洞洞"。

就在我5岁的那年，恶鬼样的黑彝把我的妈妈捆去卖了都不让我知道，还骗我说"你妈妈帮工去了"。连我的小伙伴知道情况也不敢告诉我。妈妈不见了，我天天想，天天找，五六天后才知道已经被卖到四川去了，我的一个妹妹也在路上被饿死了。

受冷受冻、挨打挨饿是常事，现在我的耳朵缺了一块，就是黑彝热可家用铁瓢打缺了的。在奴隶主家过一天比过一年还要长，做牛做马也没有我们苦。

16 岁时，马海弄都叔叔跟我说："这家人家在不得了，我们简直像叫化子一样，把我们看得比牛马都不如，我们一堆堆跑出去死了也算了！"一天，半夜里，我跑到嬢嬢家想找个鸡打，看看跑得跑不得。① 可是叔叔嬢嬢早已样样准备好要跑了，马海弄都叔叔一肚子的气，激愤地说："死在老林里头也算了，不跑不得了！"真的，哪个愿做牛做马呢？我越想越冒火，越想越生气，越想越觉得死在他家是太值不得了，跑出去死在老林里头也值得……

我们算是跑出来了，可是我的媳妇和姑娘就更受罪了。按彝族家的规矩，女人犯天大的法也是不能穿"木靴"的，可是，黑彝硬是给我的媳妇穿上了"木靴"，还用箩箩像关牲口一样地把我的姑娘关起。

冒了天大的危险，我们跑到四川黑彝挖渣拾都家。

天下没有白老鸦，挖渣拾都家要我们加五倍地上租子。商量没有用，连马帮都赶到我家来逼租子，没法，又拼着老命逃跑到烂泥箐的黑彝热可阿黑家。可是自己吃的还不够，年年都要交租子三五石，"猪脑壳"等等的特权利剥削更算不清。②

"共产党毛主席来了！"消息像春雷一样响震了小凉山！听是听说了，说是不敢说，说了就要"脑壳啃草"。③ 说怪也怪，谁也不敢说，可谁都知道，"共产党毛主席来了"！我跟我婆娘说："有没有这回事？要有嘛，赶快敬菩萨得了！"

---

① 指用鸡做仪式，打卦。
② 给居住地上的头人交过年猪头的意思（本书作者注）。
③ 指被毒打（本书作者注）。

附　录

　　1953 年以后，毛主席的工作队多多的派到小凉山来了，小凉山到处都亮堂。工作队到处发放救济、宣传政策，讲翻身解放的道理给我们听，工作队老李的铺我睡得，老李的"十子"① 我背得，共产党毛主席就像爹爹妈妈一样。我们知道，奴隶翻身的日子就要到来。小凉山上所有受苦受难的人的心子大了，可是奴隶主像鬼一样的见不得太阳，他们到处造谣、欺骗和威胁群众，说是："汉人来了，要杀彝族；杀了黑彝杀百姓，杀了百姓杀娃子……"少数反动透顶的黑彝甚至阴谋聚集叛乱，他们说："干得了，只有三四个工作队，怕什么！"真是有眼不识泰山！

　　怎么说，我们也只有一条心！毛主席怎么说，我们怎么听。

　　1956 年，工作队和我们积极分子在县上开会，少数反动黑彝真的威逼了部分群众在部分地区挑起了叛乱，疯狗样的东咬西咬。共产党毛主席宽大、讲政策，天天团结、生产、进步改造头人，可是那些家伙倒反认为我们的政策软弱可欺。

　　就在那些少数反动黑彝叛乱以后，政府下了平息叛乱的指示。毛主席发给了我一支枪、几十发子弹。干就干，我死也是为翻身死，死也值得！就从那时候起，我们联防队配合解放军到处搜山，哪里有土匪就哪里干，我前前后后跟土匪打了四仗。战斗中，我们打死了匪首补约天租。就是那一仗，那一股土匪就到县上投降交了枪。就从那时候起，我和沙马都热好几个联防队员每天晚上都在老林头、包包上放哨，解放军和联防队保护人民，保护改革，一直到现在，我们村子里的群众连一棵针也没有丢失过。

　　土匪抢不进村子，到处放信来吓我，说我是"变汉人了"，还说要拿手榴弹来炸我，后来，又一面威吓，一面收买，叫我将两支枪交给他们，并且说，只要我参加他们，他们可以宰牛宰羊给我们吃，至于生活，他们可以负责。我告诉他们："要想交枪万万不行，我手烂

---

　　① "十子"，泛指手枪（本书作者注）。

了也不会交枪,除非你们把我的脑壳和脚杆也砍起来。我没有变汉人,我是彝族,毛主席指朝哪里我哪里走,干部哪里走我们哪里去。我们和工作队死死活活一条心。死,为以前老制度死了连狗都不如,现在死了也值得,为人民服务死,光荣死!"这些话不是吹牛皮,真的,哪个敢来惹一惹我们武装起来了的奴隶呢?我们就这样答复了土匪,土匪见哄不到我们的枪,他们恼羞成怒,于是一件可怕的事情发生了。一天我的儿子刚放羊回来,经过老林,忽然老林中跑出几个土匪,就用索子把孩子绑了起来,并在他的脖子上吊上土匪的枪和行李,拉起来就跑。我的孩子才十一二岁,被土匪整得半死不活。提起这伤心事,我恨不得宰了土匪的脑袋。当时同我儿子一起拉走的还有嘎马的儿子,土匪为了有个通风报信的人,就故意放嘎马的儿子回来,叫他对我们说:"只要把政府发给的枪缴出来,就可以放回儿子。"并且为我出了主意,说如果怕工作队追问,只要拿床烂披毡打上几枪,就可以告诉工作队说枪被土匪抢走了。①

  我心里想,能这样吗?共产党到了凉山是为哪个?共产党自从上凉山的那一天起,布、米什么都给我们……想到这里,我回答了自己,坚决不能这样做!我跑去找工作队,工作队告诉我不怕,只要他们杀了一个劳动人民的子女,我们就要他五个黑彝抵命。我回到家里就带信给土匪,我说:"枪不会交给你们,人你们要杀就杀吧,我提醒你们,你们老婆儿子还在村里,你们杀我儿子,我也敢杀你们全家。心,我是定了,我坚决跟着共产党走。"信一带去土匪也怕了,他们放回了我的儿子。这下我们更用心地保卫我们的村子和区公所,每天守哨看房,我们和毛主席派来的工作队亲如家人。

  改革后,我们村子里还有少数奴隶主和坏人不甘心,搞各种破坏,我们教育群众提高警惕,随时监视起。搞现行破坏的奴隶主热可子伙已被我们逮捕交公安机关去劳改。

---

① 意思是制造枪被抢走,双方交火时只截获土匪随身披毡的假象(本书作者注)。

附 录

现在，现在幸福多了！人身自由、政治平等。过去我们刀都不敢有一把，如今有党和毛主席的领导，吃人害人的反动、残酷、黑暗、野蛮的奴隶制度推翻了，枪杆子我们夺过来了，我们受苦人掌握了枪杠子，当家做主了！还有哪个敢欺负我们呢？

感激毛主席，感谢共产党，我5岁时就被黑彝当牲口一样卖了的妈妈，改革时，党和毛主席就替我找回来了。妈妈回来了，我心里像开了花一样！可是，她认不得我，我认不得她，想起来，我杀了万恶的黑彝也心不甘。

过去，我一锄头挖下去，心里头几十样心事想起在。自从改革翻身后，共产党毛主席又领导我们办了农场，干社会主义建设，去年大跃进，我们农场的粮食大丰收，我们吃饭穿衣样样不愁，还要领工资，我每吃一嘴饭、穿一件衣服都在想毛主席！

共产党员过去哪个晓得，做梦也没有梦见过。现在我光荣地参加中国共产党了！我们共产党员样样任务都带头，老火的活路我们干，随时我们都为建设社会主义想办法，青年人怎样突击、群众怎样出工、怎样改良工具、怎样照顾"老木苏"① 等等的办法要多多想。干社会主义，我苦死累死也值得。

由于党的正确领导，我们处处带头，发动群众，依靠群众，我们农场改良了很多工具，还安装了溜索，1958年的粮食，每人达到1000多斤，每个刚解放出来的奴隶都不愁吃穿，非常高兴。我们凉山过去不出小春，连做梦也不敢想过凉山会出小麦，可是经过小春大革命，我们农场种了70亩小麦，现在苗架有人高，哪个看见不喜欢，再过一个月，我们就可吃小麦了！过去国民党期间不要"老木苏"，"老木苏"都想早早的死了好。今天，很多"老木苏"都说他们"不想死了，扎实②想多活几岁！要看看社会主义社会"！

---

① 指老人（本书作者注）。
② "扎实"，宁蒗汉语方言，意为"很想"（本书作者注）。

毛主席比我们的爹妈还要亲

阿必各阿　口述
吴志钦　整理

（一）

薅二道洋芋的时候，太阳辣得像火一样。解放前，这几天正是小凉山上的娃子吃草草、勒着肚子给奴隶主干活的时候，而奴隶主却把粮食拿去换白锭和枪弹，用以抢人和打冤家。

一天，我在一个岔路口找野菜，碰上了阿西热，他的眼泪就像淌水样的淌下来。

"怎么，阿西热，主子又打了你吗？"

"哎！忙啥子，我们这一层人苦死也没意思咯！"阿西热把砍柴的斧子、锄头、索子向地上一摔就坐下来。"保娘被阿必连沙活活地'丢洞洞'了！"阿西热的脖子硬了，喉咙像什么哽住一样，沉痛地叙述着保娘苦难的遭遇。

（二）

我到阿必连沙家当娃子时，保娘就在他家了，她一下子都不闲地在推磨、背水和找柴，谁也不知道她是哪里的人，姓什么；一直在阿必连沙家当了二三十年的娃子，我们都叫她保娘。

附 录

一天晚饭后，乌云堆满四山，又是打雷，又是闪电，大雨就像泼水样的下下来，远近做活的人都跑回来了，而保娘却在山上背着一大背柴，肚子又饿，坡陡、路又滑。保娘一路上跌跌跄跄，她的脚跌伤了还是拼命的爬起来又走，50多岁的保娘，受了这样残酷的折磨，刚到房前就一跤昏倒在地，柴压在她身上。

我急忙跑过去掀开柴，抱起了湿淋淋的保娘，她满身都是黄泥。

碰巧，阿必连沙的老婆刚出门就看见，不管死活就骂："无用的瞎货，滚滚！不准拉进我屋来。"阿必连沙也跑到门口来火上加油："滚滚！这个死娃子，不准拉进来。"两对凶恶的眼睛盯着我和保娘。

保娘被拉出门了。她年老，肚子又饿，脚又疼，眼睛又不行，到哪里去呢？满胸仇恨的保娘爬到了屋后的一条箐沟里，头几天我和我的小伙伴还悄悄地送点水和几个洋芋给她，后来，狼心狗肺的奴隶主竟连一点点水也不准我们送给保娘。

屋后箐沟里不断传来保娘凄惨的、痛苦的、愤怒的声音："……我还没有死啊！你们这些豺狼虎豹，怎么一点水也不给我！……我要报仇！"

阿必连沙两口子不断地听到保娘的叫喊，就是鬼头鬼脑地咬着耳朵说话。

几天后的早上，太阳刚照到村里，阿必连沙慌慌忙忙地吃着早饭对我说："阿西热，你今天不要去做活路了，就在家吧。"吃完饭，他拼命地吹足了大烟，一咕噜爬起来，阴森森的鬼脸，把我叫到屋后低声地说："今天汉兵要来了，你把这个瞎子揹到岩洞里去躲，给她点炒面，叫她守东西。不然，汉兵来了，我们到跑得起，她会被杀掉的。"

我又怕汉兵来，又可怜保娘，想到这样，保娘可能会有条活路了，我就马上背起了保娘。

"不要走大路，走小路快些。"阿必连沙像鬼一样地跟在我的背后。

一路上保娘不住地咒骂:"我还没有死,你们要把我背到哪里去呢?……"

在一个壁直的岩洞边,阿必连沙叫我放下了保娘,并催我:"家里没有柴,你快背背柴回去。"

不叫我背东西?又叫我很快地背柴回家?我一头子明白过来了,一拐弯就躲在一棵树背后,盯望着保娘。

阿必连沙阴毒的两眼向四面望了一下,一脚就将保娘踢下了岩洞。保娘双手抓住了岩洞边的一棵小树,一双愤怒的、复仇的眼睛,憎恨地盯着阿必连沙:"我还没有死,你就把我活活丢洞洞,你这狼心狗肺的贼儿子,天菩萨会看见你的……总有一天,会有人来为我报仇的!"

阿必连沙咬紧了獠牙,双手掰开了保娘的手,当胸又是一脚……

(三)

从这以后,阿西热一碰见伙伴就说:"忙啥子!我们这层人苦死也没意思咯!"他悲愤地叙述着保娘的遭遇。从这以后,逃跑的就更多了,真心为奴隶主干活的人,我从来也没有见过。

这是我们千百万个受苦奴隶当中的一个,这不是一个故事,这是血海深仇!我们要一笔笔地记下这残暴的奴隶社会的罪恶。在野蛮残酷的奴隶社会里,不知我们有多少受苦的人,他们年轻时给奴隶主当牛马,年老或有病有痛就被丢了岩洞!

今天有了毛主席共产党的领导,推翻了奴隶制度,解放了奴隶,我们得到了人身自由、政治平等,还领导我们办了农场,生产一天天的发展,生活一天天的好过,有病就找毛主席派来的医生。毛主席啊共产党,你比我们亲生的父母还要亲啊!

幸福的日子渐渐来

几几　口述

吴志钦　整理

　　太阳落坡，黑彝热可天主家成群的牲口赶回来了。我4岁的务力放猪回来，脸色刮白，呆呆地站在猪厩门口，一见到我，一句不说的就哭着叫着倒在我的怀里，不时地抬起头，看站在旁边的热可天主的孙孙，光哭不说话。

　　一个石头顶在我的心窝，饭也吃不下。晚饭后，我和小伙伴阿牛去背水，阿牛说穿了务力痛哭的原因：

　　"下半天，我在房后地里做活，务力放猪到水塘边来，蹲在地上玩，热可天主的孙孙硬要务力同他'抱腰'，务力不抱，他就把务力推到，提着脚把头浸在水里面三次，还往稀泥巴里浸，浸了以后还咒骂：'哼，死娃子，回去不准说，说了，明天来放猪就整死你。'"

　　羊生羊，狼生狼，黑彝的娃娃小小的就会欺辱人。一转水背回家，我气愤地问热可天主的老婆："哪个的娃娃都是娘生的嘛！我三四岁的务力，怎么能同你七八岁的孙孙抱腰呢？闷在水里淹死了怎么办？"

　　"淹死了，淹死了，你的娃娃好稀奇，死了还抵不得个鹅，死个鹅我还心疼。"热可天主的老婆凶恶地咒骂，好像要扑过来吃人的样子。

　　在暗无天日的奴隶社会里，我们有理又怎么能够讲呢？多说两句就要挨打，甚至就会惹出大祸来，赔多少礼也讲不清。这天晚上我一

附 录

夜睡不着……

我12岁时撵妈妈的路，被贼捆上了凉山，当了30多年的娃子，受尽人间的痛苦，没有听过一句好话，没有吃过一嘴好饭，穿的就更不用说了。刚生下务力半个月，热可天主的老婆就把我撵出门去做活路，既不准把务力背去，又不准放在家里，只好用两张烂羊皮裹起来放在院坝里，任随风吹日晒。务力哭了，热可天主的老婆又出来打他几个嘴巴。白天娘在一边，儿在一边。在奴隶社会里我们养儿女硬是不如奴隶主养的牛马。务力拉到了半岁，瘦得像根枯藤样，一天务力病了，不吃奶，我只好嚼点炒面喂他。可是，热可天主的老婆两眼鼓得像要掉出来，凶恶地夺过我端着的半碗炒面，破口就骂："死丫头，你的娃娃快要死了，还喂啥，不要白白践踏我的粮食！"务力被吓哭了，我咬紧了牙，边哄边想：务力不要哭，妈虽是人家的娃子，反正不会饿死你，娘过得出来，儿也过得出来，等你大了，总有一天我们会逃出虎口的。

务力快2岁了还不会走路，坐在地上还不会爬。一天我想背着他去挖洋芋，好喂喂奶，照管一下。可是恶毒狠心的热可天主的儿媳妇硬是不让我背去，还骂我："你是去挖洋芋，还是去领娃娃呢？"又怕我们娃子饿了在地上烧洋芋吃，她就亲自到地里监工。不管他三七二十一，反正要死母子一起死，务力又病，不能眼看着把他拖死，这天我就把务力背到地里去了。响午，太阳又热，务力哭不成声地把一把把的泥土塞进嘴里，我的心像辣子面腌的一样辣疼，锄头不断地挖烂了洋芋，我要去喂娃娃一口奶，黑彝婆娘就骂："快挖，哪个叫你背来的，挖完这块洋芋才歇气。"她嘴里咂着兰花烟，蹲在一大堆洋芋旁边挑选着下地窖、换白锭的大洋芋，又拣出小个的、挖烂了的作为我们辛勤劳动的晚饭。

"嘟"的一声，一个老年的伙伴放了一个屁。热可天主的儿媳就像恶狗抢食样的扑过来质问："哪个放屁！哪个放屁！不要脸。"两个伙伴不做声，低头只顾挖洋芋，我抬头看了看哭不成声的满脸泥土的务力，顺口答应："不要放屁嘛。""你不放屁哪个放，不要脸的。"几锄头就劈头劈脸地打下来，一根锄头把儿打断了，阿牛忙来劝阻，也被一齐打，一直打断了两根锄头把儿。太阳落了，还叫我抱上娃娃又背上一大背洋芋。

奴隶主想用毒打来降服我们，他们把聪明的人打死打活地打成痴痴呆呆的好让他们使唤的牛马。可是奴隶主做梦也想不到，纵虽打死，我们也不会被降服的。

白天勒着肚子给奴隶主干活，吃了晚饭还要背水、喂猪等，晚上还要去推磨。一事不顺奴隶主的眼，他们就无中生有地毒打、敲诈。

一天晚饭后，我把吃剩的烂洋芋皮倒在猪槽里用刀砍碎喂猪，务力蹦蹦跳跳地跑过来："阿妈，巴巴。"我顺手抹了一下他嘴边的鼻涕："务力你吃吧，妈不饿呀！""阿妈，我不吃哪。"小手递过来核桃样大的一块荞巴巴。突然我的背上一疼，扭头一看，热可天主的老婆拿着一根木棒不住地打下来，嘴里凶恶地骂："死丫头，你的肚子有好大，刚吃了饭，你又偷吃猪食了……"务力被吓得惊叫起来！

"色母，你不要冤枉好人，我纵虽饿死也不会吃猪食的，务力拿给我一点巴巴我嚼着哄哄嘴巴。"

"瞎说，你娃娃哪里来的巴巴，不偷吃猪食是吃啥。"不由分说地又是一顿毒打。

奴隶主的压迫说不完，奴隶社会的罪恶诉不尽，旧社会我们是会说话的哑巴，是两只脚走路的牛马。如今有了党和毛主席，真正的哑巴会说话，把我们牛马变成人，共产党救了我们的命，毛主席领导我们当了家，奴隶制度是丢到了大海里的石头，农场在小凉山播下了幸福的鲜花，老年人越活越年轻，青年人越活越聪明。务力今年18岁了，干活样样都很灵巧，有空就学文化，他还常对我说："阿妈，有了毛主席，我要学开拖拉机。"

1958年大跃进，农场建成了人民公社，吃饭有了食堂，前几天又发了工资，需要啥就可以到贸易公司去买，正式幸福日子渐渐来啦！

第二编

安家立业办农场

安家立业办农场

农场史编写组集体整理
江培元　执笔

烂泥箐农场是由刚从奴隶社会的水深火热中解放出来的，以家奴为主的 91 户彝族人民组织起来的。其中包括家奴 41 户 165 人、分居奴 36 户 189 人、穷百姓 9 户 50 人、自由民 5 户 21 人，它是在党的领导和大力扶持下从一无所有、白手起家到丰衣足食的 51 个农场中的一个。

烂泥箐是一块四周有山的小平地，说是平地，并不是它在坝子里，它是在凉山上的平地，四周的连山重叠山峰，雄伟、高俊。青岗从岩石缝里长出来，矮小、多叶，青苍苍的和蓝天映照，非常美丽。入口处狭沟有一个突出的石嘴作了烂泥箐的屏障，屏障背后是农场新开的 300 亩麦地，5 月里麦浪起伏，果实累累，丰收在望。新修的马车路像条带子似的穿过麦地，向山边的村庄延展，纵贯烂泥箐。膘壮的公牛拖着车子，迈着稳重的步子，公牛的毛色火红，亮得像紫缎子。小伙子扬着鞭子，坐在车上，嘴里轻快地哼着彝族调子。农场新开的水沟平行马路，静静流着。防洪沟斜插车路，马车路用桥让过了防洪沟。山坡上放牧着农场成群的牛羊。这一切都是新的建设，新的景象。农场新建的房子靠着山坡，整齐壮观，几排房子之间留出几条路，房子里住着农场的主人。为了纪念解放，这个农场原来取名叫作解放村。这一切新的建设，掩盖了过去悲惨荒凉的痕迹。过去这块土

附 录

地上野草丛生,是野兽出没的地方,这样的平地不是人们不愿意在上面生产,而是因为被奴隶主热苛黑彝家霸占,你要是想在上面种点庄稼,那简直是梦想。他宁愿让土地荒芜,也不愿让别人吃上一口饭。

解放后,党千辛万苦开辟小凉山的工作,大力扶持彝族人民发展生产,受苦受难的奴隶越来越迫切地要求解放。可是奴隶主千方百计阻挡,他们造谣说:"共产党来了先杀黑彝,后杀百姓,再杀奴隶。"企图使我们站不住脚,但我们没有被吓倒,我们知道党到哪里都会在群众中生根,我们最终把党的民族政府带到了小凉山。小凉山的奴隶个个明白我们是"毛主席派来的人",我们是"来发放救济、帮助彝族人民发放生产、帮助奴隶获得解放的恩人和力量"。在群众中普遍流传着"解放来了"这句话,背地里三三两两在一起总在说:"共产党、毛主席派来的人真好!""共产党、毛主席就像菩萨一样!"

孩儿不离娘,受苦的人离不开共产党。奴隶们世世代代受压迫,时时刻刻盼望着有人来搭救他们,可是历代的皇帝、暴君使他们的希望破灭在苦海深渊。现在共产党来了,奴隶们把共产党毛主席叫做爹娘,比作菩萨和太阳。他们深信共产党一定能解救他们,所以很多人一打听到共产党来了,就马上冒着生命危险逃出奴隶主家,跑到工作队住的地方,不说别的,开口就是"死也要和工作队在一起"。刚逃出来的马海阿直说:"共产党比爹爹妈妈还要好,我一家四口要不是有了共产党不知道早死到哪儿去了,一逃出来,党就安排了我们,我的男人穿上了一生中的第一件棉衣裳,两个娃娃第一次知道了新衣裳,我也有了梦里都想的新布裙,吃的穿的住的政府给,毛主席连我们没有筷子他老人家都想到,一棵缝衣针毛主席都发给了我们。"共产党在受苦人的心底深处生了根。

1956年改革了,它宣告了奴隶制度的死亡!1958年初,烂泥箐胜利结束了解放奴隶的革命,奴隶们人身自由、政治平等了,有家可归的在党和政府的大力帮助和扶持下,得到了很多安置物资与家人团聚了,但许多是无家可归、被奴隶社会折磨成了残疾人的孤儿寡女,老、残、痴、哑，他们都只有一个光身子，到哪里去呢？党根据他们自愿的原则帮助他们组成了新的家庭，有的成婚结为新夫妇，有的按新的兄弟姐妹或新的长幼关系组成新的家庭。每个人都安置给他们工具、口粮、衣服、锅碗，上至土地房屋、粮食、衣服、棉毯，下至一针一线，连妇女的红头绳、木梳都计划到。一句话，按彝族的风俗习惯，凡是作为一个人、一个家庭所需要的东西，无不齐备。

当时交通不便，安置物资的数量非常大，内地各民族在各方面给了我们很大的支援，丽江、永胜等县辅助了我们很多牲口驮运，全县人背马驮，真是车水马龙。过去素不相识，今天三三五五安置成新家庭的主人，他们相亲相爱，老小相互照顾，小姑娘亲热地喊着大姐姐，他们成了真正的亲姐妹了。所有家庭的新主人都体验到了有了共产党的领导、亲人的温暖，生活有保障。所有的老年人都穿上了新崭崭的棉衣裳，暖在他们身上，也暖在他们心间。

安了家，奴隶们总算有了归宿，但是由于过去受到了极野蛮的剥削和压迫，他们管理自己的能力比较低，怎样领导他们走社会主义的道路呢？党又为他们想了办法。用生产资料集体所有、政府大力扶持、派干部领导的农场形式组织他们生产，这个办法拿到群众中讨论，大家都非常赞成，人们坚定地相信"听共产党的话不会错"，农场所有的人都感到共产党的好处就是说不完，"我们一翻了身，又领导我们办农场"。农场一成立，政府又辅助农场每人投资36元，买了大批农具和牛羊牲口一大帮。牲畜关进了农场的厩里，群众高兴得了不得，他们都说："嗨！这可不是奴隶主的啊，这是毛主席、共产党买给我们的，我们有了自己的牛羊！"马海阿直看到了自己的牛羊她心中乐滋滋的，一天总要去看几次，摸着牛背自言自语的喃喃的和牛说些什么不知道。牲畜有了小崽崽，她用自己的嘴嚼荞子去喂小崽崽，就像对自己的小孩子一样。有了牲畜有了农具，人们劲头真大啊！在讨论农场增产计划指标的时候，场长说："我们过去一年到头的辛苦，结果被奴隶主拿去换大烟和白锭，我们自己一年到头喝稀汤

附 录

汤,奴隶主还要说:'娃子的肚子大,吃得做不得,不是我养你,你早就饿死了,你自己苦的还不够你自己吃。'""对!今天我们自己苦了自己吃,我们今天非让这些狗看一下究竟是谁养活谁啊!"一个年轻的小伙子打断了场长的话,他说话的样子显得非常激动。群众中起了一阵纷扰,大家都说:"我们农场是家奴,过去我们受苦深,现在政府这样帮助我们,我们要干出个样子好让大家学习,我们的指标要比合作社先进才行。"又是一阵热烈的响应。大家都说:"合作社是每人500斤,我们要每人800斤。"这时候一个农场委员发了言:"我们要提出栽在社前薅在社前,要完成每人800斤的指标,我们必须每亩施肥300背,我们还要改革工具……"

会开得很热烈,指标也定得很好,过去洋芋每亩15背肥料,现在每亩决定300背,并且所有洋芋都要三梨二耙,打塘点种,这些都是凉山农场史上从来没有过的先进。苦战一昼夜,烂泥箐积肥1亿斤,农场就占了7000万斤。一天晚上,一个奴隶主准备放火烧掉农场的肥料和房子,事情被群众发觉了,当场就将那个奴隶主逮着。这件事情提高了场员们的觉悟,大家说:"奴隶主是死不甘心我们过好日子的,只有共产党领导我们才会过好日子,我们要好好听共产党的话,办好农场。"

农场成立的第一年就获得了大丰收。他们现在已经成了烂泥箐人民公社的一个中队了。

结　　婚

甲巴補哈　口述
江培元　整理

　　我和我的妻子是经过恋爱结婚的。她是家奴，我也是家奴，谈恋爱原来我们还不知道是一回什么事情，因为过去我们奴隶从来就不兴自己找对象，奴隶主喜欢时就像牲口一样配给你一个对象，不喜欢你就成了一辈子的老"巴底"。① 主子配个媳妇，主要是给他生个小奴隶，加多他们的财产。如果不为这个，你才别想有一个媳妇呢！媳妇既然是配，那就使人心疼不完了，一个二十岁的姑娘配给一个五六十岁的老倌是常有的事，他管你愿意不愿意。

　　毛主席来了，我们奴隶得到了解放，党和毛主席把我们送到丽江去学习。在一个学习小组里，我认识了阿必抓毛——我现在的妻子。起初还不感觉到什么，只是经常在一起互相帮助学习。日子一长，就有点像离不开了似的。只要一不在一起，总感觉到缺了个什么，这叫作什么，我当时还不清楚，反正就是需要在一起。学习期间，看到了内地一些青年男女一对一对很亲热的在一起，结婚也是自自由由，心中总觉得要像他们才好。特别是看电影，见到上边那些夫妻都是亲亲热热、自自由由，不像我们彝族，过去接了新媳妇，丈夫不和妻子坐在一起，媳妇总要拿披毡遮着脸不能给丈夫看见。这时我已经暗地喜

---

① "巴底"，独人的意思（本书作者注）。

附 录

欢着阿必抓毛，我也猜想，看样子她也喜欢我，可我不好意思当面对她说，怎么办呢？我想到我们已经识几个字了，可以写信。有一天我写了一封信，信上说："你是家奴，你学习进步，我喜欢你，不知道你喜不喜欢我？"我把信放在包包里，去找她，我心跳得很，找到了她，两边望望没有人，我把信放在她手里，扒起来就开跑。不久她回了我一封信说她也喜欢我……

学习完了，我们要回家之前，我问她："回去怎么结婚法。"她红着脸反问我："你说呢？"我想了想，结结巴巴地说："我们结个新式婚，我们不要怕羞，带头给农场里大的青年看。"她同意了。

回到区上，我们向区委提出申请，区委问我们："是不是用彝族的规矩，如果是，我们可以杀大牛，买酒给你们。"我们说："不！我们要新式结婚，我们要带头突破那些旧规矩。"区委同意了我们。

我们要结婚的事，马上传开了，大家都在谈论，特别是年轻人更起劲，他们都想看一下农场的第一对自由对象怎样在区上结婚法，因为他们听说我们要用什么新式结婚！这还是凉山的奇闻呢！有的人又在咒骂我们，他们说我们违反了彝族老辈人的规矩去学汉人了，真的不对。

仪式在区上举行，区上送给我们很多糖、茶请客；解放军同志又送给我们红红的瓶子酒，我和妻子亲亲热热的坐在一起，来看的人很多，农场里的人差不多都来了。能够当着区上的同志和解放军同志的面夫妻坐在一起，真的是不简单啊！我们两个都讲了话。来看的人都说："毛主席真是领导得好，没有钱的人也能娶媳妇，不花钱又省事，要是在过去，娶个媳妇要好多银子啊！没有钱就得当一辈子的'巴底'，家奴就是像牲口一样的配对；奴隶主娶媳妇是有酒有肉，要派百姓和娃子很多的特权剥削，要众人给他出肉出酒派牛派羊派猪……装门面，现在我们可以自由找对象。"由于我们带了头，现在农场已经有88对新式夫妻了。

我们的当家人

党支部书记沙马乌义、烂泥箐大队长巴嘎热等集体口述
江培元　整理

马海阿直是我们农场的保管员，也是我们的当家人，1958年12月她已经光荣地加入了中国共产党。

他们一家人过去都是奴隶，旧社会受的那个苦啊，真是说都说不完！一直到共产党来了，全家人才得到了翻身。改革后党和政府帮助解放出来没家可归的奴隶安家立业，办了农场，他们全家人都进了农场。刚改革出来的奴隶呀，就只有一个光身子。共产党和人民政府样样安置我们，从房子到土地、从衣服到口粮、从籽种到农具、锅瓢碗盏样样齐，一棵针也救济，我们的阿直一家人全得了照顾，大小每个人都穿上了新衣服，阿直的心中很清楚，谁救了他全家人。

我们的农场除了主要是家奴外，分居奴和穷百姓也参加。农场成立后没有牲畜，政府就买了几百头的猪羊和牛马给农场。可是农场还有一些人认为牛羊是公家的，他们喂养不热心，但是我们的阿直呀，看到政府给农场买来了这么多的牛羊，心中真高兴，她忽而去喂羊，忽而去放马，想尽千方百计，让牛羊吃饱睡好。看见别人不关心牲口，她就说："伴呀！这是公家买给我们的牛羊呀！赶快好好照管。"……但那些少数的人回答她的却是冷漠和不理睬，个别的甚至还骂："这个死丫头，这样积极，她一天忙个屁股不落地，到头来还不是一场空。"阿直听了这些话，心都疼完了，她说："伴呀！就是

附 录

公家的牲口,我们也应该爱护呀!想想嘛,政府天天给我们大米吃,救济发了那么多,算一算账该多少,过去在奴隶主家给有吃过一颗大米?公家这样爱我们,我们就是给公家养牲口也喜欢,我们地里肥又少,还不好好管牲口让它造些肥料我们用吗?"阿直天天在牲口旁边转,每个牲口的脾气她满知道,羊子几双猪几个她满熟悉,哪个牲口下了崽崽也清楚。别人找猪草一天只能找两转,她怕耽误了生产猪又不够吃,就叫找猪草的人去生产,自己一个人一天找了四大背,猪也够吃了,耽误的人也少了。

烂泥箐的牧场,草并不好,有时牲口没有放处,怎么办呢?洋芋种下以后,阿直想办法扣"洋芋母子"来喂猪,阿直扣洋芋母子很熟悉,她不会把洋芋扣死掉。可是事情偏在这个时候发生了,因为阿直平常很积极,经常又对一些落后的人批评,对一切坏现象作斗争,因而得罪了一些落后的人。有个阿索挖恰是个懒鬼,专吹大烟不出工,阿直批评过他好几台就得罪了他,在扣洋芋的时候他就串通了几个落后分子陷害阿直,他在阿直扣过洋芋的地里趁人不见的时候把洋芋苗折死了几株,于是就在群众中大问开了。他说:"伙伴们不要浇水了,我们浇水给其他人折死洋芋,还有什么浇场!"当时阿直说:"我没有折死洋芋。为什么要说我折死?"阿索挖恰却拿着他制造的罪证说:"不是你折死谁折死的!"他还叫人去喊工作队来看。阿直当时并不害怕,她等着工作队来判断。工作队来了,看了一下折断苗的地方。他们有些愤怒了,李仁说:"这明明是你要害别人,这里的洋芋苗刚才我们还看过长得好好的,为什么现在断了呢?"阿索挖恰答复不出来了,只好夹着尾巴悄悄地溜走了。

阿直并没有为这点打击而灰心,她想,有党的支持,我不怕,还是要好好的干。阿直发现出去放的牛瘦了是因为草不好,她就赶快把瘦牛留在家里,把自己家里的元根煮来给牲口吃,尽管是一百多头牲口,但她也一个一个的来喂。还挖些药来给牲口吃,让牲口肥壮起来。每当阿直去开会,她心里总是挂记着牲口的寒暖,担心着牲口的安全。晚上开完会，不管夜再深也要到牲口厩周围去看一下牲口睡得好不好，野兽会不会吃着，看到一切安全才放心地回去睡觉。下雪了，牲口出不了门，阿直就把荞面做成了一个一个的小巴巴，亲自一个一个的去喂小羊和小牛，羊老实小的和母羊没奶的，她就用嘴嚼荞面，一口一口的喂小羊。哪一个牲口有病，她就到处找药，哪怕是大风大雪的天气，她也还是上山去挖药。由于阿直的细心照顾，在去年各地牲口大闹传染病的时候，我们农场的牲口还是保住了没有死。

一边是阿直在积极地工作，她除了管牲口以外还负责组织劳动力，她调配劳务力有条不紊，最受群众欢迎，场里的工作她什么都做。她说："可惜我只有两只手，要是我有四只手可就好了，我就多干得些活。"她见什么做什么，但另一方面却有别有用心的人在制造阴谋陷害她，想把我们的当家人搞垮。阿索挖恰利用了一些落后群众并串通一些有问题的人，如黑彝热克木嘎的狗腿子、懒汉二流子金古务几、阿必独乎等人，就利用他农场委员的名誉私下召开了一个会议，并要我们的阿直去参加。那天晚上的会上，阿索挖恰和他老婆，这对偷了农场羊子的夫妇在会上大吵大闹，说阿直乱向工作组汇报情况，说阿直倒冤枉好人偷东西，阿索挖恰的老婆威胁说："你说我偷东西，今天我死给你！"一下就揪住阿直的衣服。群众开始骚动起来了……这时的阿直并没有被吓倒，她说："我不怕，你们别以为吓得到我，今天晚上要怎么就怎么，我们找工作队评评理看谁是谁非……"话未说完，阿索挖恰就跳了起来不知刚要说什么，工作队长李仁同志进来了。他开口就问："谁叫你们开的这个会？"这时人群哗的一声就一哄而散了，阿索挖恰也逃跑了……

经过调查，不久，阿索挖恰就被捕了，他过去是一个土匪，入场后在群众中造谣破坏，又偷卖了农场的五只羊子，并且现在还勾结土匪，他是内部暗藏的敌人。

由于农场的牲口没有死，场员都反映说："没有我们的阿直，不知牲口死到哪点去了。"群众非常喜欢她。公社成立时又选她当了保

附 录

管员,她和李仁同志说:"我力气很大,我要和群众去生产。"老李幽然地说:"家里没有人保管,外头找来,屋里死完。"她听了这话就马上答应下来干保管员。你别看她不识字,她的账可清楚呀!她有惊人的记忆力,一个月社里生产队的收入她全记得,记不得拿出来给识字的人看看马上清楚。每项款用一种颜色标记着,要问她账,她能一清二白地说出来。她又能精打细算节约用粮,她随时在想怎样既节省又让群众满意。秋收的时节,由于粮食多,大家都主张大干,一天吃三顿饭,但是她向群众说:"日子还在长,现在不计划将来没有吃的。"她没有浪费粮食,从秋收就开始计划用粮。每当吃饭的时候,你总看见她这里端、那里送,原来她是在帮助照顾村中的病人和老弱有病的,她一定要让这些人吃到饭才回来,(自己)有什么吃什么,冷也吃、热也吃,有时候饭吃完了她也就不吃。工资发下来,很多没有家的人由于过去他们受奴隶主压迫,现在有钱也不会用,于是她就把这些人的钱代为保存。她结合每一个人的需要,帮他们买东西,经常给他们扯来布,做好衣服给他们穿。场里社里的群众说:"阿直是我们的好当家人!"

算 细 账

巴噶热　口述

江培元　整理

  县上开三级干部会的时候，我们订了每架洋芋用 8 背肥料，这在当时看来，我们也认为是跃进了，因为过去我们凉山种洋芋主要是刀耕火种，根本不上粪，个别用粪的平均下来每架牛最多也只是几背肥。回到农场，工委打电话告诉我们，羊坪和跑马坪大干山林肥，每架牛他们准备用几十背肥料。一听这个消息，我们真有点着急了，人家跑马坪也一样是凉山，能干跃进，我们为什么不能呢？不行！我们也要想法追上去！就这样我们召开了干部会，经过讨论，每架牛 30 背肥料的指标订下来了，行不行那要交给群众去讨论。

  这下子可有讨论场了，有的群众说："从来没有听说过一架牛的洋芋要 30 背肥料！我们过去祖祖辈辈都是每架牛放 3 背，这下子要放 30 背，肥料多有什么用？还不是白费力气。"有的又说："粪全靠牲畜踩，我们刚改革出来，没有牲畜哪里有肥。"一些人还这样说："我们种庄稼有十几年了！洋芋这个东西肥料放多不得，肥料放多了洋芋出不起。"更有些人想用他们的实地工作来证明肥料有多不好。如像合作社的一些社员们就说："我们在地里做过实验了，肥料多的洋芋小个得很，肥料少的洋芋才大个。"

  总之风言风语很多，其目的不外乎是想说：还是按老规矩办事吧！不要做无把握的事。我们世世代代的日子都是这样过来的。

附 录

怎么办呢？算了吗？这样我们就会变成了群众的尾巴，我们不是在这里搞跃进而是搞跃退了，怎样才能把群众发动起来呢？我想起了召开党团员会议通过算细账用事实来教育群众。会议开得很成功，我们决定用打掛坪的洋芋产量给群众算。心中有了底，我们再一次到群众中去辩论。辩论中我们提醒了群众：过去奴隶主不管肥料多，是因为他自己又不劳动，他反正有奴隶可以剥削，庄稼不要自己办，只要坐着会有奴隶苦来给他吃，他怎么还会想什么用肥料，现在我们自苦自吃，要想改善生活只有多多的种出粮食才有可能。接着我们把打掛坪那坡洋芋的账让大家算，还是大家熟悉的，大家一算产量，一架牛挖了100多背，共七八千斤；一个年老的人开始说："这坡地我了解，过去大大小小挖挖才8背洋芋。"我们趁机问："为什么现在会出产这多呢？"他这下把话说开了："还不是因为地靠老林，每年都抓些山林土放在里边，算下来一年就放了它70背，现在土都变黑了。"我们就把这笔群众都了解的账，让群众算过，正在这时另一个人又说："肥是应该多，就是没有牲口踩。"我们又问打掛坪的肥是什么，他回答了是山林肥。

经过这个事实的教育，群众才动员起来了，我们干部又办了试验田，用上了山林肥，山林肥多了，我们的洋芋很好，这更增加了他们积肥的信心，白天黑夜满山是积肥的大军，几千年未动过的山林肥被搬动了。山林中唱起了彝族调子：

山上的树叶数得完，
毛主席的劳动大军数不清。

有了干劲，动了脑筋。我们肥料多起来了，厩肥、老墙土、厩底下从未挖过的肥料，全部挖出来了，甚至牛厩都用水洗了，牲口也讲起了卫生，舒舒服服的睡上个觉。晚上车子排成队，来来往往。为了表扬先进我们展开了红旗竞赛。群众说："过去奴隶主表示自己很是赛马，跑得快的那个就得一个银牌，这在他们看来是最光荣的了；今天我们是比赛哪个劳动生产最很，赢得红旗就是我们的光荣，今天有毛主席的领导，一万年的老土林我们也用上了，我们要用它来增产粮食。"通过积肥运动，我们的肥料每架牛达到100背以上。

水流过了家门前

支部书记沙马乌义　口述
江培元　整理

有些事,在内地的人看来已经不是很生了,所以干起来阻碍就小些,而这些在凉山来说还是新的从未看到过的事,因为这里还是奴隶社会刚解放。一个新事物的到来,群众总会感到马上不能适应,因而也就要做更多的工作,但是正因为我们穷苦和落后,我们的人受苦深,因而对党就更热爱,只要党告诉他们做什么,干部把道理说清楚,他们一定会使力地干,我们的工作就是这样干起来的,我们也就凭这点在追赶着先进的民族。

别的不说,就看修水利吧!在过去彝族家都要坐在居高临下的山头上,至于水即使是半天背一桶,爬山越岭的辛苦他也乐意,因为揹水的是奴隶,累死累活还不是奴隶干,反正不要奴隶主自己动手。到了1958年大跃进要修水利,过去没有经验,感到无抓拿,这就要做更多的工作。

工委指示我们修水利,我们提出个口号:水要从家门过,不但家家门前有水吃,我们还要引水来泡大坪子的地。群众一听要来挖沟,还是从山顶挖,大家都表示怀疑,刘阿甲就大叫:"水翻几架山,哪里会挖得来嗷!"和他有同样看法的人可就多了。挖沟的日子又正过年,我们决定想打破这些过年不动工的陈规旧习。要发动群众当然我们要带领,年初一我和工作队就上了山破土开沟,群众动员来了,沟

附 录

才挖了几锄。群众就说：沟开不成了，挖下去都是沙土水挖来会走掉，群众这样说，我们怎么办呢？我们有党领导，没有经验去找区委，区委来到了工地，支持了我们，他说是沙地也要开，我们用石灰来扣沟底。那些日子，我和乡长百日昼夜也离不开工地，睡觉也在工地上，因为这是关乎到以后修不修沟的事。也是关乎到带动合作社和互助组的事，第一回开不好头就等于我们失败，我们一定要把水挖来，我们要用事实让群众知道现在不能靠天吃饭，不下雨也要增产粮食，这就不能不挖水利，人要喝水，庄稼也要喝水，我们把群众动员起来。挖沟继续着，一个难关才过，又来一个难关，我们的沟垮了，加上这时天气寒冷，一些人开始发怨言：我们不挖偏要叫我们挖，这下挖了水不来，白白废力气。看来事情是弄僵了，我们又去找区委，区委到了工地上看了一下说："这主要是我们没有经验，把沟壁挖太直了，没有斜度所以容易垮掉，一次挖不成不要紧，我们再来，这一次口上宽一点下边窄一点，有个坡度就可以不垮了。"我们得到了启发，又开始照区委说的去做，沟不垮了，但又遇上了石岩子挖不动，困难还是只有党给我们解决，区委给了我们炸药，叫我们"炸"！炸药拿来了，怎样炸得响呢？这又是一个问题，我们决心边干边学，几个人在一起合计了一下，根据我们过去所看到的做法来实验，第一次失败了，第二次……我们终于放响了第一炮，岩子被我们炸得粉碎！我们开出了一条沟，沟水穿过整个村子，流过了每家门前，爬山背水的事没有了，要吃水走出门就舀。大家高兴地说："共产党真正好，吃水也不爬山了。"开了沟挖了大坪子的地我们全能泡上水，洋芋好起来了，这一来群众相信了水利的好处，以后一说修水利他们就喜欢，合作社也跟着我们农场干，一年我们修了沟60条。

我们还挖了防洪沟，过去天干时一口水不见，一下雨山洪水又往大坪子淌，黄汤把庄稼冲干净。1958年我们开了防洪沟，洪水都乖乖的顺着防洪沟流，庄稼再不受损害。

贸易公司门前

江培元

入夏，小凉山上掀起了春耕生产的激烈战斗。5月中旬，烂泥箐贸易小组的收入激增了几倍，门市部的小王忙得不可开交。男男女女的彝族社员把贸易小组的门前场院围得水泄不通，他们争着买针，买线，买布，买衣服，买红糖、干鱼和茶叶……这原来是公社又发了工资。小王说："自从公社成立后，人们发了工资，买东西的人可比过去更多起来了，他们买的不再是什么盐巴等类，而是缝裙子的几丈布、小孩的新衣新帽和调剂生活的干鱼、红糖等，有的人，茶叶一买就是几筒。"

没有买到东西的人都争先恐后，埋怨贸易小组的门太小，推着前边的人快一点买；买了东西的人又坐在门口等伴，谈笑风生。一个女的说："过去在奴隶主家哪点会有钱来买东西，千辛万苦集得一点点经过重重剥削剩下的很不可靠的'私房'，连买棵针也买不到。"又一个女的接着说："奴隶赶街，过去做梦倒是赶过好几回。奴隶主生怕你跑掉，没有办法，只好将自己苦死苦活积得的几文私房全部拿给主子到宁蒗或四川的盐塘去买，可是，大半钱都被他剥削去了，最多给你三方布，有时什么也不替你买回来。你去要一要还要挨毒打一台。""嗨！"另一个马上接嘴说："要不是奴隶主是为了把你的钱剥削掉，他才不会帮你买东西呢！"……

谈论继续着。回忆着过去，对比着现在，从生活谈到生产，从加甲孩子的新帽子谈到洋芋莫①穿的新裙子……买东西的人越来越多，这时来了一对青年人，女的还有点羞羞答答，怪不好意思，男的是个中等的个儿，披着披毡，身子挺结实。到了公司门前，男的在问："买了茶叶和缝衣服的布外剩下的钱究竟买什么？"女的还没有答言他又接着说："看你，这一次钱多，你的裙子已经破了，还是买几丈布回去缝条新裙子……"

"不，"女的摇了摇头，坚决地回答说："我的裙破点补补缝缝还是可以穿，钱还是用来买锄子，大跃进没有锄子不行！我们先买锄子，生产出多多的粮食，秋后收了庄稼，工资就更多了，那时钱多多有了，买什么也不愁。"男的看样子还想说什么，但马上又不说了，他被女的说服了。两人买了三把锄子，高高兴兴地走了。

他们一走，很多人就指着他们说："看人家小俩口才跃进呢！要结婚了，还不买布。"

---

① 洋芋莫，女孩子的名字（本书作者注）。

农场小麦丰收在望

巴嘎热　口述
江培元　整理

　　从新建的县城出发往东走，经过几家摩梭族的村户便开始爬山，深邃的密林，沿着山沟的小道迂回而进，穿过密林，步步登高，这里有清澄见底的泉水，清凉洁净，加上了林中的鸟啼，悦耳动听，使人享受到一种凉山特有的自然风光和快乐。

　　走完了森林进入一个峡谷，再走几步，豁然开朗，是一片狭长的平地，这就是彝族的村落。人户下边几百亩麦田，生长着一人高的茂密的小麦，麦浪随风起伏，沉甸甸的麦穗预示出丰收的喜悦，这就是小凉山地区的烂泥箐。

　　到过凉山的人，面对映入眼帘的果实累累的麦海都会感到惊奇，不禁要说："凉山这样的高寒山区，我只听说出荞子、燕麦和洋芋，从来没有听说出什么小麦，现在看到这好的麦子真是奇怪了。"是呀！说得对，过去凉山就是没有出过什么麦子，现在看到这好的麦子真是奇怪了。

　　是呀！说得对，过去凉山就是没有出过什么麦子，可是别忘记了1958年是大跃进的一年，有共产党的英明领导、劳动人民的冲天干劲和巧干精神，这点事情有什么大惊小怪呢？

　　我们到了农场访问了农场负责人之一共产党员巴嘎热（原烂泥箐乡长），他给我们讲了下面一段话。

附录

在去年大跃进的日子里，6月份平坝的秧都栽完了，在一个深夜，农场场长李仁同志跑来敲我的门，敲门声很急，我不由得一筋斗翻身起床。李仁开口就说："工委刚才打电话给我们，分配我们开田350亩的任务，三天完成。你看怎么办？"我一听说凉山要开田种谷子，心中高兴万分，怎么办呢？党教育我们"有事就找群众来商量"，我就一跳，跑出了门……

莫西热委员的口哨声在村子里叫了起来，整个村子都听到了他的哨音，人们在充分辩论后集合出发，工地不远，一下子就到了，我们凭着一点火把的光迅速搭起了棚子。这几天偏又连天大雨下个不停，下雨也没有把我们吓倒，我们教育青年说你们要争取入团就必须要创造条件，在这次大跃进的工作中就能考验出每个人的政治觉悟。小伙子们都回答一定要创造条件争取入团，他们干起来真的干得好；姑娘们也不落后，大雨淋着她们还驾着牛在犁田，这条牛犁不起了，又换那条，一天开个牛闲人不闲。两天的紧张劳动中，一方面和土地斗争，一方面和天气斗争，有的人手脚都肿了，但他们还是一个劲的干，男的女的还展开了歌唱比赛，你唱"爱社如家"我就唱"拿出革命干劲来"。雨太大了我们拉他们去躲躲雨他们也不愿意。

老年人听说要开田种谷子，心中虽然非常喜欢，但他们有怀疑，因为开田的这块地过去被黑彝热可泥哈家霸占着，只是一块荒地，现在要开田恐怕种不出大米来。我们问青年人这块地为什么荒着，沙马都热马上就说："这块地要不是被黑彝热可泥哈霸占着，谁还把平地放荒了呢？有一年我开了一块种荞子，开的时候他不说，等荞子熟了他叫几个人把荞子抢割了回去，说地是他的，就这样，以后谁也不敢到上边去种。"他这一说，更使大家感到共产党的英明和伟大，连老年人也积极起来了。马海颠诺、沙马都热他们都不服气小伙子，他们驾上牛和小伙子们挑了战。莫西委员不要看他人老，人们都叫他"报时鸡"，他起得最早，一起来他就吹哨子叫人起床，只要他一吹哨子，我们的小伙子和姑娘们可就闹开了。

附 录

"嗨，你们还在睡懒觉，不想搞跃进了吗？"姑娘们这样说。

"你们才不想搞呢，我们早就起来了。"小伙子们马上回答过来。

晚上只要火把一熄完，亮一熄，他们又互相嚷开了："干不起吗？就想休息了?!""谁休息，你们才想休息呢！"他们就是这样以开玩笑的方式互相鼓励，我们与合作社展开了红旗竞赛，红旗终于飘扬在我们农场的工地上。

我们仅用了三天的时间开出了350亩田，当时栽谷子节令已过，凉山天气又比较冷，看来已经熟不起了。共产党就教我们种上了小麦，小麦播种了，一些人嘴里不说，心里很不佩服，认为凉山种小麦不会熟，可是事实不是这样，我们的小麦有人高，比平坝的有些还好。每个人看到快要丰收的小麦，心中就感到无限的喜悦，同时也想起了英明的毛主席和党。

人人炼钢　钢炼人人

巴革热　口述
江培元　整理

说起去年大战钢铁铜来，真是热火朝天，那股干劲的大呀，硬是可以冲破天。在铜厂炼铜的时候，上级给我们小组布置了个任务，我一听心中就有些想法：人倒是69个，但有许多是吹大烟的，动得起的三股还不占一股，任务又那样大，要完成恐怕有困难。我心中拿不定主义，只是不好得说出来。杨同志大概看出我在想什么，他笑了笑说："虽然过去由于凉山这个奴隶社会制度害了他们，那时候家家都种鸦片烟，他们也吹了鸦片烟，但他们是受苦人，只要下去和他们商量，把道理论清楚就一定会圆满地完成任务。"我一想：也好！先还是去和他们商量一下看。

在工地上小组会开得很活跃，大家听完我传达的任务就讨论开了，有的说："三天三夜要完成三百多个风箱，这任务重得很。"一个开了头，几个就跟上，一些人说："吃烟人干活老实干不起，一天差不多要干两个风箱，真有点困难咯！"一些人附和着："真的有困难！"这时我用眼睛看了一下年轻的那一群人，他们也在小声议论，我真想听听他们发言。沙马都火在这时发了言："今天我们搞跃进就不怕困难，上级交给我们的任务，我们应该坚决完成。想想嘛，人家留在家里突击生产的人，他们一天都在苦战，比我们还辛苦，晚上火把当太阳，鸡才一叫就起来积肥薅洋芋，还要爬上几里坡的打掛坪去

附 录

天才亮,他们苦干还不是为了生产,改善生活,建设社会主义,我们调出来搞工业的人就应该更比他们干得好才对。过去奴隶主压迫我们,我们给会当什么工人?今天,农民我们会当,工人我们也会当了,我们不努力干,怎样对得起毛主席?"他的谈话正合了我的意思,我赶紧接着说:"我们过去受奴隶主压迫剥削,一天要拼死拼活地干,不干就要挨打,拼命干了一天,奴隶主还要说你是偷懒,回去吃的也只是点野菜,在那个饿肚子的情况下,我们还是要干。现在我们翻了身,干是为自己干,我们要过好日子,凉山还是要点电灯,就像放电影的那个感觉一样亮,我们还要安电话,就像区上那个,还要用机器耕地,这些都要钢铁和铜,我们要多多炼出钢铁和铜来才能很快地建设社会主义,过上好日子……"话还没说完,阿必革热马上接上嘴,他说:"我们这号人在农场里因为吹烟,劳动老实不好,群众都看不起我们,说我们是懒汉,干不成活计,这一回我们就要争口气,好好干给他们看,我们要做出点成绩来,为农场争光,让群众改变他们的看法,我们努力把红旗夺过来扛回去让群众看一下。"热烈的讨论又开始了。多数人经过讨论都愿意完成任务争到红旗,少数人还有畏难情绪,最后大家一致决定:不管怎样,我们干起来看。

一场紧张的战斗开始了,斧头砍木的声音响遍了山谷,碎木片到处飞扬,每一个人都在想着:"一定要完成任务,拿到红旗。用实际行动改变村中人对我们的看法。"这想法变成了力量,推动着每个人,他们都自然地加快了手脚……

一天过去了,每个人都满意地互相告诉"今天完成了任务"!一些人还说:"超额了一个。"人们都说:"共产党领导真好!有共产党领导,什么事都能完成,什么困难都可以克服。"群众的信心提高了,工作也就来了个大跃进。任务一天比一天的完成得更好,三天完成三百多个风箱的原计划突破了,完成的不是350个而是470个。

经过评比,先进单位的红旗终于被我们夺到了,大家说:"我们再也不当懒汉了,这真是人人炼钢,钢炼人人。"

第三编
步步登高办公社

共产党硬是要把我们扶上天

闵光汉　整理

在大跃进的 1958 年里，晴朗的秋收时节，小凉山上在万马奔腾地大战钢铁铜的同时，农场里，"三套锣鼓一起响"，正千方百计地发掘一切潜力大战秋收秋种。不论你到哪里，到处都是欢欣鼓舞，喜笑颜开。

烂泥箐农场南北面的山林间，妇女积肥队伍蜿蜒于松、杉和青岗林间，摺裙婆娑，项珠闪烁，歌声荡漾："山上的树叶数得完，毛主席的劳动大军数不清……"千百年的山林肥像流水一样的被背下来。打荞场坝上，烟雾弥漫，男的女的，棍棒有节奏地飞舞。坡地和小平坝间，姑娘们在巧快地挖铲洋芋，统计表上连半劳动都不算的一群"阿依"，① 欢天喜地，跳跳蹦蹦地紧跟在姑娘们后面扫尾。得力的小伙子吆喝着膘肥的犁牛，挺胸阔步，一步一点头地往前追赶，翻犁着准备小春大革命的洋芋地。犁翻了的湿润土地和挖出来的洋芋，发散出迷人的芬香，使你感到适意的舒坦。"姑娘们，为什么往年挖洋芋又臭又烂，为什么今年有这样的清香？"半老不少的风趣的场务委员问。这下可挑动了翻身后话特别多的姑娘，这个说："过去做牛做马为人苦，今年翻身世道变。"那个说："共产党领导我们把身翻，毛主席领导我们办农场，千年的土地拿回来，人民的天下把家当。"又

---

① 阿依，彝语小孩的意思（本书作者注）。

附　录

一个说："吃人害人的事情又臭又烂，称心称意的日子又甜又香！"山坡上，响起了姑娘们唱不完的歌声……

　　农场的房子盖得不少，可是收下来的粮食除了地窖里的以外，堆得连个开会的地方也找不出来。天刚黑，人们就三三五五地集拢在农场宽阔的巷道上。一些"老木苏"真不相信这么多粮食会是属于自己的，一些青年人在拿着今年的粮食产量打赌。开会的人都到齐了，吵吵嚷嚷的使你要听哪伙的也不是。只听见一个改革前是百姓的汉子说："你们这些小伙子说话不费气，什么六百斤八百斤的，除非洋芋一斤算一斤，哪，每人一千斤以上也差不多。"一群伙子像要跳起来似的，当中一个粗粗实实的像是吵架似的嚷开了："这又不是跟奴隶主干活，洋芋窖了多少窖，是大家背的，荞子打了多少石，是斗斗升升量过的，先先后后运了多少到工厂去支援是斤斤两两挂着的，我们今天说假话骗谁呢?！……"他还想列举农场在很多方面大跃进的事实来驳斥一切怀疑的人，他还想列举一些奴隶主的破坏来提高伙伴们的警惕，可是，区上算粮食产量的同志回来了，这一下，人们突然就静悄悄的，个个都想听听苦战一年的胜利捷报。那个同志不慌不忙，照着小本子一五一十地念了一串串粮食分类的小计合计数字之后，就一字一板地提高了声音："按四斤洋芋折一斤主粮计算，我们农场每人平均有主粮1104斤！"人们沸腾了，哪里像是开会哦！一个斜挂着步枪的联防队小伙子站了起来，东瞧瞧、西找找，挥舞着结实的手杆："真的了吧，真的了吧，这回你们该输了吧！……"几个"老木苏"大张着嘴，只听他们"啧啧啧"地连连点头，咪笑的眼睛闪烁着幸福的晶光。在这个会上，确是也有人哑口无言。啊！在奴隶社会里，即使在昨天晚上，哪里会做过这样的梦呢？报捷的同志费了很大的劲才把大家安静下来，他又继续说："这是我们农场的第一次丰收，是我们奴隶翻身后的第一次丰收！让那些一直怀疑我们办了农场就能丰衣足食、很快就会过渡到社会主义社会的人在我们面前认输吧！让那些一直认为我们娃子改革了当不了家、过去说我们'娃子肚子大，吃得做不得'的奴隶主自己打自己的嘴巴吧……"哪里会能把话继续说下去呢，两句话才说完，下面男男女女的大笑声早已掩盖了一切。笑吧，欢笑吧！让一切怀疑论者在我们的欢笑声中服输，让至今还不承认劳动人民是社会的主人甚至至今还在为奴隶制度招魂的巫婆们在我们的欢笑声中发抖吧！让我们除队伍中的还不大相信自己力量的人在欢笑声中奋勇前进吧！

这是去年的事情，是烂泥箐农场大跃进的一瞥。这是在继续跃进的年代里——1959年的仲夏我们一行四人到原烂泥箐农场帮助写农场史、农场的主人骄傲地、淋漓尽致地争着向我们介绍的情景。

农场的主人们几乎每个都向我们控诉过暗无天日的残暴、反动的、吃人的奴隶社会，几乎每个人都向我们诉说他们非人的血和泪的经历。啊！这些血和泪的历史，不要说四个人，就是四十个人又怎么能写好和写得完呢；农场的主人们怎么能够忘记他们祖祖辈辈和他们亲身经历的似乎是在很古很远的世纪而同时又是在仅仅事隔一年以前的悲痛的血和泪的历史呢。主人们更没有忘记，正当他们处在水深火热的苦海深渊中，天空一声霹雳，来了大救星，驱散了一切妖魔鬼怪，把人们拯救出苦海。你听，主人们把共产党、毛主席比作爹爹妈妈，看成恩人、大救星，比作天上的太阳，比作"天上的菩萨"。主人们对翻身的果实是那样的珍重，对敌人是那样的警惕，他们说，道理很简单："我们娃子要跳出火坑，奴隶主就组织阴险的奴隶主武装来镇压，我们的胜利是用血换来的啊！"

农场的主人们特别兴奋地跟我们说，他们现在已经不叫农场了，而是烂泥箐人民公社的一个中队了。

就是去年秋收的那个时节，毛主席指给了全国各族人民过渡到共产主义社会的光明大道——"人民公社好"！烂泥箐农场的场员们唱着大跃进和丰收的彝族调子，将340多石洋芋源源不断地送到了铜厂河铜厂等工地上，以实际行动支援祖国工业建设，迎接人民公社化的到来。啊！过去世世代代处于饥饿、死亡的悲惨境地的奴隶，在共产

附 录

党领导下做了社会主人的今天,不仅很快就丰衣足食,而且还能够有几百石粮食支援祖国的工业大跃进,这不是奇迹是什么呢?!

10月15日,天气分外晴朗,山色分外娇艳,所有山峰、密林,在今天格外新鲜,碧蓝的天空,朵朵的白云,特别耀眼。从大清早起,妇女们就忙着烧烧煮煮,梳洗穿戴,"阿依"们就忙着为今天的大会赶制"麻鞭"。各家的早饭都不约而同地比往天的早,一群姑娘和小伙子,不知他(她)们是否真的吃完了饭,才不大一会,他(她)们就聚在农场的村头,闹闹嚷嚷。姑娘们互相赞誉着耳环、项珠、领饰和银链,惋惜着结婚的日子为什么不选择在今天。总之,这个烂泥箐从山坡到平坝,从东边到西边,村村户户都沸腾起来了。人们在欢天喜地,收拾打扮,忙碌着准备参加今天的,不,是要求和准备了很久的烂泥箐人民公社成立大会。

一直到现在,不论你走到哪村哪户,人们都念念不忘地、幸福而自豪地向你回叙着去年两千人参加的烂泥箐人民公社成立大会的盛况和公社成立后优越性所显示的威力:大会上,锣鼓喧天,欢跃的一群"阿依"用他们为大会赶制的"麻鞭"拼命的挥舞,会场上响起了震应山谷的清脆的噼噼啪啪的比鞭炮还要响亮和热闹的声音。人人举手选出来的公社负责人都在锣鼓声中上台讲话,小伙子和姑娘们把赶着学会了的"社会主义好""爱社如家"的歌曲当场表演,彝族的舞蹈尽情地欢跳……会后,有个改革前是分居奴的"老木苏"逢人便说:"我活了六十多岁了,从来没有参加过这样热闹的场合!过去在奴隶主家,奴隶主的亲戚来了都要赶快让开,看都不能看一下。连做个梦都是孤伶伶的!"其实,有这样感觉的,又何止一个老头呢。公社一成立后,全社705户人家就办了30个公共食堂,公共食堂接触了很多由于过去受残害折磨而残疾的、不能或不善于主持家务的人的痛苦,即使是有持家经验的人,他们也口口声声赞扬食堂的好处,说是有了食堂,劳动一回来就能吃上热腾腾香喷喷的饭。公共食堂腾出了很多人的手去从事多重经营的劳动,全社开展了伐木、解板、砖瓦、烧石灰、铁木农具加工、竹器加工、驮运、打猎、挖药材等副业生产和社办工业。全社的牛马猪羊成群，2980个人就有牛519头、马275匹、羊子2791支、猪1323头。住农场期间的一个座谈会上，主人们跟我们说，在公社成立后的不长时间内，这个农场425人的三次工资就发了2800多元，很多人领到工资，简直笑得合不拢嘴，到贸易公司买了新衣鞋穿上，跑到公社党委住的地方硬是说说笑笑一大天。原烂泥箐农场的沙马热、沙马莫等说："过去光冬冬，现在一身新。""我当了四十多年的娃子，钱是啥样都没见过！"逢到发工资，被原烂泥箐农场的场员们称为"我们的当家人"的共产党员马海阿直（女），硬是成天忙着替不会使钱的社员到贸易公司买这买那，替他们做衣裙和买鞋帽，无论在大会小会上，她总是对社员们说："发了工资，更是要坚决地苦干，更要使劲地发展生产啊，伙伴们哪，更幸福的日子还在后头呢！"

公社开发了大量的水利，公社修筑了20余里长的马车路和几十张牛马车、手推车，社员们几次朝着四面山峰指东指西地跟我们介绍，说是现在车路已经通到花椒湾、巴雨玉德……不久，全社都要通马车，都要车子化。当前，全社除交清爱国粮和出售余量外而盖的、能容纳粮食80余万斤的16个仓库已完工，社员们又在欢欣鼓舞，喜笑颜开，干劲充沛地收割今年的9130亩茁壮的果实累累的各类庄稼，牢牢靠靠的比去年更大丰收的计划，眼前就要实现。公社党委领导着彝族社员们为公社的将来设计更幸福、更富强、更美丽的图样。大跃进万岁、人民公社万岁的呼声震山岗，歌颂伟大的党、歌颂伟大英明的毛主席的彝族歌声正响遍小凉山！

"人民公社好不好？"我们问烂泥箐公社的社员。

彝族社员们感激不尽、意味深长地回答："嗨！三天两天怎么说得完啊——毛主席啊共产党，你硬是要把我们彝族扶上天！"

附 录

注释

（1）娃子：奴隶、家奴、分居奴的统称。

（2）赔礼：在奴隶社会里，只要奴隶主认为你一言一行不合他的意，就是得罪了他，轻则赔礼，一赔就是酒、肉、白锭、大烟、羊子、衣物……想要什么就什么，想要多少就多少，折折算算，有人即因"赔礼"负债几辈子，有人竟因而沦为奴隶。

（3）卡巴：彝族语，生意买卖或买卖奴隶中，中间人的押子钱。

（4）木靴：刑具，有人称木镣。将一截横断的树子一剖两半，挖一个有小腿粗的孔，合扣在犯了"法"的奴隶的小腿上，钉上锁链或木楔子扣死，使"犯人"坐立不得，逃跑不掉。

（5）丢洞洞：在奴隶社会里，奴隶主常将年老或有病而劳动不起的奴隶活活丢洞洞，暗害聪明、得力的奴隶，也采取丢洞洞的残酷手段。

（6）猪脑壳：黑彝和奴隶主的特权剥削形式之一，逢年过节等，百姓等都要按"规矩"向黑彝或奴隶主送猪脑壳、酒等礼物。

（7）脑壳啃草：杀头、送命之意。

（8）抱腰：彝族摔跤比赛叫抱腰。

（9）色母：彝族语，有称黑彝娘子，凡主子的老婆均称色母。

（10）巴底：彝族语，光身汉。

（11）扣洋芋母子：过去在洋芋出苗后薅头道时，常有人将种子刨出来度荒。

（12）麻鞭：用山草或麻编成，谷、荞成熟之季，用其甩动以吓雀鸟，保护庄稼。

后　　记

今年 5 月，党委要我们写一部农场史，作为祖国国庆十周年的献礼。我们接到这个任务的时候心里很高兴，因为如果能把过去小凉山奴隶制度水深火热的奴隶的血泪史和他们如何在英明伟大的党和毛主席的领导下，英勇顽强地站起来，打碎奴隶枷锁，获得解放，以及他们接着又在党和毛主席的指引下，在总路线的光辉照耀下，一日千里地向共产主义社会飞跃前进的史实记录下来的话，那将是进行共产主义教育的好教材。可想而知，任务是非常艰巨而光荣的。时间紧迫，刻不容缓，我们组织了一行四人到达了小凉山的烂泥箐，在十多天的访问中，我们受到了很大的教育。一个个奴隶在奴隶社会的悲惨遭遇，给我们看到了一个残酷的、黑暗、反动、残暴的吃人的社会，有了共产党，牛马不如的奴隶才从吃人的万丈深渊中解放出来，现在，他们正在先进民族的帮助下，向着党所指引的方向气势澎湃地、挺胸阔步、日跃千里地奋勇前进！……这些雄伟的史诗，使我们非常激动，我们想把它全部告诉给没有到过凉山的读者，但是当我们一提笔，却感到很大的距离，这支笨笔表达不出我们的思想感情和史诗的雄伟澎湃，更主要的是我们政治思想水平和阶级觉悟低，生活的深入不够，没有写作能力。不过，不管它好好坏坏，还是把它写成，且当一个资料，希望读到资料的同志，帮助我们把它写成文章，用它来教育读者。这是我们的衷心希望。

附 录

另外，这次下乡收集材料和编写，公社党委、原农场广大干部和群众都参加了创作，并给予我们大力支持和帮助，在这里我们一并致谢。

中共宁蒗工委宣传部
1959 年 9 月 10 日

后　记

　　本书选择了一张老照片作为封面，原因是老照片中的人物和他们的后代都与农场有关。照片中穿中山装的人叫杨明，彝名嘉日基足，1930年生，1952年作为少数民族干部培养对象被组织选派到西南民族学院学习；左边穿草鞋的老人是他的父亲，叫嘉日阿鲁，生于1899年，是沙力坪村著名的工匠和开明人士；右边穿布鞋的老人名叫嘉日拾萨，嘉日阿鲁的小叔，生于1895年，是沙力坪乡嘉日家支的著名头人，曾任过国民党时代跑马坪乡的乡长。该照片于1956年拍摄于宁蒗县城，嘉日基足当时已从西南民族学院毕业回乡参加了民改工作队，嘉日拾萨、嘉日阿鲁则作为协商委员到县城开会，一家三代人在县城唯一的照相馆里留下了这张珍贵的照片。

　　1957年，沙力坪农场建设时，需要修建一座哨楼，方圆百里唯一一位能建设哨楼的木匠就是照片中的嘉日阿鲁，他精通修建哨楼的技术。嘉日阿鲁不仅为沙力坪农场修建了高大的哨楼，还指导了其他房屋的建设。1960年，嘉日基足（杨明）担任宁蒗县大拉坝区副区长，领导烂泥箐农场的生产和管理工作。如果说，嘉日阿鲁参与了沙力坪农场的物理建设的话，其子嘉日基足则直接参与了烂泥箐农场的组织与制度建设，据坊间传说，嘉日基足还有一位私生

❀ 后　记

子留在了该农场。2005年，一个叫嘉日姆几的年轻人带着一拨学生在沙力坪开始了关于农场历史的人类学调查，从此慢慢走上研究小凉山农场社会史的学术之路，以此方式参与了有关小凉山农场记忆的学理建设。有趣的是，这位嘉日姆几就是嘉日基足的儿子，也就是笔者本人。刚开始研究农场时，我从未想过在小凉山的农场史里遇到自己的父亲、爷爷和老祖，随着了解的深入，我不仅遇到了我的祖辈，还遇到了许多从未谋面的"熟人"，他们以各种各样的方式与我的祖辈和我自己发生联系，从这个意义上讲，我是在历史中遭遇自己：一家四代人都参与了农场的物理、制度、组织和学理建设，这样的体验既是我的家史，同样也是小凉山民主改革以来多数彝族人的家史，因为没有一个家庭的故事与民主改革、奴隶解放和家奴安置无关。因此，我选择这张珍贵的老照片作为本书的封面，既是一种纪念也是一种叙事，更是一种从历史中阅读现在的知识传承。

　　说来惭愧，这本书从酝酿到出版整整用了近15年的时间，但这并不意味着本书的水准配得上这15年的"打磨"，相反，笔者依然并不特别满意本书的质量，无论从篇章结构还是细节调查，本书遗漏的远远比记录下来的多，原因在于笔者自己的拖延和折腾。拖延是一块布，一种以追求质量为遮羞布的懒惰，此懒惰使笔者欠下了不少学术债务，希望能通过本书的出版一并偿清。本书的不同部分和内容先后得到以下研究项目和基金的支持：云南大学第三期211民族学学科建设项目、2010年教育部人文社科青年项目、国家博士后科学基金第四批特别资助、2011年国家社科青年项目。尽管本书的主体部分由国家社科支持完成，最终成果也属于国家社科，但这并不意味着可以忽略其他研究基金在本书研究和创作中的作用，因为任何学术研究都需要一定的制度、时间和物质成本，而这些成本需要长期支持和投入。因此，笔者在此向上述基金对本研究的物质

后　记

和制度性支持敬礼，这是本研究得以开展和完成的根本保障。

如果说敬礼的对象是制度和物的话，感谢的对象就应该是人和情谊。23 岁家父去世以后，笔者就进入了一种"折腾"的生活方式，折腾得像一只跳蚤在云南师范大学、西南民族大学、中央民族大学、云南大学、云南民族大学等多所高校中跳来跳去，既是为了求学也是为了生活。最终，笔者在 30 年后携家人于 2019 年回到了完成本科学业的云南师范大学，心情与当初入学时的状态极其相似，唯一的不同仅仅是从一个人变成了一家人。云南师范大学在接纳了我和家人的同时，也慷慨资助了本书的出版，由于其社会学传统可以追溯到西南联大时期的法商学院，由社会学一流学科建设项目资助的作品因此获得了某种意义的历史性加持：本书的出版在不经意中将小凉山的地方性经验融入了大西南宽厚卓越、波澜壮阔的世界史背景里，本书由此也获得某种类似于"开关"仪式的权威性和"圣神"价值，这既是本书的荣幸，也是笔者和家人的荣耀。

不过，这些荣耀则是以下师长、领导、朋友和同事共同施舍的结果，我要在此深深感激他们多年来对我的爱护、关心和支持。首先要感谢的是云南师范大学的安学斌教授、毕天云教授、熊永翔教授、谷家荣教授和黄龙光教授，你们的慷慨和信任已经融入了这本书的历史和厚度中，在未来的共同事业里，我们将由此获得力量；其次要感谢的是云南民族大学的高登荣教授、沈海梅教授、白兴发教授、黄彩文教授、龚箭老哥、高朋博士、孔又专博士、韦名应教授和李建明、吉克曲日、杨江林、黄晓赢、陶迪等诸兄弟姐妹，八年的陪伴已经融入我的心灵与生活，我们的友谊将在魁阁茶室不断浸泡和继续；小凉山农场研究起始于云南大学，何明教授、王文光教授、马翀炜教授、高志英教授、李志农教授、李晓斌教授、马居里教授、李丽双老师都见证了其从观念到文本的实践与波折，你们的建议和思想很早就与本书的情感和叙事合体，你们永远是我的指

后　记

路人，再次表达深深谢意！朱晴晴、卢学英、刘彦、许沃伦、阮池银、石吓沙、杨景涵、邹磊等同学的暑期调查经历与成果已深深融入本书的写作，特此表示感谢与祝贺！

本书在云南大学开花，在云南民族大学成长，在云南师范大学结果，这些因缘无法只用"感谢"二字理解与表达，此历程犹如笔者的"折腾"喻晓了这本书依旧是吃百家饭的结果。我感谢田野中遇到的所有熟悉的陌生人和所有陌生的熟人们，大家共同的经历以文字的方式在本书中再次转换为具有历史意涵的故事。由于本书无法回避已经远去和正在远去的等级制度和等级观念，书中的某些提法、词汇和概念已经被时代形塑，再高明的雕刻和技法始终无法修饰奴隶制度曾给广大彝族人民及周边的人民带来的苦难和痛苦。尽管中国共产党已经消除奴隶制度的一切不合理根源，为彝区各民族建设了一个平等、自由和富裕的社会环境，但因历史上等级差异造成的某些优越感、自卑感、不适感和歧视经常在彝区被人们表现或实践，本书的出版将在不同程度上引起人们对历史的想象和再解读，笔者将承担由这些解读引起或者发生的学术责任，以上提到的任何组织和个人将与此无关。我已清理好内心的浮躁、无知和傲慢，做好了接受大家批评、指正的各项心理准备，坦诚欢迎各种学术探讨与交流！

在此，我将特别感谢亲友们对我个人和家庭十年如一日的关爱与照顾！将感谢我的家人，既然"折腾"已经是我们的生活方式，那游牧不就是最好的选择吗？我将一如既往地带着你们追随羊群，去往任何一个我们想去和可以去的地方，由我开路，妈妈和玛诺在中间，嘉日哈诺用强壮的身体和聪明的才智断后，我们将在族人的队列中永远前行！

最后，还有一件事有必要在后记中说明。《烂泥箐农场史》是笔者接触家奴安置研究的最为珍贵的材料，由三个篇章构成，文笔

后　记

简练，叙事精美，考虑到其学术价值和在本研究中的贡献，笔者在征求相关部门和作者意见的基础上，将其全文录入作为本书的附录出版，以飨读者！

2019 年 7 月 19 日 于昆明呈贡天水嘉园陋室